TOPOSFORSCHUNG

WEGE DER FORSCHUNG

BAND CCCXCV

1973

WISSENSCHAFTLICHE BUCHGESELLSCHAFT

DARMSTADT

TOPOSFORSCHUNG

Herausgegeben von
MAX L. BAEUMER

1973

WISSENSCHAFTLICHE BUCHGESELLSCHAFT

DARMSTADT

🆆 Bestellnummer: 6189
Schrift: Linotype Garamond, 9/11

© 1973 by Wissenschaftliche Buchgesellschaft, Darmstadt
Satz: Maschinensetzerei Janß, Pfungstadt
Druck und Einband: Wissenschaftliche Buchgesellschaft, Darmstadt
Printed in Germany

ISBN 3-534-06189-6

INHALT

VORWORT

Die Toposforschung hat sich seit Ernst Curtius zu einer besonderen Methode der modernen Literaturwissenschaft entwickelt, von der es in Gero von Wilperts ›Sachwörterbuch der Literatur‹ heißt, ihre Erkenntnis von der literarischen Tradition bestimmter Denk- und Ausdrucksformen habe die romantisierende Anschauung von der Dichtung als unmittelbarer, individueller Gefühls- und Seelenaussprache berichtigt und sei Voraussetzung für eine „richtige Interpretation von Dichtungen" geworden.[1] Allgemein gesagt, befaßt sich die moderne Toposforschung mit der Art und Weise des Gebrauchs vorgeprägter Formeln und überlieferter Ausdrücke und Redewendungen durch einen Dichter, in einem bestimmten Werk oder innerhalb einer oder mehrerer Epochen. Hierbei begnügt sie sich nicht mit der bloßen Feststellung von Ursprung, Entwicklung, Veränderung und historischem Zusammenhang tradierter sprachlicher und literarischer Ausdrucksformen, sondern sie ist ein Hilfsmittel und Instrument literarischer Interpretation und kommt in ihren verschiedenen Vertretern zu vielfältigen sprachwissenschaftlichen, stilistischen, literaturgeschichtlichen, dichtungstheoretischen und soziologischen Gesichtspunkten und Ergebnissen.

Die 'moderne' Toposforschung, die hier zu Wort kommt, hat zwei Ausgangspunkte: Einmal weiß sie ihre geschichtliche Grundlage in der antiken Rhetorik, in welcher der Topos ein allgemein anerkannter, aber nicht eindeutig definierter Begriff oder Gesichtspunkt ('Ort') zum Finden (inventio) und Gebrauch von Beweisgründen war. Zum anderen fußt sie in ihrer heutigen, nur mehr literarischen Bedeutung und Anwendung des Topos auf Curtius, der als erster die literarische Toposforschung umrissen und umfassend eingesetzt hat. Verbindung und Gegensatz zur Antike dokumentieren sich darin, daß die moderne Toposforschung in ihrem sprachlich-

[1] 4. verbesserte u. erweiterte Aufl., Stuttgart 1964, S. 726—727.

literarischen Objekt und ihrem Ursprung zwar aus der klassischen Rhetorik stammt, daß aber seit dem Ende des 18. Jahrhunderts in der literarischen Produktion Topoi nicht mehr bewußt verwendet werden und zur Zeit nur heuristisch, als technisches Mittel des interpretierenden, historischen und soziologischen Literaturverständnisses eine Bedeutung haben. Natürlich könnten montagetechnische und manieristische Tendenzen der modernen Literatur ohne weiteres wieder zur Sammlung und planmäßigen Anwendung von Topoi in der dichterischen und schriftstellerischen Produktion führen. Curtius selbst und die unmittelbar auf ihn folgenden Forscher setzten sich vor allem mit der Bedeutung, Verbindung und Weiterführung der antiken Topik oder Lehre von den Topoi in der Literatur auseinander, während sich die neuere Forschung seit ungefähr 1960 mehr um die Abgrenzung des literarischen vom antikrhetorischen und philosophischen Topos (Aristoteles[2]), um seine grundsätzliche Definition und um die Bestimmung seiner interpretativen Funktion und ihres neuen Anwendungsbereiches bemüht.

Sowohl die älteren Untersuchungen als auch die neuere Forschung nach 1960, die in diesem Band hauptsächlich zum Ausdruck kommt, setzen sich mit Curtius auseinander. Sein Verdienst ist die Formulierung einer „historischen Topik" und ihre Anwendung als „Heuristik" zur Auffindung des Zusammenhanges zwischen spätantiker und mittelalterlicher Dichtung. Die beiden ebenso betitelten Kapitel aus Curtius' grundlegendem Aufsatz ›Zur Literarästhetik des Mittelalters II‹ von 1938 eröffnen unseren Band zum besseren genetischen und historischen Verständnis der Begründung der modernen Toposforschung durch Curtius. Der kurze Paragraph ›Historische Topik‹ aus seinem wichtigen Buch ›Europäische Literatur und lateinisches Mittelalter‹ von 1948 dokumentiert Curtius' wichtige Feststellung, daß der wechselnde „Stil der Aussage" in den einzelnen

---

[2] In ihrer Auseinandersetzung mit dem Topos-Begriff des Aristoteles beziehen sich die meisten Forscher auf Friedrich Solmsen, Die Entwicklung der aristotelischen Logik und Rhetorik, Berlin 1929 (= Neue Philologische Untersuchungen. Hrsg. von Werner Jaeger. Heft 4), und dessen Aufsatz, The Aristotelian Tradition in Ancient Rhetoric, in: American Journal of Philology 62 (1941), S. 35—50 u. 169—190.

Epochen, oder, wie wir heute sagen würden, die sich zeitgeschichtlich ändernde Form ihrer Anwendung, den historischen Charakter
der Topoi ausmachen. Die im geschichtlichen Wechsel beharrende
Komponente des Topos, seine immer gleichbleibende Grundbedeutung und seinen Ursprung erklärt Curtius als die eigentlichen Themen der Wissenschaft von den Topoi, welche die „Urverhältnisse
des Daseins" betreffen und darum „zeitlos" seien. Seine bevorzugte
Beschäftigung mit poetischen, nicht mehr nur rhetorischen Topoi,
wie z. B. mit puer senex und dem Topos der Naturanrufung, bringt
ihn zur Herausstellung jener Topoi, die „Anzeichen einer veränderten Seelenlage [ausdrücken], die auf keine andere Weise greifbar
sind" und mit denen die Topik die Gebiete der Psychologie von
C. G. Jung berühre. Wir werden heute nicht mehr so weit gehen,
daß wir Topoi als Archetypen auffassen, sondern beschränken uns
lieber auf ihren faßbaren und nachweislichen technischen Charakter
als sprachlich-literarische Ausdrucksmittel. Dennoch steht fest, daß
die aussagestärksten und auch von der modernen Forschung bevorzugten Topoi jene sind, die einen irrationalen, wahrhaft poetischen
Sachverhalt bezeichnen, für den uns leicht 'die Worte fehlen' und
der uns zwingt, wie Hans Magnus Enzensberger für Brentano nachweist, „von der schon geformten und zubereiteten Sprache auf vorher nicht genutzte Möglichkeiten des Wortes" zurückzugreifen.[3]
Dieses aber meint nichts anderes als die Notwendigkeit für den
Dichter und jeden, der sich der Sprache bedient, bereits geläufige
Topoi in einer teilweise neuen, sich von ihrem bisherigen Sinn-
gehalt unterscheidenden Bedeutung zu gebrauchen.

Aufnahme und Kritik des richtungweisenden Buches ›Europäische Literatur‹ sowie der Methode und vor allem der Geschichtsauffassung von Curtius bestimmen auch die Wege der (hier nicht
eingeschlossenen) unmittelbar auf ihn folgenden Toposforschung.
Sie ist lediglich Begriffs- und Methodendiskussion, ohne neue oder
eigene Gesichtspunkte aufzuweisen. Sie besteht in fast allen Fällen
nur in mehr oder weniger ausgedehnten Rezensionen des Curtius-
schen Werkes und bietet hauptsächlich das Mittel oder eine zusätz-

---

[3] Brentanos Poetik. 2. Aufl., München 1964 (= Literatur als Kunst.
Hrsg. von Kurt May und Walter Höllerer.), S. 28.

liche Begründung für die Zustimmung oder Ablehnung seiner Ideen. Dennoch bringen die unmittelbar auf Curtius folgenden Stimmen einige wesentliche Gedanken und Einwände zur „historischen Topik", die letzten Endes darin resultieren, daß man deutlich auf die Unterschiede zwischen den antiken rhetorischen Topoi und der neuen Kategorie historischer Topoi hinweist, daß man Curtius' tiefenpsychologische Erklärung der Topoi, ihre Verwendung zur Begründung seiner eigenen intuitiven und fiktionalen, an Bergson und Toynbee orientierten Geschichtsauffassung ablehnt und daß man nicht mehr von einer „historischen Topik" als einer neuen 'Lehre von den Topoi' spricht, sondern sie nur als einen wichtigen Zweig heuristischer Literaturwissenschaft ansieht.[4]

Die gesamte auf Curtius folgende Toposforschung erscheint zu einem gewichtigen Teil als hartnäckig geführte Diskussion um eine eindeutige und klare Definition des Topos. Bisher ist kein Ende dieser Diskussion abzusehen. Ein alle befriedigendes und erschöpfendes Ergebnis dürfte vielleicht nicht zu erwarten sein. Dennoch sind die Voraussetzungen zu einer annehmbaren, wenn auch in Einzelheiten variierenden Begriffsbestimmung gegeben. Alle Forscher sind sich einig darüber, daß bereits in der Antike keine eindeutige Definition vorlag, daß wesentliche Unterschiede zwischen dem rhetorischen Topos der Antike und des Mittelalters und dem literaturhistorischen Topos moderner Prägung bestehen und daß drittens die verschiedenen Definitionen von Curtius vage und ungenau sind. Die größten Schwierigkeiten werden oft ein wenig voreilig in Curtius'

[4] Einige Rezensionen von Curtius' Europäische Literatur und lateinisches Mittelalter: Leo Spitzer in: American Journal of Philology 70 (1949), S. 425—431; Erich Auerbach in: Romanische Forschungen 62 (1950), S. 348—351; Hugo Kuhn in: DVjs 24 (1950), S. 530—544; Max Wehrli in: Anzeiger f. dt. Altert. 64 (1950), S. 84—91; Paul Zumthor in: ZRPh 64 (1950), S. 151—169. Außerdem: Leo Cavelti, Ernst Robert Curtius als Kritiker, in: Neue Schweizer Rundschau, N. F. 18 (1950—51), S. 467—472; Karl August Horst, Zur Methode von Ernst Robert Curtius, in: Merkur 10 (1956), S. 303—313; F. P. Pickering, On Coming to Terms with Curtius, in: German Life and Letters 11 (1957—58), S. 335—345; und auch noch Alexander Gelley, Ernst Robert Curtius: Topology and Critical Method, in: Modern Language Notes 81 (1966), S. 579—594.

Gleichstellung von Klischee und positiver Ausdrucksform (Topoi als „feste Clichés oder Denk- und Ausdrucksschemata") und in seinem Mangel einer klaren Differenzierung der Topoi von Motiven, Bildern, Redewendungen, Zitaten usw. gesehen. Man verlangt aber hier etwas von Curtius und der modernen Forschung, was die systematische Rhetorik von über 2000 Jahren für den rhetorischen Topos nicht leistete und was eigentlich dem technisch-funktionalen Charakter des Topos alter und neuer Prägung widerspricht. Denn wenn der Topos, ganz allgemein gesprochen, eine geprägte sprachliche Ausdrucksform ist, so kann jeder sprachliche Ausdruck — sei es eine Metapher, ein Motiv, eine Redewendung, ein Bild — unter bestimmten sprachlichen Gebrauchsbedingungen zu einem Topos werden. Die Unterscheidung zwischen Ausdrucksschema und Klischee ist lediglich eine Differenzierung positiver oder negativer Wertung der sprachlichen Ausdrucksform und bedeutet keinen Unterschied der Art und Weise ihrer funktionalen Anwendung. Außerdem läßt sich in der Literaturgeschichte eindeutig nachweisen, daß Topoi des gleichen Wortlautes zu einer bestimmten Zeit bewußt positiv, und innerhalb eines anderen Zeitraumes ebenso absichtlich als abwertendes Klischee gebraucht werden. Deshalb muß jedoch nicht jeder moderne Toposforscher auf eine Unterscheidung zwischen Topos und Klischee verzichten; wenn auch die von Heinrich Lausberg 1960 in seinem ›Handbuch der literarischen Rhetorik‹ vorgelegte Definition solche Unterschiede in seiner Verbindung von antik-rhetorischem und modernem literarischen Topos aufhebt: „Allgemeine (rahmenmäßige) Suchformel zum Auffinden (inventio) geeigneter Gedanken; mit Hilfe dieser Suchformel gefundener Gedanke" (S. 740).

Das Problem der Verbindung und Verschiedenheit von rhetorischer und literaturhistorischer Topik besteht nicht für denjenigen Teil der Toposforschung, der sich ausschließlich auf die Antike und die europäische Literatur bis zum 17. Jahrhundert beschränkt und zugleich jede Ausdehnung des Toposbegriffs auf die Literatur des 19. und 20. Jahrhunderts ablehnt. Da diese Teilforschung, so verdienstvoll sie in ihrem abgesteckten Bereich auch sein mag, den 'Weg der Forschung' willkürlich begrenzt, ist sie in diesen Band nicht aufgenommen. Zu ihr gehört die erste zusammenhängende wissenschaftliche Toposuntersuchung nach Curtius, Edgar Mertners Aufsatz ›Topos und Commonplace‹ von 1956.[5] Mertner verneint die Gleichsetzung von „Topos" und „Gemeinplatz" und damit auch von „Topos" und „Klischee" und sucht seinen Standpunkt durch den Nachweis des Einschmelzungsprozesses der antik-mittelalterlichen Begriffe „Topos" und „locus communis" in die englische Sprache des 16. bis 18. Jahrhunderts als „topic" und „commonplace" zu belegen. Die moderne Vorstellung vom Topos als „Gemeinplatz" und seine „Degradierung [...] zur Formel und zum Klischee" lehnt er ab (223—224). Ebenso glaubt Joachim Dyck, von der Verwendung des Topos im Barock ausgehend, der modernen Literaturwissenschaft den Gebrauch des Toposbegriffs versagen zu müssen. Dyck weist 1966 in seinem Buch ›Ticht-Kunst. Deutsche Barockpoetik und rhetorische Tradition‹ die planmäßige Sammlung und Anwendung der Topoi als „Denkprinzipien im antiken Sinne" und als ordnende „Stichwörter" zur dichterischen Produktion aus den Poetiken der Barockzeit nach.[6] Sich auf Mertner und einige antike Autoren berufend, besteht er gegen Curtius und Lausberg darauf, daß der Topos nur der Auffindung einer Sache diene, aber niemals die Sache selbst bezeichne. Er ist sogar der Ansicht, die heutige Literaturwissenschaft arbeite in Anlehnung an Curtius mit einem Begriff, den es in dieser Verwendung historisch nie gegeben habe (174).

Im Gegensatz zu Mertner und Dyck geht es den Vertretern der modernen Toposforschung, wie sie in diesem Band zu Wort kommen, nicht mehr nur um eine Interpretation der antiken, mittelalterlichen und humanistischen Rhetorik und um die Feststellung einer rhetorischen Kontinuität in der europäischen Literatur, sondern für sie ist der Topos im Anschluß an Curtius und Lausberg, trotz aller Verschiedenheit in der Argumentierung um eine eindeutige Definition, eine schematisierte Denk- und Ausdrucksform literarischer Tradition und Produktion in der modernen, nicht mehr

---

[5] In: Strena Anglica. Otto Ritter zum 80. Geburtstag. Hrsg. von Gerhard Dietrich und Fritz W. Schulze. Halle 1956, S. 178—224.

[6] Bad Homburg, Berlin, Zürich 1966 (= Ars Poetica. Texte und Beiträge zur Dichtungslehre und Dichtkunst 1.), S. 40—65, 174—175.

nach bestimmten Regeln der Rhetorik ausgerichteten Literatur. Diese Einstellung äußert sich auch in der Auswahl und bevorzugten Behandlung irrationaler und spezifisch „dichtungstheoretischer Topoi" (Otto Pöggeler) wie: der göttliche Wahnsinn der Dichter, Dichtung als verborgene Theologie (Rolf Bachem), der Deus poeta, (H. H. Glunz u. Curtius), die goldene Zeit (Walter Veit) und „edle Einfalt" (Wolfgang Stammler). Pöggeler faßt 1960 die ersten drei dieser Topoi zusammen, um an ihnen als Beispielen und Grundkonzepten „eine Geschichte der Dichtungstheorie in der Weise der Toposforschung zu erarbeiten" (S. 23). Das Verdienst seiner etwas hochfliegenden geistesgeschichtlichen 'Zusammenschau' ist seine methodische Ausweitung der heuristischen Toposforschung als Instrument des geschichtlichen Dichtungsverständnisses und Literaturstudiums von der Antike und früheuropäischen auf die moderne Literatur (bis Nietzsche). Walter Veit verfolgt in seiner Kölner Dissertation von 1961 die Geschichte des Topos der goldenen Zeit von der Antike bis ins 18. Jahrhundert und Wolfgang Stammler im gleichen Jahr den Winckelmannschen Topos der deutschen Klassik in seinem wesentlichsten Teil vom Mittelalter bis zum Ende des 19. Jahrhunderts.[7] Bachems Dissertation ›Dichtung als verborgene Theologie‹[8] ist neben Pöggeler von Veit und Max Baeumer bearbeitet worden. August Obermayer wählt für seine Topos-Untersuchung bei Grillparzer vor allem die dichtungstheoretischen Topoi, die Bachem, Veit und Pöggeler bereits für die Neuzeit nachgewiesen hatten; während Baeumer seine Ergebnisse aus dem Funktionswandel der beiden nicht minder 'dichtungsschweren' Topoi des Dionysischen und der Fülle des Herzens ableitet. Gefühlsbeladene Topoi sind für eine Darstellung der literarischen Bedeutsamkeit besonders ergiebig. Topoi mehr nüchternprosaischen Charakters, wie sie Curtius noch aus der Bescheidenheits-, Einleitungs- und Schlußtopik heranzog, sind bisher für die moderne Literatur noch nicht untersucht worden.

[7] 'Edle Einfalt'. Zur Geschichte eines kunsttheoretischen Topos. In: Worte und Werke. Bruno Markwardt zum 60. Geburtstag. Hrsg. von Gustav Erdmann und Alfons Eichstaedt. Berlin 1961, S. 359—382.

[8] Bonn 1956 (= Abhandlungen zur Philosophie, Psychologie und Pädagogik 5.).

In den hier vorgelegten Arbeiten nach Pöggeler, der noch das geistesgeschichtliche Erbe von Curtius weitertragen möchte, zeichnet sich immer mehr die Erkenntnis ab, daß die moderne Toposforschung einerseits zwar aus der rhetorischen Topik der Antike und des Mittelalters hervorgeht, aber andererseits nicht mehr mit der antiken Topik gleichgesetzt werden oder mit ihr, im Sinn von Curtius, in einer mehr oder weniger unterschiedslosen Einheit gesehen werden kann. Vielmehr spricht man ihr vor allem eine neue Funktion innerhalb der Literatur zu. So sieht Veit die einheitliche Grundlinie seines Forschungsberichts von 1963 ganz in Curtius' tragender Idee der „Kontinuität" der Toposforschung von der antiken und mittelalterlichen zur modernen Literatur. Dennoch stellt er als Ergebnis seiner Übersicht fest, daß für diese Ausdehnung des Topos auf die moderne Literatur weder die antike Begriffsfassung noch die Definition durch Curtius zutreffe, sondern daß „der Begriff Topos in neuer Begrenzung zu fassen" sei (183). Berthold Emrich setzt drei Jahre später in einem ebenso umfassenden Überblick über die Toposauffassungen der Antike Curtius' „historische Topik" von der des Aristoteles und der lateinischen Tradition ab und sieht den gänzlich neuen Aspekt der modernen Toposforschung „vor allem aber in der Umkehrung eines Systems, das der literarischen Produktion diente, zu einem *Instrument des Textverständnisses*" (251). Mit anderen Worten: Der Topos ist nicht mehr Hilfsmittel und Instrument der Literaturherstellung für den Dichter, als vielmehr Methode und Werkzeug der Literaturwissenschaft für den Forscher. Hier liegt der wesentliche Unterschied zwischen antiker Topik und moderner Toposforschung und zugleich der neue, gemeinsame Nenner für die verschiedenen Definitionen und Auffassungen des 'literarischen' Topos.

In demselben Heft, ›Beiträge zur literarischen Rhetorik‹, der wissenschaftlichen Zeitschrift ›Der Deutschunterricht‹, in dem Emrichs erwähnter Beitrag von 1966 erschien, behandelt Lausberg in seinem Aufsatz ›Rhetorik und Dichtung‹ die Bedeutung und den Standort der Topoi in der Rhetorik und ebenfalls in der Literatur, in der die Topoi nach Lausberg als abstrakte oder konkrete Gedanken im kulturellen Gemeinbesitz (so Curtius) für den „Wiedergebrauch" konservierter Reden (= Literatur) vom Dichter auf seinen Behandlungsgegenstand „angewandt" werden (62). Diese etwas verklausulierte und abstrakte Definition des rhetorischen Topos in der Literatur demonstriert Lausberg anschließend sehr anschaulich in rhetorischer Interpretationstechnik an Goethes Gedicht ›Über allen Gipfeln‹ durch den philologischen Nachweis der antiken „Fundstellen" für alle in diesem Gedicht gebrauchten Natur-„Elemente" und ihrer, im Verhältnis zu den „Fundstellen" gleichen oder bedeutungsverschiedenen Anwendung durch den Dichter. Lausberg macht gerade in der strengen Bindung seiner Gedichtinterpretation an die Begriffe und Technik der antiken Rhetorik die Umkehrung im Gebrauch der Topoi von einem Verfahren literarischer Produktion zu einem Instrument der Interpretation deutlich sichtbar.

Die Identifizierung des Toposbegriffs mit der Wissenschaft von der Literatur zeigt sich auch in der Festlegung auf eine der wissenschaftlichen Verwendung durch die Forschung mehr entsprechende Definition des Topos als „Denkform" bei Veit, als „leitende Gesichtspunkte des Denkens" bei Pöggeler und als „gefundener Gedanke" bei Lausberg. Pöggeler und Veit sind dabei von geistesgeschichtlichen Ambitionen geleitet; während Lausberg im ›Handbuch der literarischen Rhetorik‹ und auch Curtius („Denk- und Ausdrucksschemata"), in ihrer Absicht der Herleitung und Verbindung der modernen Toposforschung mit der antiken Rhetorik, mehr den Charakter der formelhaften Prägung betonen möchten. Die beiden letzten Beiträger unseres Bandes geben eher dem ursprünglichen sprachlichen Charakter und der entsprechenden sprachlich-ausdrucksmäßigen Funktion des Topos den Vorzug, gegenüber einer Definition als abstrakte Denk- und Strukturform. Obermayer will in seinen beiden Beiträgen von 1969 und 1970 Veits „zu enge Bindung ans Gedanklich-Philosophische vermeiden" und plädiert für Topos als „Vorstellungsmodell", bei gleichzeitiger Unterscheidung vom Klischee, dem der „Aussagecharakter" fehle. Wenn er jedoch dieses Vorstellungsmodell nur „als eine Weise des Denkens und Formens von Sein und Welt [ansieht], die sich zu einer feststehenden sprachlichen Form kristallisieren kann, jedoch nicht notwendigerweise muß", so scheint er sich von seinen Vorgängern in Wirklichkeit nur wenig abzuheben. Baeumer glaubt am Ende seiner Untersuchung von 1972 bewiesen zu haben, daß ein

Topos nach der Art und Weise, wie er gebraucht wird, sowohl „positive Ausdrucksform" als auch „abgewertetes Klischee" sein kann. Baeumer hält daher Curtius' vage Definition der Topoi als „feste Clichés oder Denk- und Ausdrucksschemata" immer noch für die beste.

Die Diskussion um den Begriff, die Funktion und den Anwendungsbereich des 'literarischen Topos' stellt sich in den vorgelegten Beiträgen von Curtius bis in die unmittelbare Gegenwart als ein einziger fortgesetzter Dialog dar, in dem jeder Teilnehmer seine Erörterungen aus der jeweils ihm vorausgehenden Forschung entwickelt, seinen eigenen neuen Standpunkt kritisch von dieser abhebt und ihre bisherigen Ergebnisse weiterzuführen sucht. Hierbei werden nicht nur die grundsätzlichen Themen der Begriffs- und Methodenbestimmung und der historischen Kontinuität der Toposforschung behandelt. Vielmehr werden auch die Dissertationen und andere wissenschaftlichen Arbeiten der Anwendung von Topoi eingehend erörtert und am Stand der Forschungsdiskussion kritisch gemessen; ganz abgesehen davon, daß jeder der einzelnen Beiträger dieses Bandes sich in besonderen Untersuchungen auch mit der praktischen literarhistorischen oder werkinterpretierenden Anwendung von Topoi genauer befaßt hat. So gibt der Band einen zusammenfassenden Überblick nicht nur über die allgemeine Grundsatzdiskussion, sondern auch über die Arbeiten der speziellen Verwendung des Topos als Instrument der Literaturwissenschaft.

Nicht zuletzt erkennen wir in den vorgelegten Untersuchungen die konstante Linie einer fortschreitenden Entwicklung in der Konzeption der Toposforschung: Zunächst steht die auf Curtius aufbauende Ausweitung und Anwendung der historischen Topik auf das Gebiet der modernen Literatur in strukturell-geistesgeschichtlicher Sicht (Pöggeler) und im gesamten Überblick (Veit) im Vordergrund, sodann die Abhebung von der Toposauffassung der Antike (Emrich). Anschließend und in teilweisem Gegensatz zur vorherigen Betrachtungsweise bevorzugen die nächsten Beiträge mehr einen funktional-dichtungstechnischen Aspekt (Obermayer, Baeumer). Zuletzt wird versucht, die bisherigen grundsätzlichen Gegensätze, Topos als tradierte Formkonstante oder variierende Inhaltsaussage, als Klischee oder Denkform, durch den Nachweis des zeitgeschichtlichen Funktionswandels und der gesellschaftsgeschichtlich bedingten, dialektischen Veränderung der Topoi aufzuheben. So wird neben dem von Curtius vertretenen Gesichtspunkt der „Kontinuität" jetzt auch die von ihm und Veit geforderte „Diskontinuität" in der Toposforschung sichtbar. Einen ersten Versuch der ebenfalls von Veit am Ende seines Forschungsberichtes geforderten Interpretation des literarischen „Stellenwertes" der Topoi im einzelnen Kunstwerk legt Obermayer in seiner Darstellung der Verwandlung oder Umfunktionierung von Topoi durch psychologische Motivierung in den Dramen Grillparzers vor. Das „Gesetz der Diskontinuität" im geschichtlichen Wandel der Topoi, das Curtius aus der vagen Vorstellung der „schöpferischen Entwicklung" der einzelnen Dichter erklären möchte, wird in dem unsere Reihe abschließenden Originalbeitrag als die dialektische Gesetzmäßigkeit des zeit- und gesellschaftsgeschichtlich bedingten Funktionswandels der Topoi nachgewiesen.

Madison, Wisconsin, im Dezember 1972

Max L. Baeumer

Zeitschrift für Romanische Philologie. 58 (1938), S. 129 — 142. (=Zur Literarästhetik des Mittelalters II. [Auszug].) Mit Genehmigung des Max Niemeyer Verlages in Tübingen.

BEGRIFF EINER HISTORISCHEN TOPIK

Von Ernst Robert Curtius

Das Wort *Romania* ist eine Prägung der ausgehenden Antike. Seit constantinischer Zeit kommt es auf als Ersatz für *orbis romanus* und *imperium romanum*. Es bezeugt das geschichtliche Bewußtsein des Gegensatzes zwischen Römertum und Barbarentum.[1] Die Umbildung der römischen Spätantike in die neue abendländische Welt vollzieht sich in den vier Jahrhunderten, die zwischen Theodosius und Karl dem Großen[2] liegen und die schon Ludwig Traube[3] als Periode der „Übergangszeiten" gegen Altertum und Mittelalter abgrenzen wollte. Diese Epoche, für die eine wissenschaftliche Benennung noch fehlt, bildet die Inkubationszeit der romanischen Sprachen und Kulturen. Sie entkeimen der römischen Spätantike, d. h. einer geschichtlichen Konstellation, in welcher Kirche und Germanentum schon in und mit dem Imperium leben. Das christliche Imperium mitsamt seinem heidnischen Erbe bildet also die Vorgeschichte der Romania, und die Kenntnis dieses Zeitraums stellt eine Vorwissenschaft der Romanistik dar. Nur aus diesem Blickpunkt läßt sich die romanische Philologie als einheitliche Wissenschaft begreifen und begründen. Nur in ihrer spätantiken Genesis ist die Romania eine geschichtliche Einheit. Die Wissenschaftsgeschichte des 19. Jh.s hat es mit sich gebracht, daß die methodische Besinnung über die Aufgabe der romanischen Philologie meist den umgekehrten Weg gegangen ist: der Ausgangspunkt wurde von dem heutigen Befunde genommen, daß es neben den antiken und

[1] Zwischen 330 und 432 erscheint das Wort *Romania* in neun lat. Texten, und zwar immer im Zusammenhang mit der Erwähnung der Barbaren. Siehe Zeiller in Revue des Études Latines 1929, 196.

[2] H. St. Moss, The Birth of the Middle Ages. Oxford 1935.

[3] Vorlesungen und Abhandlungen 2, 144. Vgl. auch R. Menéndez Pidal, La España del Cid 63.

den germanischen auch romanische Sprachen gebe. Das führte dann schließlich zu dem irreleitenden Begriff einer „Neuphilologie", der allenfalls in der Schulpraxis seine Berechtigung hat. Seitdem haben sich in der Romanistik bedeutsame Veränderungen vollzogen. Die romanische Sprachwissenschaft löst sich mehr und mehr von der Philologie und tritt in um so engere Beziehung zur allgemeinen Linguistik. Von den drei Aufgaben, die Meyer-Lübke der romanischen Sprachwissenschaft zuwies — Systematik, Biologie, Paläontologie — ist nur die letzte spezifisch historisch und spezifisch romanisch zugleich. Je mehr sich das Band zwischen Historie und romanischer Sprachwissenschaft lockert, um so enger knüpft sich heute das Band zwischen Philologie und Geschichte. Der romanischen Philologie erwachsen neue, verheißungsvolle Aufgaben, wenn sie sich in die geschichtliche Selbstbesinnung des Abendlandes eingliedert als Genossin im Kreise der historischen Disziplinen. Sie hat ihre unvertretbare Funktion in der Aufhellung des geschichtlichen Werdens, das vom antiken Rom zum Mittelalter führt. Je mehr sie sich der Neuzeit, ja dem Leben der Gegenwart nähert, um so mehr tritt das gemein-romanische hinter der nationalen Sonderentwicklung zurück, und damit die romanische hinter der französischen, italienischen, iberischen Philologie. Grund- und Hauptthema der romanischen Philologie wäre demnach die Entwicklung von spätrömischen Ausdrucksformen zu denen des Mittelalters und seiner bis in den Barock reichenden Ausstrahlungen. Die romanischen Sprachen sind „jüngeres Latein" (Gustav Gröber). Der romanische Vers ist ein umgebildeter lateinischer Vers (Ph. A. Becker). Sollte nicht auch die romanische Literatur daraufhin untersucht werden, ob sie Themen und Techniken der Spätlateiner aufnimmt und fortsetzt? Sollte sich nicht innerhalb der romanischen Poesie ein Vorgang nachweisen lassen, der mit dem sprachlichen und dem metrischen Formenwandel gleichläuft, weil er Teilausdruck des gleichen geschichtlichen Gesamtvorgangs ist? Erinnern wir uns an Gröbers Wegweisung: „Die Forschung über die unverständlich gewordene und unverstandene romanische Rede gipfelt in der Erkenntnis der künstlerischen romanischen Rede." [4]

[4] Grundriß I, 2, 197.

Um die Fragestellung zu klären, werden wir gut tun, sie gegen eine andere Betrachtungsweise abzugrenzen, die ebenfalls die geschichtliche Kontinuität zwischen Spätrom und romanischem Mittelalter ins Auge faßt und die man als ethno-psychologische bezeichnen kann. Sie befragt die Literatur nicht nach dem Wandel literarischer Formen, sondern nach der Konstanz seelischer Inhalte. So hat z. B. René Pichon [5] die These vertreten, daß die gallorömische Literatur des 4. bis 6. Jh.s, psychologisch gesehen, eine *esquisse anticipée* der französischen Literatur sei. Auch für die italienische Literatur ist ähnliches versucht worden. Um die Kluft zwischen römischer und italienischer Literatur zu überbrücken, hat man eine italische Kontinuität „von Prudentius zu Dante" konstruiert.[6] Aber Prudentius war Spanier, bevorzugt spanische Stoffe, scheint meist in Spanien gelebt zu haben. So hat ihn denn auch jüngst Ramón Menéndez Pidal in die Reihe der großen Spanier eingeordnet, die dem Römerreich von Lucan bis Orosius, von Trajan bis Theodosius neue Schaffens- und Aufbaukräfte zugeführt haben.[7] Aber Orosius war Lusitaner, und ich könnte mir denken, daß er von der portugiesischen Geschichtsphilosophie in eine Kontinuität hineingestellt würde, die von Viriathus über Camões bis zur Gegenwart reichte. So bietet sich das eigentümliche Schauspiel, daß die gemeinsame Romanität Italiens, Frankreichs, Spaniens in dem geschichtlichen Bewußtsein dieser Völker heute zurücktritt zugunsten eines nationa-

[5] René Pichon, Les derniers écrivains profanes (1906) 7 ff.

[6] Piccioni, Da Prudenzio a Dante. Manuale per la storia della letteratura in Italia. 1923.

[7] Einleitung zum zweiten Bande der Historia de España des Verlages Espasa-Calpe (1935). — Baist schrieb vor 40 Jahren: „Iberien war seit Augustus römisches Land, und die einheimischen Literarhistoriker beginnen ihre Darstellungen mit Hyginus, Portius Latro und anderen Lateinern iberischer Geburt ... In Wirklichkeit schließen sich jene dem römischen Tagesgeschmack aufs engste an ... Nach Hadrian finden sich solche Auswanderer nicht mehr. Erst mit dem Verfall des Reiches und aus dem Christentum heraus entsteht neben der zähen provinziellen Häresie der Priscillianisten eine provinzielle Literatur, die aber diese Bezeichnung nur insofern verdient, als sie an Ort und Stelle Schule macht, nicht nach ihrem Inhalt, der universal bleibt." Grundriß II, 2, 383.

len Kontinuitätsbewußtseins.[8] Anders gesagt: die Provinzialisierung
des Imperiums, die mit dem 2. Jh. einsetzt, wird als geschichtliche
Perspektive bevorzugt vor dem gemeinsamen Erbe des römischen
Universalismus; oder — was dasselbe ist — dieser Universalismus
wird als ein spezifisch italienisches, französisches, spanisches
Element gesehen. Gerade Menéndez Pidal hat in geistvoller
Charakteristik die historische Wesensgleichheit der spanischen Uni-
versalidee vertreten: von Bischof Hosius, dem Vorkämpfer der
nicänischen Orthodoxie, zum leonesischen Kaisergedanken und von
da bis zu Ferdinand und Isabella ... und darüber hinaus. Das Bild
der spanischen Geschichte hat durch diese Betrachtung eine bisher
ungekannte Tiefe und Leuchtkraft gewonnen. Dennoch darf man
fragen, innerhalb welcher Grenzen der Nachweis ethnopsychischer
Konstanten sinnvoll ist. Was zunächst das Grundsätzliche betrifft,
so wird man der Mahnung A. Heuslers gedenken müssen: „Über-
schätzen wir nicht die zeitlose Beharrlichkeit einer Volksart!
... Die Anlage wandelt sich durch Blutmischung und anderes ...
Die Kunstgeschichte will durch alle Stile hindurch, vom Tierorna-
ment bis zum Rokoko, gewisse unabänderliche Eigenschaften erkennen: sie nennt sie nordisch oder gotisch oder faustisch. Als *germanische* Sonderart hat man diese Züge nicht erwiesen, schon deshalb
nicht, weil sie entschieden auch den Kelten eignen, und weil sie ihren
mächtigsten Ausdruck finden in dem gotischen Kunststil ... einem
Stile also, der als französische Schöpfung des 12. Jh.s die *Mischung*
keltischen, römisch-christlichen und germanischen Wesens voraus-
setzt und verkörpert ... Klar ist, daß der altdeutsche Mensch, der
uns seit den Tagen der gotischen Kunst faßbar begegnet, gerade in
seiner Dichtung ein sehr anderes Formgefühl betätigt als einst im
Hildebrandslied. Es hielte schwer, an dem Dichter der Staufer- und
dem der Karlszeit Gemeinsames zu sehen, das nicht gemein-mittel-
alterlich wäre! Von zeitloser Beharrlichkeit der Volksart zeugt
dieses Blatt im Bilderbuch des Weltschrifttums jedenfalls nicht." [9]

[8] Entsprechendes vollzieht sich heute in Ibero-Amerika.
[9] A. Heusler, Altgermanische Dichtung 193. — Über Volkstumswand-
lung („rassische Ethnomorphose") W. Hellpach, Einführung in die Völker-
psychologie (1938) S. 29.

Was die Romania betrifft, so kann von einer „zeitlosen Beharrlichkeit der Volksart" jedenfalls nur in sehr eingeschränktem Maße
die Rede sein. Die Volksart — wie die Individualität der Einzel-
person — bildet sich in der Wechselwirkung mit dem geschichtlichen
Erleben. Der große Gang der Geschichte stellt sie immer wieder vor
neue Aufgaben. In jeder dieser einmaligen Konstellationen hat sie
sich zu bewähren, bildet sie sich um, prägt sie sich neu. Solche
geschichtlichen Aufgaben waren für Spanien die Romanisierung, die
Westgotenherrschaft, die Reconquista, die transatlantische Expansion. Für Frankreich die Abwehr des Islam, dann der Normannen,
dann der Engländer . . . Die Geschichte jeder großen Nation ließe
sich in der Form einer Biographie schreiben, die zu zeigen hätte, in
welcher Weise die Volksgemeinschaft der jeweiligen Forderung des
Tages — dem jeweiligen *tema de nuestro tiempo* (Ortega) — begegnet ist, sie bewältigt hat oder nicht. Die Volksart muß dyna-
misch gesehen werden. Erst von dieser Sicht her tritt dasjenige in
klare Erscheinung und faßbaren Begriff, was im Wechselnden
dauert, durch alle Wandlung beharrt. Die neue abendländische
Welt, die mit Karl dem Großen anbricht, ist von der römischen
wesensverschieden. Aber sie ist entstanden im Rahmen der zusam-
mensinkenden westlichen Antike, und sie mußte deren sozial-struk-
turelle, zivilisatorische, künstlerische, religiöse [10] Schlußformen in
sich aufnehmen, um ihre eigene Aufgabe angreifen zu können.
Alfred Weber, dem ich hier folge, gibt die abschließende und auch
für die romanische Philologie beachtenswerte Formulierung, wenn
er sagt: „Die Antike als *Ganzes* . . . wurde autoritäres Vorgut, an
dem man sich orientierte, das man in fortgesetzten Renaissances
und Rezeptionen, je mehr man davon kennenlernte, übernahm, mit
dem man sich unaufhörlich auseinandersetzte." [11] Die geschichtliche
Lebensbeziehung zwischen Spätantike und Abendland ist zunächst
— im westgotischen Spanien, im merowingischen Frankreich — die
der einfachen Identität. Es ist ein gemeinsamer Lebensprozeß, der
sich bis zum Einbruch des Islam fortsetzt und dann jäh unter-

[10] Über die alte Kirche als „Endergebnis der Antike" vgl. Troeltsch,
Ges. Schr. 4, 82.
[11] Kulturgeschichte als Kultursoziologie (1935) 236 f.

brochen wird.[12] Mit der Übernahme des Imperiums durch Karl den
Großen wird dann eine neue, reflektierte Identitätsbeziehung zwischen Abendland und Antike gestiftet, und zwar durch Begriffe
und Anschauungsformen, die selbst noch antike Prägung verraten:
das historisch Neue wird als „Erneuerung" eines Alten, als stell-
vertretende Substitution, gefaßt: *translatio imperii, renovatio*. Der
Poeta Saxo (Ende des 9. Jh.s) vergleicht die Huldigung des Papstes
vor dem zum Kaiser gekrönten Karl mit dem antiken Kaiserkult.
Das karolingische und noch das ottonische Zeitalter stilisiert sich
römisch. Das antike Rom ist „Modellvorstellung" für die Selbst-
auffassung der Gegenwart. Die Franken müssen von Troia abstam-
men, wie die Römer. Wenn Otto I. gegen die Ungarn zu Felde
zieht, kämpft er gegen die „Parther".[13] Das frühe Mittelalter weiß
sich nicht deutlich von der Antike abzugrenzen. Erst unter der dreifachen Wirkung des Investiturstreits, der normannischen Staaten-
gründungen und der Kreuzzüge schreitet das Abendland zum
Bewußtsein seiner selbst als eines autonomen Geschichtskörpers fort.
Aber die Renaissance des 12. Jh.s bedeutet dann wieder eine neue
und wiederum veränderte Bindung an die Antike.

Diese Andeutungen müssen hier genügen. Sie sollen nur den
Rahmen abgeben für unser Problem: den Zusammenhang zwischen
der spätantiken Dichtung und der des lateinischen und romanischen
Mittelalters. Nun ist alle ma. Dichtung zunächst Schuldichtung. Die
Dichtkunst wird auf den Schulen gelehrt, und die ma. Schule ist
Lateinschule im absoluten Sinn des Wortes. Zwischen römischer und
zeitgenössischer Lateindichtung kann das MA. keinen grundsätzlichen Unterschied machen — und selbst die Philologen des 19. Jh.s
haben in gewissen Fällen geschwankt, ob ein lateinisches Gedicht
dem 5. oder dem 12. Jh. zuzuschreiben sei. Solche Fälle sind selten,
gewiß, aber darum doch nicht weniger bezeichnend. Der ma. Schul-
betrieb führte nicht immer unmittelbar zu den antiken Autoren.
Für die Schulzwecke wurden Florilegien angelegt, die in vielen Fäl-

[12] H. Pirenne, Mahomet et Charlemagne 1937. Unabhängig von
Pirenne war schon Menéndez Pidal zu derselben Auffassung gekommen;
siehe La España del Cid 64, Anm.
[13] *Modus Ottinc.*

len die Lesung der Alten verdrängten. Aber auch die Auswahl der alten Autoren ist charakteristisch. Es ist nicht so, als hätte das MA. den lateinischen Lektürekanon gehabt, den wir vom deutschen Gymnasium her kennen; als hätte es nur die Autoren gelesen, die der Klassizismus des 19. Jh.s zu Schulschriftstellern erhoben hat ... mit dem Erfolg, daß nachaugusteische Literatur kaum noch bekannt ist. Ein über den Verfall der Studien bekümmerter Humanist wie Henri d'Andeli nennt Claudian, Persius, Donat, Priscian in einem Atem mit Homer. Dante läßt Statius, *il dolce poeta,* im Purgatorio mit Virgil zusammentreffen und zählt ihn mit Virgil, Ovid und Lucan zu den *regulati poetae* (V.E. 2, 6). Die Vorliebe des MA.s für Statius und Claudian erklärt sich aus ihrem rhetorischen Stil. Juvenal, Martial, Persius wiederum dienen der mlat. Satire als klassische Muster. Seneca als pointenreicher Morallehrer und Plinius als eleganter Briefschreiber [14] machen Cicero den Rang streitig. Die Unterscheidung zwischen goldener und silberner Latinität besteht für das MA. ebensowenig wie die zwischen christlichen und heidnischen, zwischen alten und modernen Lateinern. Prudentius, Sidonius, Gottfried von Vinsauf treten in Autorenkatalogen, wie sie die mlat. Dichtung gerne bietet, in friedlichem Verein mit Macrobius und Terenz auf. Eine auf französische Florilegien des 12. Jh.s gegründete Statistik ergibt, daß die Auszüge aus Claudian das Vierfache, die aus Statius und Lucan fast das Doppelte der aus Virgil ausgehobenen Stellen ausmachen, während Ovid zwölfmal soviel Raum einnimmt wie Virgil. Dieser kommt etwa so oft vor wie Tibull und Persius; weniger oft als Horaz, Juvenal, Martial.[15] Wir finden auch hier wieder, daß die Antike im MA. „als Ganzes" aufgenommen wurde. Auch in der Renaissance war das übrigens nicht

[14] Aber auch als Lehrer der Rhetorik. Seine Briefe sind reich an Erörterungen rhetorischer Fragen und behandeln vielfach dieselben Themen (Beschreibung von Villen, Naenie, Tageslauf des Schreibers u. a.) wie die Poesie der Zeit.

[15] B. L. Ullmann in Virgilio nel Medio Evo (Sondernummer der Studi Medievali, 1937 mit der Jahreszahl 1932 erschienen), S. 59 f. Vgl. Ullmann in Classical Philology 23 (1928) bis 27 (1933). Die geringe Berücksichtigung Virgils erklärt sich natürlich daraus, daß seine Werke als Ganzes gelesen wurden.

anders: Dorat und sein Schüler Ronsard lesen Lycophron mit demselben Enthusiasmus wie Homer. Wenn man also antike Vorbilder
der ma. Literaturen nur in den augusteischen Klassikern sucht,
schlägt man einen falschen Weg ein. Man muß diejenigen Autoren
lesen, die im Mittelpunkt des ma. Schulbetriebes stehen. Dieser
übernimmt von dem antiken das System der sieben *artes*, und damit
die Fächer der Grammatik und Rhetorik. Das Verständnis der
romanischen Dichtung verlangt also eingehende Kenntnis der mlat.
Poesie, Poetik, Rhetorik. Diese Forderung ist schon lange erhoben
worden. Sie ist durch bahnbrechende Arbeiten wie die von Edmond
Faral in wichtigen Punkten erfüllt worden. Ihm danken wir das
Corpus der mlat. Poetiken. Wir besitzen auch wertvolle Untersuchungen über das Nachleben antiker Autoren und Gattungen in
der ma. Literatur. Das Fortleben der antiken Rhetorik im MA. und
insbesondere in der mlat. Poesie, ihren Themen und Techniken, ist
jedoch noch wenig untersucht.[16] Unter poetischer Technik verstehe
ich die formalen Kunstmittel der Poesie, also Vers- und Strophen-
bau sowie alle Schmuckformen, die an poetische Rede gebunden
sind. Davon soll in einer späteren Arbeit die Rede sein. Im folgenden werden uns die rhetorischen Themen der Poesie beschäftigen.
Damit meine ich weder die Gegenstandsbereiche der Poesie (z. B.
Kriegstaten, Fürstenlob, Sittenlehre, Beschreibung von Natur- und
Kunstgegenständen, Hirtenleben, Liebe); auch nicht mythische,
historische oder religiöse Motive (Troia, Alexander, Jenseitsvisio-
nen). Gemeint sind vielmehr jene rhetorischen Schemata der Antike,
die *topoi* oder *loci*, auch *loci communes* heißen, was das Deutsche
mit pejorativer Färbung als „Gemeinplätze" wiedergibt. Im älteren Deutsch sagte man richtiger: „Gemeinort". Jeder Platz ist ein
Ort, aber nicht jeder Ort ist ein Platz! Was ist aber ein „rhetorischer Ort"? Wie ist diese Metapher zu verstehen? Aus der
Geschichte der antiken Rhetorik.

Wenn hier von „antiker Rhetorik" geredet wird, so ist das als
behelfsmäßige Abkürzung für einen sehr verwickelten geschicht-

---

[16] Vieles Förderliche bietet das ebenso gelehrte wie anziehende Werk
von F. J. E. Raby, A History of secular Latin poetry in the Middle Ages
(Oxford 1934).

lichen Tatbestand zu verstehen. Die Rhetorik der griechischen Blütezeit ist eine andere als die der römischen Republik; die Quintilians eine andere als der Atticismus der antoninischen Aera. Ja, in der griechischen Blütezeit selbst ist die Bewertung und Auffassung der Rhetorik eine ganz verschiedene bei Platon († 347), Isokrates († 338), Aristoteles († 322). Trotz dieser hier nur angedeuteten Problematik dürfen und müssen wir für unsere Zwecke von der antiken Rhetorik so sprechen, als ob sie ein einheitliches Ganzes wäre. Damit kehren wir zu den „Gemeinplätzen" zurück. Man unterschied in Athen und entsprechend später in Rom bekanntlich drei Hauptgattungen [17] der Rede: Gerichtsrede, politische Rede, Lob- und Prunkrede (*genos epideiktikon, genus demonstrativum,* auch *laudativum;* auch *logos panegyrikos,* lat. *panegyricus* genannt). Wer Redner werden wollte, brauchte eine Anleitung etwa wie noch vor einem Menschenalter strebsame Gymnasiasten eine ›Anleitung zur Anfertigung deutscher Aufsätze‹ studierten. Der Schüler lernte daraus die Geheimnisse der „Disposition", der „Einleitung" und der „Übergänge". Die Dispositionslehre war auch einer der fünf [18] Hauptteile der antiken Rhetorik. Aber ihr erster und weitaus wichtigster handelt von der *inventio (heuresis),* d. h. von der „Findung". Für die Gerichtsrede in erster Linie, aber auch für die beiden anderen Gattungen brauchte man Beweise und einen Überblick über die besten Beweisformen. Die Lehre *de inventione* stellte solche Formen zusammen. Sie lehrte sie zu „finden". Sie zeigte den Ort oder die Örter, wo welche zu finden waren. Der „rhetorische Ort" *(topos, locus)* ist also ein Fundort. Ein Beispiel: wir kennen noch heute den Satz *is fecit cui prodest* und verfahren danach, auch ohne ihn zu kennen, in unserem Denken. Dieser Satz ist ein Topos der Gerichtsrede und wird — in etwas anderer Form — schon von Aristoteles in seiner Sammlung von achtundzwanzig Beweis-Topoi gebucht. Die Bezeichnung des Ortes, an dem man eine Beweisform findet, ging nämlich durch Bedeutungswandel auf die betreffende Beweisform über. Nun muß man aber spezielle Topoi — d. h. solche, die sich nur

[17] Diese Dreigliederung geht auf Aristoteles zurück.
[18] In Memorialverse gebracht z. B. von Walahfrid Strabo (Poetae latini medii aevi 2, S. 359 — Mon. Germ. Hist.).

für eine Art oder Unterart der Rede eignen — von den allgemeinen
Topoi sondern, die überall verwendbar sind. Die ersten heißen
topoi idioi, die zweiten *topoi koinoi* oder *loci communes*: „Gemeinörter". Die Lehre von den Topoi hieß Topik und war eine Unterabteilung der Findungslehre. Sie ist von Aristoteles begründet
und nach ihm in vielen verschiedenen und verästelten Formen
weitergebildet worden. Cicero verfaßte eine eigene Schrift ›*Topica*‹.
Spätere bedeutsame Systematiken der Rhetorik und der Topik
sind in der Kaiserzeit entstanden. Besonders reich wurde damals
die Topik der Lobrede, insbesondere des Herrscherlobes *(basilikos
logos)* entwickelt. Das rhetorische Erbe der Antike wurde vom
MA. übernommen und schulmäßig gepflegt. Leider ist unsere
Kenntnis der ma. Rhetorik, wie einer der besten Kenner des lat.
MA.s sagt, „noch ziemlich fragmentarisch" [19]. Wir übersehen auch
noch nicht, in welcher Weise die antike Rhetorik für ma. Zwecke,
z. B. für Briefkunst, Hagiographie oder Predigtlehre umgebildet
wurde. Das rhetorische Schulgut ist zum Teil nur mündlich überliefert worden. Aber die Zusammenhänge mit der antiken Rhetorik sind überall zu greifen. Sie beginnen mit dem patristischen
Schrifttum. Wie sehr Augustin von der antiken Rhetorik beherrscht
ist, weiß man zur Genüge. Am Eingang einer Vita des Kopten
Pachomius († 346), der den folgenreichen Schritt vom Eremitentum
zur Gründung des Klosterwesens tat, bemerkt der unbekannte Verfasser ausdrücklich, er werde sich bei seiner Darstellung an die Rhetorik der Heiden anschließen.[20] Der hl. Hieronymus war bekanntlich „Ciceronianer". Die Rhetorik bildet, wenn ich so sagen darf,
einen gemeinsamen Nenner für die antike und die altchristliche
Literatur. Die antiken Schemata haben sich im ganzen auffällig gut

[19] M. Grabmann, Eine lateinische Übersetzung der pseudo-aristote-
lischen Rhetorica ad Alexandrum (= Münchener SB 1931/32, Heft 4).
Man findet in dieser Abhandlung die beste Übersicht über den Stand der
Forschung. Dazu nehme man die Übersichten bei Manitius: über Alcuins
Rhetorik I, 282; über die rhetorischen Schriften des 10.—12. Jh.s: 2, 640
und 3, 9. — Eine nützliche Gesamtübersicht bietet C. S. Baldwin, Medieval
Rhetoric and Poetic. New York 1928.
[20] Bibliothek der Kirchenväter, ed. Bardenhewer, Bd. 31 (1917), 802.

gehalten. Die letzte ma. Dichterschule führt den Namen *les grands rhétoricqueurs.* Aber auch Renaissance und Barock haben von der Rhetorik den stärksten Gebrauch gemacht. Reste davon leben noch im französischen Schulwesen der Gegenwart. In den modernen Sprachen finden sich zahlreiche lexikalische Niederschläge der rhetorischen Terminologie. Darunter auch der Begriff der Topik, wie das englische *topic* (Diskussions- oder Gesprächsgegenstand) und das spanische *tópico* (Gemeinplatz) bezeugen.[21]

Was hat aber die Topik mit der romanischen Literaturgeschichte zu tun? Die Antwort liegt in dem folgenreichen geschichtlichen Vorgang, der sich in der römischen Poesie seit Augustus abspielte und den die klassische Philologie als 'Rhetorisierung der Poesie' bezeichnet.[22] Ein scheinbar innerliterarischer Vorgang, der doch in größerem geschichtlichen Zusammenhang steht. Die freie politische Rede hört in Rom auf, als das Kaisertum entsteht. Auch die Gerichtsrede tritt zurück und behandelt fiktive Fälle. Die öffentlichen Redner werden schulmäßige Deklamatoren. Von dem Forum vertrieben, dringt die Rhetorik in die Kunstprosa, die Philosophie, die Poesie

[21] Im Frz. ist *topique* auf die gelehrte Kunstsprache beschränkt geblieben, vgl. Littré. Eine Neubildung des 19. Jh.s ist *topo.* Delvau's Dictionnaire de la langue verte (von mir benützt in der 1883 ohne Datum erschienenen Neuausgabe von Fustier) bietet: *Topo, plan topographique, — dans l'argot des officiers d'état-major. Se dit aussi pour officier d'état-major.* Dazu im Nachtrag S. 585: *Circulaire; proposition, motion. Argot des élèves de l'Ecole polytechnique.* — Das Dictionnaire d'Argot moderne von L. Rigaud (1888) bietet: *Topo. Remontrance à l'élève, dans le jargon du collégien; du grec* τοπος, *lieu commun, discours banal.* — Von befreundeter Seite wird mir geschrieben: *L'expression serait née dans les écoles scientifiques, Polytechnique ou Centrale; elle aurait d'abord désigné le travail graphique qu'un élève doit fournir à un examen et par extension aurait fini par vouloir dire: exposé quelconque, discours.* — Mit *topo* werden aber auch kurze schriftliche Stilübungen in Pariser Lyzeen bezeichnet, ferner politische Reden: *un député fait son topo.* Die beiden Bedeutungen des gr. *topos,* die sich in Topographie und Topik spezialisiert haben, scheinen also im nfrz. *topo* vermischt zu sein.

[22] Genaueres bei W. Kroll, Studien zum Verständnis der römischen Literatur (1924), 108 f.

ein. Sie wird gelegentlich als *sanctior illa et augustior eloquentia* bezeichnet (Tacitus, *De Oratoribus* 4). Homer gilt als Erfinder der Rhetorik (Quint. 10, I, 46). Alle spätrömische und mlat. Poesie ist mehr oder weniger rhetorisiert. Jede Art literarischer Komposition, die in sich vollendet ist, wird als Eloquenz gewertet (Plinius Ep. 6, 21, 4). Das wirkt nun auch auf die romanische Dichtung zurück, wie ich am Alexiuslied zu zeigen versuchte [23] und unten für das lateinische Cidgedicht zu zeigen hoffe, das dem Cid-Epos voraufgeht. Die Kenntnis der rhetorischen, besonders der panegyrischen Topoi ist zum Verständnis der ma. Poesie unentbehrlich. Eine „Topik" gehört also in die Prinzipienlehre der Literaturwissenschaft. Es wird eine historische Topik sein im Gegensatz zur normativen der älteren Zeiten. Sie wird die zeitlichen Grenzen des MA.s nach rückwärts und nach vorwärts überschreiten müssen. Viele Topoi reichen bis in das 1. Jh. der Kaiserzeit, insbesondere in die „silberne Latinität" der nachaugusteischen Zeit zurück.[24] Ihr Nachleben aber läßt sich bis in das 17. Jh., gelegentlich auch weiter, verfolgen. Es gibt Stilkontinuitäten, die von Statius bis Calderón gehen. Es gibt eine literarische Tradition, die von der römischen Nachblüte um 400 auf die Renaissance des 12. Jh.s und von dieser auf den Barock übergeht. Wie diese Kontinuität geschichtlich aufzufassen ist, wie sie sich insbesondere zu dem Humanismus der italienischen und der nordischen Renaissance verhält, in dem wir eine Grenzscheide zweier Zeitalter zu erblicken gewohnt sind, wie er sich selbst als solche empfand: — das ist eine Frage für sich, auf die ich hier nur mit wenigen Worten eingehen kann. Zunächst ist zu sagen, daß das MA. während der Renaissance unterirdisch fortlebt und nach ihrem Abklingen neu auflebt. Für Spanien ist das längst gesehen worden. Aber auch in England steht ein Dichter wie Donne († 1631), ein Prosaist wie Sir Thomas Browne († 1681) dem MA. bedeutend näher als der Renaissance. Der Manierismus der Barockdichtung zeigt

---

[23] In Zs. f. Rom. Philologie 1936, 113. — Auch meine Untersuchung über Jorge Manrique (in Zs. f. Rom. Philologie 1932, 129) behandelt einen panegyrischen Topos.

[24] Auf eine Rückverfolgung in die griechische Literatur habe ich, mit wenigen Ausnahmen, verzichten müssen.

in allen Ländern eine erstaunliche Verwandtschaft mit dem mlat. des 12. Jh.s. Wenn Góngora von Vögeln als „geflügelten Zithern" spricht, wenn *hidrópico* ein Lieblingswort Calderóns ist *(el corazón hidrópico de victorias)*, so sind das rhetorische „Verzierungen", die aus der lateinischen Dichtung des 12. Jh.s leicht zu belegen und die ersichtlich unklassisch sind. Ich beschränke mich auf diese zwei Beispiele, denen sich unzählige andere anfügen ließen. Das muß in anderem Zusammenhang geschehen. Nur darauf möchte ich noch hinweisen, daß die Renaissance und der Humanismus der Neulateiner die mlat. Poesie keineswegs verdrängt haben. Im Gegenteil: sie gewann durch die Erfindung des Buchdrucks neue Verbreitung. Nur wenige Daten: der ›*Ligurinus*‹ erscheint in Augsburg 1507; der ›*Architrenius*‹ in Paris 1517; die ›*Alexandreis*‹ Walters von Chatillon wird 1513, 1541, 1558 und noch 1659 gedruckt; Marbods Gedichte erscheinen in Rennes 1524; der ›*Tobias*‹ des Matthaeus von Vendôme noch 1642 in Bremen; das Epos des Joseph Iscanus in Frankfurt 1620, in Amsterdam 1702, in London 1825. Und das ist nur eine kleine Auswahl. Sie genügt indes für den Nachweis, daß die mlat. Kunstpoesie noch im 16. und 17. Jh. zahlreiche Leser fand. Die Nachwirkung dieser Lektüre in der Barockdichtung dürfte sich unschwer erweisen lassen.

Die Schwierigkeit der im vorstehenden skizzierten Forschungsaufgaben liegt darin, daß kein einzelner die gesamte Masse des lateinischen und romanischen Schrifttums übersehen kann, das von der augusteischen Zeit bis um 1700 reicht. Den vorgetragenen Ergebnissen haftet darum notwendig der Charakter des Vorläufigen an. Sie sind nach allen Seiten „offen" und absichtlich offengelassen. Ich hoffe von Kundigeren belehrt zu werden. Jeder neu gelesene Text kann zu Berichtigungen nötigen oder die Problemstellung verschieben. Dennoch muß der Literarhistoriker es wagen, auf eigene Hand Vorstöße in das unübersehbare Gebiet der Originaltexte zu machen. Denn er bringt Fragestellungen mit, auf die er von den Spezialforschern des MA.s — seien es Historiker, Philosophen, mlat. Philologen — selten [25] Antwort erwarten darf und die auch

---

[25] Sehr dankenswert sind Sammlungen wie die von E. Gilson über den Topos *Ubi sunt qui ante nos* (E. Gilson, Les Idées et les Lettres, 1932, 1 ff.).

dem klassischen Philologen meist fernliegen: — Fragestellungen, die
letzten Endes in den Horizont einer Geistes- und Formengeschichte
der europäischen Literatur einmünden.

Was ich im folgenden bringe, ist durch empirische Beobachtungen
gewonnen und will nur ein erster Versuch sein. Dennoch führt die
Empirie zu gewissen prinzipiellen Erkenntnissen, die weiterhin
fruchtbar werden können und die auf andere Weise nicht zu gewinnen sind. Ein Topos ist etwas Anonymes. Er fließt dem Autor in die
Feder als literarische Reminiszenz. Er hat eine zeitliche und räumliche Allgegenwart wie ein bildnerisches Motiv. Die Toposforschung
gleicht der „Kunstgeschichte ohne Namen" im Gegensatz zur Geschichte der einzelnen Meister. Sie kann bis zu den unpersönlichen
Stilformen vordringen. In diesen unpersönlichen Stilelementen aber
berühren wir eine Schicht historischen Lebens, die tiefer gelagert ist
als die des individuellen Erfindens. Wir treffen auf Strukturzusam-
menhänge, die, wie ich glaube, neue Erkenntnisse für das Gesamtbild der ma. Literatur gewähren können. Die mlat. Literaturforschung hat ungeheure Stoffmassen zu sichten. Begreiflich, daß sie
über das Stadium biobibliographischer Darbietung bisher selten
hinausgekommen ist. Die Toposforschung stellt ihr empirisch
gewonnene Ordnungsschemata zur Verfügung, welche es erlauben,
den historischen Stoff sinnvoll zu gliedern. Sie bilden keine von
außen herangetragene Systematik, sondern schmiegen sich der historischen Substanz an, weil sie aus ihr selbst gewonnen sind. Die weite
Landschaft der ma. Literatur gewinnt in der Perspektive der Topik
eine neue Beleuchtung. Getrenntes schließt sich zu neuen Ganzheiten
zusammen; auf dunkle Bildstellen fallen Lichter; übersehene Züge
treten hervor und neue Linien zeichnen sich ab. Und wenn eine
Landschaft nach Amiels Wort ein *état d'âme* ist, so muß sich mit der
Beleuchtung jener Literaturlandschaft auch unser seelisches Verhältnis zu ihr wandeln. Wir werden ihr ein Interesse neuer Art abge-
winnen. Aber die historische Topik kann auch zum Verständnis
einzelner Werke und isolierter Texte manches beitragen.[26] Sie

[26] Ein Beispiel aus dem kürzlich (1937) erschienenen Band V, 1 der
Poetae latini medii aevi, den wir dem Altmeister Karl Strecker verdanken.
Walther von Speier gibt die Worte wieder, die Bischof Baldrich an ihn

ermöglicht eine Scheidung zwischen Individuellem und Typischem, aber auch zwischen Volkstümlichem und Gelehrtem. Man kann einen ma. Text — sei er historischer, philosophischer oder sonstiger Art — nur dann verstehen, wenn man untersucht hat, ob er in der Tradition eines Topos steht. Wer das nicht beachtet, kann zu Fehlschlüssen von oft erheblicher Tragweite gelangen. Wie oft führt ein solches Verfahren dazu, daß ein ma. Text als historisches Zeugnis oder als psychologisches Dokument aufgefaßt wird, während er nur eine typische Formel der Tradition variiert.

Diesen Gefahren ist auch die neuerlich aufblühende Stilforschung nicht immer entgangen. Sie sucht im Stil die Individualität des Autors. Das ist berechtigt für die moderne Epoche, die mit der Literaturrevolution des 18. Jh.s einsetzt; genauer gesagt, mit dem Import der englischen Theorie vom *original genius*. Für die antike und neuere Literatur vor 1750 gilt jene Voraussetzung indes nur in eingeschränktem Maße. Eduard Norden hat einmal gesagt: „Das Individuelle in der römischen Literatur zeigt sich nicht sowohl in der Prägung von Neuem, als vielmehr in der besonderen Aus- und Umprägung von Vorhandenem." Das gilt *mutatis mutandis* auch von der ma. Literatur und ihrem Fortleben in Renaissance und Barock. Stilforschung im Sinne einer Erforschung der Individual-

gerichtet hat, und fügt hinzu: *Quid facerem tanti perculsus odore iacinthi?* (S. 15. 111). Diese sonst nicht belegte Wendung variiert den Topos: „Prälaten sind mit Edelsteinen zu vergleichen". Sedulius Scottus braucht in diesem Sinne Beryll, Topas, Saphir (P 3, 172, 63 ff.). *Hyacinthus* bezeichnet einen Edelstein (auch biblisch), aber auch eine Blume. Vielleicht daher *odore?* Aber vgl. *Christi bono odore flagraris*, P 4, 419, 3. — Es sei mir gestattet, zum ›Scolasticus‹ des Walther von Speier hier noch einige Erklärungsvorschläge zu machen. S. 16, 14: *ruga* bedeutet auch Weg, Gasse (Papias: *semitula); plicare* ebda. = *applicare*, wie *spirare* (11, 22) = *suspirare*. Sinn: „die krummen Gassen der Schrift der Liniatur anpassen". Vielleicht schwebte auch *literae dictae quasi legiterae, quod iter legentibus praestant* (Is. Et. 1, 3, 3) vor. — S. 19, 81: *Hinnidum* wohl als *Hymnidum* (‘Musen’) zu fassen. — S. 22, 157: die Division empfängt eine weiße Binde von der Subtraktion, wie die Multiplikation einen Spiegel von der Addition. — S. 16, 10: *Nicostrata = Carmentis*, der Erfinderin des lat. Alphabets (Isidor, Et. 1, 4, 1).

stile ist daher nur möglich, wenn die Topik vorgearbeitet hat. Soll
man letztere auch als Stilforschung bezeichnen? Aus terminologi-
schen Gründen erscheint mir das unzweckmäßig. Die Bezeichnung
„Stilistik" ist von Bally für die Untersuchung der *expression parlée*,
also einer linguistischen Disziplin, reserviert worden, welche die
Literaturforschung grundsätzlich ausschließt. Auch die Definition
der Stilistik von Winkler [27] als „Wissenschaft von den seelischen
Werten der sprachlichen Gebilde" ist wesentlich linguistisch bestimmt. Ohne definitorische Festlegung wird daneben von zahlreichen anderen Philologen „Stilforschung" betrieben: etwa als ein-
fühlende Charakteristik oder im Sinne von Lansons ›*Art de la
prose* . . .‹ Alle diese Dinge haben ihren Platz und haben ihren
— allerdings ungleichen — Wert. Aber sie gehen andere Wege als
das im folgenden versuchte Verfahren. Wenn ich dafür die Bezeichnung „historische Topik" festhalte, so geschieht es deshalb, weil sie
eindeutig und unmißverständlich ist. In einem späteren Stadium der
Untersuchung werde ich — bei der Analyse der poetischen Techniken — auf Dinge zu sprechen kommen, die man als „Stilelemente"
bezeichnen kann. Allein auch da wird es vielleicht möglich sein, an
die rhetorische Systematik anzuknüpfen, um einer Verwechslung
mit sprachwissenschaftlicher Stilistik vorzubeugen.

Nichts steht im Wege, von der Topik auf dem Wege generalisie-
render Induktion zu einer „historischen Rhetorik" fortzuschreiten.
Die Bildung dieses Begriffs und die Ausführung der in ihm enthaltenen Aufgabe würde die wissenschaftsgeschichtliche Entspre-
chung zu der Diskreditierung der traditionellen Rhetorik sein,
welche sich im modernen Bewußtsein vollzogen hat. Eine solche
„historische Rhetorik" würde die normative Rhetorik der Antike
mitsamt der in ihr enthaltenen und den Folgezeiten vererbten Rou-
tine im philosophischen, dreifachen Sinne aufheben.

Die Rhetorik, die in der Antike ein edler Kulturausdruck war
und einem Aristoteles wissenschaftsfähig und -würdig erschien, ist
in der Neuzeit zur „Phrase" entartet. Die Schausammlung, die
Flaubert in seinem ›*Dictionnaire des idées reçues*‹ dargeboten hat,
bezeichnet einen historischen Wendepunkt: hier beginnt der mo-

[27] Grundlegung der Stilistik 1929.

derne Kampf gegen die Phrase, der aus geschichtlichen Gründen in romanischen Ländern noch heute aktuell ist. Vielleicht mag auch der eine oder andere Leser dieser Blätter befürchten, tausendjährige Topoi zu untersuchen hieße leeres Stroh dreschen; die Literaturgeschichte werde zu einem öden Traditions-Schematismus erniedrigt, und die Originalität der ma. Literatur komme zu kurz, wenn man in ihr die Kontinuität antiker Formelemente verfolge. Aber die Topoi sind nicht starre, unveränderliche Schemata. Ihre Bedeutung und Tragweite wechselt mit ihrer historischen Umwelt. Im Zusammenhang mit großen geschichtlichen Veränderungen, wie der Christianisierung und der Germanisierung der alten Welt, entstehen auch neue Topoi oder bilden sich alte um. Man kann an der Geschichte rhetorischer Formeln ein Stück Kulturgeschichte ablesen. Man kann in den scheinbar toten Wendungen vergangenes Leben wieder lebendig werden fühlen. Antike Formelemente in Dichtungen des 12. Jh.s wirken wie antike Werkstücke in romanischen Kirchen oder wie jene römischen Marmorwannen, die man in christlichen Basiliken Roms als Altäre findet. Die Nachahmung der Antike im MA. war naiv wie das Wissen von der Antike es war. Sie hat vieles mißverstanden, aber in produktiver Art. Das schöpferische Mißverständnis ist eine unverächtliche Kategorie der historischen Vernunft. So ist die mlat. „elegische Komödie" ein produktives Mißverständnis des Plautus, und sie hat ihrerseits — nach Farals überzeugendem Nachweis — das afrz. *fablel* hervorgebracht. So hat man quintilianische Deklamationen als Erzählungsstoff gelesen und lateinische Versnovellen daraus gemacht. So ist, wie ich zu zeigen hoffe (unten S. 194 [hier nicht abgedruckt]), aus einem mißverstandenen Horazvers der „Priester Genius" und aus dem antiken Adynaton das spanische *disparate* entstanden. Die antike Gattung des Hirtengedichts (Ekloge) wurde als Rahmen für geistliche Erbauung (Theodul; Joh. de Garlandia [28]), aber auch für orientalische Romane (›*Gesta Apollonii*‹) benutzt. In analoger Weise sind antike Persönlichkeiten (Virgil), antike Götter und vieles andere mißverstanden und umgebildet worden. Dante glaubte eine

[28] Vgl. E. Faye Wilson in Speculum 1933, 358. In unserer Zeit schrieb Francis Jammes ›Les Géorgiques chrétiennes‹.

Komödie zu schreiben, als er sein Weltgedicht schuf. Die Loslösung
vom ma. Geiste kündigt sich immer darin an, daß man das „wirkliche Altertum" wiederentdeckt und daß man gesonnen ist, „anti-
kisch" zu denken.

Die moderne Epoche ist aller Nachahmung historischer, geprägter Formen abhold. Wir wollen das Ursprüngliche und das Echte.
Der Klassizismus ist uns verdächtig. In den romanischen Ländern,
wo die rhetorische Tradition noch eine ganz andere Macht besitzt
als bei uns und wo sie oft Phrase schlechthin ist, kann man deshalb
gelegentlich eine so unwillige Ablehnung aller Topik finden wie in
den Worten von José Ortega y Gasset, die unsere Erwägungen
abrunden mögen: *Las épocas clásicas son épocas esencialmente in-
sinceras ... La vida clásica se compone de tópicos ... El tópico es
la verdad impersonal, y cuando hallamos que una época se ha sa-
tisfecho respirando tópicos, necesitamos pensar que los hombres de
ella eran impersonales ... Existía en ellos la propensión a creer que
la vida debe consistir en una acomodación del individuo a ciertas
formas oficiales de reacción intelectual o estetica ... Nuestra
sensibilidad es rigurosamente opuesta. Vivir es para nosotros huir
del tópico, recurrir de el a nuestra personalísima reacción.*[29] Aber
an anderer Stelle sagt derselbe Autor: *La sinceridad abandona cada
individuo a si mismo, suprimiendo la intervención tutelar de „las
frases". Y como la mayor parte de las gentes es incapaz de pensar y
sentir si no repite „frases", el sincerismo causará por lo pronto,
irremediablemente, un rebajamiento del nivel medio humano.*[30]

---

[29] Revista de Occidente 4 (1924), 237 ff.
[30] Obras (1932), S. 525.

Zeitschrift für Romanische Philologie. 58 (1938), S. 197—199. (= Zur Literarästhetik des Mittelalters II. [Auszug].) Mit Genehmigung des Max Niemeyer Verlages in Tübingen.

TOPIK ALS HEURISTIK

Von Ernst Robert Curtius

In einem ganz anderen Zusammenhang [1] habe ich gesagt, es sei Voraussetzung aller Kritik, daß dem Kritiker bestimmte Dinge auffallen. Das können Nuancen des Stils oder der Seelenhaltung, literarische Anklänge oder bannende Bilder, rhythmische Klauseln oder energische Prägungen, imaginierte Situationen — oder auch Topoi sein: immer sind es Sprachgebilde, von denen man 'betroffen' wird. Ein solches Betroffenwerden gleicht einem plötzlichen Aufleuchten, das zunächst nicht mehr als diffuser, flüchtiger Aufschein ist; aber immer einen Hinweis auf Chiffern 'betrifft', die enträtselt sein wollen. Dieses diffuse Licht in einer Linse zu sammeln, dunkle Felder damit abzuleuchten und so exakte Beobachtungen zu gewinnen, das ist der nächste Schritt. Solche Beobachtungen wollen dann in einen Sinnzusammenhang integriert sein. Wenn das gelingt, ist eine mitteilbare, wenn auch noch nicht endgültige Erkenntnis erreicht. Wenn ich der vorliegenden Abhandlung eine grundsätzliche Erörterung vorausgeschickt habe, so ist diese doch erst nachträglich aus den im Text auf sie folgenden Beobachtungen gewonnen und nur darum an den Anfang der Darlegung gestellt worden, um dem Leser den Zugang zu erleichtern. So weit, aber auch nur so weit, reicht die Tragweite der Systematik, mit der wir begannen. Diese Systematik selbst bleibt elastisch und modifizierbar, ja, sie hat sich uns schon unter den Händen gewandelt. Vom rhetorischen Topos kamen wir unvermerkt zu Sachverhalten, die uns teils auf geschichtlich bedingte Lebensideale, teils auf die archaische Bildersprache der Psyche, teils auf das Problem des Zusammenhangs zwischen der lateinischen und der volkssprachlichen Dichtung des MA.s (Ursprung des spanischen Heldenepos) hinführten. Die historische To-

[1] Französischer Geist im Neuen Europa (1925), 17.

pik wies über sich selbst hinaus, und wir sind solchen Hinweisen
gefolgt. Daraus ergibt sich methodisch: die Toposforschung hat
neben ihren eigenen Aufgaben noch eine weitere Funktion, die wir
als Heuristik bezeichnen können. Wie uns die Analyse des Topos-
begriffs zu der rhetorischen Lehre *De inventione* geführt hat, so
kann die Topik ihrerseits zu einer geschichtlichen *ars inveniendi*
werden. Wenn es uns gelungen ist, zu gewissen Einzelerkenntnissen
literarhistorischer Art zu gelangen, so haben wir sie gleichsam auf
dem Wege gefunden und aufgelesen. Dieser Weg selbst aber war
nicht von einem System oder einer Theorie vorgezeichnet. Im
Gegenteil: wir durchstreifen die ma. Literatur nach verschiedenen
Richtungen hin und sehen dabei von allen Theorien über sie ab.
Die Richtungen werden allein durch den Zufall bestimmt, daß
bestimmte Topoi uns 'auffallen'. Wo wir auf sie treffen, beginnen
wir zu suchen: wir tun vorläufig nichts anderes, als bestimmte Fähr-
ten verfolgen. Dieses Verfahren soll uns auch weiterhin leiten. Die
seit Diez über die Ursprünge der romanischen Dichtung vorgetragenen Lehren sind zwar sehr widersprechender Art. Eines haben
jedoch fast alle gemein: die Bindung — explicite oder implicite —
an bestimmte Theorien, die meist von der klassischen oder der germanischen Philologie, häufig aber auch von klassizistischer Ästhetik
übernommen waren. Ein Beispiel für das letztere ist z. B. die Vorstellung, daß ein ma. Gedicht „Einheit der Handlung" besitzen
muß, weshalb man denn aus dem ›Rolandslied‹ die „Baligant-Epi-
sode" tilgt oder das ›Wilhelmslied‹ in zwei, von verschiedenen Verfassern herrührende Dichtungen ›*Chanson de Guillelme*‹ und ›*Chanson de Rainouart*‹ zerschneidet. Bei solcher Chirurgie wirkt die
aristotelische Theorie von der Handlungseinheit mit der im 19. Jh.
beliebten Homerzerstückelung zusammen. Eine andere — selten
klar formulierte — Theorie klassizistischer Herkunft besagt, das
Heldenepos müsse „erhabenen Stil" aufweisen. Zu Vers 17 des
Cid-Epos bemerkt Menéndez Pidal, der Ausdruck *no lo precio un
figo* und Verwandtes habe der ma. Vorstellung vom *estilo elevado*
nicht widersprochen. Der *estilo elevado* entspricht wohl dem Kunst-
wollen Virgils und Tassos, aber wir haben kein Recht, dieses den
ma. Dichtern unterzuschieben. Es war auch dem Homer unbekannt,
dessen Achill den Agamemnon als „Trunkenbold mit Hundsaugen

und Hirschherzen" anredet (Ilias I, 225). Genug der Beispiele! Worauf ich hinaus will, ist dies. Es scheint mir heute geboten und möglich, die ma. Dichtung unbefangen zu betrachten, nicht mehr durch die grauen oder rosa Brillengläser einer Theorie hindurch. Die Topik als heuristisches Prinzip hat den Vorteil, von keiner der älteren Theorien abhängig zu sein. Sie kann also jene Unbefangenheit des Blickes wiederherstellen. Freilich könnte es sich uns ereignen, daß sich uns gerade auf diesem Wege Elemente einer neuen Theorie ergäben. Wir werden eine solche nicht suchen, ihr aber auch nicht ausweichen. Der Wert einer Theorie ist einzig daran zu messen, ob sie die vorgefundenen Tatbestände zu deuten vermag oder ob sie sie umbiegen oder verzerren muß.

Jahrbuch für Ästhetik und Allgemeine Kunstwissenschaft. 5 (1960), 104 — 201.

DICHTUNGSTHEORIE UND TOPOSFORSCHUNG
(Auszug)

Von OTTO PÖGGELER

[...]

3. Toposforschung als Möglichkeit
dichtungstheoretischer Arbeit

Eine Literaturwissenschaft und Literaturkritik, die die Dichtung aus angemessenen geschichtlichen Horizonten betrachten und sie *als* Dichtung, unter den ihr gemäßen Gesichtspunkten, würdigen will, muß um das Wesen der Dichtung wissen. Dieses Wissen vom Wesen der Dichtung ist zu unterscheiden von den Anweisungen zur Technik des Dichtens. Man kann es — und Curtius tut das — unter dem Namen „Dichtungstheorie" fassen, die Lehre von der Technik des Dichtens dagegen „Poetik" im engeren Sinne des Wortes nennen. Eine Dichtungstheorie, eine umfassende Besinnung auf das Wesen der Dichtung, wird mit ihren einzelnen Lehrstücken erst verstanden sein, wenn man weiß, wie sie historisch geworden ist. So ist auch eine Geschichte der Dichtungstheorie ein unumgängliches Erfordernis dichtungstheoretischer Arbeit. Ja, es ist nicht ausgemacht, wie weit das Wesen der Dichtung in sich geschichtlich ist und es zu einer letzten Forderung an das Dichtungsverständnis wird, über alle statische Systematik hinauszugehen und sich hineinzustellen in die sich wandelnde Geschichte des Verstehens von Dichtung. Eine zusammenfassende geschichtliche Darstellung der Dichtungstheorien besitzen wir nicht. Doch gibt es viele Möglichkeiten, eine solche Darstellung vorzubereiten. Wir finden z. B. bei Curtius die gewohnte Art historischer Arbeit, die schöpferische Neuwertung eines vergessenen oder nicht genug gewürdigten Dichtungsverständnisses und die begriffsgeschichtliche Forschung. Die Arbeitsergebnisse von Curtius weisen auch noch auf eine andere spezifische Möglichkeit hin, in die Geschichte der Dichtungstheorie hineinzukommen. Curtius hat

einige Exkurse zur Geschichte der Dichtungstheorie vorgelegt, die
„Specimina eines erst zu begründenden Forschungszweiges" sein
wollen, und von ihnen gesagt: „Ich lege sie als Halbfabrikate vor,
um weiterer Forschung Anregungen zu geben." [1] Sehen wir uns die
Titel einiger dieser Exkurse an, so erkennen wir, daß diese Titel
Topoi im Sinne von Curtius sind: ›*Der göttliche Wahnsinn der
Dichter*‹, ›*Dichtung als Verewigung*‹, ›*Dichtung als Unterhaltung*‹,
›*Gott als Bildner*‹. Wenn Curtius auch selbst eine solche Zielsetzung
nicht eigens vollzogen hat, so ist es doch ganz im Sinne seiner
Arbeit, eine Geschichte der Dichtungstheorie i n d e r W e i s e
d e r T o p o s f o r s c h u n g zu erarbeiten. Handelt Curtius über
das Verhältnis von Poesie und Theologie im Mittelalter und in der
italienischen Renaissance, dann stellt er in den Mittelpunkt seiner
Untersuchungen den Topos von der Dichtung als einer *altera theologia*. Wenn er zur Geschichte des Wortes Philosophie im Mittelalter schreibt, dann nicht zuletzt darum, um zu verstehen, warum
Albertino Mussato, der die Dichtung eine *altera theologia* genannt
hat, sie auch mit einem verwandten Topos als eine *altera philosophia* vorstellen kann.[2]

Wir wollen umreißen, was Dichtungstheorie als Toposforschung
ist. Deshalb müssen wir nach einer vorläufigen Bestimmung dessen,
was Dichtungstheorie und was Geschichte der Dichtungstheorie sein
können, uns fragen, was unter Toposforschung zu verstehen ist.
Die T o p o s f o r s c h u n g ist von Curtius f ü r d i e L i t e r a r -
h i s t o r i e entwickelt worden. Wenn es die Aufgabe der Wissenschaft ist, Probleme zu lösen, die sie nicht gewählt hat, die ihr aber
den Weg versperren, dann zeigt die Erarbeitung der toposgeschicht-
lichen Methode, wie eine solche Lösung gefunden wurde. Curtius
fand feste literarische Wendungen, „Gemeinplätze", Topoi, die sich
in der antiken wie in der mittelalterlichen und noch in der beginnenden neuzeitlichen Literatur nachweisen ließen. Wurde durch sie

[1] E. R. Curtius: Europäische Literatur und latein. Mittelalter. 1. Aufl.
Bern 1948. S. 464 (Im folgenden: E. L.).

[2] E. R. Curtius: E. L. S. 219 ff. u. 208 ff. — Vgl. ferner: E. R. Curtius:
Zur Geschichte des Wortes Philosophie im Mittelalter. In: Romanische
Forschungen. Bd. 57. 1943. S. 290—309.

eine große Kontinuität sichtbar? In welchem Verhältnis standen die
Kontinuitäten solcher Topoi zur antiken Rhetorik, die eine Lehre
von den Topoi kannte? [3]

Jede Rede — so lehrt die Rhetorik, die einmal eine Macht war
— muß Argumente bringen, um ihre Sache annehmbar zu machen.
„Nun gibt es eine ganze Reihe solcher Argumente, die für die verschiedensten Fälle anwendbar sind. Es sind gedankliche Themen, zu
beliebiger Entwicklung und Abwandlung geeignet. Griechisch heißen sie *koinoi topoi;* lateinisch *loci communes,* im älteren Deutsch
'Gemeinwörter'. So sagen noch Lessing und Kant. Nach dem englischen *commonplace* wurde dann um 1770 'Gemeinplatz' gebildet.
Wir können das Wort nicht verwenden, da es seine ursprüngliche
Verwendung verloren hat. Deshalb behalten wir das griechische
topos bei. Um das Gemeinte zu verdeutlichen: ein *topos* allgemeinster Art ist 'Betonung der Unfähigkeit, dem Stoff gerecht zu werden'; ein *topos* der Lobrede: 'Lob der Vorfahren und ihrer Taten'.
Im Altertum wurden Sammlungen von solchen *topoi* angelegt. Die
Lehre von den *topoi* — Topik genannt — wurde in eigenen Schriften behandelt." Die Topik war im Lehrgebäude der antiken Rhetorik „das Vorratsmagazin" [4]. Als die Rede nach dem Untergang
der griechischen Stadtstaaten und der römischen Republik aus der
politischen Wirklichkeit verschwand, gingen die Rhetorenschulen
nicht unter. Vielmehr drang die Rhetorik in alle Gebiete des literarischen Lebens ein. „Ihr kunstvoll ausgebautes System wurde
Generalnenner, Formenlehre und Formenschatz der Literatur überhaupt. Das ist die folgenreichste Entwicklung innerhalb der Geschichte der antiken Rhetorik. Damit gewinnen auch die topoi eine
neue Funktion. Sie werden Klischees, die literarisch allgemein verwendbar sind . . ." [5] So verlangt die Rhetorisierung der Poesie, die,
wie Curtius mit der Altphilologie feststellt, sich in der römischen
Poesie seit Augustus abspielte und dann über das Mittelalter hinaus
bis in den Umbruch von 1750 hinein herrschend blieb, von der Literarhistorie die toposgeschichtliche Methode. Aber nicht alle Topoi

---

[3] E. R. Curtius: E. L. S. 21 f. u. 385.
[4] E. R. Curtius: E. L. S. 77 u. 87.
[5] E. R. Curtius: E. L. S. 77.

kommen aus der Rhetorik. „Viele stammen ursprünglich aus der Poesie und gehen dann in die Rhetorik über. Zwischen Poesie und Prosa findet seit dem Altertum ein beständiger Austausch statt."[6] Überhaupt ist die Topik der Literarhistorie nicht systematisch und normativ wie die antike Topik, sondern historische Topik. Gerade als solche kann sie zeigen, wie bestimmte Topoi in der Seelenlage einer bestimmten Zeit wurzeln. So hat Curtius gezeigt, daß die paradoxen Topoi vom greisen Jüngling oder von der jugendlichen Greisin in der visionär erregten Spätantike entstehen und in ähnlich erregten Epochen neues Leben gewinnen können. Wie die Toposgeschichte das Entstehen neuer Topoi beobachten kann, so kann sie auch nachweisen, daß bestimmte literarische Aussagen keine Wirklichkeit mehr wiedergeben, sondern unbedachte Weitergabe eines traditionellen literarischen Gutes sind. Wenn im Mittelalter nördlich der Alpen Ölbäume, Palmen und Zedern Knospen treiben und Löwen gehen — so etwas gibt es ja noch in Shakespeares ›As you like it‹ —, dann ist das nur der Landschaftstopik zuzuschreiben.

Die Toposforschung dient vor allem dem Erkennen des traditionellen literarischen Gutes. In diesem Sinne hat Curtius in einer antiromantischen Art, die sich gegen die seit Grimm bei den Germanisten herrschende Weise wendet, im gelehrten Wort nur die Überschichtung des aus der Tiefe des Volkes wachsenden zu sehen, die europäische Literatur gedeutet als eine Literatur der Gelehrten und Traditionsbeflissenen, voll von Topoi, von konstanten Strukturen, voll von Denk- und Ausdrucksschemata, die aus der Antike kommen und durch das Mittelalter an die neueren Zeiten vermittelt werden. Die Toposforschung wird so zu einer neuartigen Methodik, die Sinneinheit der europäischen Literatur aufzuschließen. Die europäische Literaturwissenschaft muß historisch verfahren, aber, so hat Curtius festgestellt, nicht in der herkömmlichen Form der Literaturgeschichte. „Eine erzählende und aufzählende Geschichte gibt immer nur katalogartiges Tatsachenwissen. Sie läßt den Stoff in seiner zufälligen Gestalt bestehen. Geschichtliche Betrachtung aber hat ihn aufzuschließen und zu

[6] E. R. Curtius: E. L. S. 90.

durchdringen. Sie hat analytische Methoden auszubilden, das heißt
solche, die den Stoff 'auflösen' (wie die Chemie mit ihren Reagentien) und seine Strukturen sichtbar machen. Die Gesichtspunkte
dafür können nur aus vergleichender Durchmusterung der Literaturen gewonnen, das heißt empirisch gefunden werden."[7] Die
Toposforschung zeigt Konstanten auf, die in eine Schicht des Über-
persönlichen hineinführen. „Ein Topos ist etwas Anonymes. Er
fließt dem Autor in die Feder als literarische Reminiszenz. Er hat
eine zeitliche und räumliche Allgegenwart wie ein bildnerisches
Motiv. Die Toposforschung gleicht der 'Kunstgeschichte ohne Namen' im Gegensatz zur Geschichte der einzelnen Meister. Sie kann
bis zu den unpersönlichen Stilformen vordringen. In diesen unpersönlichen Stilelementen aber berühren wir eine Schicht historischen
Lebens, die tiefer gelagert ist als die des individuellen Erfindens."[8]
Schließlich führt die Toposforschung und ein mit ihr zusammen-
arbeitendes vergleichendes Verfahren noch über alles Historische
hinaus. Der Topos vom puer senex findet sich in den verschiedensten
Kulturen: das meint Curtius nur erklären zu können durch die Annahme, „daß hier ein Archetypus, ein Bild des kollektiven Unbewußten im Sinne von C. G. Jung, vorliegt". Die sich in manchen
Topoi aussprechenden visionären Vorstellungen „reden die ewige
Sprache des Traumes".[9]
Was Curtius einer so gehandhabten Toposforschung zutraut, zeigen seine Untersuchungen über die „Göttin Natura". In ihnen sucht
er die innerste Geschichte des Mittelalters im Sinne einer spekula-
tiven Gnosis und von C. G. Jung her zu deuten aus der Einführung
einer weiblichen Potenz in die Vorstellung von der Gottheit; so
seien die Fruchtbarkeitskulte ältester Zeiten „wie durch eine geöff-
nete Schleuse" in die Spekulation des christlichen Abendlandes eingedrungen.[10] Die Philologie wird hier auf eine spekulative Höhe

---

[7] E. R. Curtius: E. L. S. 23.

[8] E. R. Curtius: Zur Literarästhetik des Mittelalters II. In: Zeitschr.
f. Romanische Philologie. Bd. 58. 1938. S. 139 [in diesem Band S. 14].

[9] E. R. Curtius: E. L. S. 109 u. 113. — Zum Topos *puer senex* vgl. auch
E. R. Curtius in: Comparative Literature. Bd. 1. 1949. S. 31 ff.

[10] E. R. Curtius: E. L. S. 119 ff. u. 130 f. — Wie bedeutsam diese
Thematik für Curtius ist, zeigen die mit gleicher Deutungstendenz ge-

gehoben, auf der auch bei Curtius (der so heftig gegen die kunst-
wissenschaftliche, soziologische und psychologische Überfremdung
der Literarhistorie polemisiert) nicht mehr eine sich auf sich beschei-
dende Philologie und Historie das letzte Wort behält.

Curtius hat die normative Topik der antiken Rhetorik umgeformt zu einer historischen Topik, zu einer Erforschung von Grundaussagen, von Denk- und Ausdrucksschemata, die immer wieder
von der Tradition weitergegeben, die neu gefunden oder neu verlebendigt werden und zum bloßen Klischee erstarren können. Die
Verflechtung von Rhetorik und Poesie, die viele Jahrhunderte
europäischer Literatur beherrschte, veranlaßte ihn, die Toposforschung zu einer Methode zu erheben, die zentral für die Literaturwissenschaft ist. Aber grundsätzlich hat Curtius seine Toposforschung auch von der Rhetorik gelöst und Topoi beobachtet,
die ohne rhetorische Vermittlung ursprünglich in der Dichtung
selbst entstehen. Wenn wir nun nicht nur von literarischen, sondern
auch von s p e z i f i s c h   d i c h t u n g s t h e o r e t i s c h e n   T o p o i
sprechen, dann liegt die Berechtigung für die Verallgemeinerung
und Ausweitung des Begriffs „Topos" schon in jenem Rückgang zur
Rhetorik, wie Curtius ihn vollzog. Selbstverständlich soll damit
keine engere Beziehung zwischen Dichtungstheorie und Rhetorik
behauptet werden, sondern es muß offen bleiben, welche Tradition
jeweils in der Dichtungstheorie am eindringlichsten spricht, sei es
nun die Tradition der Rhetorik und allgemeiner die der freien
Künste oder der humanistischen Vorstellungen, sei es eine philosophische oder theologische Tradition, die Tradition eines politischen
Denkens, eines dichterischen Selbstverständnisses oder welche Tradition auch immer.

Topoi sind nach Quintilian Fundgruben für den Gedankengang,
argumentorum sedes.[11] Ein Topos ist mehr als ein bloßer Begriff, er
fordert die Anwendung von Begriffen in bestimmter Absicht. Er ist
ein Gesichtspunkt, der uns anleitet, ein Problem nach einer

gebenen Hinweise auf Dante (E. L. S. 376 u. 380 f.), Goethe, Novalis und
Eliot (Kritische Essays z. europ. Literatur. 2., erw. Aufl. Bern 1954.
S. 319 ff. Im folgenden K. E. abgekürzt.).

[11] E. R. Curtius: E. L. S. 77.

bestimmten Hinsicht zu durchdenken. Er zielt auf eine allgemeine
und formale Grundaussage, ohne jedoch sich endgültig festlegen zu
lassen, wenn er auch dazu tendiert, in eine Formel geprägt zu werden, die tradiert werden kann. Ein Topos ist noch nicht mehr als
eine variable Formel, die dann bei der Ausarbeitung der Rede oder
Schrift in der verschiedensten Weise entfaltet werden kann. Der
Topos empfiehlt einen Gedankengang, aber er ist keine fest formulierte Sentenz, kein geflügeltes Wort. Andererseits drängt er doch
zu einer vorläufigen Formulierung, die dann am Problem modifi-
ziert werden muß. So ist eine Toposgeschichte mehr als bloß die
Geschichte eines Problems, selbst wenn diese unter einen alther-
gebrachten Titel oder Topos gesetzt wird. Sie ist auch anderes als
die Geschichte eines Begriffs. Ein Topos steht schließlich nie für sich
allein; verschiedene Gesichtspunkte können einer Sache gemäß sein.
So gibt es z. B. eine ganze Reihe von Topoi, eine ganze Topik der
Trostrede; oder eine Exordialtopik, die dazu dient, am Anfang
einer Schrift deren Notwendigkeit zu begründen. Da der eine
Gesichtspunkt, der eine Topos auch seinen Gegensatz herausfordert,
kann die Topik nicht nur dazu dienen, verschiedene Gesichtspunkte
ins Spiel zu bringen, sondern auch dazu, in bezug auf eine Sache das
Für und Wider zu erörtern. Die „Orte" eben dieser Erörterung sind
die Topoi.

   Dichtungstheorie und Toposforschung: das ist eine Z i e l s e t -
z u n g, d i e nicht so neu ist, wie es scheint, sondern die i m
G r u n d e i m m e r s c h o n bei der Erarbeitung der Geschichte
der Dichtungstheorie ergriffen worden ist. Wer etwa über Nietzsche und die poetische Lüge schreibt, der wird dem Topos von der
Dichtung als einer Lüge soweit wie möglich durch seine Geschichte
hindurch nachgehen, ihn bei Hesiod und Solon, bei Aristoteles und
Thomas, im Altertum, im Mittelalter und in der Neuzeit finden.
Wer Boccaccios Aussage zitiert, daß die Dichtung eine Theologie
sei, der sollte wissen, aus welcher Tradition diese Formel geschöpft ist,
und so erfahren, was mit ihr eigentlich gemeint ist. Wer das Fortleben der antiken kunsttheoretischen Anschauungen im Mittelalter
und in der Neuzeit aufweisen will, wird vor allem das Weiterwirken der alten Topoi beobachten. Manche Kommentatoren dichtungstheoretischer Werke haben aus ihrer überreichen Gelehrsam-

keit halbe Toposgeschichten in einer Anmerkung skizziert. Arbeiten zur Geschichte der Poetik oder Dichtungstheorie geben zum Teil dem Leser durch ein entsprechendes Register die Möglichkeit, schnell und leicht zu verfolgen, wie z. B. der Topos, die Dichtung sei philosophischer als die Geschichtsschreibung, in den einzelnen Poetiken aufgenommen wird. In den Lexika oder in lexikalischen Arbeiten hagelt es unter einem bestimmten Stichwort gelegentlich von Zitierungen eines bestimmten Topos. Dieses in Schlaf gesunkene und durch die Dornenhecke der Langweiligkeit geschützte geistige Gut muß nur wieder neu zum Leben erweckt werden. Die Toposgeschichte könnte hier helfen. Auch in der bisherigen Literatur fehlt es schon nicht an Arbeiten, die wir in unserem Sinne als Toposgeschichten ansprechen dürfen.

Von dem Germanisten und Hegelforscher Johannes Hoffmeister wurde die Aufgabe einer Erforschung der dichtungstheoretischen Topoi ausdrücklich ergriffen. Hoffmeister sah ein Ziel seiner Arbeit darin, mitzuwirken an der Selbstbesinnung der Literaturwissenschaft auf ihre Möglichkeiten und Grenzen. Ihm genügte nicht eine schnelle Bestimmung des Gegenstandes der Literaturwissenschaft von dieser oder jener Philosophie aus, er suchte sich vielmehr eigens die große Tradition des Dichtungsverständnisses von Platon und Aristoteles bis zu Horaz, „Longin" und Quintilian, von Scaliger, Opitz, Schiller, Goethe, Hegel bis zu Nietzsche anzueignen. Hoffmeister teilte die Literaturwissenschaft anders ein als Curtius, und zwar in Literarhistorie, Philologie und Poetik, wobei er den Begriff *Philologie* enger, den Begriff *Poetik* weiter faßte als dieser. Der Literaturwissenschaft gegenüber stellte Hoffmeister die Dichtungskunde. Betroffen durch den von Max Weber entfesselten Streit um die Wertfreiheit der Wissenschaft, suchte der Gundolfschüler der literar*wissenschaftlichen* Beschäftigung mit Dichtung in der Dichtungs*kunde* einen Umgang mit Dichtung zuzuordnen, dem es nicht verboten war, zu werten, größere und geringere Dichtung zu scheiden und die aus einem personalen Umgang mit der Dichtung gewonnenen Ergebnisse, mochten sie auch anderes und mehr als Wissenschaft sein, literarisch zu formulieren. Der Name Kritik schien ihm für diesen Umgang mit Dichtung nicht zu genügen. Unabhängig von Curtius war ihm das, was er dann später im An-

schluß an Curtius dichtungstheoretische Toposforschung nannte, in
Bemühungen um die Poetik des Opitz und um das Dichtungsverständnis der Goethezeit erwachsen. Die Toposforschung verband
Hoffmeister mit einem geschärften philosophischen Problem-
bewußtsein und dem Ethos geisteswissenschaftlicher Forschung, auch
mit einer eigentümlich gehandhabten „Motivgeschichte".

Er veran-
laßte verschiedene Dissertationen über Probleme der Dichtungsauffassung der Goethezeit und deren Vorgeschichte, über Topoi der
Dichtungstheorie und Metaphern aus dem Selbstverständnis der
Dichter, ohne jedoch schon zu einer genauer ausgearbeiteten Methodik zu kommen. Im ganzen blieb die Arbeit auf diesem Gebiet ein
bloßer Ansatz. Hoffmeisters früher Tod ließ sie gerade dort abbrechen, wo sie eigentlich erst hatte beginnen sollen.[12]

Zweiter Abschnitt
Beispiele dichtungstheoretischer Toposforschung

Um die großen Werke der europäischen Literatur und der Weltliteratur für unser Lebensverständnis fruchtbar machen zu können,
bedürfen wir einer Besinnung auf das Wesen der Dichtung. Dichtungstheoretische Toposforschung soll dieser Besinnung dienen. Mag
„dichtungstheoretische Toposforschung" nur ein neuer Begriff sein
für Bestrebungen, die hier und da schon in Ansätzen, in kleineren
Arbeiten, unter anderem Namen oder von anderen Gesichtspunkten
aus verwirklicht worden sind, — als genau umrissene und bewußt
gehandhabte Methode ist sie etwas Unbekanntes, Undurchdachtes,
Undifferenziertes. Deshalb wollen wir nun an einigen konkreten
Beispielen zeigen, was dichtungstheoretische Toposforschung ist.
Zuerst geben wir die kurze, andeutende Skizze der Geschichte eines
bedeutsamen Topos, des Topos vom göttlichen Wahnsinn der Dichter. Ein einzelner Topos steht jedoch niemals für sich allein; er fügt
sich immer ein in das Geflecht anderer mit ihm verwandter oder ihn
ergänzender Topoi, die auf das gleiche Problem zielen wie er. Die

[12] Vgl. J. Hoffmeister zum Gedächtnis. Hrsg. v. F. Nicolin u. O. Pöggeler. Hamburg 1956. S. 26 f.

Besinnung auf das Verhältnis von Dichtung und Theologie, in die
auch der Topos vom göttlichen Wahnsinn der Dichter gehört, ergibt
eine ganze „Topik", so daß das Gespräch über dieses Problem von
den verschiedensten Gesichtspunkten her geführt werden kann. Der
Hinweis auf die Topik dieses Verhältnisses, den wir im zweiten
Kapitel geben, bietet uns Gelegenheit, auf einige schon erarbeitete
Beispiele dichtungstheoretischer Toposforschung einzugehen. Die
Toposforschung wird letztlich nicht nur die Geschichte eines einzelnen Topos oder die Topik eines bestimmten Problems erarbeiten
müssen, sondern einen Aufriß der dichtungstheoretischen Topoi im
ganzen. Freilich kann der Versuch eines solchen Aufrisses nicht am
Anfang der Erforschung der Topoi stehen. Deshalb begnügen wir
uns damit, im dritten Kapitel dieses Abschnittes an Hand einiger
locker gereihter Beispiele den Umkreis dessen abzugrenzen, was
nach unserer Ansicht alles unter den Begriff des dichtungstheoretischen Topos fällt.

1. Der Topos vom göttlichen Wahnsinn der Dichter

„Der Theorie vom 'Dichterwahn'", so sagt Ernst Robert Curtius,
„liegt der tiefe Gedanke von der numinosen Inspiration der Poesie
zugrunde — eine Vorstellung, die, gleichsam als esoterisches Wissen
um die göttliche Abkunft der Poesie, von Zeit zu Zeit immer wieder
auftaucht." [13] In klassischer Form ist der Topos ausgebildet worden
durch Platon,[14] aber er war Lehrgut der Antike überhaupt und hat
das ganze Jahrtausend hindurch weitergelebt, „das zwischen der
Eroberung Roms durch die Goten und der Konstantinopels durch

[13] E. R. Curtius: E. L. S. 469.
[14] Vgl. zuletzt: G. Krüger: Einsicht und Leidenschaft. 2. Aufl. Frankfurt a. M. 1948. — Ferner die Kontroverse Gundert—Meyer; H. Gundert:
Enthusiasmus und Logos bei Platon. In: Lexis II, 1. 1949. S. 25—46;
H. W. Meyer: Das Verhältnis von Enthusiasmus und Philosophie bei
Platon im Hinblick auf seinen Phaidros. In: Archiv für Philosophie. Bd. 6.
1956 S. 262—277. — Vgl. auch: A. Delatte: Les conceptions de l'enthou-
siasme chez les philosophes présocratiques. Paris 1934.

die Türken liegt. 'Weiterleben' ist vielleicht ein zu anspruchsvoller
Ausdruck. Das Mittelalter hat diese wie so viele andere Prägungen
des griechischen Geistes von Spätrom übernommen, hat sie bewahrt
und nachbuchstabiert, bis der schöpferische Eros der italienischen
Renaissance den Buchstaben wieder zum Geist erweckte." Vom
florentinischen Platonismus des ausgehenden Quattrocento ist der
Topos „wohl in das große figurale Harmoniesystem eingedrungen,
das Raffael in den Wandgemälden der vatikanischen Stanzen der
Nachwelt hinterlassen hat. Ein Deckenmedaillon der Camera della
Segnatura stellt die Poesie dar mit der Beischrift: *numine afflatur*" [15].
Die Barockpoetiken sind voll von Bemerkungen über den *furor
poeticus sive divinus,* und auch noch in späterer Zeit dient die
Bezugnahme auf den Enthusiasmus, die Mania, die Phrenesia,[16] den
Wahnsinn der Dichter dazu, das Geheimnis des Produktiven und
die seltsame Erfahrung, daß das Gedicht etwas ist, was weit über
seinen Schöpfer und dessen bewußtes Können und Wissen hinauszugehen scheint, zu umkreisen.[17] Immer wieder entzündet sich am
alten Topos die Zustimmung zu dem von ihm Ausgesagten, — aber
auch der Widerspruch, sei es, daß man die „Göttlichkeit" des Wahnsinns streicht, sei es, daß man überhaupt nichts von einem Wahnsinn
des Dichters wissen will, sei es, daß man die Bedenken des kritischen
Geistes gegen ihn geltend macht.

Die Dichter schaffen als Begeisterte und Besessene, lehrt P l a -
t o n und tritt damit der Homerallegorese entgegen, die in diesem
Anführer der griechischen Poesie auch den *Lehrer* alles Wissens
finden wollte. Die Dichter schaffen nicht durch *techne,* im Beisich-
sein und mit Vernunft, — deshalb ist ihre Kunst auch nicht lehrbar,
ihr Wissen nicht ausweisbar. „Wenn aber einer ohne diesen Musen-

---

[15] E. R. Curtius: E. L. S. 470 u. 469. — Ders. über Rhetorik, Topik,
Malerei und Musik: E. L. S. 85. — Zu „Numine afflatur" vgl. Vergil:
Aeneis 6, 50.

[16] Vgl. F. Schalk: Beiträge zur romanischen Wortgeschichte (II): Phre-
neticus, Phrenesia im Romanischen. In: Romanische Forschungen. Bd. 65.
1954. S. 19—37.

[17] Zum Ganzen vgl. W. Muschg: Tragische Literaturgeschichte. 3. Aufl.
Bern 1957. Vgl. besonders die Kapitel: Die Magier, Die Seher, Das Leiden.

wahnsinn zu den Pforten der Dichtkunst kommt, in der Überzeugung, er könne auch wohl durch Kunst ein guter Dichter werden, der wird teils selber als ein Ungeweihter erachtet, teils wird
seine Dichtung als die des Besonnenen von der der Wahnsinnigen
verdunkelt" (Phaidros 245 a). Der Wahnsinn der Dichter ist göttlicher Wahnsinn; der Gott macht die Begeisterten *(entheoi)*, nachdem er ihnen den Verstand genommen hat, zu seinen Sprechern; er
ist es, der durch sie spricht (Ion 534 c ff.). Wie wenig aber die Rede
der Dichter der Wahrheit entspricht, wieviel in ihr Lüge ist, suchte
Platon im zweiten und dritten Buch des Staates zu zeigen. Den
Dichtern müssen deshalb zum wenigsten Vorschriften gemacht,
ihrem Dichten müssen Grenzen gesetzt werden, wenn die Polis und
die Erziehung zu ihr hin nicht Schaden leiden sollen. Im Grunde
treten in Platons Kampf gegen die Dichter zwei Welten auseinan-
ander: die mythische Welt, in der die Menschen im Glauben unmittelbar hingerissen werden zu den Göttern, und die besonnene,
selbsthafte Welt kritischen Denkens, die dem Enthusiasmus nur
noch mit Ironie entgegentreten, ihn nur noch ironisch gelten lassen
kann. Die im Enthusiasmus hingerissenen Dichter sind nicht Herr
über sich selbst. Weil sie nicht durch menschliche Kunst, sondern nur
vermöge göttlicher Führung dichten, können sie auch nur *die* Dichtungsgattungen pflegen, zu denen sie die Muse treibt (Ion 534 c).
Sokrates aber nötigt im Symposion den Agathon und den Aristophanes, den Tragödiendichter und den Komödiendichter, einzuräumen, „es sei Sache eines und desselben, des Komödien- und Tra-
gödienschreibens kundig zu sein, und der kunstgerechte Tragödiendichter müsse auch zugleich Komödiendichter sein" (Symposion
223 c f.). Die Dichter räumen das zwar ein, aber schließlich vermögen sie dem Sokrates nicht mehr zu folgen, sie schlafen ein. Nur
einer vermag es, bis zum Ende wach zu bleiben: Sokrates. Er ist es,
der letztlich allein zählt, und Platon, der Philosoph, übernahm in
seinen Dialogen die Aufgabe, welche der Dichter nicht zu erfüllen
vermochte. Doch war die Feindschaft, mit der Platon den Dichtern
entgegentrat, von wahrhafter Größe, da sie einräumen konnte, daß
der Wahnsinn — freilich nur jener Wahnsinn, der durch göttliche
Gabe gegeben war — den größten Segen über Hellas gebracht hatte
(Phaidros 244 a).

Die späte re antike Literatur, Mittel alter,
Renaissance und Barock nehmen zwar immer wieder
und auch in verschiedenem Sinn den Topos vom göttlichen Wahnsinn des Dichters auf, aber wer im *prodesse et delectare* den Sinn
der Dichtung findet, wer mit einem *arma virumque cano* beginnt,
wer verborgene Theologie im Dichtwerk sucht oder theologisch-
philosophische Gehalte dichterisch einkleiden will, wer die Kunstfertigkeit über alles betont, für den ist der furor poeticus nicht
mehr in jenem letzten Ernst der Zustand des Dichters, in dem er es
für Platon war. Rudolf Meißner hat in seinem schönen Aufsatz
›*Dein clage ist one reimen*‹ [18] die Belege für die Auffassung des
Mittelalters und der beginnenden Neuzeit gesammelt, daß zum
Dichten *furor* notwendig sei und daß dieser *furor* sich in Versen
und Reimen ausspreche. Diese Auffassung geht nicht nur auf das
antike, sondern auch auf das germanische Dichtungsverständnis
zurück. „Dem Skalden ist das Dichten eine rauschartige Entrük-
kung durch Odins *met, odr,* Dichtergabe darf man geradezu mit
furor wiedergeben." [19] Meißner hat aber auch gezeigt, wie stark die
Einwände gegen den *furor poeticus* und die Einschränkungen ihm
gegenüber waren. Im ›*Hortus Deliciarum*‹ der Herrad von Lands-
berg (um 1170) sind die Dichter genau so dargestellt wie sonst die
das göttliche Diktat aufnehmenden Evangelisten; aber nicht Engel,
sondern Dämonen flüstern in ihre Ohren. Sie stehen außerhalb jenes
Kreises, in dem die *Philosophia,* umgeben von den sieben freien
Künsten, dargestellt ist, und für den der Satz gilt: „Omnis sapientia
a Domino Deo est".[20] Die Dichter — Ovid, Vergil, schließlich Faust
— wurden dem Mittelalter zu Magiern.

Mit dem im 18. Jahrhundert aufkommenden Originalitäts- und
Geniebewußtsein mußte der Dichterwahn noch einmal eine größere

[18] R. Meißner: Dein clage ist one reimen. In: Vom Geiste neuerer
Literaturforschung. Festschrift für O. Walzel. Wildpark-Potsdam 1924.
S. 21—28. — Vgl. auch O. Walzel: Das Prometheussymbol von Shaftes-
bury bis Goethe. 2. Aufl. München 1932. S. 40 Anm.

[19] R. Meißner: a. a. O. S. 25.

[20] Vgl. die Abb. bei H. H. Glunz: Die Literarästhetik des europäischen Mittelalters. Wolfram — Rosenroman — Chaucer — Dante.
Bochum-Langendreer 1937. S. 195.

Geltung bekommen. Hamann etwa untersuchte im dritten Aufzug der *Wolken* die „Grenzstreitigkeiten des *Genies* mit der *Tollheit*" und zeigte vor allem die religiöse Bedeutung des „Wahnsinns" auf, der sich nicht dem Verstand unterwirft.[21] Aber selbst ein Herder sagte dagegen in der Schrift ›Vom Geist des Christentums‹ über den Begriff der „Begeisterung": „Wer das '*im Geist sein*' u. f. für einen Rausch der Sinne hält oder der Verrücktheit gleich achtet, ist fast wert, daß er den Zustand reiner Geistesfassung, innerer Gemütshandlungen, das Bewußtsein einer himmlischen Stille und Energie nie erfahre."[22] In Beziehung auf die Dichtung ließ er die Frage stellen: „Was nützte die erhabenste Dichtung, wenn sie Opium für die Seele oder ein Schleier fürs Auge wäre, die wahren Gestalten und den Gang der Dinge nie kennen zu lernen?"[23] Zwar beginnt Goethe sein Fragment ›Der ewige Jude‹ mit den Versen:

> Um Mitternacht wohl fang' ich an,
> Spring' aus dem Bette wie ein Toller;
> Nie war mein Busen seelenvoller . . .

aber diese Eskapaden ließ G o e t h e selbst bald hinter sich. Im 18. Buch von ›*Dichtung und Wahrheit*‹ legt er dem Freunde Merck die Feststellung dessen in den Mund, was ihn selbst von anderen Dichtern unterscheidet: „Dein Bestreben . . ., deine unablenkbare Richtung ist, dem Wirklichen eine poetische Gestalt zu geben, die andern suchen das sogenannte Poetische, das Imaginative zu verwirklichen, und das gibt nichts wie dummes Zeug." Goethe bemerkt dazu: „Faßt man die ungeheure Differenz dieser beiden Handlungsweisen, hält man sie fest und wendet sie an, so erlangt man viel Aufschluß über tausend andere Dinge." Das Dichten sollte gegründet sein auf die von Gesetzen durchwaltete Geistnatur und so eine Objektivität gewinnen, die neben den anderen großen Objektivitäten des geistigen Reiches sich behaupten konnte. Deshalb

---

[21] J. G. Hamann: Sämtl. Werke. Hrsg. v. J. Nadler. Bd. 2. Wien 1950. S. 103 ff.

[22] J G. Herder: Sämtl. Werke. Hrsg. v. B. Suphan. Berlin 1877 ff. Bd. 20. S. 127.

[23] J. G. Herder: a. a. O. Bd. 11. S. 383.

mußte der reife Goethe die platonische Theorie vom Dichterwahn ablehnen. Ion, dieser Tropf und dieses elende Individuum in der „Persiflage" des berühmten platonischen Dialoges, hätte wohl, wäre er nicht so unglaublich dumm gewesen, auf die Fragen des Sokrates Rede und Antwort stehen können und nicht zuzugeben brauchen, daß der Dichter und sein Interpret nur aus Wahn, nicht aus Wissen, schüfen. „Zur Beurteilung des epischen Dichters gehört nur Anschauen und Gefühl und nicht eigentliche Kenntnis, obgleich auch ein freierer Blick über die Welt und alles, was sie betrifft. Was braucht man, wenn man einen nicht mystifizieren will, hier zu einer göttlichen Eingebung seine Zuflucht nehmen?" Wer auseinandersetzte, was Männer wie Platon im Ernst, im Scherz oder Halbscherz gesagt haben, würde unendlich zur Bildung beitragen, „denn die Zeit ist vorbei, da die Sibyllen unter der Erde weissagten; wir fordern Kritik und wollen urteilen, ehe wir etwas annehmen und auf uns anwenden" [24].

Die Goethesche Symbollehre war nicht das letzte und ist nicht das einzige gültige Wort der Kunstauffassung jener Zeit. Die Diskussion um den Topos vom göttlichen Wahnsinn der Dichter muß in jene letzte Schärfe hineingeführt werden, die ihm Schelling gab, als er den Künstler als den Menschen überhaupt bezeichnete und ihn in jene Spannung von Unmittelbarkeit und Freiheit, von Bewußtlosem und Bewußtem stellte, die Hegel entspannte, als er die Kunst zum bloß unmittelbaren Element des Geistes herabsetzte, die Kierkegaard auseinanderbrechen ließ, als er nur ein Entweder-Oder für die Entscheidung zwischen der sinnlichen Genialität der Künstler innerhalb der ästhetischen Sphäre einerseits und dem Ernst der ethischen und religiösen Sphäre andererseits sah.

Die Kunst, so hat H e g e l in seiner Jenenser Zeit gesagt, ist der „Indische Bacchus, der nicht der klare, sich wissende Geist ist, sondern der begeisterte Geist, der sich in Empfindung und Bild einhüllende, worunter das Furchtbare verborgen ist ... Die Schönheit ist viel mehr der Schleier, der die Wahrheit bedeckt, als die Dar-

---

[24] Goethes Werke (Sophien-Ausgabe). Bd. 41, 2. Abt. Weimar 1903. S. 173 u. 176.

stellung derselben"[25]. Bei dieser Anschauung ist Hegel nicht stehengeblieben. Er hat schon in der ›Phänomenologie‹ gezeigt, wie sich der „unbefestigte Taumel des Gottes", die außersichseiende „bacchische Begeisterung" mit Bewußtsein erfüllt und sich so zur schönen Klarheit des klassischen Kunstwerkes herausarbeitet. Aber das Widerspiel von Unmittelbarkeit und Besonnenheit in der Kunst führt schließlich zu ihrer Auflösung durch die Ironie des sich selbst zerstörenden Komischen und die Ironie jenes sokratischen Wissens, das dem in schöner Sittlichkeit geborgenen Geist als Verführerin der Jugend erscheint.[26] Die Dichter und Künstler, das ist die grundsätzliche Auffassung Hegels, fassen in ihrem „Enthusiasmus", in der Unmittelbarkeit ihres Gefühls und ihrer Anschauung, das Absolute nur in besonderen Göttergestalten. Da in diesen Gestalten das Naturmoment noch nicht ganz ins Geistige überwunden, der Geist noch nicht ganz wirklich geworden ist, sondern als „Ideal" dem „Leben" gegenübersteht, schwebt über ihrer vollendeten und doch in sich traurigen Schönheit die nicht aufgehobene Negativität des Todes, die erst wahre geschichtliche Verwirklichung mit all ihrer harten Endlichkeit ermöglicht, als das unbegriffene dunkle Schicksal. Zwar kann die Kunst auch die Überwindung des Todes und jene Enträtselung des Schicksals, die der christliche Glaube lehrt, in ihren Gestaltungen noch vorstellen, aber nicht mehr auf eine adäquate Weise. Mag sie mit immer vollkommeneren Werken hervortreten, der absolute Anspruch, mit dem sie einst den griechischen Geist ansprach, ist für uns ein Vergangenes, die höchsten Befriedigungen gewährt sie unserem Geist nicht mehr. Das Epos vom Menschengeist, vom „Humanus", wie Hegel mit Anspielung auf Goethes Fragment gebliebene *Geheimnisse* und mit Genugtuung über das Scheitern der romantischen Entwürfe von Universalepen sagt, kann der Dichter nicht geben, es bleibt der Philosophie vorbehalten. Die Unmittelbarkeit, mit der der Künstler die Welt umfaßt, die

[25] G. W. F. Hegel: Jenenser Realphilosophie II. Hrsg. von J. Hoffmeister. Leipzig 1931. S. 265.

[26] G. W. F. Hegel: Phänomenologie des Geistes. Hrsg. v. J. Hoffmeister. 5. Aufl. Leipzig 1949. S. 504 f. u. 517. — Zum Ganzen vgl. meine Arbeit: Hegels Kritik der Romantik. Bonn 1956. S. 79 ff., 99 f., 286 f. u. 394 f.

Innigkeit, in der er doch die Härten der Endlichkeit und Realität aus seinem Welterfassen ausschließen muß, die Benommenheit, in der dieses Erfassen geschieht, lassen die Kunst nur als die unterste Form des absoluten Geistes erscheinen, die ihre eigentliche Rechtfertigung im Denken finden muß. Die Einstufung der Kunst unter die anderen Ordnungen des Geistes, die keine vollständige „Inwohnung" in ihr mehr gestattet, hat Hegel für sich selbst gelebt; er hat sie gegenüber den Novalis und Hölderlin mit Schärfe und gegenüber Goethe mit Zurückhaltung und Anerkennung der Leistungen des Dichtergeistes vertreten; er hat in der ›Lehre vom Ende der Kunst‹ die Ästhetik der abendländischen Metaphysik vollendet, worüber kein Hinweis auf die dialektische Aufhebung und Bewahrung der Kunst im absoluten Geist hinwegtäuschen darf.

Rechtfertigte Schelling die Kunst aus jener unaufhebbaren Spannung von Natur und Geist, Bewußtlosem und Bewußtem, die der Mensch ist, so suchten die R o m a n t i k e r ihre Antwort auf die Frage, wie überhaupt noch und nun wieder Kunst möglich sei, in Formeln zu fassen wie „Enthusiasmus und Ironie" (Fr. Schlegel) oder „Begeisterung und Ironie" (Solger). Der bei den Griechen zu sich erwachte kritische Geist hatte die Dichtung als Lüge entlarvt oder ihre Aussage von der Allegorese her als lehrbares Wissen gedeutet. Platon, der den Enthusiasmus, den göttlichen Wahnsinn der Dichter und somit ihre nicht lehrbare Weisheit wieder ernst nahm, konnte von der philosophischen Besonnenheit her mit dem mythischen Gut der Dichter nur noch ironisch umgehen. Doch konnte noch Sokrates für die ewigen Gesetze des Staates sterben, Platon sich von der Ironie zur Schau der ewig gleichen Ideen führen lassen. Die klassische Skepsis und die neuzeitliche Entwicklung des historischen Bewußtseins dagegen radikalisierten Skeptizismus und Ironie in einem letzten Ausmaß. Wie kann vor der Agilität dieser historisch verschärften Skepsis und Ironie, die in ihrem kritischen Geiste und mit ihrem genealogisierenden Verfahren jede Gestalt der Wahrheit als zeitbedingt entlarvt, die Dichtung noch mit einem Anspruch auf Wahrheit auftreten, wo sie doch weder Wissen geben will noch Glauben fordern darf, wo sie weder mit Platon zur besonnenen Schau der ewigen Ideen führen, noch mit Hegel das Subjekt und seine Ironie absolut in die Substanz versenken, noch mit Kierkegaard den Sprung in den Glauben tun kann oder wenigstens nicht aus diesem Sprung jede Legitimation für ihren ästhetischen Bereich fordern darf? Auf diese Frage wollte die romantische Formel „Enthusiasmus und Ironie", die die Lehre vom „Wahnsinn" der Dichter verwandelt aufnimmt und noch für unser Kunstverständnis konstitutiv ist, antworten.[27]

Mit der Ablösung der Kunst und ihres Anspruches durch Spekulation oder Wissenschaft konnten sich die Künstler nicht zufriedengeben; gegen solche Unterbewertung der Kunst revolutionierte auch Nietzsche, der in seinen Schriften immer wieder ausdrücklich auf den „göttlichen Wahnsinn" zurückkommt. In der frühen Schrift über die ›Geburt der Tragödie‹ nimmt er ein altes Bild des Aristophanes auf: Euripides und Sokrates verderben zusammen die Tragödie.[28] Euripides, der erste „Nüchterne", mußte die trunkenen Dichter genauso verurteilen, wie Sokrates es tat, in dessen Augen „nie der holde Wahnsinn künstlerischer Begeisterung geglüht hat" (No. 14). Auch Platon, der Schüler des Sokrates, konnte vom schöpferischen Vermögen des Dichters, „insofern dies nicht die bewußte Einsicht ist", zu allermeist nur ironisch reden und es mit der Begabung des Wahrsagers und Traumdeuters gleichstellen (No. 12). Der Wahn der alten Dichter wurde abgelöst durch den Optimismus der metaphysischen Weltanschauung, den Optimismus der theoretischen Wissenschaft, der für Nietzsche selbst wiederum in einem „Wahn" gründet. In ihm liegt die „tiefsinnige *Wahnvorstellung*, welche zuerst in der Person des Sokrates zur Welt kam — jener unerschütterliche Glaube, daß das Denken, an dem Leitfaden der Kausalität, bis in die tiefsten Abgründe des Seins reiche, und daß das Denken das Sein nicht nur zu erkennen, sondern sogar zu *korrigieren* im Stande sei. Dieser erhabene metaphysische Wahn ist als Instinkt der Wissenschaft beigegeben und führt sie immer und immer wieder zu ihren Grenzen, an denen sie in *Kunst* umschlagen muß: *auf welche*

[27] Vgl. O. Becker: Von der Hinfälligkeit des Schönen und der Abenteuerlichkeit des Künstlers. In: Festschrift f. E. Husserl. Halle 1929. S. 27 ff. — B. Allemann: Ironie und Dichtung. Pfullingen 1956.
[28] Vgl. B. Snell: Aristophanes und die Ästhetik. In: B. Snell: Die Entdeckung des Geistes. 2. erw. Aufl. Hamburg 1948. S. 126—145.

es eigentlich, bei diesem Mechanismus, abgesehn ist" (No. 15). Hatte Platon und in anderer Weise Hegel aus der Bedenklichkeit gegenüber dem Dichterwahn das Ende oder die Ein- und Unterordnung der Kunst gefolgert, so will der junge Nietzsche dem künstlerischen Menschen, der tragischen Weltanschauung und der Begrenzung des Wissens wieder Raum schaffen. Aber auch in Nietzsche lebt die ganze Bedenklichkeit, die das kritische Denken von seiner logischen Redestruktur aus der mythischen Redestruktur des Dichters entgegengebracht hat. Der Hintergrund für die Angriffe auf die Träume und Sinndeuteleien der Dichter ist jedoch bei ihm nicht mehr eine spekulative Philosophie und Metaphysik, die vielmehr als Lüge abgetan wird, sondern das historische Genealogisieren und Entlarven jeder Wahrheit, der naturwissenschaftliche Positivismus und die Feststellung einer erkannten Sinnlosigkeit der Welt. Die sokratischen Argumente gegen die Dichter sind in ›*Menschliches, Allzumenschliches*‹ geradezu mit Händen zu greifen: nur die „empfindenden" Menschen, die der Wirklichkeit zuweilen müde sind, nehmen den „dichterischen Traum als eine wohltätige Ausspannung und Nacht für Kopf und Herz", und nur weil sie das tun, können die Dichter ihre Betrügerrolle durchführen (II, 32). Nur indem er verbrannt und durstig ist von der Einsicht: „daß ich verbannt sei von aller Wahrheit! *Nur* Narr! *Nur* Dichter!" entsinkt Nietzsche dem Wahrheits-*Wahnsinne*. Aber noch in der späteren Vorrede zur ›*Geburt der Tragödie*‹ setzt er den Wahnsinn der Dichter gegen und über die Wissenschaft und rühmt seine frühe Schrift, weil sie sich zum ersten Male an die Aufgabe gewagt habe, „die Wissenschaft unter der Optik des Künstlers zu sehen, die Kunst aber unter der des Lebens". Wir dürfen die Zweideutigkeit, in der Nietzsche die Gewichte zwischen Kunst und Wissenschaft immer wieder verschieden verteilt, nicht verkennen. Es sind überhaupt „Gefahr und Gewinn im Kultus des Genius", die Nietzsche erwägt, wenn er anknüpft an den Gedanken Platons, daß der Wahnsinn die größten Segnungen über die Menschen gebracht habe (*Menschliches, Allzumenschliches* I, 164).

In der Lehre vom göttlichen Wahnsinn der Dichter liegt einmal die Einsicht, daß die Dichtung etwas nicht zu Erzwingendes und die Dichtkunst etwas nicht vollständig Lehr- und Übermittelbares ist.

Selbst wenn der eigentlich religiöse Hintergrund schwindet, der doch in dem alten Topos mitgegeben ist, bleibt die Erkenntnis, daß man ohne die *mania* zwar ein hochbegabter, aber schließlich doch nur ein *poeta minor* sein kann. Die Unterscheidung zwischen dem nur hochbegabten und dem manischen Dichter [29] kann schließlich reduziert werden auf die Frage nach dem, was der Dichter von Natur hat, und dem, was ihm sein technischer Kunstverstand gibt. Aber die Unterscheidung bleibt bestehen. Aufklärerische Zeiten, die sich so unendlich fortgeschritten dünkten über vorhergegangene Jahrhunderte, mußten schließlich einsehen, daß ihre so genau und nach den exaktesten Regeln erarbeitete Poesie von der Dichtung eben jener Jahrhunderte, in denen noch soviel Wahn regierte, in den Schatten gestellt wurde. Nicht nur das nicht Erzwingbare, das zur Dichtung gehört, ist in der Lehre vom Dichterwahn ausgesprochen, sondern auch jene Erfahrung, daß die Dichtung ein rein Geschenktes, daß sie göttliche Gabe ist und bleiben muß. Immer wieder, selbst in jüngsten Zeiten und ganz unmittelbar, wird diese Erfahrung ausgesprochen. Sie kommt dann zu ihrer höchsten Höhe, wenn in der Dichtung die Offenbarung eines göttlichen Wortes vernommen wird. Um die Auseinandersetzung mit solchen Erfahrungen geht es immer wieder in der Besinnung auf das, was Dichtung zu geben hat.

Der Topos vom Wahnsinn der Dichter zeigt auch noch einen anderen Aspekt, nämlich in jener Form, in der er einfach aussagt, daß D i c h t e r s e i n V e r r ü c k t s e i n heiße. Auch diese vulgäre Fassung ist ältestes Gut. Schon Horaz spottet in seiner ›Ars poetica‹ (Vers 295 ff.).

> Weil das Talent weit höher Demokritus schätzt als den armen
> Kunstfleiß, weil von des Helikon Höhn er die nüchternen Dichter
> Ausschließt, mag auch die Nägel ein gut Teil nimmer sich schneiden,
> Noch abscheren den Bart, sucht Öden auf, meidet die Bäder . . .

Den „tollen" Dichter flieht, wer klug ist (Vers 455)! Isidor von Sevilla, „oder besser: seine Quelle, leitet *carmen* von *carere mente*"

---

[29] Vgl. Aristoteles: Poetik. Kap. 17. 1455 b 32.

ab. Das klingt vielfach nach, durch Mittelalter und Neuzeit, z. B.
bei Manzoni.[30]
    Nicht nur in dieser sich ins Groteske ziehenden Form enthüllt der
Topos ein anderes Gesicht, sondern auch dadurch, daß er verknüpft
wird mit dem Wissen um die Zusammenhänge von Dichtung,
Traum, Rausch, Krankheit und den ältesten in uns schlummernden
Menschheitserinnerungen, mit der Einsicht: Wer Dichtung sagt, sagt
Leid und Gefahr. Hamanns Wort: „*Genie* ist eine Dornenkrone
und der *Geschmack* ein Purpurmantel, der einen zerfleischten Rük-
ken deckt",[31] gibt einen Orgelpunkt neuzeitlicher Besinnung auf
Genialität an, der sich durchhalten sollte bis in das unaussagbare
Schicksal Nietzsches. Gerade das letzte Jahrhundert schaute Genie
und Wahnsinn in eins; doch ließ sich der Geist auf eine solche Zusammenschau und vor allem auf ihre positive Wertung nicht festlegen. Philippe Pinel, der große französische Arzt, der soviel für
eine bessere Behandlung der Geisteskranken getan hat, erzählt in
seinem bedeutendsten medizinischen Werk eine Krankengeschichte,
an die er eine aufschlußreiche und, wie es scheint, symptomatische
Bemerkung anknüpft: Ein Mensch hielt sich für Mahomed. Als eines
Tages die Kanonen von Paris schossen, glaubte er, dies geschehe, um
ihm zu huldigen, gebot Stillschweigen und konnte sich vor Freude
nicht mehr lassen. „Dies ist vielleicht das wahre Bild der über-
natürlichen Inspiration oder vielmehr der phantastischen Täuschung
mancher alten Seher."[32] Den Anweisungen Pinels folgt Hegel in
den bedeutenden Gedanken, die er sich über die „Verrücktheit" in
den Vorlesungen zur Philosophie des subjektiven Geistes macht. Er
begreift aber die „Verrücktheit" *überhaupt* als eine „notwendige"
Stufe des Geistes, der zu sich selbst kommen will, und g*eschichtlich*
als ein Symptom von Krisenzeiten, vor allem (in der ›*Phänomenologie*‹) als einen jener extremsten Punkte, zu denen der Geist sich
in der romantisch-idealistischen Zeit entzweite, um ganz zu sich und

[30] E. R. Curtius: E. L. S. 469 f.
[31] J. G. Hamann: Briefwechsel. Hrsg. v. W. Ziesemer u. A. Henkel.
Bd. 2. Wiesbaden 1956. S. 168.
[32] Ph. Pinel: Traité médico-philosophique sur l'aliénation mentale ou
la manie. Paris 1801; deutsch von M. Wagner: Philosophisch-medizinische
Abhandlung über Geistesverirrungen oder Manie. Wien 1801. S. 31.

zu seiner endgültigen Versöhnung zu finden. Obwohl Hegel die „Notwendigkeit" der „Verrücktheit" zu begreifen sucht, bleibt für ihn wie für jeden klassisch empfindenden Menschen der Sturz des Geistes in den Wahnsinn ein Einwand gegen den Gestürzten. Diese Gedanken gewinnen die höchste dichtungstheoretische Relevanz, wenn wir bedenken, daß Hegel im Jugendfreund Hölderlin gewiß den Prototyp jener Zeitgestalt gesehen hat, die in eine äußerste Spannung und in das äußerste Extrem der Geisteslage der Zeit gerückt worden war und nicht bestand. Erst die Romantiker mit ihrem positiveren Verständnis der Krankheit und ihrem Wissen darum, daß es Entscheidungen in Tiefen gibt, über die kein Außenstehender befinden kann, und für die das äußere Schicksal kein Beleg ist, fanden zu einem tieferen Verständnis von Hölderlins Schicksal. Aus einer klassischen Haltung heraus hatte noch Goethe im Tasso das Leiden des schöpferischen Menschen am Leben und seine Unfähigkeit in ihm gestaltet. Schopenhauer aber hat dann die immer neu aufgenommene Lehre von der pathologischen Verfassung des Genies aufgestellt. Bald dienten die großen Dichter, Denker und Künstler, die dem Wahnsinn verfielen, der Psychopathologie als Beispiel bei der Erforschung des Verhältnisses zwischen Wahnsinn und Genialität, ja der Wahnsinn wurde als Erfüllung des Künstlertums gefeiert. Ein bionegatives Moment schien zum Schöpferischen hinzuzugehören. Gegen diese Auffassung hat Wilhelm Dilthey eigens eine Rede gehalten, die den Titel trägt: ›Dichterische Einbildungskraft und Wahnsinn‹,[33] und auf den alten Topos zurückgreift, ohne jedoch die eigentliche Tiefe des Topos vom *göttlichen* Wahnsinn der Dichter zu erreichen. Der Dichter, so sagt Dilthey, ist nicht krank, sondern in einem außerordentlichen Sinne gesund. Während der Träumende und der Wahnsinnige den inneren Zusammenhang des Seelenlebens verlieren, ist dieser Zusammenhang gerade im Dichter besonders mächtig, wenn er auch zu einer traumähnlichen Verbindung der Elemente greift.

Diese Andeutungen mögen gezeigt haben, wie zentral der Topos vom Wahnsinn oder vom göttlichen Wahnsinn der Dichter für das

[33] W. Diltheys Gesammelte Schriften. Bd. 6. Leipzig u. Berlin 1924. S. 90—102.

Dichtungsverständnis ist. Durch Aussagen, die von den verschiedensten Seiten her über den Dichter und sein „Schaffen" gemacht werden, greift die Toposforschung hindurch auf einen in ihnen liegenden, einheitlichen Gesichtspunkt. Älteste Mythen vom Dichter und seiner Entrücktheit, denkerische Aussagen über Dichtung von Platon bis zu Hegel und Nietzsche, Worte der Theologen aus dem Streit um die göttliche Inspiration, Hinweise auf das oft so düstere Schicksal des Dichters, biographische und psychographische Untersuchungen, Analysen zur Erfassung des genialen Menschen: sie alle weisen auf ein Phänomen, das mit den gleichen oder ähnlichen Worten immer neu angesprochen wird. Die Ausarbeitung der Geschichte unseres Topos müßte sich in die innerste Mitte des Verstehens von Dichtung vorwagen. Sie könnte dafür auch Entscheidendes sagen über den Dichter und über das Verhältnis einzelner Epochen und Geschichtsmächte zu ihm.

2. Die Topik des Verhältnisses von Dichtung und Theologie

Der enthusiastische Dichter ist ein Theologe, ein benommener und hingerissener Sprecher der Götter oder Mächte. Der Topos vom *göttlichen* Wahnsinn der Dichter verknüpft die Dichtung mit der Theologie. Aber der „Ort", von dem aus dabei das Verhältnis von Dichtung und Theologie gesehen wird, ist nicht der einzig mögliche. Es gibt andere Topoi, die dieses Verhältnis von ihrem Ort aus sehen lehren; es gibt eine ganze Topik dieses Verhältnisses. Der Dichter, der in einem heiligen Wahnsinn Sprecher der Götter sein will, kann ob seiner Benommenheit und Selbstvergessenheit verworfen, seine Theologie als Lüge gebrandmarkt werden. Die Aussagen des Dichters können jedoch auch von einer Vernunfttheologie oder Offenbarungstheologie her als „verborgene Theologie" gerechtfertigt und in ihrer Reinheit, von den Schlacken des dichterischen Sprechens befreit, herausgestellt werden. Der Dichter kann versuchen, seiner Schau den Makel des Wahnsinns zu nehmen. Dann wird er im Übervernünftigen der Dichtung die eigentliche Leistung des Geistes finden.

Hier soll freilich nicht der Versuch gemacht werden, alle jene

Topoi herauszustellen, die das Gespräch der Geschichte über das Verhältnis von Theologie und Dichtung erarbeitet hat. Wir wollen zwar auf die Topik dieses Verhältnisses hinweisen, aber doch nur dadurch, daß wir die Ergebnisse einiger hierher gehöriger Arbeiten referieren. So lernen wir einige schon erarbeitete toposgeschichtliche Untersuchungen kennen. Wir beginnen mit der Arbeit von R. Bachem über ›Dichtung als verborgene Theologie‹, die in bewußter Weise Toposforschung sein will (a). Vom Topos „Dichtung als *altera theologia*" aus korrigierte Curtius die bisherigen Auffassungen von der Dichtungstheorie der italienischen Renaissance. Seine Forschung vergegenwärtigt uns beispielhaft eine spezifische Leistungsmöglichkeit der Toposforschung (b). Nur das rechte Verständnis der dichtungstheoretischen Topoi gewährleistet ein Verstehen der Geschichte der Dichtungstheorie. Dieses Faktum zeigt sich uns noch einmal an der Auseinandersetzung zwischen Curtius und Glunz über die Literarästhetik des Mittelalters und der Neuzeit (c). Tritt seit der Renaissance der Dichter als *Schöpfer* und *alter deus* mit seinem Werk, der *altera natura,* an die Stelle des Theologen, der die *poiesis divina* des *Deus poeta* verwaltet (d)? Jedenfalls bildet sich die Neuzeit ihre eigenen Topoi über das Verhältnis von Dichtung und Theologie, jedoch in der Weise, daß sie an älteste Topoi anknüpft und diese verwandelt aufnimmt. Alle diese Topoi muß man vor Augen haben, um einen einzelnen Topos, z. B. den Topos von der Dichtung als verborgener Theologie, richtig einordnen zu können (e). Die Topik des Verhältnisses von Dichtung und Theologie fügt sich ihrerseits wieder in wechselnder Zuordnung ein in das Feld der dichtungstheoretischen Topoi überhaupt (f).

a) An den Anfang unseres Referates stellen wir die Arbeit von Bachem: ›Dichtung als verborgene Theologie. Ein dichtungstheoretischer Topos vom Barock bis zur Goethezeit und seine Vorbilder‹, Bonn 1956. Sie nimmt ihren Standpunkt im Barock und in der Goethezeit, aber so, daß sie die ganze Geschichte des werdenden und sich wandelnden Topos zu umreißen sucht. Die durch solche Arbeit — „bescheidene Arbeit des Philologen" (S. 98) — gewonnenen Erkenntnisse sollen auch für das Dichtungsverständnis der Gegenwart fruchtbar gemacht werden. „In unserer Zeit, wo alle gültigen Maßstäbe und Begriffe auf dem Felde der

Kunst zu schwanken scheinen, ist es nötig, sich auf Vergangenes
wirklich zu besinnen und dadurch wenigstens ein festes Maß dafür
zu gewinnen, *wie* gegenwärtige Kunst ist und nicht ist, und wenn
möglich, an der Erkenntnis zu arbeiten, wie Kunst ewig beschaffen
und bewahrt sein soll. Daher muß es fruchtbar sein, sich mit alten
und ältesten Aussagen zu befassen" (S. 97). Die Begriffe „Topos"
und „Dichtungstheorie" werden in der unter Anleitung von Johannes Hoffmeister geschriebenen Dissertation im Anschluß an Curtius bestimmt. „Topos heißt Stelle (in einem Buch) oder rhetorischer
Gemeinplatz. Unter Dichtungstheorie verstehen wir mit E. R. Curtius — in Abgrenzung gegen Poetik im engeren Sinne — die Gedanken über Funktion und Wesen der Dichtung. 'Dichtungstheoretische
Topoi' bedeuten uns mehr als bloße Redensarten, sie sind jeweils
Ausdruck der Kunstauffassung von einem bestimmten Ort des Geistes her" (S. 15).

Den Zugang zu seinem Topos findet Bachem über die gegenteilige
Auffassung, daß die Dichtung Lüge sei, wie sie u. a. bei Hesiod,
Solon, Platon, Aristoteles, Thomas und Nietzsche nachzuweisen ist.
Zur Lüge wird die Dichtung vor der Vernunft (Platon), vor der
religiösen Existenz (Kierkegaard), vor dem Leben (Nietzsche).
„Die Anschauung von der Dichtung als Lüge und Täuschung muß
uns vertraut sein, bevor wir uns mit der Dichtung als verborgener
Theologie befassen, damit es nicht schließlich den Anschein hat, als
könne man nach Willkür einmal diesen, einmal jenen Topos anwenden" (S. 1 f.). Über den Begriff des ästhetischen Scheins, wie
Schiller und Goethe ihn entfaltet haben, gewinnt Bachem ein positives Verhältnis zur lügenden oder Wirklichkeit nur vortäuschenden
Dichtung. „Das Wesen der Kunst ist ästhetischer Schein (welcher im
Altertum, im Mittelalter und bis zur Goethezeit in den unzulänglichen Begriff *der* Lüge, die eigentlich keine Lüge ist, gefaßt wurde)
— und der Sinn des ästhetischen Scheins ist das 'Ideal'" (S. 12).

In der Dichtung verborgen ist (I.) eine „a b s t r a k t e   T h e o -
l o g i e": eine Kunde vom Göttlichen, die dadurch aus der Dichtung abstrahiert wird, daß man gerade vom Reiz der Kunst absieht
und ihr die Schlacken der Fiktion abstreift. Ein solches Verständnis
der Dichtung beginnt in der Homerallegorese. Hyponoia, der
Hintersinn, der als etwas *anderes* in der Dichtung *ausgesagt* wird

(Allegorie), wurde trotz Platon zu einem Leitfaden abendländischen Dichtungsverständnisses. Verborgene Theologie, Spuren einer Urtheologie findet der Stoiker Cornutus bei Homer und Hesiod und arbeitet sie geläutert heraus in seinem ›Handbuch der griechischen Theologie‹ (1. Jahrhundert n. Chr.; das Kompendium wurde 1505 zuerst und zwar in Italien neu gedruckt). Die Allegorese wurde vom Christentum auf das Alte Testament angewandt; aber Clemens von Alexandrien und Basilius sahen auch in der antiken Literatur verborgene Theologie. Die antike Literatur wurde zum Vorhof für das Studium der Bibel; doch blieb ihr gegenüber die Gabe der rechten Unterscheidung maßgebend. Das Mittelalter abstrahierte vor allem aus Vergil, der schon dem Heiden Macrobius als Theologe galt, eine verborgene Theologie (4. Ecloge!).

Nicht ohne Reiz ist es, daß gerade in Boccaccio, dem Dichter des ›Decameron‹, die abstrakt-theologische Dichtungsdeutung ihren Gipfel erreicht. Für Boccaccio gilt, „daß die Theologie und die Poesie beinahe ein nämliches genannt werden dürfen, wo ein und dasselbe ihr Gegenstand". Diese seine Auffassung unterbaut er auf dreifache Weise. „Was der Dichter 'fabula' oder 'fictio' nennt, haben unsere Theologen 'figura' genannt." Isaak ist z. B. figura, typos oder Vorbild für Christus, Jerusalem Vorbild der Kirche.[34] Die Dichtung wird mit dem Hinweis darauf, daß sie genauso wie die

---

[34] Es ist zu bedauern, daß R. Bachem nicht die Arbeiten von E. Auerbach erwähnt. (Figura. In: Neue Dantestudien. Zürich u. New York 1943; Mimesis. Bern 1946; Typologische Motive in der mittelalterlichen Literatur. Krefeld 1953.) Auerbach unterscheidet scharf zwischen der abstrakt-allegorischen Deutung überhaupt, die allgemein Moralisches, Philosophisches usw. aus der Dichtung heraushebt, und der spezifisch typologischen oder figuralen Allegorese, die aus dem jüdisch-christlichen Geschichtsdenken erwachsen ist und deshalb nicht einfachhin aus der griechischen Allegorese erklärt werden kann. Curtius hielt — zu Unrecht — die Figuraldeutung von Auerbach „bis auf weiteres" für „im wesentlichen unrichtig", ebenso die in „Mimesis" vorgetragene Behauptung, „der Realismus sei aus den Berichten über die Passion Christi zu klären": Zeitschr. f. Romanische Philologie. Bd. 67. Tübingen 1951. S. 276 f. Vgl. dazu E. Auerbach: Epilegomena zur Mimesis. In: Romanische Forschungen. Bd. 65. Frankfurt 1954. S. 12.

48 Otto Pöggeler

Theologie Praefigurationen kennt, verteidigt: „Ob das nun wirklich so ist, mögen gerechtere Richter sehen, die mit gleichem Gewicht abwägen die (wörtliche) Oberfläche der Aufzeichnungen der Visionen des Isaias, Ezechiel, Daniel und anderer heiliger Männer und später der Fiktionen der Dichter; und wenn sie in der Art des Verhüllens oder Enthüllens einen Unterschied sehen, werde ich der Verurteilung beipflichten." Hinter der Fabel und der Figur steht das Eigentliche, ebenso verborgen wie entborgen. Boccaccio weiß ferner, „daß die Theologie weiter nichts ist als eine Poesie Gottes. Und was ist es anders als Poesie, wenn in der Heiligen Schrift gesagt wird, Christus sei bald ein Löwe, bald ein Lamm . . . Was denn anders lassen die Worte des Erlösers im Evangelium hören, wenn nicht eine Rede mit verdecktem Sinn, welche Redeweise wir mit dem gebräuchlichen Ausdruck 'Allegorie' benennen? So zeigt sich denn gut, nicht allein, daß die Poesie Theologie ist, sondern auch die Theologie Poesie". Boccaccio findet drittens hinter aller Dichtung eine Urreligion, somit ist er auf der Spur der sapientia veterum, wie später Herder, Creuzer, Leopold Ziegler u. a. Anders gefaßt, führt diese Spur zur „natürlichen Theologie", zu deren Einsichten auch die Dichter Zugang haben (S. 22 ff.).

In den Poetiken des Barock tauchen die alten, von der Renaissance vermittelten Theorien ebenfalls auf. Opitz liefert den *locus classicus*: „Die Poeterey ist anfangs nichts anders gewesen als eine verborgene Theologie und unterricht von Göttlichen sachen." Der Topos kann aber auch zur Auffassung der Dichtung als einer verzuckerten theologischen Arzneipille entarten (S. 29 ff.). Bachem erwähnt Jakob Schimmelmanns Deutung der Edda (1777) als Kuriosum und als kaum zu überbietenden Gipfelpunkt jener abkünftigen Bestrebungen, die die Dichtung mehr in abstrakt dogmatischer und moralistischer Weise auf ihre Leisten schlagen, als daß sie sie als geheimnisvolle theologische Praefiguration auffassen. Von Schimmelmanns „ganz ungeheuerlichem Machwerk" sagt Golther, daß es den „denkbar größten Unsinn" enthalte. „Das Buch war zu wüst und zu verrückt, um irgendwie Anerkennung zu finden." Schimmelmann wollte nicht wissen können, was eine Gotteslehre und Theologie sei, wenn nicht die Edda eine kurze Summa der Glaubenslehre sei. Er meint, „daß in diesen 33 Fabeln . . . alles enthalten ist, was nur immer in dem allerbesten theologischen System von Gott, seiner Ordnung des Heyls und der Lehre, wie man seelig werden soll, so gedrengt, so ordentlich, so schön, so weislich paraboliert und gelehret werden; daß nichts darüber, und kein menschlicher Verstand es besser ordnen können" (S. 32 f., 115).

Der christlichen Kunst ging die Theologie voraus. Sie mußte deshalb (II.) zur Dichtung als „dargestellten Theologie" führen, zur christlichen Allegorie. Die Möglichkeiten solcher Darstellung hatte die Antike schon vorgegeben.[35] Sie geschieht einmal durch die Vergegenständlichung von Abstraktem im Bild, im Emblem, so daß die Dichtung *pictura* heißen kann, wie bei Alanus ab Insulis,[36] dem Platons ›Timaios‹ das Vorbild des theologisch-philosophischen Poems war — kaum noch können wir uns die Wirkung dieser Embleme auf die Menschen des Mittelalters, der Renaissance und des Barock vorstellen, dieser Zeichen, denen noch Goethes ›Faust‹ nachspürt. Die Vergegenständlichung wird ebenso durch die Personifikation ermöglicht, die der Barockpoetiker Jakob Masen als Prinzip des Jesuitendramas rechtfertigte. Dichtung als dargestellte Theologie wird ferner aufgefaßt als theologisches „Exempel, als Vision",[37] die dem Überstieg ins Göttliche Raum gibt und ihn aufbewahrt. „Entkörperung! Mit diesen Worten läßt sich's nicht beschreiben, darum genüge dieses Beispiel, bis ihr durch Gnade es erleben dürft", sagt Dante im Paradies (I, 70). Dante selbst verweist den Leser auf den verborgenen Sinn unter dem Schleierwerk seiner Verse und nimmt für sein Werk den vierfachen Sinn in Anspruch, nach dem die Scholastik allein die Bibel auslegen wollte. Das Exempel erscheint dann als Geschichtsexempel, wie z. B. im Faustbuch („allen hochtragenden, fürwitzigen und gottlosen Menschen zum schrecklichen Beyspiel, abschewlichen Exempel, und

[35] Vgl. jedoch unseren Hinweis auf E. Auerbach, Anm. 34.
[36] Was E. R. Curtius bestreitet: Zeitschr. f. Romanische Philologie. Bd. 58. S. 35 f. — Vgl. dazu R. Bachem: Dichtung als verborgene Theologie. Bonn 1956. S. 117.
[37] Zur Frage, wieweit Dantes Göttliche Komödie noch zur darstellenden Theologie gerechnet und als Vision betrachtet werden kann, vgl. H. H. Glunz: a. a. O. (Anm. 20). S. 500 f.

trewhertzigen Warnung zusammengezogen"); schließlich als erdichtete Geschichte zur Bekehrung der Mitmenschen, wie immer wieder
bei den großen Barockdichtern (oder z. B. in den Dramen T. S.
Eliots). „Seit Plato und der Bibelallegorese gibt es im wesentlichen
nur diese beiden Möglichkeiten: 'hyponoia' (Plato), den 'pneumati-
schen' (Origines) oder allegorischen Hintersinn, auf dem die Vergegenständlichung, bzw. Personifikation beruht — und andererseits
den 'typos' (Plato), die 'psychische' (Origines) oder moralische Vorbildlichkeit in mahnenden Exempeln. Als Drittes bleibt nur der
Literalsinn, das Kleid" (S. 36).

In der Goethezeit wird die Dichtung (III.) zur „intuitiven
Theologie", und die ganze Kraft dieser Zeit richtet sich
darauf, die Anschauung des Göttlichen in der Dichtung „als selb-
ständige Form des Geistes anzuerkennen" (S. 49). Damit verweist
die Dichtung nicht mehr auf die „Theologie" als das schließlich doch
Andere, außer ihr Liegende, und der alte Topos bekommt einen
neuen Sinn. Im Mythos findet diese Zeit nicht mehr ein Lügenmärchen, einen Priesterbetrug, eine Einkleidung abstrakter Wahrheit, sondern ein Gott-leibhaftig-Schauen. Der von Lowth und
Hamann an der Bibel entwickelte Mythosbegriff wird von Herder
auf die ganze Dichtung übertragen, „alles, was Menschheit umfaßt
und bildet", ist Theologie, vor allem die Dichtkunst (S. 53 f.). Für
Goethe wird das Kunstwerk zum Symbol, da es auf einem Gewahr-
werden des Urphänomens, einer Erfahrung des Göttlichen beruht.
Verborgen ist diese dichterische Theologie, weil sie in sinnlichen
Gestalten erscheint und dem nichts sagt, dessen Sinn verschlossen ist.
„Die Dichtkunst verlangt im Subjekt, das sie ausüben soll", so sagt
Goethe, „eine gewisse, ins Reale verliebte Beschränktheit, hinter
welcher *das Absolute verborgen* liegt" (S. 50). Die romantische
Allegorie, durch die die Musik der Gefühle ausgesagt und in der
Begeisterung eine neue Bibel geschaffen werden soll, ist deshalb *ver-
borgene* Theologie, weil in ihr nur in endlichen Fragmenten Unend-
liches ausgesagt werden kann.

b) Der Umriß, den Bachem von der Geschichte des Topos gibt,
dient ihm zum Verständnis der Poetik des deutschen Barock und der
Goethezeit. An einer anderen geschichtlichen Stelle, im italienischen Trecento, hat Curtius in einer Erläuterung des

Topos seinen Standpunkt genommen. Albertino Mussato hat in diesem Jahrhundert die Poesie eine *altera theologia* und *altera philosophia* genannt und damit den Widerspruch des Dominikaners Giovannino von Mantua heraufbeschworen, so daß es zu einem viel verhandelten Streit kam. Die Beweise Mussatos sind die uns schon bekannten: Dichtung ist eine göttliche Wissenschaft, denn die griechischen Mythen berichten dasselbe wie die Heilige Schrift, nur in verhüllter Form. Griechische und jüdisch-christliche Tradition entsprechen einander. Auch die Bibel ist ihrerseits Poesie. Auf sie kann ja die rhetorische Figurenlehre angewandt werden: Moses war Dichter, und Christus sprach in Gleichnissen.

Die Gegeneinwände des Dominikaners sind: die ältesten Dichter, unter ihnen Orpheus, seien zwar „Philosophen" gewesen; aber sie hätten von falschen Göttern gehandelt, ihre Theologie sei keine wahre Theologie. Thomas von Aquin sagt das gleiche, und er kann sich dabei auf Aristoteles berufen, der von den alten Mythologen und Naturphilosophen (die für ihn nicht die eigentlichen Dichter sind) gesagt hat, sie seien in gewisser Weise Philosophen, da sie eine spekulative Weltentstehungslehre, doch keine richtige gäben. Diese Einwände nehmen die Dominikaner auf und wenden sie gegen den positiv gefaßten Begriff des *poeta theologus.* Die Lehre von der Dichtertheologie und der Streit um sie ist also keineswegs erst eine christliche Angelegenheit, sondern schon eine griechische. Über die lateinische Literatur wird die Lehre Gemeingut des Mittelalters.

Was die Begriffe und Topoi in einer bestimmten Zeit jeweils bedeuten, wissen wir nur, wenn wir die Tradition kennen, aus der sie kommen. Wenn Dante in der Grabschrift des Giovanni del Virgilio *theologus* genannt wird, dann pflegt man das im allgemeinen durch den Hinweis zu erklären, daß für die einfachen Menschen jeder, der mit dem Schreiben zu tun habe, in den Ruf des Gelehrten komme. Im Mittelalter sei der Gelehrte eben ein Theologe gewesen. Auch von Verlaine hätten die Bewohner des *quartier,* in dem er verkehrte, gesagt: „Das war ein großer Gelehrter. Schade, daß er trank, er hätte es weit bringen können!" Nicht von ungefähr hätten schon die ersten Biographen in Dante den Denker, Philosophen und Theologen gesehen, — denn wer hat je mit größerem Eifer und größerer Leidenschaft ein Leben lang nach Wahrheit gestrebt und

die ganze Wissenserkenntnis seiner Zeit zu beherrschen gesucht?
Die Kirche habe nicht unrecht gehabt, wenn sie Dante den Theo-
logentitel nicht streitig machte. Er habe ja ihr Credo in die glor-
reichsten Verse umgesetzt.[38] In Wirklichkeit wurde Dante nicht
deshalb ein Theologe genannt, weil er die christliche Theologie so
ausgiebig studiert hatte, sondern er ist gemäß alter Tradition ein
Theologe, weil er ein Dichter ist.

Die alte Lehre vom Dichter als einem Theologen verbindet sich
im Mittelalter mit jener Auffassung, die auch in der Bibel Poesie
findet. Gegen die Lehre von der Bibelpoesie bringen die Dominikaner ebenfalls ihre Einwände vor. Wenn in der Bibel und in der
Poesie, so heißt es, in gleicher Weise Metaphern verwendet werden
und so eine gewisse formale Gemeinsamkeit zwischen beiden besteht, dann bleibt doch ein unüberbrückbarer Unterschied, der
schließlich der Gegensatz zwischen göttlicher Weisheit und menschlicher Fiktion ist. Die Theologie bezieht sich auf Übervernünftiges,
die Poesie auf Dinge, die wegen eines Mangels an Wahrheit
(propter defectum veritatis) nicht begriffen werden können.
Schließlich ist die Theologie älter als die Poesie — das ist der sogenannte Altersbeweis —: die Theologie wurde schon dem Adam oder
dem Enoch mitgeteilt, und Moses war älter als Orpheus, Musaeus
und Linus.[39]

Curtius gibt auch noch einen Ausblick darauf, wie sich diese theologische Poetik bei Dante, Petrarca, Boccaccio und Salutati darstellt. Die letzteren haben den hohen Sinn der Poesie nicht mehr
gegen die Scholastik zu verteidigen, sondern gegen mönchische
Rigoristen. Sie bleiben bei der alten Lehre vom poeta theologus.
Daß diese eine alte Lehre ist, daß Albertino Mussato nicht ein fort-
schrittlicher Humanist und Vorläufer der Renaissance, sondern ein
Verteidiger der Tradition ist, konnte Curtius durch seine Toposforschung erweisen. Seine Untersuchungen beschließt die folgende

---

[38] Vgl. die schönen Ausführungen von L. Gillet: Dante. Deutsch. Essen
und Freiburg 1948. S. 117 ff.

[39] E. R. Curtius: E. L. S. 219 ff. — Vgl. auch die in manchem etwas
ausführlichere Darstellung: Theologische Poetik im italienischen Trecento.
In: Zeitschr. f. Romanische Philologie. Bd. 60. 1940. S. 1—15.

Bemerkung: „Der Thomismus befindet sich noch heute in Verlegenheit, wenn er sich die Aufgabe stellt, der Poesie einen Platz im System einzuräumen. *Jacques Maritain*, der Verfasser von *Art et scolastique*, hat einmal den Begriff der 'reinen Kunst' kritisiert. Reine Kunst, die nur bei sich selbst sein will, verliert die Beziehung zum Menschen und zu den Dingen. Aber damit zerstört sich die Kunst: *l'art se détruit, car c'est de l'homme, en qui il subsiste, et des choses, dont il se nourrit, que dépend son existence* ... *Rappelez-lui que 'la Poésie est ontologie'*. Das ist ein Zitat aus *Maurras: Poésie est Théologie, affirme Boccace* ... *Ontologie serait peut-être le vrai nom, car la Poésie porte surtout vers les racines de la connaissance de l'Être.* Maurras — Maritain — Boccaccio: sie im Zeichen des hl. Thomas versammelt zu finden, entbehrt nicht des Reizes. Wie pikant aber, wenn man bedenkt, daß das Banner der theologischen Poetik vom italienischen Trecento zur Abwehr des thomistischen Intellektualismus aus dem Arsenal des Mittelalters geholt wurde, um dann vom Neothomismus des 20. Jahrhunderts aufgenommen zu werden." [40]

c) Noch in einer anderen Hinsicht hat Curtius die Topik der theologischen Poesie zur kritischen Auseinandersetzung benutzt. H. H. Glunz hat in einem umfangreichen Werk die ›Literarästhetik des europäischen Mittelalters‹ zu umreißen versucht.[41] Er geht von der Feststellung aus, daß der Begriff des Dichters als eines Schöpfers sich weder in der Antike noch im Mittelalter findet. „Kunst war im Mittelalter ein Habitus des praktischen Intellekts" (S. 6). Doch sucht Glunz nachzuweisen, daß die Auffassung des Dichters als eines Schöpfers zwar nicht an den Dichtungsbegriff des Mittelalters anknüpfen konnte, aber auf einem anderen, verborgeneren Wege aus dem Mittelalter, nämlich aus seiner Bibelexegese, erwuchs. „Die von den Humanisten heraufgeführte Renaissance beseitigte den Theologen aus seiner angesehenen Stelle des geistigen Vorkämpfers und Führers und setzte dafür den *poeta* ein, eben den geistigen Schöpfer. Dieser wurde nun Träger des Persönlichkeitsideals und damit des ethischen Ideals, aber nicht in plötzlichem Umsturz, son-

---

[40] E. R. Curtius: E. L. S. 231 f.
[41] H. H. Glunz: a. a. O. (Anm. 20).

dern in langsamer Entwicklung aus dem Theologen heraus" (S. 6).
In einem ersten Kapitel (I. *Auctores*) zeigt Glunz, wie der „Augu-
stinismus" die antike Dichtung als Zitatenschatz der Wahrheitssuche und die *Artes* als exegetische Hilfswissenschaft gelten ließ,
wie Alcuin das Band zwischen den *Artes* und der Exegese löste und
so den christlichen Dichtern die Freiheit gab, in ihrer Dichtung aus
ihrem neuen Glauben die antiken Dichter zu übertreffen. Der zu
sich befreiten Dichtung, die in den folgenden Jahrhunderten durch
ihre Symbolik auf den Weg zu Gott führen wollte, trat die scholastische Ästhetik entgegen. Diese entwickelt Glunz in einem zweiten
Kapitel, das er *Deus poeta* überschreibt (S. 99 ff.). Nach der scholastischen Ästhetik war die Bibel das eine, die Welt als das große
Sachenbuch das andere Kunstwerk Gottes. Da der Sinn hinter den
Worten und Sachen gesucht werden mußte, war die *poesis divina*
eine einzige große Allegorie. Mit ihr konnte der Dichter nicht wetteifern. „Sogar jedes poetische Schaffen, das im höchsten Verstande
künstlerisch sein wollte, war gelähmt und vereitelt; denn mit der
Dichtung Gottes zu rivalisieren, konnte und durfte niemand wagen.
Ein Schaffen zu einem gleich hohen Kunstwerk hin war nicht denkbar, und jedes Schaffen, das sich weniger vornahm, war nicht
höchste Kunst. Kunst im emphatischen Sinne des Wortes war dem
Menschen mit der Rezeption der scholastischen Ästhetik verschlossen, Resignation mußte das Ergebnis sein. Nur eines war dem Menschen möglich: das überragende Werk poetischer Schöpfung zu
bewundern und zu preisen" (S. 190). Der Künstler war ein Handwerker wie jeder andere auch. „Denn w a h r h a f t s c h ö p f e -
r i s c h , reinen Geist und reine Materie in der allegorischen Kunst
miteinander verknüpfend, war n u r d e r g ö t t l i c h e P o i e -
t e s " (S. 192). Dem Dichter blieb nur die Aufgabe, „dieses Kunstwerk Gottes, die geschaffene Welt wie das Werk der Bibel, zu pro-
pagieren, zu predigen, zu interpretieren und so dem göttlichen
Künstler Anerkennung zu verschaffen" (S. 212). Er brachte die
abstrakten Wahrheiten, die er von der Theologie oder Philosophie
erfuhr, in dichterische Sprache. „Man blickt hier in die Tragik des
Dichters, der im scholastischen Sinne Künstler war. Er vollbrachte
das Höchste, das der Mensch nach der Lage der Dinge schaffen
konnte, und doch blieb sein Tun unschöpferische Afterkunst"

(S. 276).[42] So entstand die rhetorische Dichtung (Kap. III: *Ars Rhetorica*). Auch Dante hat mit ihr begonnen, aber er vollzog eine Umkehr (Kap. IV: *Poiesis*). Ihn sprach die Stimme Gottes nicht allein in der Bibel an, die nur richtig durch die Väter ausgelegt wurde, sondern er kleidete die mystisch-augustinische Liebeslehre ins Bild der Dichtung, welche sagte, der Mensch müsse sich durch die Liebe zu allem, was ist, zu Gott erheben und so zum Urquell der Liebe finden. Im Mittelpunkt der Dichtung stand nicht mehr der göttliche Künstler, sondern der Dichter selbst; er, Dante, fand im Gedicht zu sich selbst. Auch das Jenseits war, obwohl der Schöpfergott nicht geleugnet wurde, umwillen Dantes. Die Dichtung war autonom geworden, wie auch im Nominalismus die Wissenschaft sich auf sich stellte, ohne deshalb Gott und die Aussagen der Theologie zu leugnen. Der s c h ö p f e r i s c h e, g o t t g l e i c h e M e n s c h suchte dann, vor allem in Petrarca, sein Vorbild in der Antike. „Die menschliche Natur, ihre Verstandes- und Gefühlstiefe, wurde für gleichberechtigt geachtet mit der göttlichen Gnade, was das Erlangen der Erkenntnis angeht. Vornehmlichste Kunde von dieser Natur sollten die klassischen Autoren liefern. Man ging nicht mehr zur Antike, weil man dort Fabeln oder den guten Ausdruck fand, sondern weil man den Menschen suchte" (S. 575).

Curtius hat diese Auffassung scharf, ja vernichtend kritisiert.[43] Glunz, so sagt er, übersieht die aus eigenem Ursprung wachsenden Wurzeln mittelalterlicher Dichtung, wie sie z. B. im Volkslied und im Epos zutage treten. Es ist absurd, die Carmina burana oder Bibelparodien als rhetorische Einkleidung der Wahrheit für niedere Stände auszugeben. Die Stellung Augustins ist nicht richtig gesehen; denn das in sein Denken aufgenommene ästhetische Element ist nicht im modernen Sinne auf die Dichtung zu beziehen, sondern ist überhaupt Überstieg zur intelligiblen Schönheit. Das Verhältnis von Christentum und Antike ist verzeichnet. Aus dem konstruierten Gegensatz einer neuplatonisch-augustinistischen und einer schola-

---

[42] Zu *ars simia veri* vgl. die Untersuchung von E. R. Curtius: Der Affe als Metapher. In: E. L. S. 524 f.

[43] E. R. Curtius: Zur Literarästhetik des Mittelalters I. In: Zeitschr. f. Romanische Philologie. Bd. 58. 1938. S. 1—50.

stischen Richtung kann das mittelalterliche Geistesleben nicht
erklärt, aus ihm nicht die Spannung zwischen dem
Theologen und dem Dichter gedeutet werden. Diese
Spannung, sagt Curtius, ist die Spannung „zwischen zwei weltgeschichtlichen Potenzen, die in schrofferer und in milderer Form
immer bestehen blieb. Sie wirkt nach in Dante wie in Petrarca, in
Tasso wie in Milton, in Bossuet wie in Fénelon. Erst seit dem
gemeinsamen Rückzug des Christentums und des Humanismus aus
der modernen Welt weicht diese Spannung einem Ausgleich, wo
nicht einer Bundesgenossenschaft." [44] Der dem Mittelalter geläufige
Topos *Deus artifex* kann nicht gedeutet werden durch die Übersetzung: *Gott als Dichter*. Er schließt sich vielmehr an den platonischen Timäus (der ja im Mittelalter bekannt war) an und meint
Gott als Demiurgen, als Werkmeister, Handwerker. „Denn die
Auffassung der Bibel als eines von Gott geschaffenen Dichtwerkes
(was etwas ganz anderes wäre als die Lehre von der Inspiration der
Bibel) hat eben im Bewußtsein des mittelalterlichen Menschen nie
real existiert, geschweige denn, daß sie ein als autoritativ empfun-
denes Gedankengut gewesen wäre. Damit werden aber auch die
von Glunz gezogenen Folgerungen hinfällig, d. h. also die Thesen
über die ‘tragische’ Situation des Dichters im Mittelalter, über die
Antinomie zwischen göttlicher und menschlicher Dichtkunst." [45]
Nun gibt es zwar den Widerstand des Dichters, der sich „prome-
theisch" oder in unaufhebbarer Wahrheitssuche wechselnde Aspekte
des gründenden Seins verschafft, gegen die als Grund immer schon
vorgelegte und nur zu glaubende Offenbarung, es gibt den Gegensatz zwischen Genie und Apostel, wie Kierkegaard formulierte,
aber aus solchem Gegensatz darf man nicht auf eine notwendige
Resignation des mittelalterlichen Dichters schließen. Das uns näher-
stehende Selbstbewußtsein Claudels, den Glunz selbst als einen
modernen Vertreter scholastischer Ästhetik anführt, zeigt gewiß
alles andere als tragische Resignation gegenüber einem Künstler-
gott als Rivalen. So wird man Curtius recht geben, wenn er die
Thesen von Glunz als Konstruktion abtut.

[44] E. R. Curtius: a. a. O. S. 16 f.
[45] E. R. Curtius: a. a. O. S. 17. — Zum Topos *Deus artifex* vgl.: E. L.
S. 529 ff.

Wie die Bibel *dadurch* als eine Poesie Gottes aufgefaßt werden konnte, daß man die Allegorese auf sie übertrug und die rhetorischen Figuren in ihr wiederfand, hat Curtius selbst verfolgt. Es gehen schon viele Jahrhunderte Entwicklung voraus, ehe Beda gar „die feine Ironie des antiken Großstädters bei Jesaias wiederfinden wollte", — wozu Curtius bemerkt: „Tausend Jahre nach Beda hat wiederum ein englischer Kleriker das Alte Testament zum Gegenstand einer Poetik gemacht: Robert Lowth."[46] Die Griechen, so meinte Lowth, hätten in der Praxis den Urbegriff der Poesie, den Begriff der Poesie als einer reinen Gottesgabe, doch verloren, während das Alte Testament ihn bewahrt habe. — Dieser Begriff der Urpoesie zündete dann auf verschiedene Weise bei den Hamann und Herder. Selbst die innerhalb der Schule Bultmanns durchgeführte Arbeit von Chr. Hartlich und W. Sachs: ›Der Ursprung des Mythosbegriffes in der modernen Bibelwissenschaft‹ (Tübingen 1952), die sich so asketisch auf die reine Bibelwissenschaft beschränken zu können glaubt, beginnt mit einem ersten Kapitel: „Die poetische Auslegung des Alten Testamentes bei Lowth als Vorbereitung für die Einführung des Mythosbegriffes in die Bibelwissenschaft." Die Vorgeschichte dieser Vorbereitung zeigt der Topos „Dichtung als verborgene Theologie". Daß die L e h r e v o n d e r P o e s i e d e r B i b e l auf dem Wege, den sie von Lowth zu Hamann und Herder nahm, doch beigetragen hat zur Entwicklung des modernen Schöpferbegriffes, scheint — bei aller Berechtigung, die sonst die Kritik von Curtius gegen Glunz hat — mit Händen zu greifen. Einen ähnlichen Weg aber beschritt schon Dante, wenn er den vierfachen Schriftsinn für seine Dichtung in Anspruch nahm, auf einem ähnlichen Weg gingen die Romantiker, wenn sie eine neue „Bibel" dichten wollten.

d) Den Topos vom Bildnergott oder von der bildenden Natur, vom Deus *artifex* oder von der *Natura artifex*, hat Curtius für Antike und Mittelalter untersucht und die Entfaltung dieses Topos in der theozentrischen Kunsttheorie des spanischen 17. Jahrhunderts ebenso verfolgt wie die Metapher von der Welt als Bühne, als

---

[46] E. R. Curtius: Zur Literarästhetik des Mittelalters III. In: Zeitschr. f. Romanische Philologie. Bd. 58. 1938. S. 478. — Vgl. auch: E. L. S. 242.

Theater Gottes.[47] Ja, Curtius hat am Ende seines Buches über europäische Literatur und lateinisches Mittelalter dem Hinweis des Macrobius auf die Analogie zwischen dem Schaffen Vergils und dem
Schaffen der *Natura parens* sowie der Aussage des „Longin", daß
d i e   g r o ß e n   A u t o r e n   sich   i n   d i e   N ä h e   v o n   G o t -
t e s   G e i s t e s m a c h t   erheben, die größte Bedeutung zugesprochen. „Longin" und Macrobius sollen geahnt haben, was dann im
Morgenglanz von Goethes Jugend vollends aufbrach und was den
Tempel des Geschmacks revolutionieren sollte: die Auffassung des
Dichters als eines Schöpfers, — also eine Auffassung, die sich in
Antike und Mittelalter, welche in Kunst und Dichtung Nachahmung sehen, sonst nicht findet.[48] Aber hier, in der Zusammenschau von „Longin", Macrobius und Goethe, hat Curtius die Fäden
seiner geschichtlichen Untersuchung gewiß zu schnell und voreilig
zugezogen. Glunz hatte gesagt, daß es ein Irrtum sei, wenn wir wie
selbstverständlich annähmen, jede Zeit habe den Dichter als einen
Kosmos- und Organismusschöpfer betrachtet: diese Auffassung
gehöre erst der Neuzeit an; sie scheine zwar platonisch zu sein,
könne aber nicht von Platon stammen, da dieser ein erklärter
Kunstfeind gewesen sei.[49] Diese Behauptung ist schon insofern ein
Kurzschluß, als so viele von Platon negativ oder ironisch gefaßten
„dichtungstheoretischen" Begriffe von der späteren Entwicklung in
einem positiven Sinne aufgenommen worden sind. Die Topoi vom
Dichter als einem Schöpfer und *alter deus,* vom Dichtwerk als einer
altera natura bedürfen der genauesten geschichtlichen Aufklärung,
wenn Licht in diese Zusammenhänge kommen soll.

In der Tat hat schon Platon[50] die Rede als lebendigen Organis-
mus, als beseelten Leib aufgefaßt (Phaidros 264 c). Jeder kunst-
verständige Werkmeister muß ja beim Schaffen immer das Ganze,
nicht nur die Teile des zu Schaffenden im Sinne haben (Gesetze
903 c). Auch der Redner wird so verfahren (Gorgias 503 e). Der

---

[47] E. R. Curtius: E. L. S. 529 ff., 540, 545 f. u. 146 ff.
[48] E. R. Curtius: E. L. S. 401 ff.
[49] H. H. Glunz: a. a. O. (Anm. 20). S. 3.
[50] Zum folgenden vgl. H. Eizereif: Kunst: eine andere Natur. Diss.
Bonn 1952.

Dichter organisiert sein Werk zur Gestalt nicht in Besonnenheit, sondern im Wahnsinn, der, wie der *Ion* zeigt, eine ganze Dichtungstradition zu einem einzigen Zusammenhang, zur Musenkette ordnet. Der Dichter schafft nicht nur in Unbesonnenheit, sondern auch, wie der Maler, nur dem Scheine nach, eine Nachahmung der Nachahmung (Staat 596 e). So allerdings kann der Künstler-Demiurg als rechter Erzwundermann und Tausendkünstler alles erschaffen, nicht nur alle Gerätschaften, sondern auch alle Erzeugnisse der Erde, alle lebenden Wesen, alles überhaupt, was es gibt und dazu sich selbst, die Erde, den Himmel, die Sonne, die Götter, alles am Himmel und im Hades unter der Erde (Staat 596 c). Auch Aristoteles zeigt, vor allem im achten Kapitel der Poetik, daß der Dichter ein Ganzes schaffen muß. Die Nachahmung des Dichters ist aber nichts Wesenloses, nicht Nachahmung des Nachgeahmten. Das Wesenhafte vielmehr kann im Dichtwerk mächtig in Erscheinung treten, weil der Dichter sich nicht nur auf etwas Wirkliches richtet, sondern auch auf das Mögliche. So tritt die Kunst über alles bloße Erkunden von Seiendem, über alle Historie hinaus und neben Philosophie und Sittlichkeit, die das Allgemeine denken oder anstreben. Der aristotelische Begriff der Nachahmung dient nicht einer Vorschrift für ein dichterisches Abschildern von Wirklichkeit, sondern ist nur zu begreifen aus dem Gedanken, daß die Kunst *(techne)* wie die Natur *(physis)* nach einem Endzweck *(telos)* schafft und die Natur vollendet. „Longin" überbietet noch die positive Zuordnung von Natur und Kunst, wie sie Aristoteles vornahm. Um hohe Kunst, vollendete Sprachgestalt hervorzubringen, bedarf es nach seiner Auffassung sowohl der Naturanlage wie der Kunstfertigkeit. Das Zusammenwirken beider, das nichts mit Fehlerfreiheit zu tun hat, erhebt die großen Autoren in die Nähe von Gottes Geistesmacht. Was der Rede Größe verleiht, ist, daß sich bei ihr wie beim menschlichen Leib alles zu einem Ganzen, zur vollkommenen Fügung zusammenschließt. Zum Erreichen dieses Ziels hilft nicht nur die Übung, sondern auch die Nachahmung der Alten. Von der Größe der Alten her strömt in die Seelen derer, die ihnen nacheifern, ein Hauch, der sie begeistert, wie ähnlich die Pythia begeistert wurde und göttliche Kraft empfing, wenn sie dem Dreifuß nahte. Der Gedanke der Musenkette und die Auffassung der Rede als eines

beseelten Leibes sind hier ganz in positivem Sinne gefaßt. Durch
Lukian von Samosata und durch die Lehre des Hermes Trismegistos wird der Dichter-Demiurgen-Vergleich weiter ausgestaltet,
indem Lukian den wahren Dichter mit dem Menschenbildner Prometheus vergleicht, indem in der Lehre des Hermes Trismegistos
vom Künstler gesagt wird, er sei ein sterblicher Gott auf Erden und
ein Götterbildner, der Götter schaffen kann, — aber nur nach seiner
Kraft: er kann nicht wirkliche Götter schaffen, sondern nur Götterbilder, wie sie z. B. als Statuen im Tempel stehen. Macrobius vergleicht dann Vergils Äneis mit dem Kosmos und das Schaffen dieses
Dichters mit dem Schaffen des göttlichen Geistes und dem Schaffen
der *Natura parens.*

Das Mittelalter konnte zwar den Gedanken des platonischen
Timäus, daß der göttliche Werkmeister ein vollkommenes Kunstwerk schaffe, übernehmen, aber nicht im Menschen und im Künstler
einen zweiten Gott sehen, auch nicht, auf welche Annahme Glunz
sein Buch über die Literarästhetik des Mittelalters gebaut hat, zwischen beiden eine Rivalität statuieren. Julius Cäsar Scaliger, in dessen Poetik sich humanistische Vergilverehrung und Renaissance-
ästhetik vereinigen, sagt vom Dichter, daß er gleichsam wie ein
anderer Gott *(velut alter deus)* schaffe und sich so beinahe in eine
zweite Gottheit verwandele, daß seine Dichtung eine *altera natura*
sei. Diese *altera natura,* die der Dichter schafft, ist Vergils Werk;
dies, nicht die Natur selbst, muß von den neueren Dichtern studiert
werden. Die Auffassung des Kunstwerkes als einer anderen Natur
oder einer zweiten Natur ist dann in die europäische Kunstauffassung überhaupt übergegangen. Für ihre Ausgestaltung wurde
vor allem Shaftesbury bedeutsam, der zugleich dem plotinischen
Begriff der inneren Form neues Leben gab, ebenso die Auffassung
des Dichters als eines Organismenschöpfers mit dem Prometheussymbol verband.[51] Verbunden mit der Auffassung vom Dichter als
einem *alter deus,* der sich schon vor Scaliger in der Renaissance-
poetik findet, verbunden mit dem Ringen um die Autonomie der
Kunst, verbunden mit dem Makrokosmos-Mikrokosmos-Vergleich

[51] O. Walzel: Das Prometheussymbol von Shaftesbury bis Goethe.
2. Aufl. München 1932.

und dem Rückgang des neuzeitlichen Denkens zur schöpferischen Subjektivität, verbunden schließlich mit dem Prometheussymbol und der modernen Lehre vom Genie, führte der Gedanke vom Dichter als einem Organismenschöpfer und vom Dichtwerk als einer anderen Natur [52] zum S c h ö p f e r b e g r i f f, wie er sich in der Goethezeit vollendete. Goethe ist es gewesen, der den Schöpferbegriff noch einmal zu neuer Objektivität und Gesetzlichkeit führte, indem er den Topos von der Kunst als einer anderen Natur in die Mitte seines kunstphilosophischen Denkens stellte.[53]

e) In den zuletzt berührten Topoi zeigen sich Gedankengänge, die eine t h e o l o g i s c h e R e l e v a n z d e r D i c h t u n g herausstellen, aber nicht in Zusammenhang gebracht werden dürfen mit dem Topos von der Dichtung als einer verborgenen Theologie, wie er aus der Allegorese entspringt. Sehen wir deshalb nun noch einmal auf die Arbeit von Bachem zurück! Der Topos von der Dichtung als einer verborgenen Theologie entsteht aus der allegorischen Ausdeutung altgriechischer Dichtung einerseits und andererseits aus jener Auffassung, die auch in der Bibel eine Poesie sieht, da die rhetorische Figurenlehre auf sie angewandt werden kann. Schließlich setzt der Topos die Annahme einer Übereinstimmung zwischen der griechischen Dichtung oder Dichtung überhaupt und der Bibel voraus. In der Neuzeit bekommt das Werk des Dichters dadurch theologische Relevanz, daß eine Analogie zwischen dem

[52] E. Rothacker gibt den korrigierenden Hinweis, daß ein radikalisierter Schöpferbegriff allein im Bereich des biblischen Gottes, der aus dem Nichts schafft, entstehen konnte, nicht im Bereich des Demiurgen, der die Materie sich gegenüber hat. ›Das Wesen des Schöpferischen‹. In: E. Rothacker: Mensch und Geschichte. Bonn 1950. S. 166—193.

[53] Vgl. die Interpretation der Goetheschen Kunstphilosophie und ihrer geistesgeschichtlichen Bedeutung von dem Gedanken „Kunst: eine andere Natur" aus, die H. von Einem gibt: Goethe und Dürer / Goethes Kunstphilosophie. Hamburg 1947. S. 49—76, vor allem S. 64. (D. i.: Beiträge zu Goethes Kunstauffassung. Hamburg 1956. S. 83—112, vor allem S. 101 f.) — Auch für heutige Bestrebungen der Literaturwissenschaft, die, wie die Morphologie, auf Goethe zurückgehen, ist der Topos von zentraler Bedeutung.

Dichter und dem *Deus* oder der *Natura artifex* gezogen wird, ohne
daß dadurch schon die Dichtung auf eine philosophische oder eine
Offenbarungstheologie bezogen werden müßte. Die Symboltheorie
Goethes wie auch weite Strecken romantischer Kunstauffassung
gründen in dieser auf ihre Weise von der platonischen Tradition
beeinflußten Auffassung der Dichtung, nicht in der aus der Allegorese erwachsenen Auffassung der Dichtung als einer verborgenen
Theologie. Freilich werden beide Auffassungen miteinander verbunden; aber es bleibt ein Mangel der Arbeit Bachems, daß er sie
nicht erst einmal zu trennen versucht und nicht jeder Auffassung
das ihr Zugehörige zugewiesen hat. Die elastische Weite, die einem
Topos eignet, soll gewiß nicht verkannt werden. Das Wort Theologie erweist sich in unserer Formel geradezu als ein Chamäleon.
Theologia bedeutet ursprünglich — wie Mythologia oder als Bezeichnung einer Unterabteilung der Mythologia [54] — Sagen der
Götter und mythische Götterlehre. Über die „abstrakte" Theologie,
die Allegorese des Mythos kamen die Stoiker zur „natürlichen"
Theologie, — vielleicht schon Aristoteles zur Benennung der ersten
Wissenschaft als der theologischen. Die griechischen, östlichen
Kirchenväter, Athanasius, Clemens usf., verstanden zwar schon
unter Theologia die Gotteslehre als eine besondere Disziplin der
christlichen Philosophia, aber noch für Augustin ist Theologia ein
verbum graecum. Er kann zwar polemisch den *theologi poetae*
Orpheus, Musaeus und Linus „unsern wahren Theologen Moses"
entgegenstellen oder auch der heidnischen Theologie, der philosophischen Rechtfertigung des Götterdienstes und der natürlichen
Theologie der Stoiker und Platoniker die *vera theologia*, aber *theologia* ist für ihn im Gegensatz zu *philosophia* kein eigentlich rezi-
piertes Wort. Es enthält den Sinn, den wir mit ihm verbinden und
den wir voraussetzen, wenn wir von der Theologie des Aristoteles,
des Paulus, des Augustin sprechen, erst im Mittelalter.[55] Bachem

---

[54] Vgl. V. Goldschmidt: Theologia. In: Rev. des études grecques.
LXIII. 1950 S. 20 ff.

[55] Vgl. F. Kattenbusch: Die Entstehung einer christlichen Theologie.
Zur Geschichte der Ausdrücke *theologia, theologein, theologos.* In:
Zeitschr. f. Theologie und Kirche. N. F. 11. 1930. S. 161 ff. — W. Kamlah:

will unter Theologie „Lesen und Sagen des Göttlichen" verstehen und so das Wort in dem umfassenden Sinn nehmen, „in dem es im deutschen Idealismus verstanden worden ist" (S. 98). Auch der Begriff „verborgen" ist auf verschiedene Weise bestimmt. Den antiken allegorischen Deutern griechischer Dichtung ist diese eine verborgene Gotteslehre, weil in ihr die lichte Kraft der Vernunft nur verdunkelt und verhüllt glüht. Die Dichtung ist verborgene Theologie gegenüber einer Vernunfttheologie. Dem Christentum ist sie es gegenüber einer denkenden Durchdringung dieser Offenbarung. Für die Frühromantiker sollte in einigen enthusiastischen Momenten die Dichtung nicht mehr die verborgene Theologie sein, sondern die erst eigentlich vollkommene, „poetische" Theologie, die neue Bibel. Genereller gilt für die Goethezeit, daß die Wahrheit im „symbolischen" Werk des Dichters verborgen ist, weil dieser Unendliches immer nur im Endlichen zu fassen vermag. Die Verborgenheit gründet im Wesen des Menschlichen überhaupt, nicht mehr darin, daß die Dichtung an einer philosophischen oder spezifisch theologischen Gotteslehre gemessen wird.

Die „intuitive Theologie" der Dichter der Goethezeit, wie Bachem sagt, kann nur dann dem alten Topos untergeordnet werden, wenn dieser einen ganz neuen Sinn bekommt. Dadurch wird der Topos zu weit, zu spannungslos, und Bachem hat wohl nicht gut daran getan, Worte Goethes, Hölderlins und gar Heideggers in seine Stellenlese aufzunehmen. Wenn bei Heidegger das Nennen der Götter, also die Theologia, und das Widerspiel von Entbergung und Verbergung, also der Charakter des Verborgenen, so zentral für die Dichtung wird, dann nicht mehr in jenem Sinne, auf den der alte Topos zielte. Gewiß ist sowohl in der Goethezeit wie auch heute im Denken über Dichtung noch der Bezug zu jener Verknüpfung von Theologie und Poesie, von Wahrheit und Dichtung gegenwärtig, der aus der Allegorese erwuchs. So, wenn Goethe im Gedicht ›Zueignung‹ sagt:

> Dem Glücklichen kann es an nichts gebrechen,
> Der dies Geschenk mit stiller Seele nimmt:

Christentum und Geschichtlichkeit. 2. Aufl. Stuttgart u. Köln 1951. S. 93 f. u. 191 Anm.

Aus Morgenduft gewebt und Sonnenklarheit
Der Dichtung Schleier aus der Hand der Wahrheit.[56]

Lebendig ist die Verknüpfung bei den Romantikern, wenn sie
eine neue Mythologie und eine neue Bibel schaffen wollen; lebendig
ist sie bei allen Platonismen, bei Solger, wenn er Religion und
Mystik, die das Göttliche unmittelbar schauen, über die Kunst setzt,
die die Idee in der Erscheinung faßt. Gerade die größten Geister, so
sagt Solger, behandelten die Kunst, der sie doch ihr Leben gewidmet
hätten, wie ein Spiel und schienen von einem höheren Orte auf sie
herabzublicken. So hat Petrarca sich in seinen letzten Gedichten von
jener Laura, „die er zu aller Herrlichkeit des Ideals erhoben hatte",
zurück zu jener Jungfrau gewandt, „die, wie er singt, mit Sonnen-
glanz bekleidet ist"[57]. Lebendig ist die Verknüpfung selbst noch bei
Hölderlin, wenn er die *Schuld* der Dichter darin sieht, daß sie, auch
als die geistigen, weltlich sein müssen und so den Gott nach antiker
Weise von Angesicht schauen wollen, wo er doch jetzt, in der Nacht-
zeit der abendländischen Geschichte, die auf den Tod Christi gegründet ist, im Geiste da ist. „Darum kennen wir von nun an niemand nach dem Fleisch; und ob wir auch Christum gekannt haben
nach dem Fleisch, so kennen wir ihn doch jetzt nicht mehr" (2. Kor.
5, 16).[58]
Anstatt den Topos von der Dichtung als verborgener Theologie allzusehr auszuweiten, wäre es vielleicht besser, den Umriß
einer Topik des Verhältnisses von Theologie und
Dichtung zu geben und den Topos von der Dichtung als einer
verborgenen Theologie einzufügen in die Reihe anderer, ähnlicher

[56] Vgl. dazu: O. Walzel: Der Dichtung Schleier aus der Hand der
Wahrheit. In: Euphorion. Bd. 33. Stuttgart 1932. S. 83—105.
[57] K. W. F. Solger: Nachgelassene Schriften. Leipzig 1826. Bd. II.
S. 433. — Ders.: Erwin. Vier Gespräche über das Schöne und die Kunst.
(Berlin 1815). Neu hrsg. von R. Kurtz. Berlin 1907. S. 185.
[58] K. Bröcker-Oltmanns: Die Schuld des Dichters. In: Lexis, II, 1. 1949.
S. 155 ff. — In einer anderen, geläufigeren Ausdeutung hat R. Bachem
das Wort Hölderlins: „Die Dichter müssen auch die geistigen weltlich
seyn", als Motto vor seine Arbeit gesetzt. Vgl. auch R. Bachem: a. a. O.
(Anm. 36). S. 79.

Topoi. Denn dieser Topos hilft uns ja nichts, wenn wir nach dem Selbstverständnis fragen, das in ursprünglicher griechischer Dichtung liegt, oder nach dem Selbstverständnis der Dichter frühchristlicher Hymnen, von denen ein Logoshymnus dem Prolog des Johannesevangeliums zugrunde liegt und so zur „Theologie" wurde. Der Dichter, der noch eingefügt war in den Mythos, oder der sich rein in den Glauben hineingab, wird kaum oder nicht unbedingt sein Werk als verborgene Theologie deuten oder, von einem Denken her, das neben der Dichtung steht, aus einer platonischen Haltung heraus, als Symbol. Das Selbstverständnis griechischer Dichter ist aber nicht etwas Vergangenes, es kann zurückgeholt werden. Wenn Heidegger, mit Berufung auf Hölderlin, das Dichten als ein *Nennen* des Heiligen faßt, in dessen Raum die *Götter* erscheinen, dann wiederholt er eine ursprüngliche griechische Dichtungsauffassung, wenn auch in verwandelter Form: Dichtung als *theologia* (vgl. Platons Staat 379 a). Er versucht, entgegen der von Platon bis Hegel herrschenden distanzierten oder abwertenden Haltung, solche Mythologie und Theologie wieder als etwas Positives zu fassen. So gewinnen Dichtung und Kunst ihre hohe Bedeutung zurück, nachdem Hegel die Ästhetik der „Metaphysik" in der Lehre vom Ende der Kunst vollendet hatte.

Auch die Dichtung, die sich in den Glauben fügt, braucht sich nicht als „verborgene" Theologie zu wissen. Die Wortgeschichte schon lehrt anderes. In der römischen Kaiserzeit gab es den *theologos* als Kultansager und Gottesherold im Kaiserkult. Auch Mysterienpredigten hießen *theologia*. In den christlichen Mönchen erschien dann die Theologie als Wirkung der Gnosis. Gott redet im Gnostiker, der Gott besingt. Kattenbusch, der diesen Hinweis gibt, sagt dazu:[59] „Man sieht, in den Mönchen leben die alten hellenistischen *theologoi* fort... Man sieht in christlicher Anwendung den altgriechischen Gedanken der Theologie sich fortsetzen. Eigentlich ist die *theologia* eine *Kunst*, in höchster Form Poesie, Hymnodie, Psalmpreis der Gottheit, in geringerer immer noch die *feierliche* Rede von Gott." Kattenbusch macht noch die Anmerkung: „Oder aber die altchristlichen *prophetai* sind in den *theologoi* nochmals

[59] Vgl. F. Kattenbusch: a. a. O. (Anm. 55). S. 204.

wiedererstanden." Wenn wir heute im Prolog des Johannesevangeliums einen schon kommentierten und erläuterten, vom Evangelisten kritisch aufgenommenen und interpretierten Logoshymnus
sehen, erkennen wir nicht nur genauer die formale Struktur dieses
Prologes, sondern dieser Hymnus erscheint uns dann auch „als eine
Theologia im ursprünglichen Sinn eines inspirierten Gotteslobs und
Gottesbekenntnisses" [60]. Die frühere und spätere christliche Auffassung der Dichtung als eines Sichzusingens im Geiste, eines Bekenntnisses in der Confessio oder einer Feier des Mysteriums im Drama,
als Vollzug des zugesprochenen Geheimnisses im Wort, kann immer
wieder lebendig werden, — denken wir doch z. B. an das *Commystis committo* einer E. Langgässer und ihrer auch theoretisch
vollzogenen Besinnung auf die Möglichkeiten gläubiger Kunst, oder
denken wir auch an die Lästerungen eines Joyce. Ist es denn selbstverständlich, daß eine Offenbarung im Sentenzenkommentar oder
in einer Summa angemessener entfaltet ist als in einer Dichtung?
Es wäre nicht einzusehen, warum Thomas von Aquin die Dichtung
als die niederste Wissenschaft mit dem geringsten Wahrheitsgehalt
einordnet, wenn hier nicht das Vorurteil eines kritischen Denkens
am Werke wäre. Warum erschienen Vergil und Ovid dem Mittelalter als Magier und Necromanten, nicht aber der Syllogistiker und
Metaphysiker Aristoteles als ein Zauberer? Das früheste Christentum kannte, auch als es sich schon das Kerygma im Dogma, in Symbolen überlieferte, diese Abwertung des „Dichters" noch nicht.

Dem zu sich erwachten kritischen Denken erscheint der poeta
theologus als ein Lügner. Es macht die Größe Platons aus, daß er
der Dichtung, wenn auch mit der nötigen Ironie und Kampfesgesinnung, ihre hohe und gefährliche Würde zurückgab, indem er
zeigte, daß das aus einem göttlichen Wahnsinn stammende „Wissen" des Dichters nichts Lehrbares ist. Anders dachte jenes Denken,
das sich unter dem Topos „Dichtung als verborgene Theologie"
zusammenfassen läßt und das schließlich einem abkünftigen Dichtungsverständnis entstammt. Dichtung müßte sich vor einer philo-

[60] H. Schlier: Die Zeit der Kirche. Exegetische Aufsätze und Vorträge.
Freiburg 1956. S. 277. — Über Psalmen, Hymnen und Lieder als Liturgie:
ebd. S. 254 f.

sophischen Theologie oder einer Offenbarungstheologie als Lüge erweisen, wenn nicht aus ihr ein verborgener, tieferer Sinn durch die Allegorese erhoben werden könnte, oder wenn nicht in das Kleid, das Schleierwerk schöner Verse, ein tieferer Sinn hineingelegt worden wäre. Liegt in der Formel „Dichtung als verborgene Theologie" eine vermittelnde, die Spannungen des abendländischen Geistes ausgleichende Tendenz, so ist es nicht von ungefähr, daß sie sich noch einmal nach allen ihren Seiten hin im harmonisierenden System Hegels entfalten kann. Hegel anerkennt die intuitive Theologie der Dichter und nimmt die Kunst in den absoluten Geist auf; er weist nach, wie sich das Christentum der Kunst zur Darstellung seiner Gehalte bedient, etwa in der Malerei seit dem Mittelalter, welche doch ihrem Wesen nach inadäquat bleibt zur Erfassung der heilsgeschichtlichen Gehalte; er fordert, wie die abstrakt theologische Allegorese, die Rechtfertigung der Gehalte der Kunst im Denken des absoluten Wissens. Wenn auch die Kunst in leuchtender Klarheit und Schönheit uns die Götterbilder vor Augen stellt, — über diesen schwebt im dunklen Schicksal eine unbegriffene Tiefe, und der „Kunstreligion" und ihrer noch unzulänglichen Erfassung der Gottheit übergeordnet ist die — *offenbare* Religion und ihre begriffliche Durchdringung, die Philosophie.

f) Der in verschiedenen Topoi entfalteten Topik des Verhältnisses von Dichtung und Theologie wäre der P l a t z i m j e w e i l i g e n F e l d e d e r d i c h t u n g s t h e o r e t i s c h e n T o p o i ü b e r h a u p t anzuweisen, z. B. das Verhältnis zu jenen Topoi zu bezeichnen, die Bachem aufgreift: zum Topos von der Dichtung als Lüge und zum Topos von der Dichtung als einem Schein. Innerhalb des Mythischen kann der eine Dichter den anderen der Lüge bezichtigen, wie es beim polemisierenden Hesiod geschieht (Theogonie Vers 27). Das erwachte kritische Denken versteht die mythische Redestruktur der Dichtung nicht mehr und verwirft die Dichtung als Lüge. Der eine Glaube tut den anderen oder den Mythos überhaupt als Lügenmärchen ab (vgl. 1. Timotheusbrief 4,7; 2. Petrusbrief 1,16). Ein theologisches Denken, das dem Glauben den einzig gelegten und immer schon vorliegenden Grund des Seins übermitteln will, muß seine Bedenken äußern gegen die Dichter, die in ständiger Suche gemäß ihrer Tradition zu einem immer neuen Grund unterwegs sind. Die beiden großen Gestalten, die die vom Bewußtsein der Autonomie der Kunst lebende Goethezeit umklammern — der eine zukunftsträchtig der heraufkommenden Epoche zugewandt, der andere an ihrem Ende gesättigt mit ihrem ganzen Gehalt und ihrer ganzen Problematik —, Hamann und Kierkegaard, haben diesen Widerspruch gegen die Dichter erhoben: Kierkegaard in seiner scharfen Unterscheidung zwischen dem Genie und dem Apostel, Hamann in dem Satz: „Wenn eine einzige Wahrheit gleich der Sonne herrscht; das ist Tag. Seht ihr anstatt dieser einzigen so viel, als Sand am Ufer des Meeres; — hiernächst ein klein Licht, das jenes ganze Sonnenheer an Glanz übertrifft; das ist eine Nacht, in die sich Poeten und Diebe verlieben".[61] Auch dann, wenn die Frage nach dem einen alles begründenden Grund der Welt niedergeschlagen wird durch die Lehre von der zu wollenden sinnlosen ewigen Wiederkehr aller Dinge, wie bei Nietzsche, wird der Dichter, dieser Erfinder von Göttern, der erst noch produktiv und schöpferisch sich als Theologe den Grund der Welt zu verschaffen sucht, zum Lügner.[62] Das sich der Dichtung gegenüber geltend machende theologische Interesse kann aber auch gebrochen werden und schwinden, wie es z. B. in der aufklärerischen Dichtungstheorie Gottscheds geschah: „Dacier... ist der Meinung, die Religion sei die Hebamme der Poesie gewesen... Was ist es aber nötig, die Poesie durch Fabeln in Ansehen zu setzen, da sie ohne das Liebhaber genug findet, wenn man gleich ihren Ursprung aus der Natur selbst herleitet?"[63] Schließlich wird ein rein auf sich gestelltes Dichten die theologische Frage überhaupt nicht mehr diskutieren oder sie nur als Ablenkung von dem emp-

---

[61] J. G. Hamann: Sämtliche Werke. Hrsg. v. J. Nadler. Bd. 2. Wien 1950. S. 206. — Vgl. auch R. Bachem: a. a. O. (Anm. 36). S. 6.

[62] M. Bindschedler (Nietzsche und die poetische Lüge. Basel 1954.) ist allerdings der Auffassung, daß nach Nietzsche *und durch ihn* eine dichterische Theologie wieder möglich sei, so daß sie in ihrer Arbeit von der Frage nach der poetischen Lüge ausgeht und mit der Konstituierung der Möglichkeit einer dichterischen Theologie endet. Vgl. dazu meine Besprechung des Buches: Zeitschr. f. Philosophische Forschung. Hrsg. v. G. Schischkoff. Bd. 12. Meisenheim/Glan 1958. S. 141—149.

[63] Vgl. R. Bachem: a. a. O. (Anm. 36). S. 114.

finden, was dem Menschen möglich ist. Das Fehlen der Topik des Verhältnisses von Dichtung und Theologie ist genauso aufschlußreich wie ihr Vorhandensein.

Dichtung kann grundsätzlich verworfen werden als ein Schein, der nicht mehr als Lichten des Lebens dem Leben dient, sondern nur aufbläht und als bloßer Schein Lüge ist. Auch die Zuordnung des Scheins zur Dichtung ist geschichtlich wechselnd. Den rein hervorleuchtenden Schein des Schönen, das den Menschen in die Wahrheit geleitet, sprach Platon den Künstlern ab. Ihnen gestand er nur einen abkünftigen, bloßen Schein zu, so daß durch Jahrhunderte hindurch die Lehre vom Schönen und die Theorie der Kunst auf getrennten Bahnen gingen. Das Schleierwerk der schönen Verse und Figuren, so antwortete die Allegorese den platonischen Einwänden, wäre bloß schöner Schein und Lüge, wenn nicht eine tiefere Wahrheit hinter den Worten verborgen wäre. Sosehr Hegel den Schein rechtfertigte gegenüber dem, was sich so aufdringlich als Realität gibt, so sehr blieb ihm doch der dem Wesen zugehörige Schein ein Reflexionsbegriff unterhalb der höchsten Begriffe, so daß der Künstler, dessen Werk sich im Element des Scheins vollendet, nur zur untersten Sphäre des absoluten Geistes Eintritt bekam. Nietzsche band den apollonischen Schein und Göttertraum an das dionysisch erfahrene Leben. Ohne diese Bindung blieb ihm die Kunst Lüge. Der radikalisierte moderne Ästhetizismus hat, an Nietzsche anknüpfend und über ihn fortgehend, den im Dichtwerk aufgefangenen Schein, die Doxa des Gottes oder der Götter, in die Gewalt der Subjektivität zu reißen versucht. So glaubte er Nietzsches „Artistenmetaphysik" rechtmäßig fortzusetzen: „Helligkeit, Wurf, Gaya — diese seine ligurischen Begriffe —, rings nur Welle und Spiel, und zum Schluß: du hättest singen sollen, o meine Seele — alle diese seine Ausrufe aus Nizza und Portofino —: über dem allen ließ er seine drei rätselhaften Worte schweben: 'Olymp des Scheins', Olymp, wo die großen Götter gewohnt hatten, Zeus 2000 Jahre geherrscht hatte, die Moiren das Steuer der Notwendigkeit geführt und nun —: des Scheins! Das ist eine Wendung." [64] Ebenso aber sucht das Denken der Gegenwart ein gänzlich anderes Ver-

[64] G. Benn: Probleme der Lyrik. Wiesbaden 1951. S. 12 f.

ständnis des Schönseins als einer besonderen Weise des Scheins durch
eine geschichtlich gegründete Besinnung auf das Verhältnis von Sein
und Schein zu gewinnen, um so den lichtenden und zur Wahrheit
führenden Schein, den Platon dem Dichter vorenthielt, dem *berufenen* Dichter zurückzugeben.[65]

Bachem hat in seiner Arbeit diese wechselnden Zuordnungen von
Lüge, Schein und Theologie der Dichter nicht als solche aufzuzeigen
versucht. Seine Arbeit, die sich auf Barock und Goethezeit in der
Hauptsache beschränken will, geht normativ von jener Kunstauffassung aus, die in Schiller die Lehre von der Dichtung als Lüge
zurückführte auf die Lehre vom positiv gefaßten ästhetischen
Schein und nach der Möglichkeit einer „intuitiven Theologie" in
diesem Element fragte. Bachem setzt die Goethezeit als Maß,
genauer jenes spätklassische Kunstverständnis, wie es sich in Stifter
ausformte.[66]

3. Beispiele zur Umgrenzung des Forschungsgebietes

Um zu zeigen, was Toposforschung ist, haben wir kurz die
Geschichte des Topos vom göttlichen Wahnsinn der Dichter skizziert. Topoi begegnen uns, wo wir auch hinsehen. Wer sie sucht,
wird sie finden, in welcher Epoche der Geistesgeschichte er auch mit
seinem Fragen ansetzen mag. Jeder Topos will in seinem geschichtlichen Wandel verfolgt sein. Er fügt sich in wechselnder Zuordnung
ein in das Feld einer bestimmten Topik, denn der eine Topos ruft
den anderen herbei, der ihn ergänzt oder auch bestreitet. In verschiedenen Topoi ringt das Gespräch über Dichtung um das rechte
Verständnis eines dichtungstheoretischen Problems. Wir konnten
wenigstens hinweisen auf das Beispiel der Topik, die das Verhältnis
von Dichtung und Theologie behandelt. Ein Topos verweist auch
auf andere Topoi, die in ähnlicher Absicht gebildet worden sind wie
er selbst. So gibt es die verschiedensten Topoi, die die Dichtung ein-

---

[65] M. Heidegger: Vorträge und Aufsätze. Pfullingen 1954. S. 43.
[66] Vgl. den Exkurs über A. Stifter von R. Bachem: a. a. O. (Anm. 36).
S. 75 ff.

fügen in die Ordnungen des Geistes. Mit dem Topos „Dichtung als *altera theologia*" ist der ebenfalls aus der Allegorese erwachsene Topos „Dichtung als *altera philosophia*" verwandt. Ihm nahe stehen die Topoi vom Dichter als dem Lehrer oder dem Wegbereiter der Menschheit. Topoi wie diese gehen durch die ganze abendländische Geschichte. Wie könnten wir noch eine Klarheit in unsere Besinnung auf Dichtung bringen, wenn wir uns nicht jener Prägungen erinnerten, deren sich die Jahrtausende bedienten und an die sie ihr Denken verschwendeten?

Wer etwa jemals das Weiterwirken der Unterscheidung der aristotelischen Poetik zwischen der Dichtung und dem Erkunden des Seienden oder, wie man meistens sagt, der Geschichtsschreibung nachgeprüft hat, muß eine Ahnung bekommen von der Macht geprägter Formeln, die die Bahnen des Denkens eröffnen und verdecken und von einer Zeit der anderen überliefert werden. In der späteren Antike scheidet man Dichtung und Geschichtsschreibung nicht wie Aristoteles, sondern gemäß der flacheren Unterscheidung zwischen Erfindung und Wahrheit. Seit der Renaissance kommt die aristotelische Unterscheidung wieder auf und ist schließlich in aller Munde. Zwar wird gelegentlich die Dichtung als Geschichtsschreibung ausgegeben, damit sie ein realistischeres Aussehen bekomme; ein Goethe kann keinen Rangstreit zwischen dem Dichter und dem Geschichtsschreiber anerkennen wollen; aber wenn Schopenhauer und, auf ihn sich stützend, Burckhardt „endgültig" den Rangstreit zwischen Poesie und Geschichtsschreibung zugunsten der Poesie schlichten wollen, dann unter Berufung auf Aristoteles. Wenn heute Toynbee zwischen *fiction* und *history* unterscheidet, sagt er: "All this, in essentials, is to be found in the works of Aristotle." Gegen Aristoteles spricht ausdrücklich Croce, der in der Dichtung und der Geschichtsschreibung die beiden miteinander verbundenen Momente des erkennenden Geistes sieht, in der Philosophie aber ein „Moment des historischen Denkens selber" — während es bei Heidegger heißt: „Aber immer noch gilt das kaum bedachte Wort des Aristoteles in seiner Poetik, daß das Dichten wahrer sei als das Erkunden von Seiendem." Ein gleiches Ringen knüpft sich — etwa in Bodmers und Breitingers ›Diskursen der Maler‹, bei Herder oder in Lessings ›Laokoon‹ — an die horazische Formel *ut pictura poesis* oder an das *poeta nascitur, rhetor fit*.

Nicht jeder Topos braucht, wie die bisher behandelten Topoi, auf eine theoretische Formel hinauszulaufen. Die Toposforschung will

sich nicht nur auf die ästhetischen Systematiken stützen, die oft eine
so astronomische Entfernung vom wirklichen Umgang mit Dichtung
haben. Sie möchte sich auch die humanistischen Vorstellungen, die
theologischen und politischen Auseinandersetzungen und die Zeugnisse des dichterischen Selbstverständnisses zunutze machen. Keine
der im Wort ausgesprochenen Zuwendungen zum Dichter und zu
seinem Werk soll ausgeschlossen bleiben, sofern sie bedeutsam ist.
Deshalb müssen wir auch jene Topoi beachten, die sich nicht in eine
abstrakte Formel zusammenziehen lassen. Die literarhistorische
Forschung ist sich nicht darüber einig, was alles in die Toposforschung einbezogen werden soll. Ist auch eine stehende Metapher
oder ein konstantes Ausdrucksschema als ein Topos zu fassen? Für
die Literarhistorie ist die Toposforschung eine Methode, die ihr
Bedenkliches hat, weil sie immer nur auf eine bestimmte Schicht der
Dichtung stößt und es nicht ohne Gefahr ist, den Bereich der Topoi
aus dem Ganzen des Kunstwerks zu isolieren. Für die dichtungs-
theoretische Toposforschung fällt diese Bedenklichkeit weg. Dafür
aber muß sie nach ihrer formalen Abgrenzung
hin so weit gefaßt werden, daß alle Zuwendungen zur
Dichtung in sie einbegriffen werden können.
    Curtius hat in den Topoi nicht die einzigen Konstanten gesehen,
deren Geschichte eine europäische Literaturwissenschaft zu erforschen hat. Neben den Topoi stehen formale Schemata, die durch die
Zeiten überliefert werden. Auch eine Metaphorik und eine Tropik
hat Curtius der Topik zugesellen wollen. Die normative Topik der
antiken Rhetorik ist durch ihn umgewandelt worden in eine „historische" Topik. „Aber auch die antike Figurenlehre", so sagt er,
„scheint einer Erneuerung fähig zu sein. Die wichtigste 'Figur' ist
die Metapher ... Stellen wir der historischen Topik eine historische
Metaphorik zur Seite." [67] Als ein Beispiel behandelt Curtius die
Schiffahrtsmetaphern, in denen das Dichten als eine Schiffahrt angesprochen wird, und verfolgt sie durch Antike und Mittelalter.
Curtius zielt auf die Fragestellung seines Buches, wenn er es zurückweist, daß man zur Erklärung des Danteschen Gebrauchs der Schiff-
fahrtsmetaphorik auf Properz verweist. „Dante kennt ihn nicht

[67] E. R. Curtius: E. L. S. 136.

und brauchte ihn nicht zu kennen. Der 'Kahn des Geistes' ist schon in der Spätantike ein Gemeinplatz und wird vom Mittelalter sorgfältig konserviert. Wenn er das aber nicht weiß, greift der Kommentator munter zu Properz wie ein anderes Mal zu Cassian. Er könnte mir Goethe entgegenhalten:

Also das wäre Verbrechen, daß einst Properz mich begeistert.

Nein, das ist nie ein Verbrechen — es sei denn, man mache Dante zum Properzleser. Damit verfälscht man nämlich die geschichtliche Perspektive. Man macht Dante zu einem humanistischen Liebhaber der römischen Elegie, man löst ihn von der poetisch-rhetorischen Tradition des lateinischen Mittelalters." [68] Mit dieser Polemik hat Curtius sein spezielles Ziel erreicht. Wir dagegen müssen sehen, wie sich solche Metaphorik allgemein in das Programm einer dichtungstheoretischen Toposforschung einfügt. Curtius will in seiner ›Nova Rhetorica‹ die historische Metaphorik *neben* die historische Topik setzen. Die Metapher gehört zu den Figuren, die dem *ornatus* dienen, der wiederum in der Rhetorik in der Lehre vom Ausdruck *(elocutio)* behandelt wird. Die Topik dagegen gehört in ein ganz anderes Kapitel, in die Findungslehre *(inventio)*. Die Topik hilft zum Auffinden der Beweisgründe, sie gibt allgemeine Gedanken an. Als solche Allgemeinheiten oder „Gemeinplätze" können wir auch so konkrete Metaphern wie „Dichtung eine Schiffahrt" auffassen, so daß die historische Metaphorik der Topik nicht neben-, sondern untergeordnet ist. Zudem ist die Schiffahrtsmetaphorik, die Curtius anführt, als *fortgesetzte Metapher* nach der Lehre der Rhetorik schon *Allegorie*. Seine Erneuerung der alten Figurenlehre hat Curtius auch, anknüpfend an Goethe, dem der Sprachgebrauch der Rhetorik noch geläufig war, Tropik genannt. Tropus besagt hier: Wendung, Gleichnisrede, bildlicher Ausdruck. In einer seiner schönsten Untersuchungen, dem Kapitel über das Buch als Symbol, greift Curtius beispielhaft das „von Goethe entworfene Programm einer historischen 'Tropik' oder Metaphorik der Weltliteratur" auf.[69] Alle diese Aussageformen dürfen wir neben der rein theoretischen, die weder Metapher noch Bild gebraucht, als Möglichkeiten betrach-

[68] E. R. Curtius: E. L. S. 137 f.
[69] E. R. Curtius: E. L. S. 305.

ten, einen Topos zu formulieren. Die Geschichte einer bestimmten Metapher, einer bestimmten Allegorie, eines bestimmten Symbols, eines bestimmten Bildes, eines bestimmten Tropus ist so, soweit sie in den Bereich der Dichtungstheorie gehört, der dichtungstheoretischen Toposforschung zuzurechnen. Die Frage kann hier offen bleiben, ob die Begriffe Metapher, Allegorie, Symbol usf. in unserm Zusammenhang immer zulänglich sind, und wie diese Begriffe zu unterscheiden sind.

Als dichtungstheoretische Topoi, als Gesichtspunkte, unter denen sich Wesen und Wirkung des Dichters und der Dichtung zeigen, sprechen wir also z. B. jene Elementarmetaphern an, in denen der Dichter sich und sein Werk erkennt, wenn er sich als Strom sieht, als Sucher des Lichtes oder Träger himmlischen Feuers. Ein dichtungstheoretischer Topos ist uns das Prometheussymbol, in welchem der Dichter als ein anderer Prometheus erscheint. Unter sich und darüber hinaus mit den anderen dichtungstheoretischen Topoi sind diese Metaphern oder Bilder jeweils durch einen Zusammenhang verknüpft, ohne den sie nicht zu verstehen sind.[70] Prometheus — „kein Gedanke, den ein Mensch erfunden", sondern „einer der Urgedanken, die sich selbst ins Dasein drängen" (Schelling) — ist es, der für die Menschen das himmlische Feuer raubt. Er ist deshalb der Lebensspender, kann dies nur deshalb sein, weil das Feuer die *arché* der Welt ist, wie Heraklit lehrt und nach ihm die Stoa, aber auch die Mystik in ihrer Lehre vom Seelenfünklein und der Wüste der verbrannten Herzen. Verbunden mit der Auffassung des Feuers als der Mitte der Welt und der Rede vom himmlischen Feuer der Dichter ist der Vergleich des treffenden oder alles übertreffenden Wortes mit dem Blitz, der nach Heraklit das Weltall lenkt, und mit der Feuersbrunst, die alles erfaßt und ergreift. Ebenso gehört in den Kreis dieser Bilder die Metapher vom Gewitter des mächtigen und erschütternden rednerischen oder dichterischen Wortes. „Zornvoll durchrüttelte", so sagt Aristophanes, „der Olympier Perikles mit Blitz und Donner Hellas." Dieses Bild sollte bei Cicero, Plinius, Quintilian, „Longin", Dionysius von Halicarnassus, Lukian u. a. zu einem Topos werden, der durch die abendländische Literatur geht, der zu einer bloßen Floskel werden, aber auch immer wieder zu seiner ursprünglichen Bedeutung verlebendigt oder in Ursprünglichkeit neu gefunden werden

---

[70] Zum folgenden vgl. Th. Blasius: Das himmlische Feuer. Diss. Bonn 1949. — R. M. Müller: Das Strom-Motiv und die deutsche Klassik. Diss. Bonn 1955.

kann. Als Träger des himmlischen Feuers ist der Dichter Mittler zwischen Göttern und Menschen, er ist göttlich begeistert. Die trockene Seele, die weiseste und beste, wie Heraklit sagt, ist jene, in der das Feuer herrscht. Durch sie kann der Gott sprechen, die ihr gegebene göttliche Gabe der Prophetie ist von einem Wahnsinn begleitet, der sich aus dem Überhandnehmen des Feuers in der Seele erklärt. Dionysos, der begeisternde, ist der im Feuer geborene, jener, der durch Zeus aus der tödlich von Blitzesflammen getroffenen Mutter Semele gerettet wurde. Noch wir in unserer Sprache sprechen von glühender Begeisterung, von ihrer Flamme und ihrem Feuer. Der Wahnsinn der Dichter ist nicht irgendeiner, sondern göttlicher Wahnsinn und Musenwahnsinn. Führer der Musen ist Apollon Musagetes, der Sonnengott, dessen Strahlen verwundende Pfeile sind. Die Musen, ursprünglich Quellgottheiten, suchen vor der alles versengenden und alles versiegen machenden Glut des Gottes Schutz in den schattigen Hainen. Hier zeigt sich, daß die Elementarmetaphern nicht einander ausschließen, sondern dasselbe zu treffen suchen. Der Anhauch der Muse, von dem der Dichter lebt, schließt das Feuer nicht aus. Hauch, Luft, Äther und Feuer entstehen auseinander und sind nach ältester griechischer Lehre einander wesensverwandt. Selbst die Nüchternheit des Wassers verbindet sich dem Wahnsinn. An den Quellen, unter schattigen Platanen, kann selbst Sokrates, wie der Phaidros zeigt, sich ironisch wie ein von Nymphen Besessener gebärden, — Platons ›Gesetze‹ verbinden ausdrücklich den Musenwahnsinn mit dem Bild der entströmenden Quelle. „Es ist ein altes Märchen", so heißt es dort (719 c), „das von uns selbst immer erzählt und sonst von allen Leuten als richtig befunden wird, daß ein Poet, wenn er auf dem Dreifuß der Muse sitzt, alsdann nicht recht bei klaren Sinnen ist. *Wie eine Quelle* läßt er dann eben sprudeln, was da sprudeln will . . ." Ähnlich wie das Bild vom himmlischen Feuer der Dichter wird die Strommetapher als dichtungstheoretischer Topos durch die Geschichte der abendländischen Literatur gehen. Die Auffassungen des Mittelalters werden weniger beherrscht durch die Lehren von der *mania,* vom göttlichen Feuer oder von dem über alle Ufer tretenden Stromgeist als durch die Lehren von der *inspiratio* und der *illuminatio* und dem Bild des aus göttlichem Ursprung kommenden und zu Gott zurückkehrenden mystischen Stromes. Zur antiken ist die alt- und neutestamentliche Tradition getreten: die Überlieferung von der Erscheinung Gottes im Feuer und im brennenden Dornbusch, von der Reinigung der Lippen des Propheten mit glühender Kohle, von den Feuerzungen des Pfingstgeistes und der Erwartung der Ankunft des Messias als eines Blitzes, der von einem Ende des Himmels bis zum andern leuchtet. Bei Nikolaus von Cues, Paracelsus, Böhme — einen *philosophus per ignem* nannte Baader den letzteren —, bei den

Schwabenvätern, bei Hamann füllen sich die alten elementarischen Bilder
mit neuem Leben, bis sie in Hölderlin ihre höchste dichterische Erfüllung
finden.

Manche Topoi verfestigen sich nicht einmal zu einem Bild oder
einem Symbol und sind doch Konstanten, die durch die Zeiten hin
wirksam bleiben. Eine Haltung steht hinter ihnen, die immer wieder eingenommen wird und sich auf verschiedene Weise ausprägt.
So hat Curtius die Geschichte der Musen sichtbar gemacht als eine
der großen Konstanten der europäischen Literatur. Die Geschichts-
forschung muß erst wieder ein ursprüngliches Verständnis dessen
erwerben, was mit dem Musenanruf eigentlich gemeint ist, denn
dieser erscheint uns zu leicht als ein bloßer Gemeinplatz einer ver-
äußerlichten und in diesem Punkt unverständlichen Tradition. „Für
uns sind die Musen schemenhafte Gestalten einer längst überlebten
Tradition. Aber sie waren einmal Lebensmächte. Sie hatten ihre
Priester, ihre Diener, ihre Verheißung — und ihre Gegner. Jedes
Blatt in der Geschichte der europäischen Literatur spricht von
ihnen." [71] Ohne Gewaltsamkeit können wir von einer Topik des
Musenanrufs — auch die Abwehr des Musenglaubens und der Spott
auf ihn gehören in sie — sprechen und so auch diese Thematik in
unser Arbeitsgebiet einbeziehen.
    Es gibt schließlich Topoi, die das Dichtungsverständnis teilt mit
dem Selbstverständnis des Geistes überhaupt. Mit den Musen leben,
so hat Cicero gesagt, heißt humanistisch leben. Nicht nur die Dichter berufen sich auf die Musen. Im Musenglauben prägt sich die
frühe mythische Begegnung des Menschen mit jenen Mächten aus,
die sein geistiges Leben bestimmen. Der Musenanruf wird dann
zum Allgemeingut humanistischen Selbstverständnisses. Nicht nur
der Dichter, sondern auch der Denker versteht sich schließlich als
ein zweiter Prometheus. Manche dichtungstheoretischen Topoi sind
nichts spezifisch Dichtungstheoretisches, sondern gehören ebenso in
die Tradition des Denkens oder des Glaubens. Der Dichter fügt sich
ein in jenes „hohe Geistergespräch", in dem der eine dem anderen

[71] E. R. Curtius: E. L. S. 233.

„durch die öden Zwischenräume der Zeiten" hindurch sein Wort zuruft.[72]

Dichtungstheoretische Topoi können sich in einer abstrakten Formel zusammenfassen lassen; sie können in Bildern und Vergleichen, die die Zeiten überdauern, bewahrt bleiben oder in eine stehende Metaphorik und Tropik eingehen. In ihnen kann sich eine immer neu eingenommene Haltung ausprägen. Oft sprechen sie nicht nur vom Dichter, sondern überhaupt vom geistigen Menschen. Wird der Begriff des dichtungstheoretischen Topos so weit gefaßt, daß er die verschiedensten Zuwendungen zur Dichtung umgreifen kann, dann können in den dichtungstheoretischen Topoi d i e   G r u n d g e - h a l t e   d e s   g e s c h i c h t l i c h e n   G e s p r ä c h e s   ü b e r   d i e   D i c h - t u n g angeeignet werden. Die Topoi geben Gesichtspunkte, *sedes argumentorum,* von denen aus Wesen und Funktion des Dichters und der Dichtung in ihren geschichtlichen Entfaltungen und von den verschiedensten Seiten aus sichtbar werden. Die Topoi leiten an zu Aussagen über den Dichter und sein Schaffen, indem sie z. B. von seinem *göttlichen Wahnsinn* oder seinem *Musenwahnsinn* sprechen. Sie zeigen den *Schöpfer-Dichter* in seinem Selbstverständnis als einen *anderen Prometheus* oder weisen auf das Wesen des Dichtwerkes, das eine *altera natura* genannt wird. Der Sinn der Dichtung wird in den Blick gerückt durch jene in Jahrtausenden wirksamen Formeln, welche sagen, Dichtung sei *entweder Lob oder Tadel,* Dichtung habe zu *erfreuen und zu nützen.* Ein Topos wie der von der Dichtung als einer *verborgenen Theologie* oder ein Topos wie *ut pictura poesis* grenzen die Dichtung ab von den anderen Ordnungen des Geistes und verbinden sie mit ihnen. Die Topoi zeigen die Literatur in der *querelle des Anciens et des Modernes* oder lehren uns, welches das Publikum des Dichters, z. B. in der klassischen französischen Zeit, war: *la cour et la ville.* Sie sind als die großen leitenden Gesichtspunkte jeweiliger Besinnung auf Dichtung die kristallisierenden Punkte, die den fließenden dunklen und unübersehbaren Strom des Dichtungsverständnisses der Jahrhunderte und Jahrtausende verwandeln in die Figuren leuchtender Sternenkonstellationen.

[72] K. O. Brogsitter: Das hohe Geistergespräch. Bonn 1957. (Diss. Bonn.)

Dritter Abschnitt
Zur Methodik der Toposforschung

Im ersten Abschnitt unserer Abhandlung haben wir die Begriffe „Dichtungstheorie" und „Toposforschung" so aufgenommen, wie wir sie in der literaturwissenschaftlichen Forschung vorfanden. Von der heute vorgegebenen Forschungslage aus entwarfen wir den Plan einer dichtungstheoretischen Toposforschung. Der zweite Abschnitt brachte einige konkrete Beispiele aus der Arbeit dieses „erst zu begründenden Forschungszweiges". In diesem dritten Abschnitt möchten wir eine Besinnung auf die Methodik durchführen. Dabei löst sich von selbst die Verflechtung mit der Toposforschung der Literaturwissenschaft, an die wir anknüpften, die aber eine für unsere Zwecke zu einseitige Tendenz aufweist.

Die spezifischen Möglichkeiten und Leistungen der Toposforschung sollen noch einmal grundsätzlich und nach den verschiedenen Seiten hin durchdacht werden. Wir beginnen unsere Überlegungen, indem wir die Toposforschung in die Tradition hineinstellen, aus der sie erwächst. Diese Tradition finden wir sowohl in der Philologie wie im dialektischen Denken. Wir charakterisieren dann die Toposforschung als Topologie des Gespräches, als jene Methode, die die Orte einer Erörterung erfaßt, aber weder eine deduzierende Systematik geben noch mit „exakten" Begriffen im gewohnten Sinne des Wortes arbeiten will. Die Einheit ihrer Erkenntnisse und die Verbindlichkeit ihrer Aussagen erwächst daraus, daß die Forschung sich immer neu dem Problem stellt und einbezogen bleibt in das streng geführte Gespräch über dieses Problem. Die Geschichte zeigt sich als das große Gespräch, das sie ist. Da die Erforschung der Topoi dieses Gespräches nur innerhalb des Gespräches selbst geschehen kann, wird die alte Trennung der Historie von der Systematik überwunden und die Entfaltung eines gegenwärtigen Problemverständnisses hineingestellt in die Geschichte dieses Verständnisses. Die Toposforschung eignet sich die Geschichte an, indem sie eine universale „topologische" Überschau verbindet mit einer spezialistischen Interpretation der Topoi, der herausgehobenen bedeutsamsten Aussagen. Damit diese bedeutsamen Aussagen herausgestellt werden können, muß das ursprünglich Gedachte vom nur Tradierten unterschieden und in seiner Eigentümlichkeit erfaßt sein. Die Toposforschung will in einem besonderen Maße der Geschichtlichkeit des Geistes gerecht werden. Sie dient dazu, Orte des Geistes in ihrer geschichtlichen Einmaligkeit und Besonderheit zu gewinnen oder neu anzueignen. Wo es aber möglich ist, bereitet ihre Dialektik auch eine apodiktische, allgemein gültige Erkenntnis vor.

1. Toposforschung und Philologie

Wir konnten darauf hinweisen, daß die Toposforschung eigentlich nichts Neues ist, sondern im Grunde immer schon geübt wurde, wenn auch ohne eigentliches methodisches Bewußtsein. Die in früheren Arbeiten angelegte Methode soll als solche herausgestellt werden, damit jenes geistige Gut, das nie die rechte Formung fand, aus seinem Schlaf in das wache Leben des Geistes gerufen werden kann. Heute scheint die Philologie in besonders starkem Maße auf eine Methode hinzutendieren, die der Toposforschung zum mindesten verwandt ist. Es gibt, so sagt Curtius, nur die *eine* nicht lehrbare und nicht übertragbare, wohl aber ausbildbare philologische Methode: auf bedeutsame Tatsachen anzusprechen. „Es gibt kein anderes Verfahren, um Literatur aufzuschließen." [73] In krasser Polemik hat Curtius die neueren methodischen Richtungen der Literaturwissenschaft verworfen. Anders im Ton, nicht viel anders im Prinzip, sagt Erich Auerbach: „Das Einströmen so vielen neuen Materials, die durch Krisen intensivierte Aufmerksamkeit der Menschen für das eigene Wesen und die damit zusammenhängenden Fortschritte der Gesellschaftsordnung haben in der Literaturbetrachtung eine Fülle von neuen Aspekten erzeugt, die sich selbst gern als neue Verfahrensweisen bezeichnen. Darunter sind solche 'Methoden', die aus der Literaturforschung selbst entstanden sind, wie die vergleichende oder die stilkritische oder die geistesgeschichtliche, und auch solche, die sich von anderen Wissenszweigen inspirieren lassen, wie die psychologische oder die soziologische. Selbstverständlich können und müssen wir mehr als früher

[73] E. R. Curtius: E. L. S. 387.

vergleichen; unsere größeren Erfahrungen ermöglichen es uns auch, genauer als es früher geschah, durch Textanalyse Stile zu sondern; und unser letztes Ziel ist innere, das heißt Geistesgeschichte. Selbstverständlich müssen wir auch nach Kräften die Ergebnisse anderer Wissenschaften berücksichtigen. Aber ob man aus jeder einzelnen dieser Forderungen eine eigene Methode machen kann und soll, scheint mir zweifelhaft, und jedenfalls ist es verfehlt, einer dieser Methoden ausschließlich zu folgen ... Doch die Literaturforschung hat von alters her ihre eigenen Methoden, die philologischen, und das sind die einzigen, die ich für erforderlich halte. Man muß Grammatik und Lexikographie, Quellenbenutzung und Textkritik, Bibliographie und Sammeltechnik lernen; man muß lernen, sorgsam zu lesen. Alles übrige ist nicht Methode; denn es ist nicht lehrbar: zunächst die Weite des Bildungshorizontes, die auf der leidenschaftlichen Neigung beruht, sich alles anzueignen, was für die verfolgte Absicht nützlich sein könnte; sodann der Reichtum der eigenen Erfahrung, zu deren Erwerb das Schicksal mitwirken muß; sie nährt die nachlebende Einbildungskraft, ohne die man Menschen und menschliche Werke nicht verstehen kann; und schließlich den Blick für das, was Bergson (und ihm folgend E. R. Curtius) *faits significatifs,* bedeutsame Tatsachen, genannt hat." Vielen Philologen, bemerkt Auerbach, fällt etwas Bedeutsames auf; aber sie verstellen es sich, indem sie verfestigten Kategorien verfallen. Deren Anwendung faßt das Eigentümliche nicht, sondern führt „zu Scheinproblemen und zur Lösung derselben vermittelst neuer Hypostasen, so daß das Spiel ohne Nutzen ins Unendliche getrieben werden kann". Anstatt Methodenhypostasen oder Begriffshypostasen gegeneinander ins Feld zu führen, soll man, so rät Auerbach, in den Texten selbst ein charakteristisches Merkmal suchen. „Jedenfalls erscheint mir die Zurückführung des allgemeinen Problems, das mein Interesse erregt hatte, auf einen philologisch registrierbaren Tatbestand als der schwierigste Teil meiner Tätigkeit."

Auerbach nennt als ein Beispiel seine Untersuchung *La cour et la ville.* „Der Weg von der Erkenntnis, es sei etwas Bedeutsames über die Zusammensetzung des französischen Publikums in der klassischen Periode zu sagen, zu der Auffindung der Verfahrensweise, nämlich die Ausdrücke, die von den Zeitgenossen für 'Publikum' gebraucht wurden, zu sammeln und zu interpretieren", war die schwierigste Arbeit. „Sobald die Verfahrensweise feststand, ergab sich alles weitere von selbst." [74] Diese Verfahrensweise aber ist das, was wir als Toposforschung bezeichnen. Der leitende Gesichtspunkt, unter dem das Publikum der klassischen französischen Zeit sich sieht, formuliert sich in dem „dichtungstheoretischen Topos" *la cour et la ville*. Ihn muß der Forscher in den Texten aufspüren, anstatt mit den Begriffshypostasen der soziologischen oder geistesgeschichtlichen oder einer anderen Methode den Gesichtspunkt, unter dem sich das Publikum einst formierte, zu verdecken.

Topoi — leitende Gesichtspunkte des Denkens, die sich zu Formeln kristallisieren — gibt es nicht nur in der Dichtungstheorie, sondern a u f a l l e n G e b i e t e n d e s G e i s t e s. Für die allgemeine Geistesgeschichte wäre es z. B. gewiß ein guter Weg, einfach den Topos *„Kopf und Herz"* in den Texten aufzusuchen, wenn man über die sogenannten rationalen und irrationalen Strömungen im deutschen Pietismus, in der Empfindsamkeit, der Aufklärung, dem Sturm und Drang usf. schreiben will. Eine solche Untersuchung wäre gezwungen, sich streng an die Texte selbst zu halten, anstatt in Paraphrasierungen und Schematisierungen auszuschweifen. Die Jurisprudenz könnte durch alle Verzweigungen und Verästelungen des Rechts und durch dessen verschiedene Begründungen hindurchgreifen auf die ursprünglich leitenden Gesichtspunkte. So hat z. B. der Topos *„Interesse"* dauernd an Gewicht gewonnen, seit Ihering vor hundert Jahren auf ihn hinwies. Er hat sich neben älteste Topoi gestellt, z. B. neben den Topos von der Bevorzugung dinglicher Sicherheit: *„Plus cautionis in re est, quam in persona."* [75] Freilich kann die Toposforschung die systematische Explikation nicht ersetzen. Sie will sie nur ergänzen und Aufgaben übernehmen, die diese nicht oder nicht in gleicher Weise erfüllen kann. Im Grunde schließen sich die Methoden nicht aus. Was die philologische Toposforschung auszeichnet, ist, daß sie sich streng an das Element der Sprache bindet und damit als wahre Philologie von der Liebe zum

[74] E. Auerbach: Vier Untersuchungen zur Geschichte der französischen Bildung. Bern 1951. S. 8 ff.
[75] Th. Viehweg: Topik und Jurisprudenz. München 1953. S. 64 f. u. 35.

Worte lebt. Darin liegt, zusammen mit ihrer Einseitigkeit, ihre Stärke. In dieser Bindung findet sie ihre Begrenzung, das heißt aber: ihr Wesen.

2. Toposforschung und dialektisches Denken

Die Toposforschung gehört noch in eine andere Tradition. Sie gehört in die Tradition des dialektischen Denkens, das sich in den verschiedensten Ausprägungen durch die abendländische Geschichte zieht. Die Toposforschung ist, wie ihr Name schon sagt, und worauf wir uns von Curtius hinweisen ließen, mit der Topik verbunden. Wenn wir auf die Tradition der Topik zurückgreifen, dürfen wir uns erinnern, daß diese Tradition durch einige hundert, ja tausend Jahre die europäische Geistigkeit mitbestimmt hat. Die geschichtsmächtigste Ausgestaltung erfuhr die Topik durch die antike Rhetorik. In ihr diente die Topik der Gesprächsführung, der Kunst, das Für und Wider einer Sache zu erörtern. Ein Gespräch muß sich immer an der Sache orientieren. Dazu bedarf es der rechten Gesichtspunkte. Zur Klärung des Gespräches können auch solche Gesichtspunkte herangezogen werden, deren Anwendbarkeit in Zweifel zu ziehen ist oder die sich untereinander widersprechen. Die Topik will helfen, diese Gesichtspunkte, aus denen die rechten Argumente für die Beweisführung fließen, zu finden. Als *ars inveniendi* ist die Topik abgehoben von der *ars iudicandi*, der Urteilsbildung selbst. Die Topoi der Topik führen zu den Argumenten hin, deren das Gespräch bedarf. Als ein beweglicher, mannigfach anwendbarer Gesichtspunkt ist der Topos nicht durch eine geschlossene Systematik festgelegt. Der streng deduzierenden Systematik steht das topische Denken, das im Gespräch seine Gesichtspunkte sucht und eventuell auch wechselt, gegenüber.

Das Mittelalter gab der Topik einen neuen Sinn oder hob doch wenigstens diesen Sinn stärker hervor. Isidor von Sevilla nennt in seinem Werk ›Etymologiae‹, das als Handbuch des Wissens antikes Geistesgut dem aufkommenden Mittelalter überlieferte, die Topik, die *disciplina inveniendorum argumentorum*, eine wunderbare Erfindung des Menschengeistes: *mirabile plane genus ope-*

ris, in unum potuisse colligi, quidquid mobilitas ac varietas humanae mentis in sensibus exquirendis per diversas causas poterat invenire, conclusum liberum ac voluntarium intellectum. Nam quocumque se verterit, quascumque cogitationes intraverit, in aliquid eorum quae praedicta sunt, necesse est cadat ingenium.[76] Die Topik diente jetzt weniger der Gesprächskunst (die ja schon in der Antike verfallen war), als vielmehr der Überlieferung und der Neufassung des tradierten geistigen Gutes. Zwar mag uns heute ein Werk wie das des Isidor als eine öde und erdrückende Kompilation erscheinen; aber wir sollten nicht vergessen, daß in einer Zeit notvollsten Überganges durch solche Sammelwerke die Kontinuität der Tradition aufrechterhalten wurde. Marcelino Menéndez y Pelayo hat die rechte Stellung zu Männern wie Isidor in einem schönen Vortrag so umschrieben:

Daß San Isidoro nicht originell ist und beinahe alles seiner unermeßlichen Belesenheit verdankt — was schadet das schon? Er wollte und durfte nichts erfinden. Mitten hineingestellt zwischen eine Volksgemeinschaft, die bereits im Sterben lag, und eine zweite, noch kindliche, halb wilde, die arm an Kunst und bar aller Wissenschaft war und obendrein entstellt und belastet durch allerlei barbarische Ansätze und Überbleibsel, was blieb ihm anderes als die große Aufgabe, das Erbe des alten an das jüngere Volk hinüberzureichen? Dies hat er geleistet, und dafür verdient er alles Lob, das menschliche Rede hergeben kann — besser als wenn er seltene philosophische Systeme erdacht oder die Welt mit kühnen, feurigen Einfällen in Staunen versetzt hätte. Sammeln, aufbewahren, darstellen, das war sein Vorhaben. Von solchen Männern darf man behaupten, daß sie an historischer Bedeutung den ältesten Gesetzgebern und Erziehern der Völker, also jenen Gestalten des griechischen Mythos gleichkommen, die mit dem Zauber ihrer Stimme und ihres Gesanges die Steine bewegten, die Städte gründeten, die Menschen aus wilder Wanderschaft zu gesitteter Gemeinschaft führten, das Getier der Wälder bändigten und heilige, unvergängliche Gesetze auf Tafeln schrieben.[77]

[76] E. R. Curtius: E. L. S. 451.
[77] Edición nacional de las obras completas de Menéndez y Pelayo. I. Santander 1941. S. 111. — Deutsch von K. Vossler: Aus der romanischen Welt. Karlsruhe 1948. S. 553.

Wir würden aber die Eigenart der großen mittelalterlichen Sammelwerke verkennen, wenn wir ihnen lediglich die Funktion zuschrieben, überliefertes Gut weiterzugeben. Wir würden übersehen, daß durch sie neue Gesichtspunkte eingeführt und die alten Gesichtspunkte aus einem ganz bestimmten Geiste ausgewählt wurden, daß zur Auswahl die Auswertung kam als ein sehr wirksames Mittel der Neufassung. Gerade die Topik gestattete die Umformulierung alten Gutes zusammen mit seiner Beibehaltung.

Das topische Denken vermag die Tradition immer neu einzuschmelzen in die sich wandelnde Lebendigkeit des Geistes. Es rückt althergebrachte Texte unter neue Gesichtspunkte und nimmt sie so verwandelt auf. Für die Jurisprudenz ist diese Leistung der Topik wenigstens beispielhaft genauer untersucht worden. Das Problem, einen passenden Situationszusammenhang zu einer Textstelle herzustellen, so sagt Theodor Viehweg,[78] „ist so deutlich eine Angelegenheit der Topik und zudem jeder Jurisprudenz so geläufig, daß wir uns kurz fassen können. Es werden Gesichtspunkte gesucht und gefunden, die eine Textstelle als anwendbar rechtfertigen. Je größer das Ansehen der maßgeblichen Texte und je größer der Unterschied zwischen den Problemsituationen, die jene entstehen ließen, und der Zeit der Anwendung, um so erforderlicher ist dieses Verfahren. Es enthält notwendig logische Willkürlichkeiten, aber es ist gleichwohl von eminenter Bedeutung. Denn auf diese Weise wird die Kontinuität und die Fortentwicklung einer rechtlichen Formenwelt ermöglicht. Nur so konnte die mittelalterliche Jurisprudenz das römische Recht fortentwickeln und ein gemeinsames römisches Recht vorbereiten. Das ist ein Verdienst der Topik. Die Systematisierung hätte wie eine Blockade gewirkt." Auch die Topoi selbst wandeln sich, indem sie mit neuem Geist erfüllt werden. Wenn das Mittelalter den Topos „Dichtung: eine verborgene Theologie" übernimmt, dann scheint sich gegenüber der antiken Verwendung des Topos alles gleichgeblieben zu sein, und doch hat sich durch den neuen Geist, mit dem der Topos erfüllt wird, das Entscheidendste geändert. Andererseits ist Entscheidendes gleichgeblieben, da das mittelalterliche Denken an die Antike anknüpft. Topisches Denken verbindet

---

[78] Th. Viehweg: a. a. O. (Anm. 75). S. 45

Kontinuität und Wandel in der Weitergabe der Tradition. Wie bedeutsam es für die Aufnahme überlieferten Gutes ist, sieht, wer sich selber einmal redlich daraufhin prüft, wie er die Gedanken der großen Denker der Geschichte zu übernehmen pflegt.

Wer die Leistungen des topischen Denkens im Mittelalter und in den folgenden Jahrhunderten aufweisen will, darf sie nicht nur dort suchen, wo man ausdrücklich an die alte Topik anknüpft oder die hergebrachten Titel übernimmt. Wir müssen die topische Geistesart des Mittelalters überhaupt zu erfassen suchen. Sie widersetzt sich immer von neuem der Systematisierung. Noch Melanchthon entwirft seinen theologischen Grundriß ausdrücklich unter dem Titel ›Loci communes‹. In diesen Loci oder Topoi faßt er die dogmatisch-theologischen Gedanken nach den maßgebenden Gesichtspunkten zusammen. Wenn auch keine systematische Bündigkeit und Geschlossenheit erreicht wird, so geht doch nie die innere Einheit der Gedanken verloren. In den ›Loci‹ Melanchthons zeigt sich — trotz aller Annäherung an scholastisches Denken — noch einmal ein Gegenschlag gegen die systematischen Bestrebungen, die sich im Mittelalter und später immer stärker und in immer strengerer Form durchzusetzen suchten. Auch die alte Topik sollte systematisiert und mathematisiert werden. Raimundus Lullus versuchte es in seiner *ars magna*. Die „lullische Kunst" wurde von Giordano Bruno aufgenommen. Nikolaus Cusanus war nicht unbeeinflußt von ihrem Geiste, und Hegel konnte sie als Vorstufe der Dialektik würdigen. Raimundus Lullus, der seltsame mittelalterliche Spanier — „unter den tiefen Denkern einer von den Besten", wie Rubén Dario dichtet[79] —, wirkte noch auf den jungen Leibniz. Dieser entwarf als Zwanzigjähriger in der ›Dissertatio de arte combinatoria‹ eine mathematisierte Topik, ehe er vom alten topischen Wege überhaupt abließ und jenen Weg beschritt, der zur modernen Mathematik, Logistik und Kybernetik führte.

Das strenge kritische Denken der Neuzeit, das sich an der Mathematik orientierte, mußte den Zugang zur Topik versperren, da diese die Systematisierung unterläuft und ihre Gesichtspunkte aus der Geschichte nimmt, aber ihnen immer wieder

---

[79] Vgl. K. Vossler: Aus der romanischen Welt. Karlsruhe 1948. S. 549.

einen neuen Sinn gibt. Die Topoi der Topik sind elastisch anwendbare Begriffe oder Sätze, zu deren Eigenart die Unschärfe und
systematische Unbestimmtheit gehören. Die Topik schließt die
bedenklichen Aussagen aus der Diskussion nicht aus; sie ruft selbst
die sich widersprechenden Gesichtspunkte ins Gespräch. Das topische
Denken verschmäht es nicht, sich seine Gesichtspunkte historisch zu
suchen. Es fügt sich ausdrücklich in das geschichtlich geführte Gespräch über ein Problem ein. Die Autoritäten gelten etwas in diesem
Gespräch. Deshalb ist die Topik und ihr mehrdeutiges Ungefähr
dem „strengen" kritischen Geist, der auf reine Formen und Sach-
verhalte hin denkt, ein grobes Ärgernis. Der Begriff der Topik ist
z. B. einem Kant vertraut. So spricht Kant von der Topik der rationalen Seelenlehre. Er selbst bildet eine „transzendentale Topik"
aus. Sie soll helfen, einem Begriff seinen transzendentalen Ort zu
bezeichnen, seine Stelle in der Sinnlichkeit oder im reinen Verstande, damit die Amphibolie, die Zweideutigkeit der Reflexions-
begriffe, vermieden werden kann. Die alte Topik lehnt Kant aus
seinem kritischen Verstand heraus ab als ein Geschwätz. „Man kann
einen jeden Begriff, einen jeden Titel, darunter viele Erkenntnisse
gehören, einen *logischen* Ort nennen. Hierauf gründet sich die *logische Topik* des Aristoteles, deren sich die Schullehrer und Redner
bedienen konnten, um unter gewissen Titeln des Denkens nachzu-
sehen, was sich am besten für eine vorliegende Materie schickte, und
darüber, mit einem Schein von Gründlichkeit, zu vernünfteln, oder
wortreich zu schwatzen." [80]
Wir folgen dem Rückverweis auf A r i s t o t e l e s , den Kant
gibt. Die Besinnung auf die aristotelische Würdigung der Topik
ermöglicht es uns in einem ausgezeichneten Sinne, die Leistungen der
Topik nach ihren Grenzen hin abzustecken. Es soll uns dabei nicht
stören, daß Aristoteles unter Topik nicht — wie die spätere Rhetorik — die Kunst versteht, Gesichtspunkte zu finden, sondern schon

---

[80] I. Kant: Kritik der reinen Vernunft. A 268 f., B 324 f. — Kants
Urteil muß freilich auf dem Hintergrund seiner Ablehnung der Rhetorik
gesehen werden: vgl. Kritik der Urteilskraft, § 53. — Vgl. auch Hegels
Urteil: Sämtliche Werke. Jubiläumsausgabe. Stuttgart 1927 ff. Bd. 18.
S. 409; Bd. 19. S. 235 ff.

die Fähigkeit, aus den wahrscheinlichen Sätzen, zu denen die Topoi führen, Schlüsse zu ziehen; daß er ferner nur allgemeine, nicht aber auch spezifisch einzelwissenschaftliche, z. B. dichtungstheoretische Topoi gelten läßt.

„Wir reden von Örtern", so sagt Aristoteles in der Rhetorik, „mit Beziehung auf die dialektischen und rhetorischen Schlüsse." [81] Ein Ort oder Topos ist z. B.: „Was dem Guten näher ist, ist besser und wünschenswerter." Dieser Topos ist als Gesichtspunkt im Gespräch anwendbar. Er und überhaupt die Topoi, die Aristoteles nach Klassen geordnet und zusammengestellt hat, helfen uns dazu, in bezug auf irgendwelche Probleme wahrscheinliche Sätze zu finden und aus ihnen dialektische Schlüsse zu ziehen. Den Wert der Dialektik, die nur wahrscheinliches Wissen gibt, hat Aristoteles selbst angegeben. Er unterscheidet das Wahre und Apodiktische vom Dialektischen und Wahrscheinlichen sowie vom Eristischen und Sophistischen. „Wahre und erste Sätze sind solche, die nicht erst durch anderes, sondern durch sich selbst glaubhaft sind. Denn bei den obersten Grundsätzen der Wissenschaften darf man nicht erst nach dem Warum fragen, sondern jeder dieser Sätze muß durch sich selbst glaubhaft sein. Wahrscheinliche Sätze aber sind diejenigen, die allen oder den meisten oder den Weisen wahr scheinen, und auch von den Weisen wieder entweder allen oder den meisten oder den Bekanntesten und Angesehensten. Ein eristischer Schluß (Streitschluß) aber ist ein solcher, der auf nur scheinbar, nicht wirklich wahrscheinlichen Sätzen fußt, und ein solcher, der auf wahrscheinlichen oder scheinbar wahrscheinlichen Sätzen zu fußen scheint." [82]

Aus einem wahrscheinlichen Satz kann ein dialektischer Schluß gezogen werden, der sich vom unrichtigen oder unwahren Schluß unterscheidet, aber doch nicht schlechthin gewisse, apodiktische Wahrheit für sich beanspruchen kann. Bei einem Scholastiker begegnet man der geistreichen Bemerkung, daß den drei Arten von Schlüssen, wie Aristoteles sie vorstellt, den wissenschaftlichen, wahrscheinlichen und unrichtigen oder unwahren, „als Analogien

---

[81] Rhetorik, I, 2. 1358 a. — Übs. von E. Rolfes. In: Aristoteles: Topik. Leipzig 1922/48. S. III.

[82] Topik, I, 1. 100 b 18 ff. — Übs. von E. Rolfes: a. a. O.

drei ungleiche Betätigungsweisen der Natur gegenüberstehen, die
nach der Anschauung der Physik im Bereich des unvergänglichen
Himmels mit unfehlbarer Sicherheit ihren Weg geht, im sublunarischen Bereich des Werdens und Vergehens das vorgesteckte Ziel
meistenteils erreicht, dagegen eben dieses Ziel in den Fehlgeburten
und Mißbildungen, den sog. peccata naturae, verfehlt." [83] Der
Dialektik und Topik geht es um das Gespräch, das im sublunarischen Bereich des Werdens und Vergehens geführt wird, und das
sich immer neu auf den Weg machen muß, um sein Ziel zu erreichen.

Den Nutzen der Dialektik hat Aristoteles ebenfalls angegeben.
Einmal übt sie uns. „Wenn wir im Besitz einer festen Methode sind,
so werden wir einen vorgelegten Gegenstand leichter in Angriff
nehmen können." Dann dient sie dem Gedankenaustausch. Wir
werden die Meinungen anderer aufzählen, prüfen und widerlegen
können. Ferner ist sie für die philosophische Wissenschaft nützlich.
„Denn wenn wir imstande sind, nach beiden Seiten Bedenken zu
erheben, werden wir leichter erkennen, was hier und was dort wahr
oder falsch ist." Diese „aporetische" Methode, die erst einmal das
Für und Wider herausstellt, hat Aristoteles selbst meisterhaft der
eigentlichen wissenschaftlichen Untersuchung vorhergehen lassen.
Schließlich läßt die Dialektik uns noch erkennen, „was bei den Prinzipien der Einzelwissenschaften das Erste ist" und was die Einzel-
wissenschaft selbst nur voraussetzen und nicht beweisen kann.[84]

Die Lehre von den Topoi, die der Dialektik dienen, ist durch
Aristoteles gerechtfertigt worden. Freilich kann man sich heute fragen, wieweit die Topik für das Denken des Aristoteles und für das
griechische Denken überhaupt zentral gewesen sei, ob sie nicht eine
nur nebensächliche und gänzlich untergeordnete Bedeutung gehabt
habe. Am Schluß der sophistischen Widerlegungen hat Aristoteles
es für sich in Anspruch genommen, die Topik oder Dialektik
begründet zu haben. Früher herrschte die Ansicht, Aristoteles habe

---

[83] Vgl. Aristoteles: Kategorien. Leipzig 1925. Einleitung von E. Rolfes.
S. 28. — Zur Parallelisierung des Denkens vgl. schon Platon: Timaios,
47 bc.

[84] Topik, I, 2. 101 a 26 ff.

in der Analytik durch die Lehre von den apodiktischen Schlüssen die eigentliche Aufgabe der Logik gelöst, sei dann aber zum Gebiet des Dialektischen, aus dem sich seine logische Theorie erst habe entwickeln müssen, zurückgekehrt — und zwar in einer verstandesmäßigen Überlegenheit, durch welche seine Auffassung „ferne von jeder krampfhaften Gereiztheit gerade befähigt war, auch Gebiete und Bestrebungen, welche niederer als die eigentliche Spekulation stehen, begrifflich zu untersuchen und von dem ihnen adäquaten Begriffe aus theoretisch zu konstruieren" [85]. Die neuere Forschung, vor allem bestärkt durch die von Werner Jäger ausgebildete entwicklungsgeschichtliche Betrachtung des aristotelischen Denkens, hat die Frage gestellt, ob die Topik oder wenigstens ihre ursprüngliche Fassung nicht älter sei als die analytischen Untersuchungen und in einem direkten Verhältnis stehe zum spätplatonischen Denken. Dieses Verhältnis muß zur Diskussion gestellt und der „Fortschritt" von der Dialektik zur Apodeixis auch im Hinblick auf den Einfluß der Mathematik auf Aristoteles betrachtet werden. Jedenfalls darf die Topik gewiß sein, daß sie sich nicht nur auf niedere Gebiete bezieht, sondern an älteste und würdigste dialektische Traditionen anknüpft.

Die alte Dialektik oder Gesprächskunst und ihre Topik oder Findekunst hätten, so dürfte man eigentlich annehmen, dann zu besonderer Ausbildung kommen müssen, als jenes Gespräch, das die Geschichte ist, in die Mitte des Denkens rückte. Das aber ist nicht so gewesen. Als das moderne geschichtliche Denken ausgebildet wurde, war die Topik längst tot. Wenn der Pastor Christian August Lebrecht Kästner 1816 eine Topik oder Erfahrungswissenschaft veröffentlichte mit der Absicht, der Topik ihr verlorenes Ansehen zurückzugeben, dann bewies ein solcher Versuch nur die Abseitigkeit dieser Bemühung. Heute gibt es vereinzelte Versuche, an die alte Topik neu anzuknüpfen, so bei Curtius für die Literaturwis-

---

[85] So C. Prantl in der großen, aber gänzlich unzulänglichen „Geschichte der Logik im Abendlande". Bd. I. (1855) Neudruck Leipzig 1927. S. 341 f. — Ähnlich auch noch, trotz anderer Tendenz, Th. Viehweg, der in der Topik eine Anwendung der Logik auf die Disputierkunst sieht, die vor und neben Aristoteles da war „als sehr altes Bildungsgut des mittelmeerischen Kulturkreises": a. a. O. (Anm. 75). S. 7 u. 14.

senschaft, bei Viehweg für die Jurisprudenz. Wenn Heidegger die dialektische Tradition in ein geschichtliches Denken überzuführen sucht, kann er gelegentlich eine „Topologie des Seins" als höchste zu leistende Aufgabe fordern.[86] Ja, man könnte die Denkversuche des späten Heidegger als Fragmente einer einzigen großen Topologie im Sinne der Toposforschung deuten, wenn das Verhalten dieses Denkers zur Philologie nicht so problematisch wäre. Die Topoi dieser Topologie wären dann z. B. die Auffassung des Seins als *„Physis"*, der *„Satz vom Grund"* oder das *„Dichterisch wohnet der Mensch"*. Freilich schließt sich Heidegger nicht an die alte Topik an. Doch im frühesten Stadium der Ausbildung des modernen geschichtlichen Bewußtseins hat G i a m b a t t i s t a V i c o ausdrücklich auf die alte rhetorische oder topische Methode zurückgegriffen und sie der „neuen" kritischen und deduzierenden, an Naturwissenschaft und Mathematik orientierten Methode der Descartes, Gassendi, Bacon entgegengesetzt. Vico blickt zur alten topischen Denkart zurück und zum geschichtlichen Denken voraus. Aus dem Bewußtsein der Begrenztheit unseres Erkennens sagt er zu Beginn seiner Dissertatio *De nostri temporis studiorum ratione*, Francis Bacons Entdeckung eines neuen Wissenschaftskreises beweise nur, „daß ein neuer Erdkreis seiner würdiger wäre als der unsrige. Denn seine maßlosen Forderungen gehen so hoch hinaus über die menschliche Kraft, daß er eher gezeigt zu haben scheint, was uns zum vollendeten Wissen notwendigerweise fehlen muß, als was zur Ergänzung dienen könnte". Hellsichtig sieht Vico, daß das moderne kritische Denken die Erkenntnis einseitig auf die Naturwissenschaften einschränken wird. Er spricht diese Einsicht in einem Satze aus, der neben dem Satze Augustins, den Petrarca auf dem Mont Ventoux las, bestehen kann: „Da heute das einzige Ziel der Studien die Wahrheit ist, richten wir unsere Forschung auf die Natur der Dinge, weil sie gewiß zu sein scheint; die Natur der Menschen aber erforschen wir nicht, weil sie durch die Willkür völlig ungewiß ist."[87]

---

[86] M. Heidegger: Aus der Erfahrung des Denkens. Pfullingen 1947. S. 23.
[87] G. B. Vico: Vom Wesen und Weg der geistigen Bildung. Bad Godesberg 1947. S. 13 u. 59.

Seiner Dissertation hätte er, so sagt Vico an ihrem Schluß, auch den
glänzenderen Titel geben können: *De recentiori et antiqua studiorum ratione conciliata,*[88] er habe das aber aus Bescheidenheit unterlassen. Dieser Titel drückt in der Tat das eigentliche Ziel Vicos aus:
die Versöhnung der alten rhetorisch-topischen und der modernen
kritischen Methode. „Vico kennzeichnet die *neue* Methode (critica)
wie folgt: Der Ausgangspunkt ist ein primum verum, das auch
durch Zweifel nicht vernichtet werden kann. Die weitere Entfaltung erfolgt nach Art der Geometrie, d. h. also nach Maßgabe der
ersten beweisenden Wissenschaft, die überhaupt auftrat, und zwar
in möglichst langen Kettenschlüssen (sorites). Dagegen sieht die *alte*
Methode (topica) so aus: Den Ausgang bildet der sensus communis
(eingespielter Allgemeinsinn, common sense), der im Wahrscheinlichen (verisimilia) tastet, nach Maßgabe der rhetorischen *Topik* die
Gesichtspunkte wechselt und vornehmlich mit einer Fülle von Syllogismen arbeitet. Die Vorteile der neuen Studienart liegen nach
Vico in Schärfe und Genauigkeit (falls das primum verum ein
verum ist); die Nachteile scheinen aber zu überwiegen, nämlich Verlust an kluger Einsicht, Verkümmerung der Phantasie und des Ge-
dächtnisses, Dürftigkeit der Sprache, Unreife des Urteils, kurz:
Depravierung des Menschlichen. Das alles aber verhindert nach
Vico die alte rhetorische Methode und insbesondere ihr *Kernstück,*
die *rhetorische Topik.* Sie vermittelt humane Klugheit, schult Phantasie und Gedächtnis und lehrt, einen Sachverhalt von sehr verschiedenen Seiten zu betrachten, also eine Fülle von Gesichtspunkten aufzufinden. Man muß, meint Vico, die alte topische Denkart
der neuen vorschalten, denn diese kommt in Wirklichkeit ohne jene
gar nicht durch." [89]

Unser Blick auf die Geschichte der Topik konnte nur einige
wenige wichtige Punkte herausgreifen. Im System der antiken Rhetorik fiel der Topik die Aufgabe zu, die rechten Gesichtspunkte
finden zu helfen für die Diskussion über eine Sache. Im Mittelalter
diente das topische Denken der Überlieferung und Neufassung des
tradierten geistigen Gutes. Das kritische und systematische Denken

[88] G. B. Vico: a. a. O. S. 152 ff.
[89] Th. Viehweg: a. a. O. (Anm. 75). S. 4 f.

der Neuzeit mußte die Topik ablehnen. Doch schon Aristoteles hatte ihr eine philosophische Bedeutung gegeben, indem er sie fruchtbar machen wollte für ein nicht unbedingt gewisses, aber wahrscheinliches Wissen. Giambattista Vico sucht die kritische Methode der Neuzeit mit der alten topischen Methode zu versöhnen. Er blickt nicht nur zurück, sondern auch voraus zum geschichtlichen Denken. Als in der Neuzeit das geschichtliche Denken weiter ausgebildet wurde, griff es nicht mehr zurück auf die Topik, die längst tot war. Es ist unser Ziel, dieses geschichtliche Denken mit der alten Topik und der zu ihr gehörenden dialektischen Tradition wieder zu vereinigen und so eine Form zu finden, die dem Gespräch, das die Geschichte ist, gerecht wird.

Eine ausgearbeitete Geschichte der Topik liegt nicht vor; sie ist ein dringendes Erfordernis heutiger Forschung. Es mag ziemlich einzigartig in der Wissenschaftsgeschichte dastehen, daß eine zureichende Besinnung auf eine einst so bedeutende Form des Denkens fehlt. Unsere Hinweise können nicht einmal die Hauptlinien der geschichtlichen Entwicklung herausheben wollen. Unsere locker geführte Besinnung auf die Tradition der Topik sollte nur einige Möglichkeiten und Grenzen der Toposforschung ins Bewußtsein heben. Die Topik sucht Gesichtspunkte für die Behandlung einer Sache und schließt dabei eine solche Sache nicht aus, deren Erkenntnis immer Problem bleiben muß, und der gegenüber man kaum hoffen darf, zu einem kritisch gesicherten Wissen zu kommen. Eine strenge Systematisierung ist dem topischen Denken fremd. Es sucht zur Legitimation seiner Argumente das Gespräch mit den Wissenden, auch mit den aus guten Gründen Widersprechenden. Es ist immer bereit, nicht nur alte Texte neu und anders zu interpretieren, indem es sie unter neue Topoi oder Gesichtspunkte rückt, sondern auch die elastischen Topoi selbst mit neuem Geist zu erfüllen und sie so für den geschichtlichen Wandel offenzuhalten. In diesem Wandel orientiert es sich immer neu an der Sache, wie sie in der jeweiligen Situation erscheint. Die Topik kann von sich aus nur zu einem wahrscheinlichen Wissen führen. Gerade deshalb nimmt das Denken, das sich ihrer bedient, in vollem Maße an jenem Gespräch teil, das die Geschichte ist. Jeder Topos, jeder Ort fügt sich ein in die Erörterungen dieses Gespräches. Die Topik schließt nicht aus, daß von ihrer „Dialektik" zu einer „Apodeixis" fortgeschritten wird, von einem bloß wahrscheinlichen und mit der nötigen Skepsis zu behandelnden Wissen zu einem kritisch gesicherten wahren Wissen.

3. Toposforschung als Topologie eines Gespräches

Wir versuchten, die Toposforschung zu charakterisieren, indem wir die Tradition bewußtmachten, der sie entwächst. Die Toposforschung, die sich streng an das Element der Sprache bindet, will jenes Gespräch erfassen, das die Geschichte ist. Sie arbeitet mit elastischen und systematisch nicht festgelegten Aussagen. Deshalb muß sie einem systematischen und kritischen Denken als überaus anstößig erscheinen, zumal dieses Denken es liebt, seine Methode als die einzig strenge auszugeben und alle anderen Methoden von vornherein zu diskreditieren. Der strengen Systematik ist es im Grunde schon anstößig, daß es überhaupt eine Geschichte gibt. Immer wieder wird sie versuchen, die Geschichte hinwegzudiskutieren im Sinne der platon*istischen* Tradition. Doch im Gespräch und in der Geschichte, in der Weise topischen Denkens vollzieht sich nun einmal ein großer Teil des geistigen Lebens. Es hat keinen Sinn, vor diesem Faktum die Augen zu schließen. Die Kritik und die exakte Methodik suchen heute eine immer größere Schärfe und Verfeinerung zu erlangen. Es wäre an der Zeit, auch jene Methoden bewußter auszubilden und zu handhaben, die als unexakt erscheinen, aber ihre eigene Strenge haben können. In diesem Sinne versuchen wir eine genauere Charakteristik der Toposforschung. Wir charakterisieren sie zuerst einmal negativ, und zwar nach zwei Seiten hin: sie kennt weder eine deduzierende Systematik noch arbeitet sie mit exakt definierten Begriffen. Dann suchen wir darzulegen, daß das topische Denken seine Objektivität und Verbindlichkeit dadurch gewinnt, daß es sich immer neu dem Problem stellt und sich in die Einheit des Gespräches fügt, das über dieses Problem geführt wird. Die Toposforschung versucht, die verschiedenen Orte eines Gespräches zu erfassen, und wird so zur „Topologie".

Im allgemeinen glaubt die Darstellung eines Gedankengutes ihre Wissenschaftlichkeit der Systematisierung ver-

d a n k e n zu müssen, und das selbst dann, wenn das Gedankengut in sich die Eigentümlichkeit einer bestimmten geschichtlichen
Epoche trägt. In diesem Sinne hat Erich Rothacker den Begriff der
dogmatischen Denkform durchdacht und gerechtfertigt.[90] Der Begriff „dogmatisches Denken" sucht der Geschichtlichkeit des Geistes
Rechnung zu tragen. Eine Dogmatik liegt z. B. im römischen Recht
oder in der klassischen deutschen Ästhetik: diese stellten Systeme
auf, die auf bestimmten geschichtlichen Voraussetzungen beruhen,
mochten diese Voraussetzungen zugegeben werden oder auch nicht.
Eine Dogmatik kann in vielerlei Form auftreten: als Programm,
als explizierte Dogmatik, als philosophisches System, als historischer
Bericht. Es ist bezeichnend, daß Rothacker noch einen andern Typ
des dogmatischen Denkens herausstellt, der dem Willen zur strengen Systematisierung Rechnung trägt, welcher die Methodenkämpfe
der Neuzeit beherrscht. „Man kann prinzipiell ein Bündel von
Systemen derart entwerfen: *Wenn* die R-Axiome (womit ich das
römische Recht meine) gelten, dann *muß* dieses System sich inhaltlich, d. h. in bezug auf die Fülle juristischer Sonderaufgaben so und
so entfalten. Wenn D-Axiome gelten, oder C-Axiome (wobei ich
an chinesisches Recht denke), muß wieder folgerichtigerweise der
inhaltliche Zusammenhang der besonderen Begriffe der und der
sein. Eine Blickweise, die z. B. Max Weber sehr nahe lag."[91] Das
Ideal auch der historischen Forschung wäre, die impliziten Axiome
vergangener Dogmatiken herauszuarbeiten und so diese Dogmatiken zum strengen System zu formen oder die Widersprüche und
Brüche in ihnen aufzuzeigen.

Freilich kennen wir weder auf juristischem noch auf ästhetischem
Gebiet ein bedeutendes System dieser Art. Worte wie die von Rothacker verwendeten — „System", „Deduktion", „Axiom" — sug-
gerieren nur die Möglichkeit einer strengen Systematik dogmati-

---

[90] E. Rothacker: Die dogmatische Denkform in den Geisteswissenschaften und das Problem des Historismus. (Abhandlungen der geistes-
und sozialwiss. Klasse der Akademie der Wiss. in Mainz. Jg. 1954. Nr. 6.)
Wiesbaden 1954. — Vgl. auch meine Besprechung dieser Schrift: Zeitschr.
f. Philosophische Forschung. Hrsg. v. G. Schischkoff. Bd. 12. Meisenheim/
Glan 1958. S. 149—158.

[91] E. Rothacker: a. a. O. S. 18.

schen Denkens, die es in Wirklichkeit noch gar nicht gibt. Methoden wie die Dialektik Hegels, mit der einst ganze Dogmatiken systematisiert wurden, sind als unzulänglich und in sich brüchig erkannt worden. Deshalb zerbricht die Toposforschung auch die bestehenden Systeme auf die in ihnen liegenden leitenden Gesichtspunkte hin. Die Frage nach den Grenzen der Systematisierbarkeit einer Dogmatik ist heute dringlich geworden. Eine wissenschaftstheoretische Betrachtung muß zu dem Ergebnis kommen, daß die Topik als nichtsystematische Denkform immer wieder Einbruchsstellen in die Systematik findet.

Theodor Viehweg hat für die Jurisprudenz beispielhaft folgende Einbruchsstellen der Topik aufgezeigt: Das Finden der Axiome und Grundbegriffe wird Angelegenheit der Topik bleiben, selbst wenn die Willkür von ihm abgestreift werden könnte. Solange keine radikale Formalisierung durchgeführt wird, ist in der genuinen Sprechweise, in der die Ableitungen geschehen, eine geheime Topik am Werke, da die Sprache immer schon zur Interpretation verleitet. Wenn ein Sachverhalt, ein Fall, an die Systematik herangeführt werden soll, muß er zuerst interpretiert werden. Bei dieser Interpretation macht sich wiederum die Topik geltend. (Sie ist hier mit ihrem unheimlichen Ungefähr nicht auszuschalten. Solange die Axiome als Kernsätze eines Rechts sichergestellt wären, könnte freilich die Genauigkeit und Schnelligkeit des juristischen Verfahrens durch Denkmaschinen erhöht werden. So würde der Staat als das große Tier gemaßregelt und zur Raison gebracht durch den Staat als Denkmaschine. Aber auch in diesem Falle wäre nicht allein ein Personal nötig, das die Maschinen zu bewachen hätte, damit diese dem Angeklagten nicht infolge Betriebsstörung eine falsche Lochkarte zusprächen, sondern es wäre weiterhin nötig, daß die einzelnen Fälle durch ein „topisches" Denken an die Systematik herangebracht würden.) Darüber hinaus ist es faktisch so — und es wird wohl auch für weite Bereiche dabei bleiben —, daß die Überprüfung einer Dogmatik in dieser verschiedene Systeme und Systembruchstücke findet, oder erkennt, daß das System nicht auf alle Fälle angewandt werden kann. Zur Ausgleichung der Systempluralität und zur Angleichung oder Annäherung des Systems an alle vorliegenden Fälle tritt dann wieder die Topik in Funktion. Ihre Rolle

wird noch bedeutender, wenn man bedenkt, daß die Rechtsordnung
gewissen zeitlichen Schwankungen unterworfen ist und der Interpretation bedarf. Eine Überprüfung der heutigen Jurisprudenz
führt zu folgendem Ergebnis (und ähnliches würde für andere Gebiete, z. B. für die Dichtungstheorie gelten): „Für den unvorein-
genommenen Betrachter hat sich das Strukturbild im Vergleich zu
vorsystematischen Zeiten nicht grundstürzend verändert. Er beobachtet vielfach dieselbe Techne, die Jahrhunderte hindurch offen
und anerkanntermaßen in enger Verbindung mit der Rhetorik ihre
Pflege fand. Nur spielt sie sich jetzt hinter einer etwas befremdlich
wirkenden Theorie ab, die immer fraglicher wird, je weiter die
logikwissenschaftliche Forschung fortschreitet. Man bemerkt, daß
zwar die Logik wie überall natürlich auch auf unserem Gebiet ganz
unentbehrlich ist, überdies reichliche Erwähnung findet, aber im
entscheidenden Augenblick immer wieder den zweiten Platz angewiesen erhält. Den ersten hat dann die ars inveniendi, so wie es
Cicero meinte, wenn er sagte, die Topik gehe der Logik voran.
Woraus folgt, daß der Topik nach wie vor ein wesentliches Interesse gebührt."⁹²
Wir müssen sehen, daß die Systematisierbarkeit einer Dogmatik
ihre Grenzen hat, wenn die Systematisierung in der heute möglichen
Strenge durchgeführt werden soll. Hält sich der Geist offen für die
Zukunft und verstellt er sie sich auch dadurch nicht, daß er sie reduziert auf einige zu verrechnende Möglichkeiten, dann kann er seine
geschichtlichen Ordnungen nicht der vollständigen Systematisierung
unterwerfen. Da er sich immer neu dem Problem des Gerechten,
des Schönen öffnet, wird er seine Systematisierungen immer wieder
unterbrechen und abbrechen und vom Problem her neu ansetzen.
Einem solchen Denken dienen die Topoi. „Daraus folgt, daß sie
dort ganz besondere Bedeutung haben müssen, wo es sich um
bestimmte Problemkreise handelt, in deren Natur es liegt, nie ganz
ihren Problemcharakter zu verlieren. Im Wechsel der Situationen
und Einzelfälle müssen dann immer wieder neue Hinweise für
Problemlösungsversuche gefunden werden." Man darf nicht vergessen, daß dabei der systematische Wert der Topoi „notwendiger-

⁹² Th. Viehweg: a. a. O. (Anm. 75). S. 61 f.

weise unerheblich sein muß. Lange Folgerungen vertragen sich nicht
mit ihrer Funktion, und das logische Gewicht der von ihnen auf-
gebauten Begriffs- oder Satzgefüge bleibt deshalb gering." [93]
Die Topoi sind nicht nur systematisch nicht festgelegt, sie sind
auch n i c h t i m ü b l i c h e n S i n n e e x a k t d e f i n i e r t.
Was der Jurist in dem Satz formuliert: *Omnis definitio in iure
civili periculosa est*,[94] gilt für alle topischen Wissenschaften. Jedenfalls ist die Topik bereit, mit der Bestimmung ihrer Topoi immer
neu zu beginnen. Freilich gibt es auch im Bereich der geisteswissen-
schaftlichen Forschung exakt definierte Begriffe, Begriffe, die eine
bleibende Wesensstruktur treffen. Doch der Wille zum exakten
Begriff hat hier auch seine Gefahren. Wer etwa in der Gattung den
höchsten synthetischen Begriff der Literaturwissenschaft sieht und
dann Dantes ›Divina Commedia‹, in der es ja durch Hölle, Fege-
feuer und Himmel geht, als *Raumepos* definiert, arbeitet zum mindesten nicht streng — falls seine Einordnung nicht überhaupt nur
ein Mißverständnis sein sollte. Anstatt auf das Wesentliche hin zu
denken, geht er Dantes Werk von exakt definierten Unwesentlich-
keiten her an.[95] Um zu sehen, wie geisteswissenschaftliche Begriffe
und Grundaussagen gewonnen und gehandhabt werden, muß man
sich freilich bei den Meistern des Verstehens selbst orientieren, nicht
bei den Schulmeistern. Deshalb möchten wir uns das Werk von
Erich Auerbach vor Augen führen. Wenn Curtius die europäische
Literatur im ganzen dadurch in den Blick bekam, daß er ein genau
umrissenes Phänomen, die Verflechtung von Rhetorik und Literatur
und damit die Vermittlung antiken Geistesgutes durch das lateinische Mittelalter an die Moderne, zum Mittelpunkt seiner Darstellung machte, so hat Auerbach eine Geschichte des abendländischen
Geistes gegeben, indem er das Problem des „existentiellen Realismus" in der Literatur und in diesem Rahmen das Problem der typologischen Allegorese darzustellen suchte.[96]

[93] Th. Viehweg, a. a. O. S. 20 f.
[94] Ein Satz des Javolenus, vgl. Th. Viehweg: a. a. O. S. 32.
[95] Vgl. W. Kayser: Das sprachliche Kunstwerk. 2. Aufl. Bern 1951.
S. 359.
[96] Vgl. dazu die ebenso ausführliche wie eindringliche Besprechung des
Buches „Mimesis", die F. Gogarten gegeben hat und die die oft wenig

Auerbach sagt von seinem Buch ›Mimesis‹: „Es ist aus den Motiven
und Methoden der deutschen Geistesgeschichte und Philologie entstanden;
es wäre in keiner anderen Tradition denkbar gewesen als in der der deutschen Romantik und Hegels." Er habe sich im Zusammenhang seiner historischen Arbeiten mit den verschiedensten Epochen vertraut gemacht. „Aber
am Ende habe ich gefragt: wie sehen die Dinge im europäischen Zusammenhang aus? Einen solchen Zusammenhang kann heute niemand von anders-
woher sehen als eben von heute, und zwar von dem Heute, welches durch
seine, des Sehenden, persönliche Herkunft, Geschichte und Bildung bestimmt ist." Es sei besser, bewußt zeitgebunden zu sein als unbewußt, um
dann eine Art von Objektivität zu haben, in der die Vorurteile von heute
oder meist von gestern und vorgestern aus jeder Floskel sprechen. „Mimesis ist ganz bewußt ein Buch, das ein bestimmter Mensch, in einer bestimmten Lage, zu Anfang der 1940er Jahre geschrieben hat." Die historische
Bemühung richtet sich auf das Einzelne und Konkrete, das Allgemeine
dagegen muß bewußt elastisch und locker bleiben. „Identität und strenge
Gesetzlichkeit gibt es in der Geistesgeschichte nicht, und abstrakt zusammenfassende Begriffe verfälschen oder zerstören die Phänomene", wenn
sie auch unentbehrlich und notwendig bleiben. „Man muß sich, so scheint
mir, davor hüten, die exakten Wissenschaften als unser Vorbild zu betrachten; unsere Exaktheit bezieht sich auf das Einzelne. Der Fortschritt
der geschichtlichen Geisteswissenschaften in den letzten beiden Jahrhunderten besteht, außer in der Erschließung neuen Materials und in einer
großen Verfeinerung der Methoden in der Einzelforschung, vor allem in
einer perspektivischen Urteilsbildung, die es ermöglicht, den verschiedenen
Epochen und Kulturen ihre eigenen Voraussetzungen und Anschauungs-
weisen zuzugestehen, sich um die Auffindung derselben aufs äußerste zu
bemühen und jede absolute, von außen herangetragene Beurteilung der
Phänomene als unhistorisch und dilettantisch abzuweisen. Dieser historische Perspektivismus wurde von den vorromantischen und romantischen
Kritikern begründet; er hat sich seitdem durch die Einsicht in eine große
Zahl von vorher unbekannten oder unbeachteten Entwicklungen, Einwirkungen und Beziehungen sehr verfeinert und immer verwickelter gestaltet.
Die vervielfältigt sich kreuzenden Aspekte in einer Synthese zu begreifen,
welche den Gegenständen gerecht wird, kann einer mit exakten und festen

kongenialen Kritiken der Philologen übertrifft: Zeitschr. f. Theologie und
Kirche. Jg. 51. 1954. S. 270—360.

Ordnungsbegriffen arbeitenden, klassifizierenden Systematik nicht gelingen."[97]

Wer auch einmal eine realistische Dichtung von Storm oder Raabe oder selbst von Flaubert gelesen und dann einen exakten Begriff des Realismus entwickelt, das ewige Wesen des Realismus erschaut hat, kann Auerbach und sein Anliegen kaum verstehen. Denn Auerbachs Begriff vom Realismus wurde gewonnen, indem die Geschichte der europäischen Literatur im ganzen im Anschluß an die Deutungen der letzten Jahrhunderte ins Gespräch gebracht wurde. Der Begriff ist nicht exakt im Sinne starrer Identität, sondern so elastisch, daß er sich der geschichtlichen Entwicklung immer neu anschmiegen kann. Auerbachs Begriff der Figuraldeutung ist zudem ein Beispiel dafür, wie ein alter Grundbegriff wieder mit Leben erfüllt werden kann, wenn er in die Hand des einen großen Deutenden gelangt.[98] — Was für die angeführten Begriffe gilt, gilt in gleichem Sinne für unsere Topoi, die ja Grundaussagen über Dichtung sein wollen: sie sind nicht exakt im gewohnten Sinne des Wortes.

Haben wir die Topoi von der literarhistorischen Arbeit her als nicht-exakte Aussagen gerechtfertigt, so dürfen wir auch in den Formulierungen des Denkers sagen: Ein Topos „läßt von sich aus eine Definition im schulmäßigen Sinne der überlieferten Begriffsbildung nicht zu. Wenn wir daher etwas unterlassen, was in der Sache unzulässig bleibt (nämlich die exakte Definition), dann handelt es sich um eine Unterlassung, die streng gedacht keine ist". Wenn wir die Definitionen unterlassen, muß dann nicht alles in wirrer Zerstreuung auseinanderfallen? „Durchaus nicht; denn in dem, was sich, historisch aufgerafft und zusammengeschoben, wie eine wirre Mannigfaltigkeit von Vorstellungen ausnimmt, kommt eine Selbigkeit und Einfachheit des Seinsgeschickes und demgemäß eine gediegene Stetigkeit der Geschichte des Denkens und seines Gedachten zum Vorschein." Wenigstens für einen bestimmten Be-

---

[97] Vgl. E. Auerbach: Epilegomena zur Mimesis. In: Romanische Forschungen. Bd. 65. Frankfurt 1954. S. 15, 17 f. u. 17.

[98] Vgl. Anm. 34

reich des Geistes gilt: „Was die Worte sagen, läßt sich nie in eine Definition zusammenziehen und verpacken. Ein solches Vorhaben würde sich anmaßen, alle Wesensbestimmungen ... gleichgewichtig und gleichförmig fassen zu können, und dies in einer Vorstellung, die über den Zeiten schwebte. Das Zeitliche aber wäre, so vorgestellt, die jeweils beschränkte Verwirklichung des überzeitlichen Gehaltes der Definition. Man pflegt allerdings solche Verwirklichungen, auch diejenigen von Werten und Ideen, als das Kennzeichen des Geschichtlichen auszugeben." Aber in dieser Vorstellung von der Geschichte, die aus dem Platonismus kommt, ist die Geschichte nicht ursprünglich gedacht. Ihre Mannigfaltigkeit und die Mannigfaltigkeit der Bedeutungen eines Wortes sind keine Zerstreuung, hinter die man auf ein statisches Wesen hin zurückgehen müßte. Die Mannigfaltigkeit ist auch nichts, was erst durch den Menschen aufkommt. Sie entspringt vielmehr daraus, „daß wir selbst im Sprechen der Sprache je nach dem Seinsgeschick vom Sein des Seienden jeweils anders gemeint, d. h. angesprochen sind" [99]. Topoi suchen ein immer selbes, aber sich wandelndes Wesen anzusprechen. Das Problem, das der Topos immer neu angeht, ist nicht oder nicht in jedem Fall, wie philosophische Schulen der letzten Jahrzehnte wollten, etwas der Geschichte Enthobenes. Deshalb, und nicht um der historischen Neugier willen, ist es eine wesentliche Aufgabe der Toposforschung, auf die sich wandelnde Geschichte eines Topos zu achten und ihn als elastische Aussage zu fassen.

Die Toposforschung legt ihre Topoi weder durch eine deduzierende Systematik fest noch gilt ihre einzige Bemühung der exakten Definition. Sie arbeitet überhaupt nicht nur mit Begriffen und Formeln, sondern auch mit Bildern und Symbolen, die sich nicht adäquat in Begriffe übersetzen lassen. Überdies gelten für ihre Aussagen nicht nur im Sinne einer zweiwertigen Logik die Werte „wahr" und „falsch", sondern auch Werte wie „vertretbar", „noch vertretbar", „kaum vertretbar", „nicht mehr vertretbar" usf. Aussagen, die nur Wahrscheinlichkeit für sich beanspruchen können,

---

[99] M. Heidegger: Der Satz vom Grund. Pfullingen 1957. S. 153, 159 u. 161.

sind zugelassen, ja selbst Gesichtspunkte, die sich untereinander widersprechen, sind nicht ausgeschlossen. So müssen die Topoi mit einer S k e p s i s betrachtet werden, die nichts Zersetzendes zu haben braucht, sondern dem Abenteuer eines Denkens entspringt, das nicht vollständig im Wissen eines Ideellen, eines bleibenden statischen Wesens aufgehen und sich nicht in geschlossene Systematiken einschließen kann.

Einer solchen Forschung gegenüber muß die Frage laut werden, welche Objektivität ihre Erkenntnisse noch erreichen können, welche Verbindlichkeit ihnen noch zukommt. Zudem mag man der Toposforschung als einer historischen Forschung vorhalten, jedes historische Verstehen müsse gemäß der Lehre vom hermeneutischen Zirkel das Einzelne aus dem Ganzen und das Ganze aus dem Einzelnen verstehen; die historische Toposforschung aber gebe losgelöste einzelne Gesichtspunkte, während das Verständnis des Ganzen einem dunklen Gespür überlassen bleibe. Der Topik als Ausbildung des gegenwärtigen Verständnisses einer Sache wird man das Unsystematische und scheinbar Zusammenhanglose ihres Vorgehens noch schärfer vorwerfen. Wer gibt eine Gewähr für die Vollständigkeit der herbeigezogenen Gesichtspunkte? Wer leistet eine Sicherheit dafür, daß gerade diese und nicht jene Topoi herangezogen werden müssen? Für die Topik gilt: „Die Diskussion bleibt offenbar die einzige Kontrollinstanz." [100] Aber redet in einem Gespräch, das nicht exakte Definitionen fordert, nicht alles aneinander vorbei? Wenn die Topik den Widerspruch freigibt, dann kann jeder alles und jedes behaupten. Die Diskussion scheint in ein Nichts zu zerrinnen, da alle Hilfen aufgegeben sind, die eine Verbindlichkeit schaffen könnten.

Doch so ist es nicht. Das topische Denken gewinnt für seine Erkenntnisse einen Anspruch auf Objektivität dadurch, daß es sich i m m e r n e u d e m P r o b l e m s t e l l t. [101] Nur wer aus guten Gründen von der Sache her widerspricht, ist mit seinem Widerspruch nicht ausgeschlossen. Zwar kann die Topik für den Zusam-

---

[100] Th. Viehweg: a. a. O. (Anm. 75). S. 24 f.
[101] Zur Frage nach der Objektivität der Geisteswissenschaften vgl. O. F. Bollnow: Das Verstehen. Mainz 1949. S. 71 ff.

menhang ihrer Topoi keine Widerspruchsfreiheit fordern, aber sie
läßt doch auch nicht jeden Widerspruch zu. Die Topik will ebenfalls
nicht das unscharfe Denken fördern. Sie sucht nicht das Vage und
die auseinanderfallenden Aperçus, sondern das scharfe Angehen
eines Problems, das seine Aussagen jedoch immer wieder zurück-
nehmen und ändern kann, wenn der Anspruch des Problems es
fordert. Die Topik kann sich nicht auf eine deduzierende Systematik stützen. Aber weil das so ist, muß gerade in ihr der Blick für
das Ganze, das Gespür für die Einheit in aller Vielfalt und für die
Einheit auch im Gegensätzlichen wachgehalten werden. „Topik ist
nicht zu verstehen, wenn man nicht die . . . Eingeschlossenheit in
eine wie auch immer zu bestimmende Ordnung, die nicht als solche
erfaßt wird, annimmt, gleichgültig, wie man sie im einzelnen ge-
danklich ausgestaltet. Woraus folgt, daß dieses Denken nur mit
fragmentarischen Einsichten rechnen kann. Platon hat es selbst in
seinen Dialogen benutzt. Aristoteles hat es, wie erwähnt, in sein
Werk hineingenommen. Die Topik dient diesem Denken." [102] Der
Wille, im topischen Denken die Einheit und das Ganze zu berücksichtigen, spricht sich darin aus, daß *Topoikataloge* für eine *Topik
zweiter Stufe* (Viehweg) oder eine *historische Topik* (Curtius) ge-
fordert werden. Es geht nicht nur darum, Topoi möglichst vollständig zusammenzustellen, sondern vor allem darum, in strenger
geschichtlicher Besinnung dem einzelnen Topos jeweils seinen Ort
im Ganzen der Geschichte der Topoi anzuweisen. Die Einheit solcher Topik ist nicht die Einheit einer deduzierenden Systematik, die
gemäß dem Satz vom ausgeschlossenen Dritten die Aussagen nach
„wahr" und „falsch" ordnet und aussondert oder einbezieht, oder
auch den Widerspruch in den festen Gang einer absolut gesetzten
Dialektik aufhebt, wie es bei Hegel geschieht. Diese Einheit ist
vielmehr d i e E i n h e i t d e s G e s p r ä c h e s. Das Gespräch
muß das Wahrscheinliche gelten lassen und den Widerspruch ertragen; es muß sich bewußt sein, daß seine Gesichtspunkte und ihre
Verflechtung im Laufe der Zeit sich wandeln, weil sie immer neu in
den Anspruch des Problems gestellt werden, und weil man im rechten Gespräch sich belehren läßt. Eine solche im ganzen ausgear-

[102] Th. Viehweg: a. a. O. (Anm. 75). S. 18.

beitete Topik, die die Topoi eines Gespräches aus der inneren Einheit dieses Gespräches heraus zu entfalten sucht, möchten wir eine „Topologie" nennen. Mit diesem Wort ist jetzt nicht eine Lehre von den Topoi oder eine Lehre von ihrer Anwendung gemeint, sondern ein wesentlich verstandenes Sammeln und ein geschichtliches Sichversammeln jener Topoi, in die als in die leitenden Gesichtspunkte sich die Erörterung eines Problems, wie sie im Gespräch der Geschichte geschieht, fügt. Wie Mythologie nicht Lehre vom Mythos ist, sondern das Sagen der Mythen und die Sage des Mythos, so ist eine Topologie nicht eine Lehre vom Topos oder eine Systematik der Topoi, sondern eine Stellenlese von Grundaussagen, wie die einzelnen Epochen der Geschichte sie formulieren. In das Ganze dieser Topologie muß jede Erforschung eines einzelnen Topos einbehalten bleiben, selbst wenn das Ganze nur im Umriß angedeutet oder als immer neu vorzubereitende Aufgabe angesetzt werden kann.

4. Geschichte als Gespräch

Eine Topologie im Sinne der Toposforschung will die leitenden Gesichtspunkte eines Gespräches erfassen und aus der inneren Einheit des Gespräches heraus entfalten. Von dieser Einheit und davon, wie sie zu fassen ist, wissen wir freilich sehr wenig. Die Schwierigkeiten, die unseren Bemühungen entgegenstehen, werden noch sichtbarer, wenn wir beachten, daß das Gespräch, um das es uns geht, geschichtlich ist, ja: daß es die Geschichte ist. Wenn eine Topologie sich die leitenden Gesichtspunkte eines Gespräches aneignen will, dann versucht sie eine geschichtliche Besinnung. Vom Wesen solcher Besinnung und ihren konkreten Möglichkeiten wissen wir wiederum sehr wenig.

Es ist freilich nicht zufällig, daß wir sehr wenig wissen von den Möglichkeiten, das Gespräch der Geschichte zu erfassen — und damit auch sehr wenig von der Topologie. Die Grundproblematik, die uns von der romantisch-idealistischen Generation überkommen ist, liegt in der Frage, wie die Geschichte und ihre Geschichtlichkeit in das Denken mit hineingenommen werden könne. Anders ausgedrückt: wie S y s t e m u n d G e s c h i c h t e (Hegel) oder

Philosophie und Philologie (Philologie im Sinne
Böckhs verstanden) zusammengeführt werden können. Diese methodische Frage, die Frage nach dem rechten Weg und Zugang, liegt
begründet in der Struktur des Gegenstandes selbst. Will die heutige
Dichtungstheorie — um bei ihr zu bleiben — nicht hinter der ihr
gestellten Aufgabe zurückbleiben und nicht von vornherein den
Anforderungen ausweichen, die in unserer Zeit liegen, will sie vielmehr einem ebenso lebendigen wie besonnenen Umgang mit Dichtung dienen, dann wird sie die Geschichtlichkeit, die der Dichtung
eignet, in ihre Besinnung mit hineinnehmen müssen. Sie wird so die
Fragen, welche die romantische und idealistische Zeit bewegten,
weiterzutragen suchen. Die geschichtliche Eigentümlichkeit der großen dichterischen Werke der verschiedensten Kulturen und Zeiten
ist durch die historische Forschung in unseren Blick gerückt worden
— viel mehr vielleicht noch durch den weltgeschichtlichen Prozeß,
in dem heute die Erde zu einer großen Einheit zusammenwächst.
Doch kann eine grundsätzliche Besinnung auf Dichtung nicht bei
jener heimlichen Voraussetzung des Historismus stehenbleiben,
nach der, extrem formuliert, die Dichtungen eines Aischylos, eines
Dante, eines Shakespeare, eines Hölderlin, eines Mallarmé — um
nur im europäischen Kulturkreis Ausschau zu halten — jeweils wie
in sich geschlossene Welten erscheinen, die nichts oder wenig miteinander zu tun haben und in den einzelnen Deutungen durch keinen Wesenszusammenhang verknüpft sind. Es ist kein Ausweg aus
der vorgegebenen Lage, wenn ein ganz formales und verallgemei-
nertes statisches Wesen von Dichtung statuiert, die geschichtliche
Eigentümlichkeit der Dichtung aber dem Bereich des Zufälligen
überlassen wird, in dem alles nur auseinanderfällt. Wir vertragen
es nicht mehr, wenn mit statischen Begriffen, in denen ein ewiges
Wesen gefaßt sein soll und in denen sich doch nur die Vorurteile
von gestern oder vorgestern spiegeln, einfachhin und ohne geschichtliche Besinnung die Dichtung vergangener Zeiten gedeutet werden
soll. Es ist uns fraglich geworden, ob die Behauptungen zulänglich
sind, Dante habe in seinem Werk „ästhetische Werte" verwirklichen
wollen, die Griechen hätten in ihrer Dichtung „Erlebnisse" zum
„Ausdruck" gebracht, die es zu „verstehen" gelte. Es wird uns un-
behaglich, wenn wir unseren „Geschmack" an einer griechischen

Götterstatue zu einem verbindlichen ästhetischen „Urteil" bringen sollen. Wir verstehen nicht unmittelbar, warum Dante ein Philosoph und Theologe genannt wurde, sondern mißverstehen aus unseren Systematiken heraus; aber wir wissen nun auch um dieses stete Mißverstehen. Zu dichtungstheoretischen Äußerungen anderer Zeiten müssen wir erst übersetzen, ehe sie sich von ihrer eigensten Mitte her erschließen. Viele der modernen ästhetischen Kategorien erscheinen zum mindesten denen, die wirklich mit Dichtung umgehen, als zu unzulänglich zur Erfassung der Eigentümlichkeit einer bestimmten Dichtung, wenn nicht überhaupt als uninteressant und abseitig, obwohl immer neue ästhetische Systeme produziert werden. Es geht darum, in einem die Selbigkeit des Dichterischen und seine jeweilige Eigentümlichkeit zu fassen, um so das sich wandelnde Wesen der Dichtung zu bezeichnen und der uns je begegnenden Dichtung gerecht zu werden.

Durch die Aneignung des unterschiedlichen Verstehens von Dichtung, das die einzelnen Epochen der Geschichte entwickelten, sucht die dichtungstheoretische Toposforschung dem Ziel zu dienen, D i c h t u n g   j e w e i l s   a u s   i h r e m   e i g e n e n   W e s e n   z u   v e r s t e h e n. Die Toposforschung zeigt etwa, wie sich die ganze Bedenklichkeit der platonischen Besinnung auf die Dichtung im Topos vom göttlichen Wahnsinn der Dichter zusammenfaßt, wie eine andere Zuwendung zur Dichtung sich im Topos von der Dichtung als verborgener Theologie ausspricht, wie der Topos von der Kunst als anderer Natur in die Mitte der reifen Goetheschen Kunstphilosophie führt und sich die ganze Komplikation romantischen Dichtungsverständnisses im Topos „Enthusiasmus und Ironie" formuliert, wie aber alle diese Topoi aufeinander verweisen und sich miteinander verbinden, ohne ihre Eigentümlichkeit zu verlieren. Die Topoi des Dichtungsverständnisses meinen die immer selbe, doch kaum einmal sich gleiche Dichtung.

Dienen uns die Topoi dazu, eine Topologie, eine geschichtliche Ortsbestimmung des Dichtungsverständnisses anzuzeigen, so müssen wir uns doch vor der Meinung hüten, eine Topologie des Dichtungsv e r s t ä n d n i s s e s laufe einer Topologie der Dichtung selbst einfach parallel. Wir müssen vielmehr fragen, wie das Dichtungsverständnis einer bestimmten Zeit zur Dichtung ebendieser Zeit

steht, ob es sich mit ihr auf gleicher Höhe bewegt, ob es ihr nur
nachhinkt, oder ob es ihr vorausspringt, ob es die Dichtung erreicht,
und ob diese überhaupt eine ausgearbeitete und formulierte Besinnung auf ihr Wesen hervorgerufen hat und, wenn ja, warum
und aus welchen Motiven. Wir werden uns bewußtzumachen
suchen, ob ein vorwiegend politisch oder theologisch oder philosophisch orientiertes Interesse oder ein Ringen um die Autonomie der
Kunst zur Besinnung auf Dichtung geführt hat, ob diese Besinnung
ausblieb, weil das Wesen der Dichtung unverrückbar festzustehen
schien oder weil die Teilnahme an der Dichtung geschwunden war,
ob die Besinnung gerade deshalb eintrat, weil das Wissen um den
Sinn dessen, was Dichtung in ihrem Wesen ist und sein kann,
schwankend geworden war und darum neu erarbeitet werden
mußte. Die Dichtung einer Zeit ist das eine, das Dichtungsverständnis der gleichen Zeit das andere. Beachten wir nicht, welches Verhältnis zwischen beiden besteht, dann können wir den gleichen
unerträglichen Fehlschlüssen verfallen, die der zeitgenössischen Kritik unterlaufen, wenn sie einen genuinen Dichter mit den Mode-
begriffen der literarischen Programme deutet. Auch wäre die Zielsetzung, Dichtung der Vergangenheit nur jeweils mit den Begriffen
ihrer eigenen Zeit zu deuten, eine Utopie, die zum Begriffschaos
führen müßte und übersehen ließe, daß wir uns dichtungstheoretische Begriffe anderer Zeiten immer erst übersetzen müssen, ehe
wir sie verstehen können, wobei dieses Übersetzen eine immer neu
zu leistende Aufgabe bleibt.

Wenn wir teilnehmen wollen an dem Gespräch, das die Geschichte über die Dichtung führt, dann können wir das nur von dem
Ort aus, den wir selbst gegenüber der Dichtung einnehmen. Von
dem Ort, den wir einnehmen, hängt auch die Weite des Hörens ab;
von ihm aus umgrenzt sich der Raum, in dem wir Dichtung aneignen können. Die Geschichte belehrt uns über die Möglichkeiten des
eigenen Dichtungsverständnisses; die Ausbildung des eigenen Dichtungsverständnisses fügt sich ein in die von weither kommende und
über uns hinausgehende Geschichte des Verstehens von Dichtung.
Wenn wir der Geschichtlichkeit der Dichtung gerecht werden wollen, dann gibt es nicht einerseits eine systematische Entfaltung des
Dichtungsverständnisses und andererseits eine Historie der Mei-

nungen über Dichtung. Vielmehr hören wir nur von unserem eigenen Ort aus die anderen Stimmen des Gesprächs über Dichtung, und unser eigenes Dichtungsverständnis ist in seinem Wesen, nach seinem Ort, dadurch bestimmt, daß es sich in strenger geschichtlicher Besinnung in das Gespräch der Geschichte einfügt.

5. Universale Überschau und spezialistische Interpretation

Wenn wir unsere Auffassung von der Dichtung hineinstellen wollen in das sich wandelnde Dichtungsverständnis der Geschichte, dann sehen wir uns vor eine doppelte Frage gestellt: haben wir noch eine ursprüngliche Beziehung zur Dichtung, oder sind wir nur noch Nutznießer von Leistungen, die anderen Zeiten angehören? Besitzen wir noch die Fähigkeiten und die Voraussetzungen zu einem ebenso umfassenden wie eindringlichen und fruchtbaren Verstehen der Geschichte? Daß wir uns bewußt hineinstellen müssen in die Geschichte, scheint die eigentümliche Aufgabe zu sein, die unsere Zeit von andern Zeiten unterscheidet. Wir können es nur dann, wenn die Geschichte nicht nur tote Vergangenheit für uns ist. Aber ist sie uns noch wirklich lebendig? Besitzen wir noch die Fähigkeiten und Voraussetzungen für ein umfassendes Verständnis der Geschichte? [103] Die Wissenschaften haben ungeheure Stoffmassen zusammengetragen, die nur von Spezialisten zu durchdringen sind. Die bürgerlich-humanistische Bildung, die früher wie selbstverständlich heimisch machte in den großen Traditionen unserer Kultur, ist faktisch zusammengebrochen. In der Epoche der Kriege und Notstände, in einer Epoche, in der der Geist so stark nach außen gerissen ist, können sich die meisten das, was früher auf den Schulen gelernt wurde, nur nachträglich und in immer unterbrochenen oder begrenzten Studienzeiten aneignen. Die Folge ist nicht nur der vielbeklagte Wissensschwund, sondern auch eine mit der Spezialisierung einhergehende Horizontverengung der wissenschaftlich Arbeitenden, die um so gefährlicher ist, als sie sich durch die Berufung auf

[103] Zum folgenden vgl. E. Auerbach: Philologie der Weltliteratur. In: Weltliteratur. Festgabe für F. Strich. Bern 1952. S. 46 ff.

die wissenschaftliche Strenge legitimieren zu können glaubt. Freilich ist es erstaunlich, mit welcher methodischen Schärfe und Verfeinerung die biblische und auch noch die „klassische" Philologie
heute den Anspruch der Geschichte wachzuhalten vermögen. Selbst
das Ringen der neuphilologischen Sonderdisziplinen um die rechte
Basis ihres Schaffens kann vieles beitragen zur Erhellung jener
Möglichkeiten, gemäß denen Geschichte uns anspricht. Einige der
großen, leidenschaftlichen Philologen der letzten Jahrzehnte sind
ausgegangen zur Neueröffnung europäischer Horizonte für die philologische Forschung oder zur Erschließung anderer Kulturen, der
indischen und der chinesischen vor allem. Überdies haben die geschichtlichen Ereignisse unserer Zeit die hervorgebrachten Positionen und die alten Gesichtskreise zerbrochen und für die heute
Lebenden Perspektiven aufgerissen, die sich früher nur den
kühnsten Geistern zeigten. Im Grunde ist die Forschung schon
weit zurückgefallen hinter den Gang der weltgeschichtlichen Ereignisse und hinter die aus ihnen erwachsenen Forderungen an den
Menschen. Aber gerade aus diesem Versagen und diesem Zurück-
gebliebensein sollte sie den Antrieb zu fruchtbarem Weiterfragen
empfangen.

Die Aufgabe muß sein, die Ergebnisse der Spezial-
forschung mit einer geschichtlichen Überschau zu
verbinden. „Wer (als Archäologe) auf dem Boden vor einem
Trümmerhaufen steht, kann die Ganzheit nicht sehen, die die
Fliegeraufnahme sichtbar macht", sagt Ernst Robert Curtius.
„Wenn man den Versuch macht, zwei oder zweieinhalb Jahrtausende der westlichen Literatur in den Blick zu bekommen,
kann man Entdeckungen machen, die von einer Kirchturmspitze
unmöglich sind. Aber man kann es doch nur, wenn der Parochialis-
mus der Spezialisten sorgfältige Kleinarbeit geleistet hat. Allzu oft
fehlen solche freilich, und von einem höher gewählten Standpunkt
sieht man Aufgaben, die der Einzelforschung wertvolle Ausbeute
verheißen würden. Der Fortschritt der geschichtlichen Wissenschaften wird sich überall da vollziehen, wo Spezialisierung und Ganz-
heitsbetrachtung sich kombinieren und durchdringen. Beide fordern
sich gegenseitig und stehen in einem komplementären Verhältnis.
Spezialismus ohne Universalismus ist blind. Universalismus ohne

Spezialismus ist eine Seifenblase." [104] Wird durch die heutige Lage eine geschichtliche Überschau einfach erzwungen, so liegt die große Versuchung der Forschung darin, Textparaphrasierungen mit groß aufgemachten geistesgeschichtlichen Klischees zu verbinden, um den aktuellen Bedürfnissen Genüge zu tun. Aber so weicht man der zu erforschenden Literatur wie der geforderten Verbindung von Universalisierung und Spezialisierung nur aus. Organisierte Gemeinschaftsarbeit kann gediegene Werke hervorbringen; doch wird in ihnen die einheitliche und Einheit schaffende Zusammenschau nie die Strahlkraft erreichen, die ihr die Intuition eines einzelnen verleihen kann. Eine Spezialuntersuchung zu Aristoteles — die sovielhundertste Arbeit zur Poetik dieses *Diktators* der Poesie, wie Scaliger sagt — kann mehr leisten als alles Schweifen durch weiteste Horizonte, wenn sie es nur vermag, Aristoteles wieder ganz in den Anspruch des lebendigen Gesprächs zu bringen. Systematische Darstellungen des geistigen Gutes bestimmter Zeiten werden unentbehrlich sein und dann dazu noch an Wert gewinnen, wenn sie die unzulängliche nationale Perspektive oder die Eingeschlossenheit in den Geist einer aus der Tradition gelösten Epoche aufgeben. Die Toposforschung nun möchte in besonderem Maße eine Methode sein, in der sich Universalismus und Spezialismus durchdringen. Eine Überschau über die Geschichte an Hand leitender Gesichtspunkte oder an Hand eines leitenden Gesichtspunktes und seines Wandels soll sich in ihr verbinden mit der spezialistischen Interpretation von Stellen, die gemäß ihrer besonderen Bedeutsamkeit herausgehoben werden. In unseren Hinweisen auf einzelne Beispiele dichtungstheoretischer Toposforschung mußte die spezialistische Seite freilich notwendigerweise zu kurz kommen. In *der* Form also, wie sie hier gegeben worden sind, sind diese Beispiele eher beispielhaft dafür, wie man es nicht machen soll. Das Z u s a m m e n w i r k e n der spezialistischen Interpretation mit der universalen „topologischen" Überschau und die sich daraus ergebende gegenseitige Kritik der Arbeitsweisen ist der eigentliche Motor der Toposforschung. Wer eine Überschau wagt, muß auch die Kritik des Spezialisten und die Korrektur durch ihn vertragen können. An-

[104] E. R. Curtius: E. L. 2. Aufl. S. 10.

dererseits ist die Kritik eines größeren Entwurfs, die spezialistisch nur an einzelnen herausgelösten Stellen ansetzt, wenig streng, wenn sie nicht bemerkt, daß das Ziel immer die Überschau über einen größeren Zusammenhang bleiben muß. Wer sich spezialistisch auf die Poetik des Barock beschränkt und deshalb an einer weiter ausgreifenden Forschung in einigen Einzelheiten Korrekturen anbringen kann, arbeitet aufs Ganze gesehen wenig streng, wenn er die Barockzeit faktisch von der jahrtausendealten Tradition ablöst, die ihre Voraussetzung ist. Eine Untersuchung, die sich unmittelbar Aristoteles oder Albertino Mussato zuwendet, verliert dann ihre Strenge, wenn sie nicht bedenkt, daß wir immer schon von den uns überkommenen Voraussetzungen und Perspektiven her an einen Autor herantreten und daß wir uns einem Autor nur durch die Tradition hindurch, die eröffnet und verdeckt, nähern können. Wirkliche Strenge der Forschung ergibt sich nur aus dem Zusammenwirken von Universalismus und Spezialismus.

6. Nur Tradiertes und ursprünglich Gedachtes

Die Toposforschung will in einer universalen Überschau über die Geschichte die bedeutsamsten Aussagen über Dichtung herausstellen und sie durch einen genauen und eindringlichen Deutungsversuch, der auch im Sinne der spezialistischen Forschung streng ist, in den Raum des lebendigen Anspruches stellen. Die Aufgabe kann nicht sein, alle erreichbaren literarischen Gemeinplätze zu sammeln und endlos taubes Gestein auf die Halden der historischen Forschung zu häufen. Es geht vielmehr darum, die erzhaltigen Gänge anzuschlagen und durch die Interpretation einer h e r a u s g e h o b e n e n b e d e u t s a m e n S t e l l e eine Position, einen Ort des Geistes aufzuzeigen. Die entscheidenden Knotenpunkte der geschichtlichen Entwicklung müssen gefunden, in ihnen muß die ganze Entwicklung konzentriert werden. Das kann freilich nur geschehen, wenn die Linien dieser Entwicklung nicht verfälscht und verzerrt werden. Die Belege für den Aufweis der Grundlinien müssen vorhanden sein, aber im Hintergrund bleiben. Es kann nicht geduldet werden, daß das Hervorzerren von Nebensächlichkeiten die entscheidenden Aussagen verdeckt. Jeder Topos hat seine große Zeit. Es geht darum, ihn in dieser seiner Zeit aufzuweisen und sich nicht im toten historischen Gut zu verlieren.

Eine ausgewählte Stelle aus einem alten Mythos mag z. B. zeigen, wie sich der Dichter aus dem alten Zauberer- und Schamanentum zu wachsender Bewußtheit löst. Die Rede vom Musenwahnsinn weist darauf hin, daß die Dichtung als göttliches Geschenk empfunden wird. In der Polemik Platons bekommt der Topos vom göttlichen Wahnsinn der Dichter seine einmalige Schärfe. Später ist er zumeist nur etwas Tradiertes. Im Mittelalter bekommt er Bedeutung, wenn die Inspiration des Dichters als Konkurrenz zur Offenbarung empfunden wird. Die Renaissance prunkt mit dem alten Gemeinplatz. Wenn freilich eine der Gestalten Shakespeares — der Herzog Theseus im Sommernachtstraum — das Wort vom Wahnwitz der Poeten aufnimmt, dann scheint das Antlitz des dämonischen Dichters aufzuschimmern. In der Neuzeit verknüpft sich mit dem Topos der Kampf um den Wahrheitsanspruch der Dichtung und um ihre ethische Rechtfertigung. Immer schon galt dem dahinlebenden Volk der Künstler, der Seher, der mit schwerer Zunge oder in Zungen Redende als ein Narr und Wahnsinniger (Hosea 9,7) oder als ein Trunkener. Das moderne Geniebewußtsein scheint unlöslich verbunden mit dem Wahnsinn, so daß die Formel vom „Selbstmord und Wahnsinn des Genies" zum Gemeinplatz wurde.[105] Was der Topos vom göttlichen Wahnsinn der Dichter für das Dichtungsverständnis hergibt, muß sich anhand weniger ausgewählter Stellen, die in besonderem Maße bedeutsam sind, zeigen lassen.

Wenn auch ein Topos und jede Kunstauffassung ihre Zeit haben, so stehen doch die großen Denker und Dichter über ihrer Zeit und im Gespräch mit anderen Zeiten. Durch Hölderlin und die an ihn sich anschließende Dichtungsauffassung wurde die griechische Auffassung vom Dichter als dem Theologen, der die Götter nennt, auf verwandelte Weise wiederholt. In der Tat stand ja der späte Höl-

---

[105] Vgl. z. B. H. Hesses Rückschau auf unser Zeitalter: Das Glasperlenspiel. Berlin 1946. Bd. 1. S. 24. — Vgl. aber auch A. Stifters Gebetbitte, vor Wahnsinn und Selbstmord bewahrt zu bleiben: Brief an seinen Verleger von 1864. (Sämtliche Werke. Hrsg. v. Sauer u. a., Reichenberg 1929 ff. Bd. 20. S. 304.) Über „Genie und Wahnsinn" vgl. auch meine topologische Untersuchung: Schopenhauer und das Wesen der Kunst. In: Zeitschrift für Philos. Forschung. Jg. 14. 1960. S. 353—389.

derlin einem Sophokles viel näher als seinen Zeitgenossen, seien es selbst die großen Meister Goethe und Schiller. Der Topos von der Dichtung als verborgener Theologie hat seine Zeit dann, wenn die Dichtung von einer Vernunft- oder Offenbarungstheologie aus allegorisch gedeutet wird. Aber auch in Zeiten, wo es keine alles bestimmende Theologie mehr gibt, bleibt der Topos lebendig und kann bei einzelnen das Dichtungsverständnis bestimmen. Die Toposforschung muß den Topos in seiner großen Zeit aufweisen, aber auch sehen, wie er weitergetragen oder neu aufgenommen und verwandelt wird.

Um zu den bedeutsamen Textstellen gelangen zu können, muß die Toposforschung d u r c h s t o ß e n   d u r c h   d a s   n u r   n o c h   T r a d i e r t e   z u m   u r s p r ü n g l i c h   G e d a c h t e n   und sich dem Wahrheitsanspruch einer Aussage stellen. Es ist leicht einzusehen, daß mit dem Nachweis, irgendeine Aussage sei ein Topos und auch da und dort festzustellen oder gar bis in älteste Zeiten zurückzuverfolgen, noch nichts gesagt ist. Solche sich oft sehr gelehrt gebenden Ausführungen weichen nur dem Wahrheitsanspruch aus. Selbst wo ein Topos ziemlich unbedacht nur übernommen wird, geschieht es nicht um des Übernehmens willen, sondern weil eine bestimmte Aussage gemacht werden soll. Zum Wahrheitsanspruch der Aussage soll die Toposforschung führen. Die historische Untersuchung eines Topos verhilft dazu, das einmal verwirklichte Begreifen einer Sache von dem in ihm Gemeinten aus zu verstehen und es nicht durch spätere und oft ganz fremdartige Vorstellungen zu verdecken. So ermöglicht es die Toposforschung, von einer verfallenden und abkünftig gewordenen Floskel zurückzugehen zu jenem ursprünglich Gedachten, von dem diese nur noch ein blasser Abglanz ist, vom Klischee zurückzufinden zum in sich scharfen Begriff oder ursprünglich gewachsenen Wort und unter den Aschenresten wieder das Feuer des Geistes zu wecken. Jeder Topos muß einmal, was allerdings das Seltenste im Leben des Geistes ist, ursprünglich gefunden oder formuliert werden. Auch der schon von lange her überlieferte Topos braucht nichts Abkünftiges und Floskelhaftes zu sein und dem Schreibenden nicht nur in die Feder zu fließen. Er kann vielmehr in der wachesten Besinnung aufgenommen, angeeignet und neu durchdacht werden.

Um die Forschung fähig zu machen, vom nur Tradierten zurückgehen zu können zum ursprünglich Gedachten, müssen wir freilich
jene Verengung lösen, in der der Topos nur etwas Anonymes ist,
eine literarische Reminiszenz, eine gelehrte Anspielung. Die Verflechtung der Toposforschung mit der Frage nach der Verbindung
von rhetorischer Schultradition und europäischer Literatur und der
Frage nach der Übermittlung des antiken literarischen Gutes durch
das lateinische Mittelalter an die Neuzeit, die den Arbeiten von
Curtius eine so spezifische Färbung gibt, muß gelöst und der Begriff
des Topos verallgemeinert werden. Der Nachweis der Verbindung
von Rhetorik und Literatur und das ganz bestimmte Dichtungsverständnis, das Curtius mit diesem Nachweis verknüpft, müssen
ja in sich in einem echten Sinne fragwürdig bleiben, wie auch die
Bedeutung des lateinischen Mittelalters, so umfassend sie sein mag,
auf das Ganze gesehen nicht sehr umfassend sein kann.

Curtius, der ausdrücklich gegen die Formel *res non verba* polemisierte, hat die Freude des Humanisten an der Paradoxie empfunden, daß im Mittelalter der göttliche Wahnsinn der Dichter
gleichzeitig empfohlen wurde mit der Dichtung als einer schweiß-
treibenden Mühsal. Das Nebeneinander dieser unverschleierten
Widersprüche, so bemerkt er, „gibt der mittelalterlichen Kultur
ihren Reiz".[106] Doch vielleicht liegt hier nicht einmal ein echter
Widerspruch, weil der Topos vom göttlichen Wahnsinn nur etwas
Tradiertes war. Wenn die Namen so einfach auf die Sache verwiesen, dann könnte man ja heute in den Kinotheatern mit ihren
phantastischen griechisch-lateinischen Namen den Hort klassischer
Bildung finden wollen. Jedenfalls ermöglicht die Toposforschung
„eine Scheidung zwischen Individuellem und Typischem, aber auch
zwischen Volkstümlichem und Gelehrtem. Man kann einen mittelalterlichen Text — sei er historischer, philosophischer oder sonstiger
Art — nur dann verstehen, wenn man untersucht hat, ob er in der
Tradition eines Topos steht. Wer das nicht beachtet, kann zu Fehlschlüssen von oft erheblicher Tragweite gelangen. Wie oft führt ein
solches Verfahren dazu, daß ein mittelalterlicher Text als histori-

---

[106] E. R. Curtius: E. L. S. 470.

sches Zeugnis oder als psychologisches Dokument aufgefaßt wird, während er nur eine typische Formel der Tradition variiert." [107]

Die Erarbeitung der Geschichte dichtungstheoretischer Topoi wird sich auch nicht darüber täuschen lassen, daß noch lange nicht das gleiche ausgesagt ist, wenn zwei Autoren dieselben Worte, dieselben Topoi gebrauchen. Der gleiche Topos kann mit ganz verschiedenem Geiste erfüllt werden. Das mag an einem Beispiel erläutert werden, an dem wir zugleich sehen, daß es Topoi nicht nur bei den gelehrten oder traditionalistisch eingestellten Dichtern und Theoretikern gibt, sondern auch bei denen, die sich bewußt gegen alle Gelehrsamkeit und Tradition zur Wehr setzen. Diese werden die Topoi nur unbedachter und unbesonnener übernehmen.

Arthur Rimbaud hat eine kleine *Ars poetica* in jenen beiden Briefen gegeben, die man *Lettres du Voyant* zu nennen sich gewöhnt hat, und von denen der eine am 13. Mai 1871 an Georges Izambard, der andere am 15. Mai 1871, also zwei Tage später, an Paul Démeny geschrieben worden ist. Der Dichter, so heißt es darin, muß ein Seher sein. „Je dis qu'il faut être *voyant*, se faire *voyant*. Le Poëte se fait *voyant* par un long, immense et raisonné *dérèglement de tous les sens*. Toutes les formes d'amour, de souffrance, de folie; il cherche lui-même, il épuise en lui tous le poisons, pour n'en garder que les quintessences. Ineffable torture où il a besoin de toute la foi, de toute la force surhumaine, où il devient entre tous le grand malade, le grand criminel, le grand maudit, — et le suprême Savant! — Car il arrive à l'inconnu!" Es wird nicht unrichtig sein, wenn man sagt, daß Rimbaud hier an den platonischen Gedanken des Dichterwahnsinns anknüpft, der ihm wohl durch Montaigne vermittelt worden war. Der Dichter: ein Seher, ein Besessener, ein Wahnsinniger, aber so der große Wissende — das sind älteste Gedanken. Ausdrücklich beruft sich Rimbaud auf die Griechen, die noch wahre Dichtung gehabt hätten. Nach ihnen kamen „des lettrés, des versificateurs." Dichter — Versifikator: an diese Verbindung oder Entgegensetzung ist die Diskussion über Dichtung seit der griechischen Poetik geknüpft. Der Dichter muß ein geborener Dichter sein: *poeta nascitur*. Nicht er denkt, sondern es denkt in ihm; er ist nicht er selbst, ist außer sich. Diese Charakteristiken, die schon Platon ver-

---

[107] E. R. Curtius: Zur Literarästhetik des Mittelalters II. In: Zeitschr. f. Romanische Philologie. Bd. 58. 1938. S. 139 f. [in diesem Band S. 15].

wandte, bekommen eine ganz positive Bedeutung: „les souffrances sont énormes, mais il faut être fort, être né poëte, et je me suis reconnu poëte. Ce n'est pas du tout ma faute. C'est faut de dire: Je pense. On devrait dire: On me pense. Pardon du jeu de mots. Je est un autre. . ." Der Dichter ist ein Sprachrohr, das nichts dazu kann, daß es so ist, wie es ist: „Car Je est un autre. Si le cuivre s'éveille clairon, il n'y a rien de sa faute." Zwar spricht nicht mehr ein Gott im Dichter, aber die Weltseele: „Le poëte définirait la quantité d'inconnu s'éveillant en son temps dans l'âme universelle . . ." Der Schöpferbegriff darf bei diesem Modernen nicht fehlen, der Schöpfer muß dem Ecrivain entgegengesetzt und für die Zukunft proklamiert werden: „Des fonctionnaires, des écrivains: auteur, créateur, poëte, cet homme n'a jamais existé!" Der Dichter ist ein anderer Prometheus: „Donc le poëte est vraiment voleur du feu", ja ein Gott, ein *alter deus*: „Baudelaire est le premier voyant, roi des poëtes, *un vrai Dieu.*" Rimbaud, der „brennende Dornbusch", wie Gide sagte, scheint seine umstürzende Dichtungsauffassung, diese wütendste Attacke in der *querelle des Anciens et des Modernes,* aus Gemeinplätzen zusammengestoppelt zu haben, die um so weniger Gewicht haben, je besinnungsloser sie irgendwo und irgendwie aufgegriffen worden sind. Aber mit einer solchen Aussage führt die Toposforschung sich selbst *ad absurdum.* So richtig es ist, daß Rimbaud Gesichtspunkte aufgreift, die durch Jahrhunderte schon herrschten — er tut es in einer Weise, die für die Tradition ein brutaler Schlag ins Gesicht ist. Die Radikalität des Bruches mit der Tradition bleibt trotz aller „Topoi", sie bleibt, selbst wenn ein Claudel, was er wissen mußte, glaubte an Rimbaud anknüpfen zu können.

Nicht nur gegenüber Rimbaud, sondern bei jedem Aufweis von Topoi kommt es darauf an, zu fragen, wie die Topoi denn verwandt werden, aus welchem Geist sie gebraucht, mit welchem Wein die alten Schläuche gefüllt werden. Die seltsame Erfahrung wird bei diesen Beobachtungen mächtig, daß dann, wenn der neue Wein da ist, von alten Schläuchen nicht mehr die Rede sein kann, wenn auch die Topoi, rein äußerlich gesehen, dieselben bleiben.

Die Toposforschung ermöglicht es, aus der Kenntnis der Tradition, in der eine Aussage steht, das eigentlich Gemeinte der Aussage zu erfassen; sie hebt aus dem Strom des Dichtungsverständnisses die bedeutsamsten Aussagen heraus und zeigt an ihnen einen Ort, eine Position des Geistes auf; sie scheidet das nur Tradierte vom Ursprünglichen und ursprünglich Aufgenommenen und geht vom Abkünftigen und Abgeflachten zurück zum rein und entschie-

den Gedachten; sie läßt sich nicht darüber täuschen, daß verschiedene Autoren oder verschiedene Zeiten mit den gleichen Topoi völlig Verschiedenes auszusagen suchen.

7. Geschichtlich Einmaliges und Allgemeingültiges

Die dichtungstheoretische Toposforschung will den Ort eines bestimmten Dichtungsverständnisses aufweisen, indem sie dieses Dichtungsverständnis in einer Grundaussage, einem Topos konzentriert.
Sie ist eine Methode, die in besonderem Maße der Geschichtlichkeit
der Dichtung gerecht werden will. Doch erschöpft sich die Leistung
der Toposforschung in dieser engen Bindung an die Geschichte und
deren Wandel? Kann die Toposforschung nicht auch etwas beitragen zur Erkenntnis eines allgemeingültigen, immer mit sich iden-
tischen Wesens?

Wenn wir auf den Sinn sehen, den Ernst Robert Curtius der
Toposforschung gab, muß uns eine zu einseitige Bindung an die
Geschichte und deren Wandel fragwürdig werden. Curtius hat in
seiner „historischen Topik" das geschichtlich Einmalige und Besondere herausgestellt. Er hat z. B. gezeigt, wie der Topos *puer senex*
aus der Seelenlage der Spätantike erwächst; er hat den Musenanruf
durch die Geschichte seines Entstehens und Vergehens verfolgt und
nachgewiesen, daß wir den Topos vom *poeta theologus* nicht einfach
aus den Zwängen unserer Begriffssysteme heraus verstehen dürfen.
Aber Curtius tendiert dazu, das historisch Einmalige aufzuheben in
K o n s t a n t e n , d i e a l l g e m e i n m e n s c h l i c h s i n d oder
doch eine ganze Kultur beherrschen. Das Zeiten und Kulturen über-
greifende vergleichende Verfahren und der Bezug auf C. G. Jungs
Archetypen dienen dieser Tendenz. Curtius will seine Untersuchungen aus einem mehr als literarhistorischen Horizont gesehen wissen.
Sie sind, so sagt er, „Vorarbeiten für das, was ich eine Phänomenologie der Literatur nennen möchte. Sie scheint mir etwas anderes zu
sein als die Literaturgeschichte, die Literaturvergleichung, die Literaturwissenschaft, wie sie heute betrieben werden."[108]

[108] E. R. Curtius: E. L. 2. Aufl. S. 9 f.

Ein Beispiel mag die Tendenz genauer verdeutlichen, die mit dieser Zielsetzung gegeben ist. Eine der großen Leistungen der kunst- und literaturgeschichtlichen Forschung der letzten Jahrzehnte ist das neuerarbeitete Verständnis für Kunst und Literatur des Barock.[109] Dieses Verständnis wurde vor allem dadurch gefördert, daß man die verschiedenen Ausprägungen der barocken Kultur als Zeugnis für den einheitlichen und in seiner Eigentümlichkeit aufzufassenden Geist jener Zeit, als Zeugnis des barocken „Menschen" begriff und die barocke Kunst nicht mehr an den ihr wesensfremden Idealen der Renaissance maß. Curtius, der über die Bevölkerung der Geschichte mit bestimmten „Wesen" und „Säkulargeistern" oder — was seit Burckhardt geschah — mit bestimmten „Menschen" spottet, will die Eigenart der barocken Literatur nicht mehr aus dem Geist der Barockzeit oder vom barocken Menschen her klären, sondern auf dem Hintergrund eines „Manierismus", der als literarische Tendenz zusammen mit seiner Komplementärerscheinung, der Klassik, eine Konstante der europäischen Literatur ist. Manierismus gab es in der alexandrinischen Zeit wie auch in der spätrömischen Kaiserzeit wie im lateinischen Mittelalter. „Der mittellateinische Manierismus findet dann Eingang in die volkssprachlichen Literaturen und läßt sich dort durch alle Jahrhunderte verfolgen, ungestört durch Renaissance und Klassik. Er sprüht zuletzt auf im 17. Jahrhundert. Er wurzelt am festesten im spanischen Boden ... Den Manierismus des 17. Jahrhunderts von seiner zweitausendjährigen Vorgeschichte abzutrennen und entgegen allen historischen Zeugnissen als spontanes Produkt des (spanischen oder deutschen) Barock auszugeben, ist nur möglich durch Unwissenheit und pseudokunstgeschichtlichen Systemzwang. Beides pflegt sich gegenseitig zu verstärken".[110] Auch bei diesem Verfahren sucht Curtius sich an Goethe zu orientieren, der „z. B. den Manierismus Jean Pauls, den er in seiner klassischen Zeit ganz ablehnte, durch verwandte Züge der orientalischen Poesie" erhellte und dann auch würdigen konnte.[111] Der „Phänomenologie der Literaturwissenschaft" im Sinne von Curtius geht es also nicht um das geschichtlich Einmalige, sondern um die immer wiederkehrenden Konstanten der Literatur.

---

[109] Vgl. H. Lützeler: Der Wandel der Barockauffassung. In: Deutsche Vierteljahrsschr. f. Literaturwiss. u. Geistesgeschichte. Jg. 11. 1933. S. 618—636. — R. Wellek: The Concept of Baroque in Literary Scholarship. In: The Journal of Aesthetics and Art Criticism. V. 1946. S. 77—109.

[110] E. R. Curtius: E. L. S. 19, 275 u. 293.

[111] E. R. Curtius: K. E. S. 48.

Die innerste Ausrichtung einer Arbeit wie der von Curtius wird schwer zu fassen sein, da sie so ganz in Deutung und Kritik anderer Autoren aufgeht. Doch vielleicht führt uns die All-Einheitslehre, von der Curtius spricht, zu jenem metaphysischen Hintergrund, der das Hinausgehen über das historisch Einmalige veranlaßt. In dieser Lehre verbindet sich älteste Menschheitsweisheit mit Platonischem und Plotinischem und mit jüngsten Erfahrungen, so daß Curtius z. B. Balzac und Emerson aus ihr deuten kann. Eine Nähe zu dieser Lehre und dazu eine spezifische Anwendung auf das uns überlieferte literarische Gut findet Curtius bei Hofmannsthal, der in seinen dichterischen Versuchen die Welt des Mittelalters und des Barock ins „Zeitlose" erhob, ja schließlich die Angst vor der Zeit von sich warf und in der Zeitlosigkeit lebte, in jenem Reich, in dem alle Dinge und Welten gleichzeitig sind. Man muß sich allerdings fragen, ob das Ringen des späten Hofmannsthal sich nicht gerade umgekehrt auf die rechte Inkarnation in der Zeit richtete. Gewiß aber vermögen wir einen Blick zu tun auf die innerste Ausrichtung der Arbeit von Curtius selbst, zumal auf die Ausrichtung seiner Toposforschung, wenn wir beobachten, wie er sich auf Hofmannsthal beruft: „Dem Mittelalter und dem Barock entnahm Hofmannsthal nicht historische Lokalfarben, sondern jene zeitlose europäische Mythologie, die es uns sichtbar gemacht hat: 'Es gibt eine gewisse zeitlose europäische Mythologie: Namen, Begriffe, Gestalten, mit denen ein höherer Sinn verbunden wird, personifizierte Kräfte der moralischen oder mythischen Ordnung. Dieser mythologische Sternenhimmel spannt sich über das gesamte Europa.'" [112]

Curtius sah die herbe Lehre der Geschichte darin, daß auf solche dunkle Jahrhunderte, wie eines über uns gekommen ist, hellere Renaissancen folgen. Aus diesem Glauben hat er dem Humanismus die Aufgabe zugesprochen, die Brunetto Latini an Dante erfüllte: „Anleitung zur Einprägung ewigen Gehaltes in das menschliche Leben" zu geben. Die Grundfragen der Menschheit ertönen heute, „wie sie in jeder Geschichtszeit erklungen sind: weil diese Fragen mit dem Sein und Wesen des Menschen gegeben sind". Es geht darum, das „Wesenhafte rein herauszustellen und es aus allen seinen

[112] E. R. Curtius: K. E. S. 141 u. 151. — Ders.: E. L. S. 152.

zeitbedingten Hüllen zu befreien"[113]. Dieser Aufgabenstellung diente auch die Toposforschung. Sie bekam damit, wie wir meinen, eine Einseitigkeit, der wir widersprechen müssen. Curtius hat einen solchen Widerspruch gelassen aufgenommen. So zitiert er selbst den in schneidenden Sätzen und mit extremer Konsequenz geführten A n g r i f f Ortegas a u f d i e e w i g e n M u s t e r u n d T o - p o i und auf den Terrorismus der Klassiker: „Das klassische Leben besteht aus Gemeinplätzen (La vida clásica se compone de tópicos)."[114]

Den Widerspruch Ortegas wollen wir schärfer fassen, indem wir darauf achten, welchen Sinn ein Autor wie Erich Auerbach mit der Philologie der europäischen Literatur oder der Philologie der Weltliteratur verbindet. Die Thesen von Auerbach haben deshalb eine so große Bedeutung für uns, weil sie nicht blasse Theorien sind, sondern Reflexionen eines der bedeutendsten Historiker und Philologen. Für Erich Auerbach richtet sich die eigentliche Tendenz der Literarhistorie darauf, das Erfassen des geschichtlich Einmaligen und Besonderen der Dichtung zu ermöglichen. Seit Vico und Herder ist es die eigentliche Absicht der Philologie, ihre Deutungen für eine innere Geschichte der Menschheit zu verwerten, die uns eine in ihrer Vielfalt einheitliche Vorstellung vom Menschen erlaubt. Seit Goethe und seit den Romantikern ist der geschichtlich-perspektivische Sinn immer mehr herausgebildet und verfeinert worden. Heute leben wir in einem Kairos der verstehenden Geschichtsschreibung. Wahrscheinlich werden ihm nicht mehr viele Generationen angehören; denn eine geschichtslose Bildung macht schon jetzt Anspruch auf Herrschaft. Es gilt, die einmalige geschichtliche Lage zu nutzen. „Unsere Kenntnis der Dokumente aus den letzten, literarisch von sich selbst zeugenden Jahrtausenden ist sehr gewachsen; es ist ferner den meisten von uns das historische Denken, welches nicht absolute Wertmaßstäbe anlegt, sondern sich bemüht, die verschiedenen geschichtlichen Erscheinungen jeweils aus ihren eigenen Voraussetzungen zu erklären, zur Selbstverständlichkeit geworden;

[113] E. R. Curtius: Deutscher Geist in Gefahr. Stuttgart/Berlin 1932. S. 109.
[114] E. R. Curtius: K. E. S. 278.

und noch besitzen wir die konkrete Erfahrung von der Mannigfaltigkeit menschlicher Lebensformen. Diese Mannigfaltigkeit ist,
trotz aller Konflikte zwischen den jetzt lebenden Völkern, im
Schwinden begriffen; es ist vorauszusehen, daß in vergleichsweise
kurzer Zeit die Zivilisationen entweder zerstört oder vereinheit-
licht sein werden. Im letzteren Falle würde das mitfühlende Verständnis für die Mannigfaltigkeit des Geschichtlichen schnell verschwinden; denn Geschichtsschreibung beruht auf eigener Ge-
schichtserfahrung." [115] Für den Begriff der Weltliteratur, wie
Goethe ihn faßte, ist die Fülle wenn nicht der Nationen, so doch
der Kulturen die Voraussetzung. Obwohl heute der nationale Wille
sich in manchen Ländern lauter gebärdet denn je, legt sich eine stan-
dardisierte Kultur über die Erde. Der Unterschied zwischen dem
europäisch-amerikanischen und dem russisch-bolschewistischen Muster ist vergleichsweise gering, „wenn man beide, in ihren gegenwärtigen Formen, mit den jeweiligen Substraten vergleicht, etwa
den islamischen, oder den indischen, oder den chinesischen Traditionen. Sollte es der Menschheit gelingen, sich durch Erschütterun-
gen hindurchzuretten, die ein so gewaltiger, so reißend schneller
und innerlich so schlecht vorbereiteter Konzentrationsprozeß mit
sich bringt, so wird man sich an den Gedanken gewöhnen müssen,
daß auf einer einheitlich organisierten Erde nur eine einzige literarische Kultur, ja selbst in vergleichsweise kurzer Zeit nur wenige
literarische Sprachen, bald vielleicht nur eine, als lebend übrigblei-
ben. Und damit wäre der Gedanke der Weltliteratur zugleich verwirklicht und zerstört." Aus dieser Situation heraus müssen wir die
Frage, wie der Gedanke der Weltliteratur von uns heute weitergetragen werden kann, beantworten. Was frühere Epochen wagten,
den Ort des Menschen im Universum zu bestimmen, scheint heute
ferne. Innerhalb der uns zugänglichen Weltwirklichkeit, die die
Wissenschaft erforscht, ist die Geschichte, durch die wir sind, was
wir sind, der vornehmste Gegenstand. Ihm tritt Auerbach mit ähnlichen Erwartungen wie Ranke oder andere Vertreter der romantischen, idealistischen und historischen Schule entgegen, doch vor
andere Zukunftsperspektiven gestellt. „Die innere Geschichte der

[115] E. Auerbach: a. a. O. (Anm. 74). S. 8.

letzten Jahrtausende, welche die Philologie als historische Disziplin behandelt, ist die Geschichte der zum Selbstausdruck gelangten Menschheit. Sie enthält die Dokumente des gewaltigen und abenteuerlichen Vorstoßes der Menschen zum Bewußtsein ihrer Lage und zur Aktualisierung der ihnen gegebenen Möglichkeiten; ein Vorstoß, dessen Ziel (auch in der gewiß ganz fragmentarischen Form, in der es sich jetzt darstellt) lange Zeit kaum zu ahnen war, und der doch, in den verschlungenen Windungen seines Verlaufs, wie nach einem Plan vor sich gegangen zu sein scheint. Es liegt darin aller Reichtum an Spannungen, deren unser Wesen fähig ist; es entwickelt sich darin ein Schauspiel, dessen Fülle und Tiefe alle Kräfte des Beschauers in Bewegung setzt und ihn zugleich befähigt, durch die Bereicherung, die er gewinnt, innerhalb des ihm Gegebenen Frieden zu finden. Der Verlust des Blickes auf dieses Schauspiel — welches, um zu erscheinen, vorgestellt und interpretiert werden muß — wäre eine Verarmung, für die nichts entschädigen könnte. Freilich würden ihn nur diejenigen empfinden, die ihn noch nicht ganz erlitten haben; aber diese Erwägung darf uns nicht hindern, alles zu tun, damit solch ein Verlust nicht eintritt." [116] Wenn die Literaturwissenschaft das Verstehen jeweiliger Dichtung in ihrer Einmaligkeit und Besonderheit vorbereiten will, dann liegt das Gemeinsame ihrer Bemühungen darin, „zu einer historischen Topologie zu gelangen", wie Auerbach mit Bezug auf seine Arbeiten sagt.[117]

Auerbach ist sich nicht im unklaren darüber, daß eine solche Ortsbestimmung oder Topologie nur von dem Ort aus entworfen werden kann, den ihr Verfasser in der Geschichte einnimmt. Der Historiker darf sich auch nicht darüber im unklaren sein, daß eine Skepsis gegenüber dem eigenen Standpunkt Vorbedingung ist für das Erfassen des eigentlichen Ortes anderer Standpunkte. Zur erfolgreichen Arbeit auf dem Gebiet der inneren Geschichte gehört, so formuliert Auerbach, „möglichste Freiheit von weltanschaulichen oder anderen dogmatischen Festlegungen. Unsere eigene Geschichte gibt uns ausgezeichnete Gelegenheit dazu; sie zwingt uns immer

[116] E. Auerbach: a. a. O. (Anm. 103). S. 39, 49 u. 41.
[117] E. Auerbach: a. a. O. (Anm. 74). S. 7.

wieder zu vergleichen, abzuwägen und umzulernen. Allerdings ist
diese Freiheit nicht leicht zu gewinnen und zu bewahren; selbst
wenn die Gunst des Schicksals einen Historiker aus all seinen ererbten und vielen erworbenen Bindungen losgelöst hat, bleiben
genug persönliche Gegebenheiten übrig, die die Freiheit des Urteils
gefährden. Aber wir sollten uns darum bemühen, und wir sollten
niemand seine Freiheit von Festlegungen als verdammenswerten
Relativismus vorwerfen. Relativismus ist die Voraussetzung umfassender und ernsthafter historischer Arbeit; er ist nicht identisch mit
Charakterlosigkeit, wie etwa das Beispiel Montaignes zeigt; für den
Charakter braucht man Selbstkritik und Furchtlosigkeit weit mehr
als eine Weltanschauung. In der historischen Forschung aber werden
selbst die großartigsten und liebenswertesten Formen, in denen die
Menschen eine absolute Wahrheit auszudrücken versucht haben, zur
Gefahr für das Urteil, sobald man sich ihnen verschreibt — von den
Systemen moderner Rattenfänger ganz zu schweigen. Man kann
der Wahrheit gehorchen, auch wenn man nie vergißt, wie vielsinnig
ihre Befehle und Ordnungen sind; ja ich glaube, das ist die einzige
ihr angemessene Form des Gehorsams." [118]

Curtius will durch die Toposforschung letztlich Konstanten, mit
sich identische Wesenheiten der Literatur aufzeigen. Dem Widerspruch gegen diese Tendenz gaben wir ein größeres Gewicht, indem
wir einen Autor wie Erich Auerbach zu Wort kommen ließen. Für
ihn liegt die höchste Aufgabe der Philologie in einer historischen
Topologie. Nach unserer Meinung würde der Sinn der verstehenden
Geschichtsschreibung jedoch auch zu einseitig gefaßt, wenn man ihr
jede Stütze im Erkennen allgemeingültiger Wesenheiten nähme.
Deshalb bekommt auch der Angriff sein Recht, den Curtius
gegen den einseitigen Perspektivismus und Relativismus führte. Als symptomatisch für die Auffassung von
Curtius dürfen wohl jene Thesen gelten, die er einst gegen Karl
Mannheims Buch ›Ideologie und Utopie‹ richtete. Nach Mannheim
gibt es in unseren Jahrzehnten im Geschichtsprozeß eine präzedenz-
lose Zäsur, einen grundlegenden, substantiellen Wandel. Wir haben
gelernt, alle als absolut gemeinten Wahrheiten als Ideologien oder

---

[118] E. Auerbach: a. a. O. (Anm. 74). S. 10 f.

Utopien zu entlarven. Ehe die Welt vielleicht bald zu einem einzigen Bild erstarrt, offenbaren in der heutigen Zwielichtbeleuchtung
alle möglichen Positionen ihre Relativität. Curtius vermag in dem
zum Prinzip gemachten Relativismus nicht das Gebot der Stunde
oder das Gebot eines geschichtlichen Kairos zu sehen. Er fragt, was
dieser Relativismus anders sei als eine „zeitbedingte Form der Skepsis, die zu den Konstanten der Geistesgeschichte gehört; die sich in
allen anarchischen Epochen als Gleichgewichtsstörung manifestiert;
die so alt ist wie die Weisheit des Predigers Salomo". Es gebe keinen Kulturkreis und keine Geschichtsepoche, die nicht typische Beispiele böten. Für viele heutige Denker freilich, so fügt Curtius
hinzu, „scheint eine naive Gleichsetzung zwischen Wechsel und Wert
einerseits, zwischen Dauer und Unwert andererseits zu bestehen.
Wechsel bedeutet 'Leben' und 'Fluß', Dauer bedeutet 'Erstarrung'
und 'Tod'. Mit demselben Recht kann man natürlich die Vorzeichen
umtauschen..." Dem Historismus und seinen Begriffen „Revolution" und „Destruktion" setzt Curtius den Begriff der Konstanz
entgegen. „Er verbindet das Moment der Identität mit dem des
Gestaltwandels; das Moment der 'Statik' mit dem der 'Dynamik'.
Es ist ein in jedem Betracht vereinender und dabei doch gleichzeitig
klärender und tragender Begriff... Der heute verbreitete Relativismus wäre durch eine Lehre von den Konstanten *aller* ontologi-
schen Gebiete zu berichtigen. Es könnte sich dann ergeben, daß die
heute vielbekämpften Absolutheiten aller Art zu einem Teil wenigstens als Konstanten verstanden und anerkannt werden müssen." [119]
Curtius glaubt heute nichts mehr erwarten zu können von den
Philosophen, die aus der Situation heraus philosophieren und auf
Grund von Zeitdiagnosen einen „klassischen" Autor wie Goethe in
Frage stellen.[120] Er hat nicht unrecht, wenn er gegenüber den Ein-
seitigkeiten lebens- und existenzphilosophischer wie historischer und
soziologischer Richtungen auf die „Konstanten" hinweist. Wir müssen uns zudem die Frage stellen, ob und wieweit die idealistische
und romantische Zeit und, ihr folgend und sie überbietend, Histo-

[119] E. R. Curtius: a. a. O. (Anm. 113). S. 91, 90, 92 u. 93.
[120] E. R. Curtius: K. E. S. 83. — Vgl. auch die Kontroverse zwischen
Curtius und Jaspers über Goethe.

rismus und Perspektivismus tatsächlich eine eigenständige Geschichtsmetaphysik ausgebildet haben, oder ob sich die Geschichtsauffassungen auf zwei reduzieren lassen: auf das — vorwiegend griechische — Kreislaufdenken und das — vorwiegend jüdisch-christliche — Geschichtsdenken.[121] Fraglich ist überdies, ob nicht in Zukunft trotz aller Uniformierung und aller Standardisierung des Lebens auf der Erde und nach dem Verschwinden der „romantischen" geschichtlichen Besonderheiten erst die großen Entscheidungen sichtbar werden, die die Menschheit zerspalten. Man könnte alle diese Fragen fernhalten wollen und der Toposforschung die genau bestimmte Aufgabe stellen, verifizierbare historische Erkenntnisse zu geben oder aber auf Konstanten der Dichtung hinzuweisen. Doch demgegenüber bleibt zu bedenken, ob nicht historisches Verstehen und philosophische Wesenserkenntnis und deren Richtigkeit immer nur möglich sind in einem schon vorgegebenen Raum von Wahrheit als „Unverborgenheit", von einem bestimmten Ort des Geistes aus.[122] Die Leistung strenger Besinnung muß dann darin liegen, daß sie bewußt macht, wie ein „Ort" zugleich Wahrheit erschließt und verdeckt.

Im Grunde hat auch Curtius, der verifizierbare historische Erkenntnisse und Wesenseinsichten sucht, den Raum angegeben, in dem sich seine Forschung bewegt. Seit Winckelmann und Hölderlin sah der deutsche Geist im Weg über Rom zu Griechenland einen Umweg, ja einen zu vermeidenden Umweg, und suchte einen unmittelbaren Zugang zum Griechischen. Herder wandte sich von Vergil ab zu Sophokles und Shakespeare und stellte die Urpoesie als Naturpoesie heraus. Diese galt den Brüdern Grimm fast schon als die einzige Form wahrer Dichtung. Die Abwendung von Rom und die Zuwendung zur „Naturpoesie" sucht Curtius rückgängig zu machen. Deshalb wendet er sich jedoch nicht wieder zum französischen

---

[121] Vgl. K. Löwith: Weltgeschichte und Heilsgeschehen. Stuttgart 1953. — Gegen Löwith (zu dessen etwas flächiger Darstellung Auerbachs ›Mimesis‹ eine reich instrumentierte Ergänzung gibt) wendet sich M. Landmann: Philos. Rundschau. Jg. 1. Tübingen 1953/54. S. 232—241. — Vgl. auch K. Löwith: Wissen, Glaube und Skepsis. Göttingen 1956. S. 30.

[122] Vgl. M. Heidegger: Vom Wesen der Wahrheit. 3. Aufl. Frankfurt 1954.

Klassizismus zurück, von dessen Herrschaft Lessing einst die Deutschen befreite. „Der Begriff der Weltliteratur mußte den französischen Kanon sprengen." [123] Curtius hebt auch in der französischen Literatur gerade jene Kräfte heraus, die die Enge des Klassizismus verließen und zur ursprünglichen Weite des französischen Geistes, wie sie im Mittelalter geherrscht hatte, zurückfanden. Nicht nur das französische Geisteserbe, sondern das Erbe aller europäischen Länder, aller Provinzen des europäischen Geistes suchte Curtius sich vertraut zu machen. Alle europäischen Literaturen aber verwiesen ihn auf Rom: „Rom war die Mutter des Abendlandes." [124] Curtius vollendet den Rheinmythos Georges, den er so bedeutungsvoll an den Anfang seines größten Werkes stellt, in einem seltsamen, aber bezeichnenden Bild: „Die Literatur des 'modernen' Europa ist mit der des mittelmeerischen so verwachsen, wie wenn der Rhein die Wasser des Tiber aufgenommen hätte." [125] Im Rückblick sieht sich Curtius mit seinem Ausgreifen in immer ältere Zeiträume auf dem Wege zu einem ewigen, zeitlosen (!) Rom, auf dem Weg zur *Roma aeterna*. Der Humanismus, der das Wesensgesetz Europas ist, da dieses aus zwei Kulturen zusammengewachsen ist, kann in lebendiger Weise nur noch über das Mittelalter an Rom anknüpfen. Deshalb muß er Mediävalismus sein. Pindar oder Sophokles sind für Curtius — das spricht er selbst aus [126] — mehr oder weniger tot. Die Romliebe ist die Basis aller philologisch-historischen Verifizierungen und aller Wesenserkenntnis, die Curtius leistet. Sie ist selbst aber nicht mehr begründbar. Lange nach der ersten Begegnung des „préraphaélite, patérien, symboliste" mit Rom und lange vor dem Tode in der Ewigen Stadt schrieb Curtius nach einem der immer wiederholten Romaufenthalte (am 26. 3. 1929): „J'ai quitté Rome le coeur navré ... Toutes les beautés et les grandeurs de Rome ne sont pour moi que les aspects de son âme à laquelle je suis lié par un amour *qui défie toute analyse*." [127] Curtius glaubte an den genau bestimmten „Ort", den er bezog, als an eine „übergeschichtliche" Wirklichkeit. Sein Glaube gründete in einer heimlichen Metaphysik, die von der Gleichzeitigkeit aller Dinge spricht. Der Glaube verband sich mit einem Vertrauen darauf, daß eine Einbildung der *großen* Gehalte der Geschichte den Menschen zu sich selber

[123] E. R. Curtius: E. L. S. 274.
[124] E. R. Curtius: K. E. S. 7.
[125] E. R. Curtius: E. L. S. 18.
[126] E. R. Curtius: a. a. O. (Anm. 113). S. 126.
[127] Vgl. J. Heurgon: Curtius et Rome. In: Hommage à E. R. Curtius. In: Allemagne d'aujourd'hui. Sept./Okt. 1956.

bringe. Aus diesem Glauben gewinnen die historischen Darstellungen wie
die Kritiken von Curtius jenes — trotz allem — warme, ruhige und er-
leuchtende Licht, das gegenüber den wesentlichen Gestalten der Geschichte
kaum einmal zu Entscheidungen auffordert und so die gegensätzlichen
Gestalten zusammenbringt. Der geschichtliche Standort, den Curtius bezog, wurde auch im politischen Sinne zu seinem Schicksal, wie besonders
die gegen den Ungeist der Zeit gerichtete Streitschrift von 1932, ›Deutscher
Geist in Gefahr‹, bezeugt. Curtius, der am Ausgang des ersten Weltkrieges
sein erstes größeres Buch in der Hoffnung auf eine geistige Wiedergeburt
der deutschen Jugend gewidmet hatte, glaubte schließlich der Zukunft am
besten zu dienen, wenn er noch einmal die Fundamente des Abendlandes
freilegte, hinwies auf seine Gründer und auf seine „letzten" großen Autoren: Goethe, den „letzten universalen Autor" europäischer Literatur,
Hofmannsthal, den „letzten Dichter Alteuropas", George, den „letzten
großen Dichter rheinfränkischen Stammes" usf.[128] Hier zeigt sich, daß
der Geist mit seinen eigenen Entscheidungen die historischen Geschichts-
kreise abgrenzen hilft, sie erweitert oder verengt.

   Die Topologie des Dichtungsverständnisses will durch eine
Besinnung die verschiedenen geschichtlichen Orte,
von denen aus Dichtung verstanden wird, bewußtmachen. Sie
greift der explizierten historischen Forschung und der Wesenserkenntnis voraus, indem sie überhaupt erst den Raum freizumachen
sucht für die Zuwendung zur Dichtung. In nachfolgender Besinnung wendet sie sich einem bestimmten Dichtungsverständnis zu,
um dessen Ort im Gespräch der Geschichte anzugeben. Da das gesamte abendländische Dichtungsverständnis angeeignet werden soll,
geschieht die Arbeit in der Weise der Toposforschung, also in einem
Verfahren, das Exemplarisches heraushebt und in einer abkürzen-
den Chiffernschrift die entscheidenden Orte des Gespräches bezeichnet.

   Geht es der Toposforschung also um die geschichtlichen Orte des
Geistes, dann wird sie sich hüten, ihre Erkenntnisse vorschnell für
allgemeingültig auszugeben. Mag ein Topos auch noch so oft und an
allen Orten vorkommen, mag im Gespräch ein Consensus über ihn

---

[128] Vgl. schon die Beurteilung der Lage und den Hinweis auf das Verhalten Burckhardts, wie Curtius sie 1932 gab: a. a. O. (Anm. 113). S. 50
u. 27.

zustande kommen: das durch ihn Ausgesagte ist deshalb noch nicht in seiner Allgemeingültigkeit legitimiert. Doch kann die Toposforschung ein Wissen vom Allgemeingültigen vorbereiten. Dieses Wissen muß dann seine Allgemeingültigkeit selbst legitimieren. In dem Sinne will die Topologie des Dichtungsverständnisses dem Wesen der Dichtung gerecht werden: sie will beidem dienen, der Vorbereitung zur Erkenntnis eines konstanten, in allem Wechsel mit sich identisch bleibenden Wesens und dem Hinweis auf ein geschichtliches, auf ein sich wandelndes Wesen. Auch im letzten Falle dürfen wir von einem Wesen sprechen, indem wir den verbalen Sinn des Wortes hervorheben und jenen „topischen" Sinn, den es z. B. in der Gleichsetzung von „Anwesen" und „Gehöft" hat.[129] So nimmt die Topologie auch die Tradition der Topik auf. Sowohl Aristoteles wie Vico versuchten eine Versöhnung des topischen und dialektischen Denkens mit dem apodiktischen oder dem kritisch-systematischen. Die dialektischen Aussagen galten ihnen nur als wahrscheinlich. Doch konnte das Wahrscheinliche und Dialektische eine Vorbereitung sein für das gleichbleibend Wahre und Gültige.

Vierter Abschnitt
Zusammenfassender Rückblick

Wir suchten die Toposforschung aus der konkreten Arbeit heraus in ihrem Wesen und nach ihren Leistungsmöglichkeiten hin zu charakterisieren. So wollten wir dazu beitragen, daß sie bewußt und methodisch gehandhabt werden kann. Freilich wurde die Toposforschung nicht wirklich aus ihrem Wesen heraus begründet. Phänomene, die für sie grundlegend sind, wie Geschichte, Gespräch, Ort, blieben ja unbedacht. Doch das Anliegen mag deutlich geworden sein.

[129] Das Kunstwerk gehört beiden Bereichen, dem geschichtlichen und dem übergeschichtlichen, an. O. Becker: Von der Hinfälligkeit des Schönen und der Abenteuerlichkeit des Künstlers. In: Festschrift f. E. Husserl. Halle 1929. S. 27 ff. — Ders.: Para-Existenz. Menschliches Dasein und Dawesen. In: Blätter f. dt. Philosophie. Bd. 17. 1943/44. S. 62 ff.

Die Toposforschung ist durch die Verknüpfung mit der Philologie streng an das Element der Sprache verwiesen. Sie lebt vom Hören und von der Verpflichtung auf das Wort, weniger vom Aug-in-Auge mit dem Partner oder vom Beschreiben seines Schicksals, das auch schon ein Ausweichen sein kann. Die Toposforschung schließt sich an die dialektische Tradition des abendländischen Denkens an — freilich nicht an die absolute Dialektik Hegels, sondern an jene, die, wie Aristoteles zeigt, nur ein wahrscheinliches Wissen geben kann. Diese dialektische oder topische Tradition erfährt ihre eigentliche Erfüllung, indem sie jenes Gespräch in sich aufnimmt, das die Geschichte ist. So wird sie zur historischen Topik oder Toposforschung, in der sich die Topologie als in einer ihr gemäßen Form entwirft. Die Topologie will die Grundaussagen des Gespräches erfassen, das die Geschichte ist. Dabei kann eine in sich geschlossene Systematik nicht allein den Blick lenken. Die Aufmerksamkeit gilt nicht nur der üblichen Exaktheit der Begriffe, sondern auch dem geschichtlichen Wandel der Aussagen. Zum Gespräch sind Aussagen zugelassen, deren Wahrheit nicht unbedingt gewiß ist, die aber vertretbar sind, selbst wenn sich diese Aussagen untereinander widersprechen. Die Toposforschung ist eingeübt in den Wechsel der Perspektiven. Nicht eine allgemeingültige Erkenntnis steht am Ende des Gespräches, sondern die Notwendigkeit, sich für jenen Ort zu entscheiden, auf den man sich gerufen weiß. Die Verbindlichkeit liegt darin, daß allein vom Problem her und aus dem streng geführten Gespräch heraus gedacht werden darf. Gedacht werden kann freilich nur von dem Ort aus, den man selbst einnimmt. Deshalb sind alle Erkenntnisse mit der nötigen Skepsis aufzufassen. Die Topologie, die ein Gespräch erfassen soll, kann nicht aus dem Gespräch, in das sie gehört, herausgenommen und dann absolut gesetzt werden. Ihre Erkenntnisse sind aber auch nicht mit dem Schlagwort „Relativismus" abzutun, weil sie es sich verbietet, geschichtliche Stellungnahmen von außen her — als ob es ein solches Außen gebe — auf ihre Relativität hin zu verrechnen. Auch das Dichtungsverständnis, das wir als unser eigenes entfalten, fügt sich in das Gespräch ein, das die Geschichte ist. Aus diesem Gespräch heraus soll die Dichtung der verschiedensten Zeiten jeweils von ihrer Eigentümlichkeit her gewürdigt werden. Mit einer Fülle von verschiedenen Dokumenten spricht die Dichtung von dem leidenschaftlichen Bemühen des Menschen, seinem Geist Wege und schließlich eine Heimat zu finden und sich in dieser Heimat umzutun, sie sich heimatlich sein zu lassen oder über sie hinauszufragen. Einzelne Epochen oder Strömungen der Literatur sind mit solcher Ausschließlichkeit dem Gesetz ihres je eigenen Lebens gefolgt, daß verschiedene literarische Sphären wie in sich geschlossene und gegeneinander fremde Welten aneinander vorüberzuziehen scheinen. Und doch geht es in allen diesen Sphären um die *eine* Literatur. Wollen wir sie in ihrer Einheit fassen, dann müssen wir auch den geschichtlichen Wandel und die Geschichtlichkeit in ihrem Wesen selbst erkennen und in unsere Besinnung hineinnehmen. Einer solchen Besinnung dient die Toposforschung. Sie will das Dichtungsverständnis und seine Geschichte im ganzen aneignen, indem sie ein Verfahren anwendet, das nicht in großen Ableitungen und Zusammenhängen, sondern im einzelnen und im Herausgehobenen die wesentlichen Positionen, die Orte des Geistes zu fassen sucht. Wenn wir so auf eine umfassende Weise uns auf die Dichtung besinnen, dann dürfen wir unsern Blick sowohl auf das Allgemeinmenschliche und bleibend Wesentliche richten, wie auch durch jenen historischen Sinn, der in den letzten Generationen so verfeinert und geschärft worden ist, das Einmalige und Besondere, das in sich geschichtliche Wesen in unser Gespräch zu holen suchen. Das Bemühen der Toposforschung gilt den geschichtlichen Orten des Dichtungsverständnisses. Ihre Erkenntnisse selbst sind in sich geschichtlich und können eine allgemeingültige Erkenntnis im strengen Sinne, soweit sie überhaupt möglich ist, nur vorbereiten.

Die Toposforschung ist eine allgemein wissenschaftliche Methode. Uns geht es um ihre Anwendung auf das Dichtungsverständnis. Auch für kleinere, begrenzte Arbeiten gestattet sie die Verbindung des universalen geschichtlichen Interesses mit der spezialistischen Interpretation und Auslegung. Das letzte Ziel ist, eine Möglichkeit zu finden, die abendländische Besinnung auf Dichtung — wenigstens sie, wenn das Gespräch mit anderen Kulturen in strenger Form noch nicht gelingen will — im ganzen anzueignen. In abgekürzten Chiffern, in den Topoi, sollen die Orte angegeben werden, von denen aus das Gespräch der abendländischen Geschichte das Wesen der Dichtung erörtert.

„Der Geist", so sagt Curtius, „braucht Formen, um zu kristallisieren."[130] Aber die geisterfüllte Form kann sich entleeren, das Haus des Geistes zerfallen und zum bloßen Gehäuse werden. Wenn Hieronymus sein Gehäuse, Faust seine Studierstube, das hochgewölbte, enge gotische Zimmer, verläßt, dann bleibt nichts übrig als ein Gehäuse voll von Spinnweben und Moderleben. Manchmal scheint es heute angesichts des Wissensschwundes wie angesichts der spezialistisch aufgehäuften undurchdrungenen Stoffmassen so, als ob der Geist das Haus, das er einst bewohnte, verlasse. Die Toposforschung möchte eine Form sein, die mit beitragen kann zum Neuausbau, zur Neugestaltung und zur Erhaltung des Überlieferten. Wenn sie von exemplarischen, herausgehobenen Stellen aus den Blick auf die Entwicklung und Entfaltung des Ganzen zu lenken sucht, dann hat sie dadurch ihre Eigentümlichkeit. Sie darf aber überzeugt sein, daß sie einer Tendenz dient, die heute aus innerer Notwendigkeit heraus immer mehr zur Herrschaft kommt. Wir wiesen schon darauf hin, daß in ihr Arbeitsrichtungen zusammengefaßt sind, die heute sowohl in der Philologie wie in der Philosophie führend sind. Ein kurzer Blick auf Literatur und Literarhistorie soll uns nun noch genauer zeigen, wie sehr die Tendenz zu unserer Zeit gehört, die in der Toposforschung herrschend ist.

Den Vergleich mit der Literatur braucht die Toposforschung nicht zu scheuen, da von ihr wie von jeder historisch-synthetischen Arbeitsweise gilt, daß die „höchsten Produkte, um ihre Wirkung zu erreichen, auch als Kunstwerke vor den Leser treten müssen". Die Forderung einer synthetisch-inneren Geschichtsschreibung als Genos der literarischen Kunst bewegt sich innerhalb der europäischen Überlieferung: „Die antike Historiographie war ein literarisches Genos; und die in der deutschen Klassik und Romantik begründete philosophisch-historische Kritik strebte zu eigenem Kunstausdruck."[131] Die Toposforschung als Arbeit am Kunstverständnis der

---

[130] E. R. Curtius E. L. S. 399.
[131] E. Auerbach: a. a. O. (Anm. 103). S. 45 f.

Gegenwart gehört zudem in das „dichtende" Denken [132]: sofern sie
nämlich geschichtliches, in die Zukunft und Vergangenheit über-
greifendes Denken ist. Was den Vergleich mit der Literatur betrifft,
so bemerkt Erich Auerbach am Schluß seines Buches ›*Mimesis*‹, daß
moderne Romane wie die von Proust, Joyce, Virginia Woolf einer
ganz bestimmten Situation entspringen. „Die Erweiterung des Ho-
rizontes der Menschen und die Bereicherung an Erfahrungen,
Kenntnissen, Gedanken und Lebensmöglichkeiten, die seit dem
16. Jahrhundert eingesetzt hat, schreitet im 19. Jahrhundert in
immer schnellerem Tempo und seit Beginn des 20. mit so gewaltiger
Beschleunigung vorwärts, daß sie jeden Augenblick synthetisch-ob-
jektive Deutungsversuche sowohl erzeugt wie über den Haufen
rennt." In Europa, wo in kritischsten Zeiten die heterogensten Lebensformen aufeinanderstürzen, werden nicht nur die ältesten, sondern auch die jüngsten Bestrebungen in ihrer Autorität erschüttert.
Die Situation scheint in Ratlosigkeit und Verworrenheit zu enden;
aber sie bietet auch die Möglichkeit, in einem beliebigen Augenblick
unabhängig von den umstrittenen und wankenden Ordnungen, um
welche die Menschen kämpfen und verzweifeln, die tiefste Fülle
geschichtlichen Lebens zu fassen, — ehe die Katastrophe über die
Erde bricht oder eine universale Uniformierung die Kulturen gleich-
schaltet. So kommt der moderne Autor zu seinen Verfahrensweisen:
Perspektivismus, vielpersonige Bewußtseinsdarstellung, Zeiten-
schichtung, Auflockerung des Zusammenhangs im äußeren Geschehen, Wechsel des Standorts, von dem aus berichtet wird, Neigung,
nicht chronologisch-systematisch zu berichten, sondern im unschein-
baren Vorgang die tiefsten Veränderungen und Entscheidungen zu
fassen. Nicht den großen äußeren Wendepunkten im Leben wird
das Entscheidende zugetraut, sondern einem alltäglichen Vorgang,
in dem doch der Gesamtbestand des Geschicks enthalten ist. „Man
kann dies Vorgehen moderner Schriftsteller mit dem einiger moderner Philologen vergleichen, welche meinen, es lasse sich aus einer
Interpretation weniger Stellen aus Hamlet, Phèdre oder Faust

[132] Vgl. M. Heidegger: „Aber das denkende Dichten ist in der Wahrheit die Topologie des Seyns. Sie sagt diesem die Ortschaft seines Wesens."
(Aus der Erfahrung des Denkens. Pfullingen 1947. S. 23.)

mehr und Entscheidenderes über Shakespeare, Racine oder Goethe
und über ihre Epochen gewinnen als aus Vorlesungen, die systematisch und chronologisch ihr Leben und ihre Werke behandeln." Auerbach kann sein Buch ›Mimesis‹ als Beispiel anführen.
„Etwas wie eine Geschichte des europäischen Realismus hätte ich
niemals schreiben können; ich wäre im Stoff ertrunken, ich hätte
mich in die hoffnungslosen Diskussionen über die Abgrenzung der
verschiedenen Epochen, über die Zuordnung der einzelnen Schriftsteller zu ihnen, vor allem aber über die Definition des Begriffs
Realismus einlassen müssen; ich wäre ferner, um der Vollständigkeit willen, genötigt gewesen, mich mit Phänomenen zu befassen,
die mir nur flüchtig bekannt sind, so daß ich mir die Kenntnisse
über sie ad hoc hätte anlesen müssen, was, nach meiner Überzeugung, eine mißliche Art ist, Kenntnisse zu erwerben und zu verwerten; und die Motive, die meine Untersuchung führen, und um
derentwillen sie geschrieben wird, wären unter der Masse von materiellen Angaben, die längst bekannt sind und in Handbüchern
nachgelesen werden können, vollständig versunken. Dagegen
scheint mir die Methode, mich von einigen allmählich und absichts-
los erarbeiteten Motiven leiten zu lassen, und sie an einer Anzahl
von Texten, die mir im Laufe meiner philologischen Tätigkeit vertraut und lebendig geworden sind, zu versuchen, ergiebig und
durchführbar; denn ich bin überzeugt, daß jene Grundmotive der
Geschichte der Wirklichkeitsdarstellung, wenn ich sie richtig gesehen habe, sich an jedem beliebigen realistischen Text aufweisen lassen müssen." [133]
Die Toposforschung will eine Form sein, in der uns heute eine
eindringliche und umfassende Besinnung auf das Wesen der Dichtung möglich ist. Eine solche Besinnung ist freilich noch nicht der
Umgang mit der Dichtung selbst. Wer mit der Dichtung der Völker
und Zeiten leben will, der muß etwas von den Erfahrungen verstehen, die die Dichter gemacht haben. Er braucht eine genaue

[133] E. Auerbach: Mimesis. Bern 1946. S. 488 f. Über neuere Arbeiten
und Kontroversen über Topik und Toposforschung vgl. meinen Aufsatz:
Dialektik und Topik. In: Hermeneutik und Dialektik (Festschrift für
Hans-Georg Gadamer). Tübingen 1970. Bd. 2. S. 273—310.

Kenntnis der Wortbedeutungen, einen Zugang zu den Rhythmen und Metren usf. Die Topoi des Dichtungsverständnisses, die vom göttlichen Wahnsinn der Dichter oder von der Dichtung als anderer Theologie sprechen, sind nichts als gefährliche und blasse Allgemeinheiten und Redensarten, wenn sie nicht bezogen bleiben auf die zu ihnen gehörige ganz bestimmte Dichtung. Andererseits darf der konkrete Umgang mit Dichtung die Frage nach dem letzten, leitenden Sinn des Dichterischen nicht zum Verstummen bringen. Dieser Frage geht die Topologie des Dichtungsverständnisses nach. Sie will den Umgang mit Dichtung läutern, will verstehen lehren, wie vergangene Zeiten dem Wesen der Dichtung zu entsprechen suchten und wie Dichtung in der Zukunft bewahrt werden kann. Frei für unser eigenes Dichtungsverständnis werden wir erst, wenn wir die Auffassungen von Dichtung verstehen, die d i e J a h r t a u s e n - d e u n s e r e r G e s c h i c h t e erarbeitet haben. Das Verweilen bei der Besinnung vergangener Zeiten auf Kunst und Literatur geschieht nicht oder nicht allein um der vergangenen Zeiten, sondern um jener Zukunft willen, die uns — vielleicht — noch aufbehalten ist, und vor allem um jener eigentümlichen Gegenwart willen, die die unsere ist.

Eine Ortsbestimmung des Dichtungsverständnisses können wir nur geben, wenn wir selbst einen Ort im Gespräch über die Dichtung einnehmen. Hier gilt, daß nur der die Geschichte wahrhaft versteht, der sie auch besteht. Wenn wir in der Besinnung nach einem solchen Bestehenkönnen ausfragen, kann uns freilich das Vertrauen nicht mehr leiten, daß eine Bildung, eine Einbildung der Gehalte der Welt, uns wie selbstverständlich und in Sicherheit zu führen vermöchte. Wenn wir uns der Geschichte zuwenden, sind wir uns dessen bewußt, daß sie nicht immer dem Leben jenes Licht gewährt, in dem es gedeihen und zu sich zu finden vermag, daß sie vielmehr auch mit ihren Lichterschlägen den ihr Verfallenen nur in ein größeres Dunkel führen kann. Das Stimmengewirr der Geschichte muß auf jene wesentlichen Stimmen konzentriert werden, die zu einem Gespräch zusammentreten können. Schließlich geht es um die Stimmen, die *für uns* wesentlich sind und uns auf den Weg bringen und vielleicht einmal an den Ort, der durch eine freie Entscheidung der unsere wird. Wenn die Geschichte uns auch nicht einfach leiten und führen kann, so bleiben wir doch auf sie, auf den Strom der zu uns fließenden Erinnerung verwiesen. Die Erinnerung ist heute gebunden an das geschriebene Wort. Den Glauben an eine Art von Unvergänglichkeit dieses Geschriebenen können wir auch in seinen verstecktesten Formen nicht mehr teilen. Freilich: wenn alles Geschriebene sich wie durch Ansteckung und Pest auflösen würde, was würde dann aus unserer Erinnerung? Das Geschriebene und Aufbewahrte ist nichts Unvergängliches, aber es ist doch viel für uns. Wir müssen uns jedoch der Tatsache stellen, daß viele und vielleicht die besten Gedanken über Dichtung unformuliert geblieben sind und daß viele gute Gedanken einmal formuliert wurden und dann wieder verlorengingen. Was wissen wir schon von dem Walten jenes seltsamen, kaum legitimierten, aber immer neu gehaltenen Gerichts, durch das die Geschichte darüber entscheidet, welche Gedanken aufbewahrt werden? Manchmal bleibt von einem Gedanken nur eine anonyme Chiffre, ein Hieroglyphenzug, an den sich dann das Nachdenken von Jahrtausenden anlagern kann. Manchmal steht das scharf Gedachte am Anfang; manchmal konzentriert sich ein bestimmtes Dichtungsverständnis erst spät in einem faßbaren, durchdachten Topos. Immer ist die Literatur, die ein Reich der Dauer zu verheißen scheint und manchem einen Trug von Ewigkeit gibt, das Fragment der Fragmente, ein Trümmerfeld. Die Toposforschung bindet sich an die Härte der faktisch geschehenen Geschichte, durch die der Raum des Hörens und Fragens ausgegrenzt wird, und flieht nicht in die mathematisierte und analogisierende Topik eines ins Übergeschichtliche weisen sollenden Glasperlenspiels.

Das Gespräch über Dichtung, dem die Topologie des Dichtungsverständnisses dienen soll, wird sich bei der heutigen Lage der Dinge wieder an das erinnern müssen, was frühere Zeiten wußten, was aber dem Umgang mit Dichtung lange Zeit verlorengegangen war: daß nicht die Nation und nicht die Kultur und nicht einmal die Erde dem Menschen eine ständige und sichere Heimat zu bieten vermag und daß die Dichtung nichts ist, zu dem man sich aus seiner wahren Lage wie zu einem Götzen wegschleichen kann. Nur zu schnell geschieht ein solches Wegschleichen durch jenen Trug, der sich mit der Rede von den ewigen Werken der Kunst verbindet. Ähnliche dunkle Erfahrungen wie die, die heute nicht nur der einzelne oder ein Volk, sondern die Menschheit im Ganzen zu machen hat, brachten Denker wie Platon, Augustinus, Kierkegaard und auf seine Weise auch Nietzsche dahin, von der Dichtung Abstand zu nehmen oder sie gar zu verwerfen. Vielleicht könnten diese Erfahrungen uns auch frei machen für eine rechte, verehrende Liebe zur Dichtung, die weder Flucht noch Täuschung ist. Der Läuterung dieser Liebe durch eine inständige Besinnung auf die Möglichkeiten und Grenzen dessen, was uns Dichtung zu sein vermag, könnte eine *Topologie des Dichtungsverständnisses,* an die hier erinnert wurde und zu der freilich erst einige fragmentarische Ansätze vorliegen, dienen.

Deutsche Vierteljahrsschrift für Literaturwissenschaft und Geistesgeschichte. 37 (1963), S. 120—163.

TOPOSFORSCHUNG

Ein Forschungsbericht

Von WALTER VEIT

Der vorliegende Bericht hat es, auch wenn er sich auf die Toposforschung beschränkt und auch hier keineswegs alle Arbeiten einbezieht, thematisch oder unthematisch ständig mit den übergreifenden Themen zu tun, die als Europäische Literatur, Lateinisches Mittelalter, Tradition, Kontinuität und Diskontinuität und als Rhetorik Gegenstände besonderer Untersuchungen geworden sind. Auf eine Erörterung des ebenso in diesem Rahmen erscheinenden Manierismus-Problems ist hier verzichtet worden. Die Toposforschung ist eines ihrer philologischen Fundamente. So ist es wohl berechtigt, ständig auf die Verbindungen hinzuweisen und die wechselseitige Wirkung der Ergebnisse zu bedenken.

Um aber der Erörterung einen festen Boden zu geben, wird in folgendem Bericht noch einmal der Ansatz der Toposforschung bei E. R. Curtius referiert (I S. 137—142), dem sich in einem zweiten Teil kritische Stellungnahmen anschließen (II S. 142—147). Über die Auswirkungen auf die Forschung berichtet ein dritter Teil, gleichgültig, ob es sich um weiterführende theoretische Äußerungen handelt oder um Arbeiten, die die Ergebnisse der Toposforschung ignorieren: denn auch die Ablehnung und Wirkungslosigkeit gehören zu einem Bilde (III S. 147—169). Aus gegebenem Anlaß wird in einem vierten Abschnitt versucht, noch einmal die philologisch-philosophischen Grundzüge darzustellen, eine Deduktion des Namens und der damit verbundenen Probleme zu geben (IV S. 169—184). Schließlich fügen sich noch die Referate und kritische Betrachtungen der Ergebnisse und Methodik einiger Arbeiten an (V S. 184—209). Diese kurze Übersicht zeigt schon deutlich, daß zur sachlichen Vollständigkeit in diesem Referat noch sehr viel fehlt,

daß es sich nur um eine erste Sichtung handelt, die dringend der
Ergänzung bedarf, vor allem in Hinsicht auf die Untersuchungen
zur Abgrenzung der verschiedenen Bereiche.

I

Als eine eigene Methode der Literaturwissenschaft ist die Toposforschung erst von Ernst Robert Curtius eingeführt und in ihren
Prinzipien umrissen worden. Das besagt nun keineswegs, daß es
vor Curtius' grundlegenden Arbeiten[1] keine Toposforschung gegeben hätte: die klassische Philologie hat von ihr als einem philologischen Hilfsmittel immer Gebrauch gemacht und sich sowohl in
allgemeinen als auch speziellen Arbeiten dazu geäußert.[2] Aber was
heute darunter verstanden wird, hat seinen Ursprung bei Curtius.
Auf seine Anregungen gehen alle neueren Arbeiten zurück, die
das Thema in kritischer oder erweiternder Absicht aufgreifen. Bevor
aber von den Ergebnissen dieser Arbeiten gesprochen werden kann,
mag es erlaubt sein, noch einmal den methodologischen Ansatz bei
Curtius zu referieren, um so einmal den Gegenstand der kritischen
Betrachtung deutlich vorzustellen, zum andern aber, um die Breite
der Wirkung, der Ergebnisse und der Aufgaben aufzuzeigen.[3]

In der antiken und mittelalterlichen Rhetorik[4] wird die Topik
eingehend behandelt, ja, es sind ihr eigene Schriften gewidmet

[1] Ernst Robert Curtius, Europäische Literatur und Lateinisches Mittelalter, 2. Aufl. Bern 1954 (weiterhin zitiert als E. L.). Die vorbereitenden
Arbeiten zu diesem Hauptwerk sind dort S. 565/66 angegeben; einige von
ihnen sind in dem Band E. R. Curtius, Gesammelte Aufsätze zur Romanischen Philologie, Bern 1960, mit anderen Arbeiten posthum noch einmal gedruckt worden.
[2] Ernst Pflugmacher, Locorum Communium Specimen, Diss. Greifswald 1909; Walter Plöbst, Die Auxesis (Amplificatio), Diss. München
1911; Franz Erbig, Topoi in den Schlachtenberichten römischer Dichter,
Diss. Würzburg 1931.
[3] Vgl. E. L. S. 77 ff.
[4] Die neueste und umfassendste Darstellung des Systems der Rhetorik
verdanken wir Heinrich Lausberg, Handbuch der Literarischen Rhetorik.

138   Walter Veit

worden. Curtius denkt hier offensichtlich an die bekannten Schriften des Aristoteles und Ciceros, an die entsprechenden Stellen im Werk Quintilians, an den Kommentar des Boethius zu Aristoteles, an Cassiodor, Isidor und deren Nachfolger bis zu den großen Rezeptoren der antiken Philosophie im Mittelalter.

Die Einteilung der Rhetorik in die drei Genera: Gerichtsrede, politische Rede und Lobrede findet sich schon in der Rhetorik des Aristoteles.[5] Hiermit ist der Gegenstand der Rhetorik angegeben. Die größte Bedeutung unter diesen drei Arten gewann nach dem Untergang der griechischen und römischen Demokratie, der auch den Untergang der Gerichts- und Volksrede nach sich zog, sie in die reine Schulübung verwies, die Lobrede. Curtius stellt dar, daß diese Prunkrede zu einer Lobtechnik wurde, die sich auf jeden Gegenstand anwenden ließ; daß auch die Poesie rhetorisiert wurde. Dafür drang sie in alle Literaturgattungen ein. Ihr kunstvoll ausgebautes System wurde Generalnenner, Formenlehre und Formenschatz überhaupt. Das ist die folgenreichste Entwicklung innerhalb der Geschichte der antiken Rhetorik.[6] Den inneren Grund dieser Rhetorisierung der Poesie führt Lausberg[7] in aller Deutlichkeit vor: wenn das Publikum der Rede nicht mehr zur Entscheidung aufgefordert ist, wie in der Gerichts- oder Volksrede, wenn ihm der

Eine Grundlegung der Literaturwissenschaft. I. Band (§ 1—1242) Darstellung, II. Band (§ 1243—1246) Bibliographie und Register. Auf dies Werk wird im Zusammenhang der Topik noch genauer eingegangen werden.

[5] Aristoteles, Rhetorik, I, 3. „Es gibt drei Arten der Redekunst, weil so groß die Zahl der Zuhörerkreise für unsere Reden ist. Dreierlei braucht man nämlich für eine Rede: einen Redner, einen Gegenstand und eine Zuhörerschaft, und dieses letzte, der Zuhörer, ist richtunggebend. Der Zuhörer muß betrachten, beurteilen entweder Geschehenes oder Kommendes. Wer das Kommende beurteilt, gleicht dem Manne in der Volksversammlung, wer das Geschehene beurteilt, dem Richter; mit einem Schaustück befaßt sich die Betrachtung. Daher muß es drei Gattungen von rednerischen Erörterungen geben: die Ratsrede, die Gerichtsrede und die Festrede" (Gohlke). Vgl. Lausberg, §§ 59—65.

[6] E. L. S. 79.

[7] Lausberg, §§ 239—242, über das allgemeine Verhältnis § 35.

Gegenstand belanglos wird, so kann der Zuhörer die Rede als Kunstwerk auf sich wirken lassen und das Artifizielle an ihr beurteilen: „der Zuschauer faßt die Rede als Exhibition der Redekunst auf". Wenn alle sachlichen Gegenstände wegfallen, wird „das Lob der Schönheit zur Hauptfunktion der epideiktischen Rhetorik".

„Sowohl das virtuose Element (l'art pour l'art) als auch die Auswahl der Redegegenstände lassen das genus demonstrativum in die Nähe der Poesie rücken, von der es sich letztlich nur durch das Fehlen der metrischen Form unterscheidet. Die Einwirkungen sind wechselseitig, indem das genus demonstrativum die Technik der überkommenen Poesie übernimmt und seinerseits die in der Redekunst detailliert ausgebildete Technik wieder der Poesie als Instrument übergibt." Einen solchen Übergangspunkt der Rhetorik in die Poesie bildet die ›Ars versificatoria‹ des Matthieu de Vendôme.[8]

Als eine Kunstlehre hat die Rhetorik fünf Teile: die Findungslehre (inventio, εὕρεσις), die Anordnung (dispositio, τάξις), die Ausdruckslehre (elocutio, λέξις), die Gedächtnislehre (memoria, μνήμη) und die Vortragslehre (actio, ὑπόκρισις).

Von diesen Teilen der ars, so führt Curtius aus, ist nun die inventio, „die Lehre von der Auffindung des Stoffes das wichtigste Stück. Sie gliedert sich nach den fünf Teilen, aus denen die Gerichtsrede besteht: 1. Einleitung (exordium oder prooemium); 2. Erzählung (narratio), das heißt Darlegung des Tatbestandes; 3. Beweis (argumentatio oder probatio); 4. Widerlegung gegnerischer Behauptungen (refutatio); 5. Schluß (peroratio oder epilogus). Diese Einteilung wurde auch den anderen Redearten zugrunde gelegt oder angepaßt."[9] Unter den formalen Bestimmungen der Rede ist

---

[8] Vgl. Edmont Faral, Les Arts Poétiques du XIIe et du XIIIe Siècle, Recherches et Documents sur la Technique Littéraire du Moyen-Age, Paris 1923, S. 109 ff. Ebs. Ed. Norden, Antike Kunstprosa, 2. Aufl. Berlin 1909. Ebs. Karl Vossler, Poetische Theorien in der italienischen Frührenaissance, Berlin 1900, S. 68.

[9] E. L. S. 79. Genauer bei Lausberg § 261: „Hinzukommt, daß die zu suchenden (und zu findenden) Gedanken jeweils angepaßt sein müssen. Die Teile der Rede, partes orationis, sind so die jeweilige Basis der Gedankenproduktion in der Inventio: Rhet. ad Her. I, 3, 4 inventio in sex partes orationis consumitur." Hier hat die Rede also sechs Teile.

nun die wichtigste, daß jede Rede, gleich welcher Art, eine Sache, einen Satz, eine Behauptung annehmbar zu machen hat; sie muß Argumente in einem Beweis beibringen, die den Zuhörer überzeugen. Welch überragenden Platz in der Rede damit die *argumentatio* erhält, ist in den antiken Rhetoriken sehr genau dargestellt worden. Wie soll man argumentieren, wo die Argumente finden?

„Nun gibt es eine ganze Reihe solcher Argumente, die für die verschiedensten Fälle anwendbar sind. Es sind gedankliche Themen zu beliebiger Entwicklung und Abwandlung geeignet. Griechisch heißen sie κοινοὶ τόποι; lateinisch *loci communes;* im älteren Deutsch 'Gemeinörter'. So sagen noch Lessing und Kant. Nach dem englischen *commonplace* wurde dann um 1770 'Gemeinplatz' gebildet. Wir können das Wort nicht verwenden, da es seine ursprüngliche Bedeutung verloren hat. Deshalb behalten wir das griechische topos bei. Um das Gemeinte zu verdeutlichen: ein topos allgemeinster Art ist 'Betonung der Unfähigkeit, dem Stoff gerecht zu werden', ein topos der Lobrede: 'Lob der Vorfahren und ihrer Taten.' Im Altertum wurden Sammlungen solcher topoi angelegt. Die Lehre von den topoi — Topik genannt — wurde in eigenen Schriften behandelt.

Die topoi sind also ursprünglich Hilfsmittel für die Ausarbeitung von Reden. Sie sind, wie Quintilian (V, 10, 20) sagt, 'Fundgruben für den Gedankengang' *(argumentorum sedes),* sind also einem praktischen Zweck dienstbar". Durch die erwähnte Rhetorisierung der Poesie aber „gewinnen auch die topoi eine neue Funktion. Sie werden Klischees, die literarisch allgemein verwendbar sind, sie breiten sich über alle Gebiete des literarisch erfaßten und geformten Lebens aus"[10]. „Im antiken Lehrgebäude der Rhetorik ist die Topik das Vorratsmagazin."[11] Und in der Tat, wenn man die im Register zusammengefaßten Topoi überliest, ist der Eindruck eines großen Arsenals nicht abzuweisen: „Abend, Abwehr der Musen, Affe, affektierte Bescheidenheit, 'alle besingen ihn', 'alle müssen sterben', *armas y letras, brevitas,* 'der ganze Erdkreis', Dichtungstheorie, *donna angelicata, dulcedo,* Erfindertopos, erotische topoi,

[10] E. L. S. 79/80.
[11] E. L. S. 89.

ewiger Frühling, Exordialtopik, Lobtopik, *puer senex*, Schlußtopik,
Unsagbarkeitstopoi, Vergreisungstopos, Widmungstopik"[12] usw.,
es brauchen hier nicht alle Topoi aufgezählt zu werden. In seinem
V. Kapitel ›Topik‹ hat Curtius eine Auswahl von Topoi näher
dargestellt.[13] Was aber noch wichtiger ist, hier hat er sich (§ 2)
grundsätzlicher über seine Absicht geäußert. Es zeigte sich für ihn,
daß sich nicht alle Topoi aus den rhetorischen Gattungen ableiten
ließen, daß vielmehr eine Reihe aus der Poesie in die Rhetorik
übergegangen waren. Zu dieser poetischen Topik gehören die
Naturschönheit, Wunschträume und Wunschzeiten; aber auch
„Lebensmächte: Liebe, Freundschaft, Vergänglichkeit. Alle diese
Themen betreffen Urverhältnisse des Daseins und sind darum zeitlos; die einen mehr, die anderen weniger." Literaturbiologisch besonders interessant ist die Beobachtung der Entstehung neuer Topoi,
sie erweitert einmal „die genetische Erkenntnis literarischer Form-
Elemente"; zum anderen sind sie „Anzeichen einer veränderten
Seelenlage; Anzeichen, die auf keine andere Weise greifbar sind.
So vertieft sich unser Verständnis der abendländischen Seelengeschichte, und wir berühren Gebiete, welche die Psychologie
C. G. Jungs erschlossen hat." Zu ihrer Erkenntnis glaubt Curtius in
der Toposforschung ein geeignetes Mittel gefunden zu haben, sie
ist ihm das heuristische Prinzip. „Während aber die antike Topik
Teil eines Lehrgebäudes, also systematisch und normativ ist, versuchen wir den Grund einer historischen Topik zu legen." In einer
umfassenden Absicht ist ihm die Toposforschung das geeignete
Mittel, das traditionelle Gut in der Literatur zu erkennen, aber
nicht um seiner selbst willen, vielmehr um dadurch die in der
Literaturgeschichte der einzelnen Nationen verlorengegangene
„Sinneinheit" der europäischen Literatur wieder sichtbar zu machen,
die auch die Nationalliteraturen in einem neuen Licht erscheinen
lassen wird. Die neue Methodik darf nicht die der Literaturgeschichte sein, die als erzählende und aufzählende Geschichte
immer nur katalogartiges Wissen vermittelt. Sie muß den Stoff in
seiner zufälligen Gestalt zu durchdringen versuchen. „Sie hat ana-

[12] E. L. S. 603/04.
[13] E. L. S. 89 ff.

lytische Methoden auszubilden, das heißt solche, die den Stoff 'auflösen' (wie die Chemie mit ihren Reagentien), und seine Strukturen
sichtbar zu machen. Die Gesichtspunkte dafür können nur aus vergleichender Durchmusterung der Literaturen gewonnen, das heißt
empirisch gefunden werden. Nur eine historisch und philologisch
verfahrende Literaturwissenschaft kann der Aufgabe gerecht werden."[14] Die Konstanten und die Kontinuität in der Literatur aufzuzeigen, das ist die neue Aufgabe, die Curtius in seiner polemischen
Wendung gegen die bisherige Literaturwissenschaft hervorhebt und
in den Grundzügen ausarbeitet. „Die Toposforschung gleicht der
'Kunstgeschichte ohne Namen' im Gegensatz zur Geschichte der
einzelnen Meister. Sie kann bis zu den unpersönlichen Stilformen
vordringen. In diesen unpersönlichen Stilelementen aber berühren
wir eine Schicht historischen Lebens, die tiefer gelegen ist als die des
individuellen Erfindens."[15]

II

Gerade in dieser universalen Aufgabenstellung ist Curtius von
allen Seiten her begeistert zugestimmt worden. So hat Erich Auerbach den Versuch als „Philologie der Weltliteratur" bezeichnet.
„Die Methode ist längst bekannt. Die Stilforschung zum Beispiel
bedient sich ihrer seit langem, um an bestimmten Merkmalen die
Eigentümlichkeit eines Stiles zu beschreiben. Doch scheint es mir
nötig, die Bedeutung der Methode ganz allgemein hervorzuheben,
als der einzigen, die es uns zur Zeit gestattet, bedeutende Vorgänge
der inneren Geschichte auf weitem Hintergrund synthetisch und
suggestiv vorzustellen. Sie ermöglicht das auch einem jüngeren
Forscher, selbst einem Anfänger; ein vergleichsweise bescheidenes
Überblickswissen, durch etwas Beratung unterstützt, kann genügen,
sobald die Intuition einen glücklichen Ansatz gefunden hat. In der

---

[14] E. L. S. 24 ff.
[15] Curtius, Zur Literarästhetik des Mittelalters II, Z. f. Rom. Ph.
Bd. 58, 1938, S. 139. [In diesem Band sind die Seiten 129—142 der genannten Arbeit auf den Seiten 1—18 abgedruckt.]

Ausarbeitung erweitert sich der Gesichtskreis auf zureichende und natürliche Weise, da die Auswahl des Heranzuziehenden durch den Ansatz gegeben ist; die Erweiterung ist so konkret, und ihre Bestandteile hängen so notwendig miteinander zusammen, daß das Erworbene nicht leicht wieder verlorengehen kann; und das dabei Geleistete besitzt, in seiner Querschnittlage, Einheit und Universalität."[16] Auch Max Wehrli[17] sieht in der methodischen Betonung dieser Einheit der literarischen Tradition, die das wissenschaftliche Neuland einer „Morphologie der Tradition" eröffnet und zugleich die bisherigen Methoden in Frage zu stellen sucht, die große Leistung von E. R. Curtius. Trotzdem fragt er sofort, wie weit wohl diese großartige Lektion trägt, und stellt zwei Punkte zur Diskussion: „erstens das Problem des 'Schöpferischen', Ursprünglichen und seines Eingreifens in den Traditionszusammenhang und zweitens die Frage, ob dieser Traditionszusammenhang materiell ausreichend bestimmt ist".

Bei diesen kritischen Fragen trifft sich Max Wehrli mit Hugo Friedrich[18] in der Kritik an der „Beschränkung auf den Zettel der Tradition" (Wehrli), welche Grundanschauung nun wieder an einigen Stellen, anläßlich Dantes (Kap. 17) und Longins (Kap. 18, 4 u. 5) deutlich durchbrochen wird, wo es heißt: „Die Befolgung der Regeln und die Nachahmung der Musterautoren gewährt kein Anrecht mehr auf eine gute Zensur. Nur die schöpferischen Geister zählen. Der Begriff der Tradition wird darum nicht aufgegeben, er wird umgebildet. Eine Gemeinschaft der großen Autoren über die Jahrhunderte hinweg muß festgehalten werden, wenn überhaupt ein geistiges Reich bestehen soll. Aber es kann nur eine Gemeinschaft der schöpferischen Geister sein."[19] Aber gerade diese vereinzelte Äußerung macht darauf aufmerksam, wie sehr doch in diese

[16] Erich Auerbach, Philologie der Weltliteratur, in: Weltliteratur, Festgabe für Fritz Strich zum 70. Geburtstag. Bern 1952, S. 39 ff. hier S. 47.

[17] Max Wehrli, Allgemeine Literaturwissenschaft, Wiss. Forschungsberichte, Geisteswiss. Reihe Bd. 3, 1951, S. 156 ff.

[18] Hugo Friedrich, Europäische Literatur und lateinisches Mittelalter, Schweizer Monatshefte 29, 1949, S. 502—505.

[19] E. L. S. 400.

geforderte Ausweitung eine unerträgliche Verengung hineingetragen wird. Nicht nur die volkssprachlichen Literaturen treten sehr zu Unrecht in den Hintergrund, weil sie der Topik nicht mehr zugänglich zu sein scheinen; vielmehr kann H. Friedrich sehr zu Recht darauf hinweisen, daß „die tief in die Literatur hineinwirkende und verwandelt aus ihr zurückgestrahlte philosophische und theologische Ideenwelt ihm (Curtius) für die literarhistorische Betrachtung nicht mehr interessant zu sein scheint". Daher entstehe „zuweilen der Eindruck, daß als Literatur nur angesehen wird, was der rhetorisch vorgegebenen Formen- und Thementradition angehört. Vielleicht weil die Ideenwelt weniger kontinuierlich ist als das Formgitter?" Er vermerkt genau, daß es Curtius mehr auf das Beharren als auf die Verwandlung ankommt, er „lieber ihre Herkunft aus der unpersönlichen Vorratskammer als ihre neue Organfunktion im persönlichen Werk" schildert, daß über die neuen Proportionen im neuen Werk hinweggesehen wird. Aus diesem Grund fordert er, das historische Denken nicht völlig mit „Denken in kollektiven Filiationen" gleichzusetzen, sondern vielmehr der Kontinuität als eine notwendige Ergänzung die Kategorie der Diskontinuität in der Literatur an die Seite zu stellen.[20]

Ist hier nun deutlich Einspruch gegen eine — von Curtius gewiß beabsichtigte — einseitige Überbewertung der Tradition erhoben, so wird man auch auf die Folgen aus der Alleinherrschaft der Philologie aufmerksam machen müssen, und zwar in Anlehnung an ebendieselbe Rhetorik, auf die Curtius sich stützt. Denn gerade die Rhetorik konnte ja — wenn man der Behauptung Curtius' zustimmt — ein solches Arsenal literarischer Formen und Formeln nur werden, weil ganz klar war, daß jede Form und jede Formel in funktionalem Zusammenhang zum einzelnen Werk stand, daß die ganze *ars* auf das zu verfertigende Werk ausgerichtet war. Dieses Werk aber ist primär einmal ein Ganzes, eine geschlossene Einheit, ein Kunstwerk, für das Kontinuität oder Diskontinuität der Literatur sekundäre, philologische Kategorien sind. Am Kunstwerk inter-

---

[20] Zur Tradition: Josef Pieper, Über den Begriff der Tradition, Arbeitsgemeinschaft für Forschung des Landes Nordrhein-Westfalen Heft 72, Köln-Opladen 1958.

essiert zuerst das, was es zu einem solchen macht, und seine artifiziellen Mittel, wie zum Beispiel die Komposition. Keineswegs aber
die Tradition. Es ist noch nicht ausgemacht, ob die Verkennung eines
Topos[21] als solchen in einem Werk ein gröberer Kunstfehler ist als
die Mißachtung seines Stellenwertes, seiner Funktion in der Komposition, ja seiner formgebenden Kraft. Deshalb haben reine
Katalogarbeiten für das Kunstwerk wenig Sinn, weil sie an ihm
völlig vorbeigehen. Ein erschreckendes Beispiel ist da die Arbeit
von Erbig zur antiken Schlachtentopik.[22]

Noch auf ein Drittes hat Wehrli hingewiesen, nämlich darauf,
daß Curtius nicht nur auf die Topoi sein Augenmerk richtet, daß er
sich vielmehr die Grenzen zum Motiv, zur Metapher, zu Symbol
und Allegorie offenhält. Der Schluß liegt nahe, daß neben einer
historischen Topik auch eine historische Motivik, Metaphorik usw.
mit gleichem Recht zu eröffnen sei, — wenn sie nicht schon eröffnet
wären.[23] Es ist doch kaum anzunehmen, daß Curtius diese alle in
der Topik vereint sehen möchte. Allerdings kommen die ersten Bedenken, wenn man die Topoi durchgeht. Was haben die Topoi der
Dichtungstheorie mit der Exordialtopik oder der „verkehrten Welt"
gemein — außer der Tradition? Diese Grenzen scheinen nicht nur
fließend, vielmehr scheint hier gegen eine Forderung verstoßen, die
Curtius selbst stellt: „Die moderne ‚Literaturwissenschaft' hat es
versäumt, den Grund zu legen, auf dem allein sie ein haltbares Ge-
bäude errichten könnte: eine Geschichte der literarischen Terminologie",[24] die zur Voraussetzung nun wieder einen exakten Gebrauch
der Termini hat. Doch hier können schon bei Curtius Mißverständ-

[21] Vgl. den Katalog der Verkennungen E. L. S. 604.

[22] Die Arbeit von Rudolf Kassel, Untersuchungen zur griechischen und
römischen Konsolationsliteratur, Zetemata 18, München 1958 zieht kei-
nerlei Verbindungen zu den Arbeiten von C. Sie zeigt aber den Rahmen,
in den eine „Trosttopik" wesentlich gehört: als ein wichtiges Stück antiker
Literatur und Geistesgeschichte. Zur Behandlung in anderer Hinsicht ist
hier beträchtliches Material zusammengestellt.

[23] Und so findet sich dann auch bei C. die Bemerkung (E. L. S. 138):
„Stellen wir der historischen Topik eine historische Metaphorik zur Seite."

[24] E. L. S. 155.

nisse auftauchen.[25] Wenn Curtius nämlich an wichtiger Stelle[26] den
Begriff „Gemeinplatz" als Übersetzung von topos ablehnt, so ist er
im Gebrauch in vielen Fällen damit identisch. Denn was sind
„Klischees, die literarisch allgemein verwendbar sind", anderes als
Gemeinplätze? An anderer Stelle,[27] die über den Topos „Geistes-
adel" und „Seelenadel" handelt, findet sich die Wendung: „Der
topos ist in der italienischen Dichtung vor und neben Dante ein
Gemeinplatz", und weiter, daß „das 13. und 14. Jahrhundert also
einen Gemeinplatz erneuert" habe, „der mehr als anderthalb Jahrtausende alt war".[28] Ein andermal heißt es: „topoi, d. h. feste
Clichées oder Denk- und Ausdrucksschemata".[29] Diese Ansicht
besteht auch in den neuesten Veröffentlichungen der ›Gesammelten
Aufsätze zur Romanischen Philologie‹[30]. In dem Kapitel zur Metaphorik kann auch eine Metapher ein Gemeinplatz sein: „Der 'Kahn
des Geistes' ist schon in der Spätantike ein Gemeinplatz und wird

---

[25] Hierauf weist auch E. Mertner, Topos und Commonplace, in Strena
Anglica, Festschrift für O. Ritter, Halle 1956, S. 178 ff. hin.

[26] E. L. S. 79.

[27] E. L. S. 188.

[28] Zum Sachlichen ist hier anzumerken, daß die Behauptung Curtius':
„Matthaeus von Vendôme führt ihn (den topos „Seelenadel") in seiner
Poetik unter den topoi des Prooemiums auf (Faral, a. a. O., S. 116,
§§ 27 u. 28)", zumindestens sehr schief ist. Handelt es sich doch bei
Matthaeus keineswegs um eine Aufführung prooemialer Topoi, sondern
um den Gebrauch eines *generale proverbium, id est communis sententia,
cui consuetudo fidem attribuit, opinio communis assensum accomodat,
incorruptae veritatis integritas adquiescit"* (Faral, S. 113, § 16). Weder
von topos noch von locus ist hier die Rede. Auch sollte man den Zusammenhang, die stilistische Fassung des Anfangs eines Gedichtes, beachten;
überhaupt aber die Mahnung des Matthaeus, gleich eingangs in der Definition des Verses: *„Non enim aggregatio dictionum, dinumeratio pedum,
cognitio temporum facit versum, sed elegans junctura dictionum, expressio
proprietatum et observatum uniuscujusque rei epithetum"* (Faral, S. 111,
§ 1).

[29] E. R. Curtius, Beiträge zur Topik der mittellateinischen Literatur,
in Corona Quernea, Festgabe Karl Strecker zum 80. Geburtstage dargebracht, Leipzig 1941, S. 1.

[30] A. a. O., S. 7 ff.

vom Mittelalter sorgfältig konserviert", und bei den Kynikern „wird dann der Vergleich des Menschen mit einem Schauspieler ein häufig gebrauchtes Klischee", oder ein Gemeinplatz.[31] Selbst die Übersetzung von *argumentorum sedes* (Quintilian, V, 10, 20; s. o.) mit „Fundgruben für den Gedankengang"[32], die doch deutlich unrichtig ist, und die richtige Übersetzung mit „Sitze", aus denen sie hervorgeholt werden müssen"[33], geben — in dem Zusammenhang, in dem sie vorgetragen werden — zu starken Bedenken Anlaß.

III

Wenn schon bei Curtius selbst die Umrisse der Toposforschung nicht sehr scharf sind, sich rein terminologische Bedenken ergeben, ganz abgesehen von der Ausweitung der philologischen Methode in die Tiefenpsychologie C. G. Jungs,[34] so sind sie doch zu Fundamenten für alle weiteren Forschungen auf dem Felde der Topik geworden. Das hat nun selbstverständlich die weitreichendsten Folgen gezeitigt. Unter dem Titel einer ›Auswahl antik-mittelalterlicher Topoi (Gemeinplätze)‹ findet sich bei Leonid Arbusow,[35] nach einer Begründung der Topik im Anschluß an Curtius, eine Sammlung von Topoi, die zwischen Formeln, Tropen, Metaphern, Sentenzen, Beispielen, Schilderungen und Motiven keinen Unterschied macht. Ebenso versteht Helmut Beumann[36] in einer Besprechung von Curtius' ›Europäischer Literatur‹, die das Gelernte sofort am Beispiel der ›Vita Karoli Magni‹ des Einhard in ausführlicher Weise anwendet und den neuen Weg zur Erkenntnis innerer Abhängig-

[31] E. L. S. 139; 248; 151.

[32] E. L. S. 79.

[33] Ges. Aufsätze, S. 7.

[34] Dazu H. Friedrich, a. a. O., S. 505.

[35] Leonid Arbusow, Colores Rhetorici. Eine Auswahl rhetorischer Figuren und Gemeinplätze als Hilfsmittel für akademische Übungen an mittelalterlichen Texten, Göttingen 1948, S. 91 ff.

[36] Helmut Beumann, Topos und Gedankengefüge bei Einhard, Archiv für Kulturgeschichte 33, 1951, S. 337 ff.

148 Walter Veit

keiten über das traditionelle rhetorische Bildungsgut für die Bearbeitung neuer Editionen mittelalterlicher Autoren weist — Beumann versteht Topos als „konventionelles Gedankenschema" und
„tradierte Wahrheit" oder auch als „Motiv"[37].

Für Wolfgang Kayser[38] hat die Toposforschung, neben deren
Urheber Curtius er Menendez Pidal und Maria Rosa Lida nennt,
einen doppelten Aspekt: „Sie erforscht einmal die literarische
Tradition bestimmter gegenständlich festgelegter Bilder, Motive
oder auch gedanklicher Prägungen; sie verfolgt zum anderen die
Tradition bestimmter technischer Darstellungsweisen." Er weist
auch darauf hin, daß der Topos des *locus amoenus* „manchmal
zum echten Motiv" wird.[39]

Wie vorteilhaft auch immer die fließenden Übergänge sein mögen,
so wird damit doch die Gefahr des Ungedankens erkauft: ohne eine
einwandfreie Festlegung der Kategorien des Denkens ist ein Erkennen und Verstehen des Objektes nicht möglich. Ein ungenauer

[37] Beumann, a. a. O., S. 339, 350. Ein deutliches Unbehagen zeigt Beumann in anderem Zusammenhang (Widukind von Korvei als Geschichts-
schreiber und seine politische Gedankenwelt, in: Westfalen, Hefte für
Geschichte, Kunst und Volkskunde, Bd. 27, 1948, S. 161—176; neu in:
Wege der Forschung, Bd. XXI, Geschichtsdenken und Geschichtsbild im
Mittelalter, Ausgewählte Aufsätze und Arbeiten aus den Jahren 1933—
1959, hrsg. v. Walther Lammers, Wiss. Buchgesellschaft, Darmstadt 1961,
S. 135—164), wenn er, ohne Rekurs auf Curtius, im Zusammenhang mit
der Forderung, die Entlehnungen in der Literatur auf ihr spezifisches
Gewicht und die Funktion im neuen Gedankengang zu prüfen, vom
„berüchtigten Topos" spricht (S. 138).

[38] Wolfgang Kayser, Das sprachliche Kunstwerk. Eine Einführung in
die Literaturwissenschaft, 4. Aufl. Bern 1956, S. 72 ff. Die mir nicht zu-
gängliche, bei Kayser genannte spanische Literatur sei hier vermerkt: Maria
Rosa Lida, Transmisión y recreación de termas grecolatinos en la poesía
espanola, Revista de Filologia Hispánica I, 1939.

Bl. González de Escandón, Los temas del 'Carpe diem' y la brevedad
de la rosa en la poesía espanola, Barcelona 1938.

[39] Vgl. dazu die Bemerkung von Mertner, a. a. O., S. 185 A. 3. Wichtig
aber in diesem Zusammenhang, daß W. Kayser an die vernachlässigte
Emblematik erinnert. S. 75 ff. vgl. die Literaturangaben S. 402.

Begriff steht vielen Füllungen offen. Nicht überraschend ist deshalb auch die Rezeption des Begriffs Topos in anderen Wissenschaftsbereichen, wie etwa in der Sozialpsychologie Arnold Gehlens: die Überformung einer Grundvorstellung durch einen neuen Sachbereich wird ganz deutlich, wenn er schreibt: „Nun haben wir zwar an anderer Stelle gezeigt, daß ein emotionaler Schematismus selbstverständlich und unvermeidlich ist. Es gibt im Seelischen jederzeit Topoi, Modellformen des Gefühls, der Empfindung, des Ideellen und Gedanklichen, und diese Inhalte werden gerade durch derartige Formalisierungen stabil. Es liegt dies daran, daß unser Seelenleben in hohem Grade durch unser soziales Verhalten rückbestimmt wird und daß dieses Verhalten reguliert und verpflichtungsgeordnet ist — zahlreiche Motivations- und Affektgruppen werden von daher mitverpflichtet und mitgenormt." [40] Hier wird aber besonders deutlich, wie der Topos immer als ein verfestigtes und tradiertes Sachliches verstanden wird.

Dies erscheint so außerordentlich wichtig, weil es, nach ausreichender methodologischer Fundierung, einen wesentlich weiteren wissenschaftlichen Horizont eröffnet, als er mit der Katalogarbeit und Abhängigkeitsforschung gegeben ist, ja, es geht weit über den stilistischen Ansatz bei Curtius hinaus in die Erforschung der in festen Sprachformen repräsentierten Denkformen, die nun nicht so sehr in ihrer formalen Erstarrung, als vielmehr in ihrem inhaltlichen Wandel bedeutsam für das Verstehen literarhistorischer Vorgänge werden. Die Kategorie der Diskontinuität hätte dann ihren systematischen Ort neben der der Tradition, der schöpferische Einzelne neben der unbewußten Anonymität, die Geistesgeschichte neben der Philologie.

Immerhin wird man darauf hinweisen müssen, daß diese „Diskontinuität" auch von Ernst Robert Curtius in den jüngst erschienenen Aufsätzen in Anspruch genommen wird, und zwar gerade als Modifikation der Tradition und in Ablehnung des Entwicklungsgedankens. Curtius bezeichnet diese Worte als „grundsätzliche Besinnung":

---

[40] Arnold Gehlen, Die Seele im technischen Zeitalter. Sozialpsychologische Probleme in der industriellen Gesellschaft. Hamburg 1957.

„Das 19. Jahrhundert sah im Entwicklungsgedanken den Schlüssel nicht nur zum Naturgeschehen, sondern auch zum geschichtlichen Werden. Durch Summierung unmerklicher Veränderungen sollte Neues zustande kommen. Das Neue war also nur ein leicht verändertes Altes. Diese Entwicklungslehre ist jedoch seit einem Menschenalter in den Geisteswissenschaften überwunden worden. Wir haben erkannt, daß Veränderungen sich nicht stetig, sondern ruckweise vollziehen. Gerade in der Geschichte geschieht das Bedeutsame nach dem Gesetz der Diskontinuität: der schöpferischen Entwicklung."[41] Wenn Curtius auch dies sah, so ist das seiner Universalität zu danken. Seine eigene Arbeitssicht war aber immer auf die stilistischen Fragen gerichtet, hier hat er die Toposforschung angesiedelt, hier hat er die großen Aufgaben gesehen. In seinem folgenden Aufsatz ›Über die altfranzösische Epik II‹[42], in dem er sich immer wieder auf den vorhergehenden bezieht, hat er es programmatisch ausgesprochen, indem er sich auf die Aufgabe einer Durcharbeitung der „epischen Massenproduktion nach 1150" bezog: „Damit entfällt die ältere Problemstellung: welche geschichtlichen Ereignisse der Karolingerzeit spiegeln sich im Epos? Aber auch die Frage nach der Bedeutung der Pilgerstraßen muß zurücktreten. Heute ist es an der Zeit, das epische Handwerk der Blütezeit eingehend zu analysieren. Es muß Stilforschung getrieben werden. Wir brauchen ein Inventar der epischen Formeln und Motive. Dadurch kann es gelingen, literarischen Abhängigkeiten und unter Umständen einer Datierung näher zu kommen."

Abhängigkeit und Datierung sind gefragt. So auch, wenn er fordert, auf zeitgeschichtliche Elemente in den altfranzösischen Epen zu achten: „Welche Ausbeute bieten sie zur Erkenntnis der religiösen, politischen, sozialen, wirtschaftlichen und kulturellen Zustände des 12. und 13. Jahrhunderts? Auch das kann Anhaltspunkte zur Datierung ergeben." Als „idealen Abschluß der Epenanalyse" sieht Curtius die literarische Charakteristik und Bewertung des betreffenden Epos an. Es ist möglich, die um 1890

---

[41] Ges. Aufsätze, S. 171. Dieser Aufsatz ›Über die altfranzösische Epik I‹ ist zuerst Z. f. Rom. Ph. 64, 1944, S. 233—320 erschienen.
[42] Ges. Aufsätze, S. 184 ff.; hier S. 185.

schreibenden französischen Autoren von Paul Adam bis Emile Zola
zu charakterisieren und zu bewerten: „dasselbe muß auch für den
französischen Roman um 1200 geleistet werden". Alle Vorarbeit
dazu aber ist Stilistik. In diesem Sinne sind die in den ›Gesammelten Aufsätzen‹, wie in ›Europäische Literatur und Lateinisches
Mittelalter‹ gedruckten Arbeiten zu verstehen, die hier zusammengefaßten Stücke über die altfranzösische Epik, die ›Neuen Dantestudien‹[43]. Hier gibt es ganze Kataloge zur Periphrase, zu
Anominatio und Anapher und Vergleich, alles leicht durch den
Index aufzufinden[44]; wie ›E. L.‹ eine unendliche Materialsammlung, wenn man auch bedauern wird, daß die Curtius eigentümliche
abwartende Haltung gegenüber dem mittelhochdeutschen Epos
keine Modifikation erfahren hat. Gern hätte man dazu — außer
zum ›Ritterlichen Tugendsystem‹ — noch ein „kräftig Wörtchen"

---

[43] Zu den Vergleichen, Ges. Aufsätze, S. 189 u. 193; die Verse II, 53
u. I, 107 im Garin de Loherin scheinen C. die „einzigen Spuren von
Interesse für Antike", — Anspielung auf Caesar und Achill. S. 189 führt
er Vergleiche aus den Schlachtszenen an: Helden wüten auf dem Schlacht-
feld wie der Wolf unter den Schafen, wie Falken unter den Vögeln, wie
Eber usw. Hier ist die Arbeit von Erbig, a. a. O. von Wert, indem sie
deutlich die antiken Vorbilder in diesen Vergleichen zeigt.

[44] Trotzdem einige Anmerkungen zur Edition der Gesammelten Aufsätze, die leider ohne ein erläuterndes Vorwort und Signum der Herausgeber erschienen. So ist nur durch einen datierten Rückverweis in anderen
Aufsätzen der Erscheinungsort auszumachen, das Erscheinungsjahr findet
sich jeweils am Ende eines Aufsatzes. Denn alle diese Aufsätze sind, nach
Ausweis des Umschlags, „zerstreut in Zeitschriften" publiziert; zum größten Teil Vorarbeiten zu einem eigenen Werk über das altfranzösische Epos,
„das zu schreiben dem Autor nicht mehr vergönnt war" (vgl. die Bibliographie in E. L. S. 565 f.). Auf S. 106 wird als Eingang ein Rück- und
Vorblick auf diese Arbeiten gegeben: eine aufschlußreiche historische Betrachtung über die Entstehung der Arbeiten, ihren großen und kleinen
Zusammenhang. Alle Abschnitte dieser Arbeit haben eine römische Ziffer
erhalten; Übersicht und Aufschlüsselung dieser Ziffern I—XXII werden
für das Ende des Bandes versprochen. Dort sucht man es vergeblich. Damit
wird dieser Abschnitt fast unbrauchbar. Daneben noch eine Reihe ver-
wirrender Kleinigkeiten. Eine Bibliographie findet sich in ›Freundesgabe
für Ernst Robert Curtius zum 14. April 1956‹, Bern 1956.

gehört. Aber nicht nur Material-Kataloge sind hier vorbereitet, vielmehr ist das ganze Handwerkszeug für die Arbeit in der Topos- forschung hier zusammengetragen, von den Editionen der Texte, soweit sie eben in das lateinische Mittelalter fallen, über die kleine und große Monographie bis hin zur Literaturgeschichte, etwa in den grundsätzlichen Abschnitten der ›E. L.‹ oder in den ›Gesammelten Aufsätzen‹ die Rezensionen ›*The Medieval Bases of Western Thought*. Eine neue Geschichte der Mittellateinischen Literatur‹, zu J. de Ghellincks ›*Littérature latine au Moyen-Age*‹ und ›*L'essor de la littérature latine au XIIe siècle*‹, oder zu Gilbert Highet, ›*The classical tradition, Greek and Roman influences on Western litera- ture*‹, Oxford 1949; selbst die Wissenschaftsgeschichte ist eingehend behandelt, sowohl in den jeweils einleitenden Kapiteln beider Bände, als auch in den Gedenkworten für Friedrich Diez und Gustav Gröber in den ›Gesammelten Aufsätzen‹.

So ist es weder in der Germanistik, Anglistik und Romanistik, noch in der Mittellateinischen Philologie möglich, dies Werk beiseite zu schieben oder völlig zu ignorieren. Die Tradition, die Kontinui- tät ist das große Thema, denn in der Kontinuität sieht Curtius die Bedingung des geistigen Raumes, der Europa heißt. Und eine Zentralstelle dieses geistigen Raumes ist die Mittellateinische Lite- ratur.

Einen Ansatz zur Einordnung der deutschen Literatur des Mittel- alters in diesen Raum gibt Karl Langosch [45] in seinem jüngst er- schienenen Artikel ›Mittellateinische Dichtung in Deutschland‹ in der zweiten Auflage des ›Reallexikons der Deutschen Literatur- geschichte‹. Der in Paragraphen unterteilte Artikel geht zuerst (§ 1) auf den Begriff der Mittellateinischen Literatur ein und umschreibt ihn als „mittelalterlich lateinisch". Zugleich wird eine Aufteilung des Mittellateins nach nationalen Gesichtspunkten gerechtfertigt. Schwieriger erscheint (§ 2) die Trennung von Vers und Prosa, da einerseits die Versdichtung nicht die Dichtung im eigentlichen Sinne

---

[45] Karl Langosch, Mittellateinische Dichtung in Deutschland, in Real- lexikon der Deutschen Literaturgeschichte, hrsg. v. Werner Kohlschmidt und Wolfgang Mohr, 2. Aufl. Berlin 1961, 2. Band, S. 335—391 (4. u. 5. Lieferung).

faßt, andererseits echte dichterische Prosa unbehandelt bleiben mußte. „Im folgenden wird daher eine Auswahl aus der Prosadichtung mit herangezogen, auch wenn ihr Bereich noch nicht genügend erhellt ist."

Die Eigenheit der ma. Dichtung besteht in der von ihr geschaffenen Rhythmik, die von antiken Formen ausgeht. Neue Formen werden in der Sequenz geschaffen. Wichtig und deutlich ist der Hinweis (§ 3), daß der Zustrom aus dem Latein der Antike bis zum Ende des MA nie unterbrochen wurde. Selbst die altdeutsche Literatur zeigt die Einflüsse der ungebrochenen Herrschaft von antiker Poetik und Rhetorik.

Im historischen Aufriß wird anschließend lateinische Dichtung des MA in Deutschland vorgetragen, beginnend mit der karolingischen Renaissance (§§ 5—7), der sich nach dem Tode Karls des Großen um Fulda, die Reichenau und St. Gallen organisierenden ostfränkischen Entwicklung des 9. Jahrhunderts (§§ 8—11), zur Ottonenzeit, die in den Literaturgeschichten gerade um ihrer lateinischen Dichtungen willen Aufnahme findet, im Sinne der deutschen Literaturgeschichte als „Übergangszeit" gewertet wird (§§ 12—17).[46] Die Salierzeit (§§ 18—23) zeigt einen neuen Aufschwung der Studien auf Grund der Reformbewegung, die neue Verbindungen zu Frankreich bringt und in ihrer geistlichen Epik und Lyrik, der Geschichtsschreibung, den Vagantenliedern und politischen Streitschriften die neue Blüte der Mittellateinischen Literatur in der Stauferzeit (§§ 24—29) vorbereitet.

Zeigten die voraufgehenden Paragraphen eine lokale Anordnung, so ist die Darstellung der lateinischen Dichtung der Salier- und Stauferzeit auf die Dichtungsgattungen ausgerichtet. Dies gilt auch für den Schlußteil des Artikels, der unter dem Titel ›Die letzten Jahrhunderte‹ (§§ 30—34) die Philosophie und Mystik mit einbezieht und mit Nikolaus von Cues (gest. 1464) endet. In seiner Einleitung (§ 3) kommt Langosch zu dem Urteil über die mittelalterlich deutsche Literatur:

---

[46] So in H. de Boor, Die Deutsche Literatur von Karl d. Gr. bis zum Beginn der Höfischen Dichtung, 770—1170. In Geschichte der deutschen Literatur von den Anfängen bis zur Gegenwart, hrsg. v. H. de Boor und R. Newald, Bd. I, 4. Aufl. München 1960, S. 101 ff.

„Das Mittellateinische war der große Erzieher der deutschen wie der anderen volkssprachlichen Literaturen des Abendlandes und begründete deren Buchliteratur; seine vollentwickelte Schriftsprache beschleunigte die Hebung der Volkssprache vom mündlichen zum schriftlichen Gebrauch; es führte in der Metrik die stärksten Umwälzungen der ganzen deutschen Versgeschichte mit herbei, die vom Stab- zum Endreim, und schenkte unmittelbar und mittelbar den Reichtum der Zeilen- und Strophenarten. Das Mittellateinische schulte auch den Stil; im MA lernte man auf der Schule, schriftliche Arbeiten in Prosa und Versen anzufertigen, und benutzte die mittellateinischen Handbücher, die für die Praxis bestimmt waren und zum Dichten lateinischer Verse anleiten wollten. Was man so theoretisch und praktisch an der mittellateinischen Sprache übte, davon mußte man, gewollt und ungewollt, ein gut Teil auch beim Schreiben in der Muttersprache anwenden. Die altdeutsche Literatur zeigt, daß man die Regeln der Poetik und Rhetorik der lateinischen Schule kannte und beachtete. Das Mittellateinische war also, literatur- und geistesgeschichtlich, der Unter- und Hintergrund für die altdeutsche Literatur."

Helmut de Boor (a. a. O.) hat eine entgegengesetzte These in Hinsicht auf die ahd. Literatur heftig verfochten, ohne daß Langosch hier auf sie eingegangen wäre. Davon wird noch zu sprechen sein.

In diesem Urteil treten die großen Leistungen der mittellateinischen Literatur deutlich hervor: Tradition von Rhetorik und Poetik, Schulung des Stils und Neuschöpfung dichterischer Formen, dadurch direkter und indirekter Einfluß auf die volkssprachlichen Literaturen.

Sosehr damit eine Übereinstimmung mit Curtius gegeben scheint, so widerspricht dem Langosch doch:

„Sosehr das MA die Form liebte und kultivierte, sowenig sagt die Quantität ihrer Anwendung an sich, ob in Vers oder Prosa, im Metrischen oder Stilistischen, etwas über die künstlerische Qualität aus. Häufung des Reimes — bis zum Überdruß — oder der rhetorischen Mittel oder *Sermo ornatus* machen noch keine Dichtung aus. Man kann nicht (wie E. R. Curtius, Der Archipoeta und der Stil der mal. Dichtung. Rom. Forschungen 54, 1940, S. 105 ff.) die

rhetorische Tradition als das Wesentliche am Stil werten und darf
nicht durch das alleinige Blicken auf das Überkommene das viel
stärkere Eigene übersehen" (§ 2). Oder an anderer Stelle, im Zusammenhang der Literaturbesprechung: „Auch die Aufsatzsamm-
lung von E. R. Curtius, Europäische Lit. u. lat. M. A. (Bern etc.;
einseitig, da sie mehr die aus der Antike tradierten Züge als das
dem MA Eigentümliche in den Blick nimmt.) übt auf die dt. Lit.-
forschung starken Einfluß aus." —

Eine Bestimmung dessen aber, was das Eigene in der mittellateinischen Literatur ist, das sucht man bei Langosch vergebens, wenn
man nicht auf das zitierte Urteil aus der Einleitung blickt, das aber
doch gerade die Tradition hervorhebt.[47] Ja, ein Terminus wie
„Karolingische Renaissance" findet doch erst hier seine Berechtigung, wie die spätere humanistische Renaissance ihr Wesen im
Rückgang auf die klassische Antike findet. So vermißt man auch
eine Abgrenzung gegen die lateinische Literatur des Humanismus
und Neu-Humanismus, die ja eine nicht weniger dominierende
Stellung einnahm.[48] Ein weiteres Problem ist der Dichtungsbegriff,
der hier zur Anwendung kommt. Was ist denn Dichtung für das
Mittelalter? Ihre Verbindung zur Rhetorik ist oben aufgewiesen
worden, Norden, Curtius und Lausberg haben sie sehr deutlich
gemacht.[49] Tadelnde Urteile wie: „Häufung des Reimes — bis zum
Überdruß — oder der rhetorischen Mittel oder *Sermo ornatus*
machen noch keine Dichtung aus", oder zu einzelnen Schriftstellern:

„Seine (Hrabanus) Verse sind meistens Gelegenheitspoesie, im
Inhalt unpersönlich und allgemein, in der Form eintönig und matt,
aber geschult in der Sprache, nicht selten in enger Anlehnung an

[47] Vgl. dazu Curtius, E. L. S. 34 ff. ›Lateinisches Mittelalter‹.
[48] Zum Neu-Humanismus jetzt die Arbeiten von Karl Otto Conrady,
Die Erforschung der neulateinischen Literatur. Probleme und Aufgaben.
Euphorion 1955 und: ders. Lateinische Dichtungstradition und deutsche
Lyrik des 17. Jahrhunderts, Bonn 1962 (Bonner Arbeiten zur deutschen
Literatur, Hrsg. B. von Wiese, Bd. 4).
[49] Vgl. E. Norden, a. a. O., S. 661 ff., bes. 883 ff. Curtius, E. L.
S. 155 ff. Lausberg, a a. O., S. 41 ff.

andere Dichter bis zu Übernahme ganzer Verspartien, öfter doppelt verwendet" (§ 8).

„Zu nennen ist ... die *Gesta Caroli metrica* des Poeta Saxo ... von guter Schulung zeugend, aber schon in der Grundlage von Mangel an poetischer Begabung" (§ 9).

„Die Verse neigen stark zum Rhetorischen und zu verdunkelnder Blümelei ..." (§ 27) — und in vielen anderen Fällen stimmen bedenklich.

Auf ein Urteil dieser Art sei noch besonders eingegangen.

Über die ›*Vita Bennonis II. episc.*‹ des Norbert von Iburg (§ 20): „... eine lebendige Biographie (zwischen 1090 u. 1100), in der er einleitend die übliche panegyrische, idealisierende Art der Heiligenleben ablehnte und ein wirklichkeitsgetreues Bild zeichnete, das freilich durch die Anhänglichkeit des Autors etwas gefärbt ist."

Der Text heißt (MGH, SS. XXX, 2, 871 ff.):

... *Quamvis enim more eorum, qui agones martyrum seu vitas scipsere sanctorum, miraculorum signa et virtutum insignia de eo referre non possimus, pleraque tamen bene vivere studentibus imitanda eius facta dicemus, quae suo ordine et loco, prout memoria occurrerunt, plenius inserenda ponentur ...*[50]

Nun ist das Exordium von vornherein auf seine „Formeln" zu prüfen, die der Rhetorik entnommen sind.[51] So auch die Formel, „nur die reine Wahrheit zu sagen". Vor allem hat aber schon Manitius in seiner Literaturgeschichte auf die Entlehnungen aus Einharts ›*Vita Karoli Magni*‹ im Prooemium hingewiesen.[52] Die rhetorische Schulung Einharts hat aber schon Beumann (a. a. O.) dargelegt; seine Entlehnungen aus der antiken Dichtung und Geschichtsschreibung hat Manitius selbst gesammelt.[53]

[50] Zu beachten auch die stilistischen Mittel; z. B. die Annominatio: „... *quibus omnibus quasi metrix fovit et fovet filios suos* ...".

[51] Vgl. Curtius, E. L., S. 95 ff.; Lausberg, a. a. O., S. 150 ff.

[52] M. Manitius, Geschichte der Lateinischen Literatur des Mittelalters, im Handbuch der Klass. Altertumswissenschaften, hrsg. v. Iwan Müller, Bd. IX, II, 3, München 1931; ders., Geschichte, IX, II, 1, S. 642 ff.

[53] Ders., Einharts Werke und ihr Stil, Neues Archiv VII, S. 517 ff.; ders., Zu deutschen Geschichtsquellen des 9. bis 12. Jahrhunderts. Neues Archiv XI, 1886.

Es zeigt sich hier, wie gefährlich es ist, das Exordium für die
Charakterisierung und Bewertung eines literarischen Werkes zu
benutzen, obwohl Charakterisierung und Bewertung als Aufgaben
gestellt sind. Dabei ist aber doch der Maßstab, ganz besonders für
die Dichtung, aus der Begriffsbestimmung der Zeit zu wählen.
Niemand wird behaupten, daß damit eine Auslöschung der Individualität einhergehe,[54] Curtius am allerwenigsten[55]. Die Begrenzung

[54] Vgl. Beumann, Topos und Gedankengefüge bei Einhard, a. a. O.,
S. 345 u. 349 f.
[55] Man lese nur einmal das Prooemium der Gedenkworte für Gustav
Gröber, Ges. Aufsätze, S. 428. Hier finden sich in aufgefrischtem Gewande
fast alle Formeln, wie C. sie aufgezählt hat:
„Seit Gröbers Tod sind in diesem Jahr 1951 vierzig Jahre vergangen.
Unter seiner Leitung hatte ich noch meine Studien abschließen können.
Keiner der Nekrologe, die ihm damals gewidmet wurden, befriedigte mich.
Sie sprachen das nicht aus, worin ich seine wissenschaftliche und menschliche Größe sah. Wenn ich aber versuche, es heute darzulegen, löse ich eine
Dankesschuld ein, die fast ein halbes Jahrhundert umfaßt. Aber heute
wissen nur noch wenige von Gröber. Seine Werke werden — sehr zu Unrecht — nicht mehr gelesen. Nach mir wird sobald nicht mehr jemand
kommen, der über ihn schreibt. Aus diesen Gründen schien es mir geboten,
einen möglichst eingehenden Bericht von Gröbers Leben und Wirken zu
geben. . . ."
Ein klassisches Prooemium zu einer Vita, voll versteckter Anspielungen
und Polemik. Dazu nur ein Beispiel aus der erwähnten Vita Bennonis des
Norbert von Iburg (M. G. SS. XXX, 2 S. 871 ff.):
*Multorum saepe negligentia accidisse videmus, ut res suo tempore gestas
et certe memoria dignas ita silentio praeterisse passi sint, ut eorum, qui
res praeclare gesserunt, nulla sit posteris transmissa memoria. Quod nos,
qui auctore Deo in hoc Iburgensi monasterio Christo militamus, de vener-
abili patrono nostro Osnabrugensi episcopo Bennone secundo omnino
vitare cupientes ita eum successoribus nostris, qui divino mancipati
servitio hunc forte locum sunt habituri, intimare satagimus, ut de vita,
moribus gestisque eius pauca perstringentes et multiloquio pro penuria
scientiae sermonisque rilitate parcentes id maxime intendisse cernamur,
quatenus ipse fundatur noster et structor tantum assidue in loco hoc iu-
vetur orando, ut se spei suae solatio iniuste destitui Deo conqueri iuste
non possit, ut enim ipse nobiscum saepe familiarius loquens adicere
iocando solebat, oratione videlicet animam parci; etc.*

aber ermöglicht erst das „geistige Schachspiel, bei dem die Topoi die
Figuren darstellen. Und kein Spiel gleicht bekanntlich dem anderen. — Weder das moderne Fortschrittsbewußtsein, das aus den
Zensuren spricht, mit denen Manitius und andere die lateinischen
Autoren zu schulmeistern liebten, noch die Verabsolutierung des
neuzeitlichen Originalitätsideals sind geeignete Voraussetzungen
zum Verständnis des Mittelalters und seiner geistigen Hinterlassen-
schaft" (Beumann).[56]

Wird in dem Artikel Langoschs der unerhörte Reichtum der
mittellateinischen Literatur — um den einengenden Begriff Dichtung zu vermeiden — so überaus deutlich, wenn auch die Stellung
dieser im Ganzen der lateinischen Literatur anders als bei Curtius
dargestellt wird, das Eigene mehr betonend als das Tradierte, so
lehnt Helmut de Boor[57] in dem Kapitel VI ›Deutsche Prosa der
Übergangszeit, 1. Rückkehr zum Latein‹, die Einbeziehung der
mlat. Literatur völlig ab. Und nicht etwa, weil die Werke dieser
Zeit unerheblich seien, „sondern weil Erscheinungen, die auf ganz
anderem Boden gedeihen und in anderem Zusammenhang geistig
erfaßt und also auch dargestellt werden müssen, willkürlich einbezogen werden". „Ganz zweifellos sind diese Werke (Waltharius,

---

[56] Den Literaturangaben im Artikel ›Mittellateinische Dichtung in
Deutschland‹ wäre noch einzufügen: §4 Eduard Norden, Die antike Kunstprosa vom VI. Jh. bis in die Zeit der Renaissance. 2 Bde., 2. Aufl. Berlin
1909; Helmut de Boor, Geschichte der deutschen Literatur, Bd. 1 (770 bis
1170) 4. Aufl. München 1960; § 12 zu Ekkehard IV. die Schrift ›de lege
dictamen ornandi‹: ed. Dümmler, ZfdA XIV, S. 33; ebs. Faral, a. a. O.,
S. 104 ff.; bei Manitius, a. a. O., 2. Teil, S. 561 ff. nicht erwähnt; zu erwähnen, daß der ›Liber benedictionum‹ rhetorische Einlagen enthält. Hugo
Kuhn, Dichtung und Welt im Mittelalter, Stuttgart 1959: H. Rupp, Über
das Verhältnis von deutscher und lateinischer Dichtung im IX. bis XII. Jh.
Germ. Rom. Monatsschrift 1958; H. Fischer, Probleme und Aufgaben der
Literaturforschung zum deutschen Spätmittelalter, Germ. Rom. Monats-
schrift 1959; F. Munari, Tradition und Orginalität in der lateinischen
Dichtung des XII. Jh. Rom. Forschg. 1957; P. Zumthor, Recherches sur
les topiques dans la poésie lyrique des XIIᵉ et XIIIᵉ siècles, Cahiers de
Civilisation médiévale, Poitiers 1959/II.

[57] H. de Boor, a. a. O., Bd. I, S. 101 ff.

Ruodlieb, Hrothsviths geistliche Terenznachahmungen) bedeutsame
dichterische Hervorbringungen ottonischer und salischer Zeit auf
deutschem Boden, und sofern wir uns mit dem geistigen Gesicht
dieser Zeit beschäftigen, gehen sie uns auch etwas an, ... nicht im
Rahmen einer deutschen Literaturgeschichte." Denn von hier aus
ist kein Einblick in den Verlauf der deutschen Literatur zu gewinnen. Gibt sie auch Stoff- und Motivaufschlüsse, so sagt sie uns doch
über „Form und Geist, aus dem die deutsche Heldendichtung" erwuchs, wenig. Sie führt „in die Klosterschule, nicht in einen deutschen Adelssitz". Man wird sie höchstens zu der Darstellung des
Hintergrundes der „geistigen Entwicklung der deutschen Bildung"
heranziehen, um zu vermeiden, daß sie als „organische Teile deutscher Literaturentwicklung" erscheinen, andererseits erweckte sie
„in ihrer Losgelöstheit aus der lateinischen Gesamtliteratur den
falschen Eindruck, als hätten Dichtungen dieser Art eine entscheidende Rolle für die Geistigkeit dieser Zeit gespielt". Sie ist nur
eine Farbbrechung. Ihre Darstellung im Rahmen der deutschen
Literatur erweckt nur die Vorstellung einer falschen Kulisse. —
   Es ist schon erstaunlich zu hören, daß eine Literatur zwar das
geistige Bild bestimmt, größten Einfluß hat, im Gesamtbild einen
überaus wichtigen Platz einnimmt, trotzdem aber nicht in eine
Geschichte der deutschen Literatur gehört. Das heißt nichts anderes,
als die Schizophrenie, die in den Bemühungen der Literarhistorie
anderer europäischer Nationen längst überwunden ist, in der deutschen zu befestigen; heißt, die Bemühungen von Curtius, den geistigen Raum einer Literatur abzustecken, zu ignorieren, wie es auch
anderwärts geschehen ist.[58] Es geht doch nicht darum, Abhängigkeiten herauszuarbeiten, sondern die Einheit eines großen geistigen
Gefüges, das deutsche Literatur heißt. Aus der Kenntnis dieser
Einheit und ihrer formalen Bedingungen auch in rhetorischer und
poetischer Hinsicht wird es nicht mehr möglich sein, eine Äußerung
Notkers von St. Gallen:

---

[58] So in den Artikeln ›Meistersang‹, S. 292—301 (Wolfg. Stammler),
›Minnesang‹, S. 303—314 (Friedr. Neumann) und ›Mittelhochdeutsche
Dichtung‹, S. 314—335 (Herm. Schneider u. Wolfg. Mohr) desselben Real-
lexikons a. a. O.

Ad quos dum accessum habere nostros vellem scolasticos ausus
sum facere rem pene inusitatam, ut latine scripta in nostram
conatus sim vertere et syllogystice aut figurate aut suasorie dicta
per aristotelem vel ciceronem vel alium artigraphium elucidare,[59]
als blanke Überzeugung mißzuverstehen. „Die unerhörte Neuheit"
gehört nun einmal zum Exordium.[60]

Nach diesen Feststellungen im Bezug auf den besonderen Bereich
der Topik könnte der Eindruck entstehen, die Forschungen von
Curtius seien für die ältere Germanistik völlig unfruchtbar geblieben. Man wird aber nicht vergessen dürfen, daß H. Kuhn (DVjs.
24, 1950, S. 530—544) einen Bericht unter dem Thema ›Zum neuen
Bild des Mittelalters‹ gegeben hat, der gerade diese Forschungen
miteinbezieht und sie kritisch beleuchtet. Das ist vor allem auch in
Hinsicht auf die im folgenden noch erörterten Spezialuntersuchungen
und die Methodik der Toposforschung bemerkenswert. Das Bild des
Mittelalters hat sich zweifellos geändert, auch wenn sie einzelnen
Disziplinen jeder „neuen Sicht" erst einmal die philologische Skepsis
entgegensetzen mußten, um vom gesicherten Terrain aus neue Wege
zu gehen. So sind es vor allem die methodischen Aspekte der neueren Forschung, die ihren inneren Zusammenhang deutlich werden
lassen. Das Bild des Mittelalters — und nicht nur des Mittelalters,
vielmehr der Literaturgeschichte im ganzen — erscheint hier in
einem neuen Licht, das unter der Oberfläche historischer Kausal-
zusammenhänge den Begründungshorizont bloßlegt. Die Kritik an
den Schriften von Langosch und de Boor hat hier ihr Fundament.

So hat Kuhn damals an den großen Arbeiten von Friedrich Heer
(Aufgang Europas. Eine Studie zu den Zusammenhängen zwischen
politischer Religiosität, Frömmigkeitsstil und dem Werden Europas
im XII. Jhdt. 1. Aufl. Wien-Zürich 1949) und Georg Schreiber
(Gemeinschaften des Mittelalters. Recht und Verfassung. Kult und
Frömmigkeit. Münster 1948) die aus universaler oder soziologischer
Schau erwachsenen neuen methodischen Leitfäden für die Erarbei-

---

[59] Notkers Brief, in Die Schriften Notkers und seiner Schule, hrsg. v.
Paul Piper, Bd. I, S. 859 f.; hier S. 860 v. 10 ff. vgl. de Boor, a. a. O.,
Bd. I, S. 101.
[60] Vgl. Lausberg, a. a. O., § 153, § 270.

tung eines neuen Mittelalterbildes vorgetragen. Es ist dies vor allem der Leitfaden der „Struktur im engeren Sinne, d. h. des Zusammenhangs zwischen Denk- und Stilform", der in immer stärkerem Maße Geltung gewinnt, nicht sosehr hinsichtlich der Verknüpfung einzelner Fakten nach Kausalprinzipien als „vielmehr überall der Versuch, die Triebkräfte der geschichtlichen Entwicklung neu zu erfassen im verbindlich verstandenen Horizont geistiger und formaler Strukturen". Es wird überaus deutlich, wie die historische Strukturanalyse in einer Analyse der Seinsstruktur ihr Äquivalent findet. Ja, H. Friedrich (Die Struktur der modernen Lyrik, Hamburg, 1956, S. 7) ist sogar der Ansicht, daß der Begriff der Struktur die Vollständigkeit des geschichtlichen Materials überflüssig macht. Zur Aufdeckung dieser Seinsstruktur scheint mir gerade die Toposforschung einen wichtigen Beitrag zu leisten. Denn es ist nicht nur das Entstehen neuer Topoi in der mittelalterlichen Literatur zu beobachten, auf welche Erscheinung Curtius einen so großen Wert legte, vielmehr ist es der nicht weniger wichtige Vorgang, daß alte Topoi einen neuen Bedeutungshorizont gewinnen, der den alten völlig negiert oder doch nur noch sehr vage erkennen läßt, in jedem Falle aber auf ihn verweist. Sei es nun, daß auf den Begründungszusammenhang selbst verwiesen wird, sei es, daß eine Änderung sichtbar wird, immer steht die Denkstruktur im Vordergrund der Untersuchung. Kuhn (a. a. O.) hat versucht, den Begriff der Struktur „wie er von uns als Bezugspunkt der meisten Versuche zu einem neuen Mittelalterbild benutzt wird" näher zu beschreiben. „Was hier im besonderen damit gemeint wird, ist eine neue Vereinigung der in Form und Inhalt verbindlich genommenen geistigen Bedingungen (s. dazu allgemein: Gerhard Ritter, Lage und Zukunftsaufgaben deutscher Geschichtswissenschaft, HZ 170, 1950, S. 21 ff.) mit einer fast neu-positivistischen geschichtlichen Tatsachenforschung. Der Begriff der Struktur strebt jedoch über die einzelnen Horizonte ... hinaus zu einer allgemeinen Theorie der Seins-Struktur, die das empirische Forschen mit einem geradezu erkenntnistheoretischen methodischen Bewußtwerden zu verbinden hätte." Diese Strukturierung des Denkens, diese Auslegung des Seins herauszuarbeiten, erscheint als eine über die mittellateinische oder deutsche Philologie weit hinausreichende Unternehmung. Sie bezieht Litera-

162 Walter Veit

tur, Geschichte, Musik- und Kunstgeschichte, die Theologie und Philosophie mit ein. Kuhn selbst hat (a. a. O.) auf die Ansätze solcher Unternehmen in allen Disziplinen hingewiesen; es brauchte ja nur auf seine eigenen Arbeiten hingewiesen zu werden (vgl. a. a. O. und Anm. 56).

Dabei sind es drei Probleme, auf die er im Bereich des Mittelalters verweist. 1. Wieweit sind bei den Topoi durch Tradition und Rhetorik Übereinstimmungen hervorgebracht, oder inwieweit beruhen sie mehr auf unbewußter Mode oder „Neuschöpfung aus dem Geist der Zeit", aus Stil-Zwang? Hier wird man darauf hinweisen müssen, daß Rhetorik und Tradition transzendental zum Begriff des Topos sind. Damit wird aber die Frage nach den „Neuschöpfungen" aus der Mode und dem Zeitgeist nicht hinfällig, vielmehr ist an dieser Stelle die Eruierung des Bedeutungshorizontes im oben erwähnten Sinne notwendig, um die Wandlung aus dem „Zeitgeist" begründen zu können. 2. Gibt es im Mittelalter eine Art Komposition oder nicht? Mag sie auch in dem heute geläufigen Sinne geleugnet werden, so wird man doch nicht den Grundsatz der antiken Rhetorik vergessen dürfen, daß die Sache, um die es geht, kompositorisch wirksam wird; auch die Funktion der Topoi in kompositorischer Hinsicht wird man nicht zu gering veranschlagen dürfen; andererseits wird für die mittelalterlichen Epen in den Nationalsprachen die Komposition kaum noch in Frage stehen (vgl. P. Wapnewski, Wolframs Parzival, Studien zur Religiosität und Form, Heidelberg 1955; Reto Bezzola, Liebe und Abenteuer im höfischen Roman, Hamburg 1961; H. Kuhn, Zur Deutung der künstlerischen Form des Mittelalters, Studium Generale Bd. II, 1949, S. 114—121). 3. Hat Curtius mit seinem Verdikt über die europäische Bedeutung der deutschen Literatur des Mittelalters recht oder nicht? Ganz abgesehen davon, daß dies von den verschiedensten Seiten energisch angefochten wird, ist es immerhin eine Frage, ob die europäische Bedeutung ein Wertmaßstab ist; eine andere, ob dieser Maßstab nicht Voraussetzungen enthält, die für das Mittelalter nicht gemacht werden dürfen: z. B. das Bewußtsein einer geistigen Differenzierung der Nationen. Ist nicht vielmehr eine einheitlichere Seins- und Denkstruktur anzunehmen, die auch eine Rhetorik ermöglicht?

Wenn diese Fragen und Probleme nicht genügend in den Einzelforschungen wirksam wurden, so heißt das nicht, daß sie nicht mehr vorhanden wären. Das Bild vom Mittelalter hat sich gewandelt, nicht zuletzt auf Betreiben von Curtius und einer neuen Methode, die die Struktur intendiert.

Bevor aber eine Kritik des Topos-Begriffs versucht werden soll, muß zuvor noch die Methodik einer Toposforschung von Otto Pöggeler[61] dargestellt werden. Nachdem Pöggeler im ersten Abschnitt seiner Abhandlung von den in der Literaturwissenschaft vorgefundenen Begriffen der „Dichtungstheorie" und „Toposforschung" ausgehend einen Plan dichtungstheoretischer Toposforschung, der noch genauer betrachtet werden wird, entwirft, bringt er anhand einiger vorliegender Arbeiten „konkrete Beispiele aus der Arbeit" dieses Forschungzweiges. Ein dritter Abschnitt hat das Ziel, „eine Besinnung auf die Methodik (der Toposforschung) durchzuführen". Er geht dabei ganz von der Begrifflichkeit, die er bei Curtius vorfindet, aus und bezeichnet selbst die Topoi als „Leitende Gesichtspunkte des Denkens, die sich zu Formeln kristallisieren", die es „nicht nur in der Dichtungstheorie, sondern auf allen Gebieten des Geistes"[62] gibt. Als Beispiele möglicher Untersuchungen führt er Erich Auerbachs La cour et la ville[63] an oder die des Topos „Kopf und Herz" zur Betrachtung der allgemeinen Geistesgeschichte der rationalen und irrationalen Strömungen; ferner den Topos „Interesse", wobei er auf die Arbeit von Viehweg verweist,[64] ohne doch verkennen zu wollen, daß die „Toposforschung die systematische Explikation nicht ersetzen" kann. „Sie will nur ergänzen und Aufgaben übernehmen, die diese (systematische Explikation) nicht oder nicht gleicherweise erfüllen kann. Im Grunde schließen sich

[61] Otto Pöggeler, Dichtungstheorie und Toposforschung, Jb. f. Ästhetik und Allgemeine Kunstwissenschaft, hrsg. v. H. Lützeler, Bd. V, Köln 1960, S. 89—201. [Die Seiten 104—201 dieser Arbeit sind in diesem Band auf den Seiten 22—135 abgedruckt.]

[62] Pöggeler, S. 152 ff. [in diesem Band S. 78 u. 81].

[63] E. Auerbach, Vier Untersuchungen zur Geschichte der französischen Bildung, Bern 1951, S. 8 ff.

[64] Th. Viehweg, Topik und Jurisprudenz, München 1953.

die Methoden nicht aus. Was die philologische Toposforschung aus-
zeichnet, ist, daß sie sich streng an das Element der Sprache bindet
und damit als wahre Philologie von der Liebe zum Worte lebt.
Darin liegt, zusammen mit ihrer Einseitigkeit, ihre Stärke. In dieser
Bindung findet sie ihre Begrenzung, das heißt aber: ihr Wesen." [65]
Er ordnet die Toposforschung in die Tradition des dialektischen
Denkens ein, wo die Topik in der antiken Rhetorik die „geschichtsmächtigste Ausgestaltung erfuhr". In dieser Rhetorik diente die
Topik der Gesprächsführung, zur Erörterung eines sachlichen Für
und Wider, zur Auffindung der Gesichtspunkte, „aus denen die
rechten Argumente für die Beweisführung fließen. ... Die Topoi
der Topik führen zu den Argumenten hin, deren das Gespräch
bedarf. Als ein beweglicher mannigfach anwendbarer Gesichtspunkt
ist der Topos nicht durch eine geschlossene Systematik festgelegt.
Der streng deduzierenden Systematik steht das topische Denken,
das im Gespräch seine Gesichtspunkte sucht und eventuell auch
wechselt, gegenüber." Im Mittelalter erhält die Topik — nach
Pöggeler — einen neuen Sinn. Sie „diente jetzt weniger der Gesprächskunst (die ja schon in der Antike verfallen war), als vielmehr
der Überlieferung und der Neufassung des tradierten geistigen
Gutes. ... Gerade die Topik gestattete die Umformulierung alten
Gutes zusammen mit seiner Beibehaltung." [66] Er verweist dabei auf
die „topische Geistesart des Mittelalters" und beruft sich auf den
als *Loci communes* [67] bezeichneten theologischen Grundriß Melanchthons, auf Raimundus Lullus, Nikolaus Cusanus und Leibniz.

---

[65] Pöggeler, S. 155/56 [in diesem Band S. 81—82].

[66] Pöggeler, S. 156/57 [in diesem Band S. 82—84].

[67] Vgl. dazu Lex. f. Theol. u. Kirche, 2. Aufl., 1961, Bd. VI, Sp. 1110—
1112, Art. Loci theologici:
Loci theologici, ein in Anlehnung an die Topik des Aristoteles in der
theol. Erkenntnis- und Methodenlehre gebrauchter Terminus.
I) Altertum und Mittelalter. ... Im MA fand die topische Methode,
durch Boethius vermittelt, eine beachtenswerte Anwendung in den ›regulae
theologicae‹ des 12. Jh. (z. B. bei Gilbert v. Poitiers u. bei Alanus ab
Insulis). Diese ›regulae‹ hatten ausgesprochen topischen Charakter, inhaltlich eine möglichst umfassende Spannweite und als Grundlage die allg.
Anerkennung. In der Hochscholastik hat man die Leitsätze der Theologie

Zum Wesen der Topoi ist ferner zu sagen, daß sie „elastisch anwendbare Begriffe oder Sätze" sind, „zu deren Eigenart die Unschärfe und systematische Unbestimmtheit gehören", deshalb ist sie
mit dem kritischen Denken der Neuzeit in Konflikt geraten.
Bekanntlich hat Kant die Topik abgelehnt.[68] — Im Rückgang auf
Aristoteles geht Pöggeler weiter auf die Topoi ein, die hier ihre
Rechtfertigung gefunden haben. Dabei ist allerdings fraglich, ob
nicht die Topik für das griechische Denken überhaupt nebensächlich
gewesen ist, jedenfalls gegenüber der Analytik. Auf die Entwicklung der Geschichtsphilosophie eingehend, bemerkt Pöggeler: „Die
alte Dialektik oder Gesprächskunst[69] hätten, so dürfte man eigentlich annehmen, dann zu besonderer Ausbildung kommen müssen,
als jenes Gespräch, das die Geschichte ist, in die Mitte des Denkens
rückte. Das ist aber nicht so gewesen."[70] Dagegen sieht er heute
„vereinzelte Versuche, an die alte Topik anzuknüpfen". Er verweist
aber auch auf den Rückgriff Giambattista Vicos auf die rhetorische
und topische Methode in dem Bestreben, die alte rhetorisch-topische
Methode mit der neuen kritischen zu versöhnen.[71] Als Ziel seiner

nicht mehr nach ihrem Inhalt, sondern, ihrem Autoritätscharakter entsprechend, nach ihrer Bezeugung durch die göttliche Erfahrung bestimmt.
Die Theologie bedient sich, so heißt es in der kurzen, wegweisenden Anweisung des hl. Thomas (S. th. I q 1 a 8 ad 2), natürlicher Erkenntnis,
*quasi extraneis argumentis et probabilius. Auctoritatibus autem canoniae
Scripturae utitur proprie et ex necessitate arguendo: auctoritatibus autem
aliorum doctorum ecclesiae quasi arguendo ex propriis, sed probabiliter*.
Die Ausrichtung auf die Topik blieb dadurch gegeben, daß Thomas die
theol. Beweisgrundlage, im Gegensatz zu der auf menschliche Zeugnisse
aufruhenden, als „locus firmissimus" bezeichnete.

[68] I. Kant, Kr. d. r. V., A. 268; B. 324. Vgl. dagegen bei Mertner
a. a. O., S. 179, den Satz Kants: „Der erste Gemeinort des Geschmacks
ist in dem Satz enthalten: ein jeder hat seinen eigenen Geschmack", der
ganz in der alten Begrifflichkeit steht.

[69] Ich halte diese im Sinne der Methodik erzwungene Übersetzung für
bedenklich.

[70] Pöggeler, S. 162 [in diesem Band S. 89].

[71] P. verweist S. 162 [in diesem Band S. 90] auch auf Heidegger, der,
wenn er „die dialektische Tradition in ein geschichtliches Denken überzu-

eigenen Untersuchung gibt Pöggeler an, „dieses geschichtliche Denken mit der alten Topik und der zu ihr gehörenden dialektischen
Tradition wieder zu vereinigen und so die eine Form zu finden, die
dem Gespräch, das die Geschichte ist, gerecht wird"[72]. Von diesem
Ziel her wird versucht, die Toposforschung als Topologie des Gesprächs zu bestimmen. „Es wäre an der Zeit, auch jene Methoden
bewußter auszubilden und zu handhaben, die als inexakt erscheinen, aber ihre eigene Strenge haben können. In diesem Sinne versuchen wir eine genauere Charakteristik der Toposforschung. Wir
charakterisieren sie zunächst einmal negativ, und zwar nach zwei
Seiten hin: sie kennt weder eine deduzierende Systematik noch
arbeitet sie mit exakt definierten Begriffen. Dann versuchen wir
darzulegen, daß das topische Denken seine Objektivität und Verbindlichkeit dadurch gewinnt, daß es sich immer neu dem Problem
stellt und sich in die Einheit des Gesprächs fügt, das über dieses
Problem geführt wird. Die Toposforschung versucht, die verschiedenen Orte eines Gesprächs zu erfassen, und wird so zur Topologie."

„Topik als nicht systematische Denkform" findet „immer wieder
Einbruchstellen in die Systematik." Auch sind die Topoi „nicht im
üblichen Sinne exakt definiert"[73]. Sie suchen vielmehr „ein immer

führen sucht, gelegentlich eine ‚Topologie des Seins' als höchste zu
leistende Aufgabe fordern" könne. „Ja, man könnte die Denkversuche des
späten Heidegger als Fragmente einer einzigen großen Topologie im Sinne
der Toposforschung deuten, wenn das Verhalten dieses Denkers zur Philologie nicht so problematisch wäre." Mir ist nicht ganz einsichtig, wie der
wenn-Satz zu seiner Beweiskraft kommen soll. Vor allem aber halte ich es
für bedenklich, die Stelle bei Heidegger, Aus den Erfahrungen des Denkens, Pfullingen 1947, S. 23, in diesem Sinne auszulegen. Es heißt da:
„Der Dichtungscharakter des Denkens ist noch verhüllt. — Wo er sich
zeigt, gleicht er für lange Zeit der Utopie eines halbpoetischen Verstan-
des. — Aber das denkende Dichten ist in der Wahrheit die Topologie des
Seyns. — Sie sagt diesem die Ortschaft seines Wesens."

[72] S. 164 [in diesem Band S. 92].
[73] P. zitiert an dieser Stelle, S. 169 [in diesem Band S. 97], einen bei
Viehweg, a. a. O., S. 32, zitierten Satz des Javolenus: „*Omnis definitio in
iure civili periculosa est*" und meint, dies gelte für alle topischen Wissenschaften. Diese Übertragung erscheint mir unzulässig, vor allem aus der im

selbes, aber sich wandelndes Wesen auszusprechen". Deshalb ist es Aufgabe der Toposforschung, auf die sich wandelnde Geschichte eines Topos zu achten und ihn als elastische Aussage zu fassen." Die Frage, die sich jetzt allerdings stellt, ist die, welche Verbindlichkeit und Objektivität die Erkenntnisse der Toposforschung noch erreichen können. „Das topische Denken gewinnt für seine Erkenntnisse einen Anspruch auf Objektivität dadurch, daß es sich immer neu dem Problem stellt." [74] Weil sie sich aber nicht auf eine Systematik stützen kann, gerade deshalb ist sie offen für das Ganze, für das Gespür der Einheit in der Vielfalt. Diese Einheit ist die Einheit des Gesprächs. „... Eine solche im Ganzen ausgearbeitete Topik, die die Topoi eines Gesprächs aus der inneren Einheit dieses Gesprächs herauszuentfalten sucht, möchten wir eine „Topologie" nennen. Mit diesem Wort ist jetzt nicht eine Lehre von den Topoi oder eine Lehre von ihrer Anwendung gemeint, sondern ein wesentlich verstandenes Sammeln und ein geschichtliches Sichversammeln jener Topoi, in die als in die leitenden Gesichtspunkte sich die Erörterung eines Problems, wie sie im Gespräch der Geschichte geschieht, fügt. Wie Mythologie nicht Lehre vom Mythos ist, so ist eine Topologie nicht eine Lehre vom Topos oder eine Systematik der Topoi, sondern eine Stellenlese von Grundaussagen, wie die einzelnen Epochen der Geschichte sie formulieren. In das Ganze dieser Topologie muß jede Erforschung eines einzelnen Topos einbehalten bleiben, selbst wenn das Ganze nur im Umriß angedeutet

---

nächsten Kapitel zu erörternden Deduktion des Topos-Begriffs. P. leugnet dabei nicht, daß es auch im Bereich der Geisteswissenschaften exakt definierte Begriffe gebe, „Begriffe, die eine bleibende Wesensstruktur treffen", zeigt jedoch Gefahren auf, wenn — wie bei W. Kayser, a. a. O., S. 357 — Dantes ›Divina Commedia‹ als Raumepos definiert, anstatt auf das Wesentliche zu denken, vom exakt definierten Unwesentlichen gedacht werde. Ich kann diese Kritik nur einem — allerdings beträchtlichen — Mißverständnis zuschreiben. In gleicher Weise irreführend sind auf S. 171 [in diesem Band S. 100] die Zitate aus Heidegger, Der Satz vom Grund, Pfullingen 1957, S. 153, 159, 161. Wer sie nachprüft, wird feststellen, daß sie aus dem Zusammenhang gerissen und, auf ein neues Objekt angewandt, nur noch Formelcharakter haben.

[74] S. 172 [in diesem Band S. 101].

oder als immer neu vorzubereitende Aufgabe angesetzt werden kann."[75]

Von hier aus erscheint Pöggeler die Möglichkeit gegeben, das „Gespräch der Geschichte" zu erfassen, in einem sowohl die Selbigkeit eines historischen Phänomens in der Tradition als auch seine jeweilige Eigentümlichkeit hic et nunc zu erfassen. Auf diesem Wege nur kann die Toposforschung ihr Ziel erreichen, ein jeweiliges Phänomen — Pöggeler denkt hier besonders an die Dichtung — „jeweils aus ihrem eigenen Wesen zu verstehen".

Dabei wird es aber notwendig, daß die Forschung „durch das noch Tradierte zum ursprünglichen Gedachten" durchstößt und sich „dem Wahrheitsanspruch einer Aussage stellt", denn mit dem Aufweis eines Topos allein ist noch nichts getan. So kommt Pöggeler zu einer Kritik an Curtius, indem er darauf hinweist, daß durch Rückwendung und Transzensus zum ursprünglich Gedachten der Topos aus der Verengung als Anspielung und Reminiszenz gelöst werden muß; ja, die Verbindung des Topos zur rhetorischen Schultradition und „der Frage nach der Übermittlung des antiken literarischen Gutes durch dies lateinische Mittelalter an die Neuzeit" muß gelöst und der Begriff des Topos verallgemeinert werden.[76] Es geht der Toposforschung um die geschichtlichen Orte des Geistes. Wenn sie sich auch hüten muß, ihre Ergebnisse vorschnell zu verallgemeinern, so kann sie dennoch „ein Wissen vom Allgemeingültigen vorbereiten. Dieses Wissen muß dann seine Allgemeingültigkeit selbst legitimieren. In diesem Sinne will die Topologie des Dichtungsverständnisses dem Wesen der Dichtung gerecht werden: sie will beidem dienen, der Vorbereitung zur Erkenntnis eines konstanten, in allem Wechsel mit sich identisch bleibenden Wesens und dem Hinweis auf ein geschichtliches, auf ein sich wandelndes Wesen. ... So nimmt die Topologie auch die Tradition der Topik auf. Sowohl Aristoteles wie Vico versuchten eine Versöhnung des topischen und dialektischen Denkens mit dem apodiktischen oder dem kritisch-systematischen. Die dialektischen Aussagen galten ihnen nur als wahrscheinlich. Doch konnte das Wahrscheinliche

---

[75] S. 173/74 [in diesem Band S. 102—103].
[76] S. 182 [in diesem Band S. 113].

und Dialektische eine Vorbereitung sein für das gleichbleibend Wahre und Gültige."[77]

IV

Die Feststellung, daß in keiner der bisherigen Publikationen genauer auf die ›Topik‹ des Aristoteles[78] eingegangen wird, ja in vielen Fällen nicht einmal der Name fällt, klingt erstaunlich. Ebenso ist der stark differierende Gebrauch des Begriffs, wie oben gezeigt, bedenklich. Gründe für dies Verfahren sind nicht angegeben; mag sein, daß für das Verständnis die Schriften zur Rhetorik ausreichend erschienen.

Aber gerade auf diese Topik verweisen die Scholiasten und Kommentatoren, gerade sie spielt eine große Rolle in der Rezeption der griechischen Philosophie bei den lateinischen Schriftstellern, und gerade sie ist es, die durch Vermittlung des Boethius ins Mittelalter wirkte.[79] Die Beziehung dieser Schrift zur Rhetorik ist unbestreitbar, wird doch immer wieder — vor allem im letzten Buch (155 b ff.) — auf die Dialektik verwiesen, wie ja auch die Topoi in der Rhetorik (II, 23) wieder auftreten, aber nicht die Rhetorik ist das Objekt der Untersuchung, sondern die Logik[80], und zwar in der speziellen Form der „wahrscheinlichen Schlüsse".

Aristoteles nennt selbst die Aufgabe der Arbeit: „eine Methode

[77] S. 193/94 [in diesem Band S. 127].

[78] Aristotelis Topica et Sophistici Elenchi, ed. Ross, Oxonii 1958; Aristoteles, Topik, übs. E. Rolfes, Phil. Bibl. 12, Leipzig 1948.

[79] Vgl. dazu Martin Grabmann, Die Geschichte der scholastischen Methode, Freiburg 1911, Bd. II, Kap. 3, S. 54 ff., vor allem § 3, S. 64 ff. ebs. ders., Ungedruckte lateinische Kommentare zur aristotelischen Topik aus dem 13. Jh., Archiv f. Kulturgeschichte XXVIII, 1938, S. 210—232. Vgl. auch M. Wallies, Die griechischen Ausleger der aristotelischen Topik, Berlin 1891, und W. Veit, Studien zur Geschichte des Topos der Goldenen Zeit von der Antike bis zum 18. Jh., Diss. Köln 1961.

[80] Zum logischen Problem vgl. Friedrich Solmsen, Die Entwicklung der Aristotelischen Logik und Rhetorik, Neue philologische Untersuchungen, H. 4, Berlin 1929; ders., The Aristotelian Tradition in Ancient Rhetoric, American Journal of Philology, vol. LXII, 1 u. 2, 1941.

zu finden, nach der wir über jedes aufgestellte Problem aus wahrscheinlichen Sätzen Schlüsse bilden können . . ." (100 a 18).

Damit ist der Untersuchungsbereich deutlich abgesteckt: es geht, wie in allen anderen Schriften des ›Organons‹, um das Wissen selbst. Aristoteles legt darauf klar, wie Wissen zu erreichen ist: dies geschieht im Schlußverfahren. „Ein Schluß aber ist eine Rede, in der bei bestimmten Annahmen etwas anderes als das Vorausgesetzte, auf Grund des Vorausgesetzten mit Notwendigkeit folgt." Für das Schlußverfahren führt er verschiedene Möglichkeiten auf. Entweder wird der Schluß, der Beweis aus „wahren und ersten Sätzen" gewonnen (ἐξ πρώτων καὶ ἀληϑῶν), „oder aus solchen, deren Erkenntnis aus wahren und ersten Sätzen" entspringt, „womit die schon bewiesenen Prämissen und Axiome" bezeichnet sind. Dies ist das eigentlich wissenschaftliche Verfahren der Apodeixis, des aufweisenden Wissens; nur in diesem Verfahren wird Gewißheit über einen Sachverhalt erlangt, wie in den ›Analytiken‹ deutlich gemacht wird.

Oder aber der Schluß wird aus „wahrscheinlichen Sätzen" gezogen (ἐξ ἐνδόξων). Der Gewißheit nach kann das im Schluß gewonnene Wissen auch nur wahrscheinliches Wissen sein.

Schließlich verweist Aristoteles noch auf den Streitschluß, der nur auf scheinbaren, nicht wirklich wahrscheinlichen Sätzen fußt oder zu fußen scheint. Hier wird überhaupt kein Wissen erreicht, denn wenn die Praemissen nicht einmal wahrscheinlich sind, so ist der daraus gezogene Schluß ohne jede Dignität. „Denn nicht alles, was wahrscheinlich scheint, ist es auch."

Damit sind der apodiktische und der eristische Schluß in ihrem Anspruch dargelegt. Das eigentliche Interesse aber gilt dem dialektischen Schluß, der aus wahrscheinlichen Sätzen entspringt.[81] Aristoteles gibt zuerst den Gegenstandsbereich seiner methodischen Untersuchung an, auf welche „Dinge sich die Disputationen beziehen, mit welchen Gründen sie beweisen und wie wir diese Gründe finden".

---

[81] Über die Eigenständigkeit der Dialektik gegenüber der Analytik, durch die unsere Begriffe über die Logik geprägt sind, vgl. Solmsen, a. a. O., zusammenfassend S. 37 ff. u. 41. Die grundsätzliche Abhandlung der Dialektik, S. 151 ff.

Dabei stellt er fest, daß die Disputationen aus den wahrscheinlichen Sätzen erwachsen; das aber, worum sich die Schlüsse drehen,
sind die Probleme. Satz und Problem werden genau definiert: „Es
ist ein dialektischer Satz, eine Frage, die entweder allen oder den
meisten oder den Weisen und von den Weisen entweder allen oder
den meisten oder den angesehensten glaubwürdig erscheint ... Zu
den dialektischen Sätzen gehört auch, was dem Glaubwürdigen
Ähnliches behauptet, was dem glaubwürdig Scheinenden Entgegen-
gesetzes verneint und alles, was die Meinungen wiedergibt, die
den von den Menschen erfundenen Wissenschaften und Künsten
gemäß ist."
Ein dialektisches Problem ist dagegen ein Forschungsgegenstand,
der die Aufgabe stellt, zu ermitteln, ob die Sache ist oder nicht ist,
oder ob sie begehrenswert ist oder nicht (104 b). Hier handelt es
sich also um theoretische oder praktische Fragen. Beide, Satz und
Problem, unterscheiden sich deutlich durch die Form: der Satz stellt
nur die Frage: ist es? — das Problem gibt den Blick auch auf anderes frei: ist es oder ist es nicht?
In der Untersuchung der logischen Struktur der Sätze und Probleme auf ihre Gattung wird deutlich, daß in ihnen entweder das
Genos oder das Proprium oder ein Akzidenz bezeichnet werden.
Die Formen der Begründung eines wahrscheinlichen Schlusses sind
der Syllogismos [82] und die Induktion. (Die Deduktion ist gerade
hier nicht möglich, sie gehört in den Bereich des apodeiktischen
Schlusses.)
Als Hilfsmittel (ὄργανα) zur Auffindung von Schluß und Induktion gibt Aristoteles die Ermittlung der Sätze selbst, die Unterscheidung der mannigfachen Bedeutung der Wörter, endlich die
Auffindung der Unterschiede oder Übereinstimmung der Dinge
an (105 a).
Aus der bisherigen Darstellung zeigt sich deutlich, daß der Blick
immer auf das Wissen gerichtet ist und wie es durch den Schluß
erreicht wird. Das Wie des wahrscheinlichen Schlusses, der Bereich
und die Hilfsmittel, sind abgeschritten. Damit ist der Weg zur Erörterung des Was des dialektischen Schlusses, der als Schluß dennoch

[82] Vgl. Solmsen, a. a. O., S. 41 u. 151 ff.

stets die Struktur der Notwendigkeit haben muß, freigemacht. Der dialektische Gegenstand wird in den Prämissen des Schlusses, die die Argumente des Beweises abgeben, ausgemacht. Aristoteles kann jetzt zur Darstellung der Örter übergehen, „für die das Gesagte von Nutzen ist" (109 a ff.). Innerhalb des Schlusses geben die Prämissen die Argumente des dialektischen Schlusses her. Woher sind nun die Argumente zu nehmen? Aus den τόποι. Der Topos ist der Ort, aus dem der dialektische Schluß erfolgt (155 b), sie sind die „Bereiche", die uns helfen können, in bezug auf jedes Problem dialektische Schlüsse zu ziehen (155 a 37) (vgl. ebs. 100 a 18; Rhet. I, 2, 1358 a 10 ff. und II, 26 1403 a 18 ff.). Die deutlichste Definition findet sich allerdings bei dem Scholiasten Theophrast: „Der Topos ist die Herkunft oder das Element, aus dem wir die Beweisanfänge für jedes nehmen, indem wir auf abgrenzende Weise den Sinn der Umschreibung hinstellen" (Alex. ad Top. 5).[83] Gemäß der Abgrenzung der Bereiche von Satz und Problem, wie sie I, 4 gegeben wird, ist der Bereich der Topoi schon festgestellt: Definition, Proprium, Genus, Akzidenz. Nach diesen Bereichen teilt dann auch Aristoteles die weitere Untersuchung der Topoi ein. So behandeln die Bücher II. und III. die Örter aus dem Akzidenz; (einem Ding ist etwas als ein Akzidenz hinzugefügt worden, was aber in Wahrheit als Proprium anzusehen ist, z. B. daß die Pferde Hufe haben. Der Topos ist dann: das Zukommen in anderer Weise. II, 2) — das Buch IV die Örter aus der Gattung, das Buch V aus dem Proprium; Buch VI. u. VII. beschäftigen sich mit den Örtern aus dem Bereich der Definition. (Hier ist die Homonymie ein Topos, aus dem heraus die Argumente zur Widerlegung einer Definition gezogen werden: z. B. Werden ist der Weg zum Sein usf. VI, 2). Hier wird nun ganz deutlich, daß die Topoi die Elemente, die allgemeinen Formprinzipien der Argumente sind, ganz gleich,

---

[83] Diese Auffassung ist nach Solmsen, S. 66 (dort auch das Zitat) schon eine Erweiterung des τόπος zur ἀρχή, die schon nicht mehr aristotelisch sei; vgl. S. 43 „Die Dialektik hat ihren Schwerpunkt in der auch äußerlich dominierenden Masse der τόποι, die ἀπόδειξις zieht ihre argumentative Kraft aus den ἀρχαί, die ihr den charakteristischen Zug verleihen." Dazu A. 1.

ob wir nun die Rhetorik oder die Topik im Auge haben.[84] Über die inhaltliche Füllung, über die Anwendung auf irgendein Problem ist damit nichts gesagt.[85] Als Prinzipien sind sie unvergänglich, also keiner Tradition unterworfen. Im dialektischen Beweis *sind* sie. Hier im Bereich des Wahrscheinlichen ist es unmöglich, wahre und erste Sätze zu gewinnen; in der Dialektik geht es vielmehr darum, aus diesen Orten, diesen Beweisgründen, die beweisenden Sätze zu ziehen, um die Behauptung des Gegners umzustoßen oder die eigene These zu verteidigen, ganz gleich nun, ob es sich um eine Rede oder um eine wissenschaftliche Schrift handelt. Der Topos ist nicht der Beweis selbst, sondern sein Prinzip. Hiermit wird zugleich nach dem Sinn dieser Dialektik gefragt. Die Topik ist im eigentlichen Sinne eine Methode, die wahrscheinlichen Sätze zu prüfen, Meinung und Wissen zu untersuchen und zu vermitteln. Sie sondert Falsches vom Richtigen im Vorfeld der Wissenschaft, niemals gelangt sie selbst zum eigentlichen Wissen, das der Wissenschaft und Philosophie vorbehalten ist. Aber gerade dieser Verbleib im Vorfeld ist kein Defekt, sondern die eigene Möglichkeit der Dialektik. Aristoteles verweist auf diesen Hauptzweck, neben denen der Übung und des Gedankenaustauschs, mit besonderem Nachdruck: „Endlich ist sie für die philosophischen Wissenschaften nützlich. Denn wenn wir imstande sind, nach beiden Seiten Bedenken zu erheben, werden wir leichter erkennen, was hier und was dort falsch ist.

Sie kann aber auch für die Erkenntnis dessen nützlich sein, was bei den Prinzipien der Einzelwissenschaften das Erste ist. Hierüber

---

[84] Vgl. Solmsen, a. a. O., S. 27 „mit den τόποι der Topik wie der Rhetorik knüpft Aristoteles auch, wie wir später sehen werden, an eine Tradition, und zwar an eine sophistische, an, aber schon in der Akademie hat er den τόπος echt platonisch zu einem καθόλου oder εἶδος des Syllogismos umgeformt, so daß ... aus den τόποι wirklich etwas ganz Neues geworden ist".

[85] Vgl. Solmsen, a. a. O., S. 52 „Die τόποι, das einzige Element ihrer (der Dialektik) Schlüsse, das von wissenschaftlichem Standpunkt interessiert, sind im Gegensatz zu den Prinzipien (ἀρχαί) allgemein; von jeder Materie abzusehen, gehört zu ihrem Wesen."

läßt sich auf Grund der besonderen Prinzipien der einzelnen Wissenschaften unmöglich etwas ausmachen, weil die Prinzipien das Erste von allem sind; man muß hier vielmehr mit Hilfe der wahrscheinlichen Sätze über den jeweiligen Gegenstand der Sache beikommen. Das ist aber die eigentümliche oder doch ihr besonders zukommende Leistung der Dialektik. Sie ist eine Kunst der Erfindung, und darum beherrscht sie den Weg zu den Prinzipien aller Wissenschaften" (I, 2).

Das ist hier nicht weiter zu erläutern. Die Anmerkung des Übersetzers Rolfes, daß die Dialektik also einmal helfe, die Einzelfragen zu lösen und die Vorfragen zu den einzelnen Wissenschaften zu beantworten, trifft doch nur sehr vage den Sinn des Textes. Auch geht die spätere Topik, soweit ich sehe, nicht mehr auf die Topik als eine Erfindungskunst in dieser Bedeutungstiefe ein. Die Erfindung (εὕρησις, *inventio*) behält dagegen in der Rhetorik ihren besonderen Platz: indem sie auf die Sache selbst blickt, kann sie die zweckdienlichen Argumente beibringen. Die Topoi sind die Orte, wo die Argumente zu finden sind, weil sie ihre Formprinzipien sind.[86] Das hat sich seit Aristoteles nicht geändert. In welcher Weise auf die späteren Autoren voraristotelische Vorstellungen eingewirkt haben, läßt sich aus Mangel an Quellenmaterial nicht genau entscheiden.[87] Solmsen verweist darauf, daß der ältere Gebrauch des Terminus Topos, wie ihn die Sophisten nach Aussage des Aristoteles für fertige Argumente, die sie ihren Schülern zum Auswendiglernen gaben, benutzen, nichts mit dem aristotelischen Begriff im Sinne der Dialektik und Rhetorik gemein habe. Diese fertigen Argumente gehören in die logoi-Technik der sophistischen Gedächtnislehre. Es scheint aber so, als ob schon an dieser Stelle der Begriff des Formprinzips auf das Argument selbst übergegangen sei. Dies wird aber noch deutlicher dargelegt werden müssen. Jedenfalls ist

---

[86] Vgl. Solmsen a. a. O., S. 162 ff.

[87] Zur voraristotelischen Topik vgl. Ernst Pflugmacher, Locorum Communium Specimen, Diss. Greifswald 1909; Solmsen, a. a. O., S. 166 ff.; Wilhelm Kroll, Artikel ›Rhetorik‹ in der Realenzyklopädie der klassischen Altertumswissenschaften, Suppl. Bd. VII. Zum folgenden auch Mertner, a. a. O., S. 185 ff.

es doch so, daß sich alle folgenden Autoren auf Aristoteles berufen oder doch seine Topik meinen. So schon Theophrast, wenn er auch eine charakteristische Erweiterung, von der oben die Rede war, vornimmt. So ebenfalls Cicero in seiner Topik,[88] wo er sagt:

sic (loci) appellatae ab Aristotele sunt eae quasi sedes, e quibus argumenta promuntur —

und von dort zu der Definition kommt:

Itaque licet definire locum esse argumenti sedes, argumentum autem rationem, quae rei dubiae faciat fidem, — wenn diese Definition auch kein direktes Vorbild bei Aristoteles hat.[89] Daß Cicero früherer Begrifflichkeit noch verpflichtet ist, zeigt die Stelle Brut. 12, 56, wo es heißt:

rerum illustrium disputationes, quae nunc communes appellantur loci.

Aber gerade Quintilian[90] ist es, der diesen ungenauen Gebrauch zurückweist:

Excutiamus nunc argumentorum locos: quamquam quibusdam eiquoque, de quibus supra dixi videntur. Locos appello, non, utvulgo nunc intelliguntur, in luxuriam et adulterium et similia, sed sedes argumentorum, in quibus latent, ex quibus sunt petenda.

Allerdings verweist Mertner[91] auf eine Cicero eng verwandte Auslegung des Begriffs *locus communis*, die vom Wort *communis* ausgeht. Im Schluß der Rede hat der Redner in der *amplificatio*[92] den Hörer gegen die Tat des Angeklagten aufzubringen; dies geschieht mittels des *locus communis* (Ad Her. II 30, 47 und de

---

[88] M. T. Ciceronis Opera tom. III, Topica, Lpz. 1814, S. 171 ff.

[89] Cicero, Top. 2, 7 ff.; vgl. de orat. II 30, 130 ff.; 34, 146; III 27, 106; de invent. II 15, 48 ff.; 16, 50 ff.; part. orat. 2, 5; 31, 109.

[90] M. F. Quintiliani De institutione oratoria, libr. XII, rec. Spalding, Lpz. 1798; hier V 10, 20.

[91] Mertner, a. a. O., S. 188; ebs. W. Kroll, a. a. O., RE Supl. VII Sp. 1044.

[92] Walter Plöbst, Die Auxesis (Amplificatio). Studien zur Entwicklung und Anwendung; Diss. München 1911. Diese Arbeit geht allerdings nur auf die voraristotelischen Rhetoren ein. Sie schränkt den Begriff *locus communis* auf die *res illustris* ein, legt aber für die steigernden *laudes vituperationesque* den Ausdruck λόγοι ῥητορικοί nahe.

invent. I 53, 101). Hier kann, so meint Mertner, wohl nicht mehr
von Topoi im eigentlichen Sinne gesprochen werden, sondern
höchstens von allgemeinen Erwägungen, die freilich aus dem
speziellen Fall erwachsen; „so etwa, wenn der Redner im *locus
primus (ab auctoritate)* erwähnen soll, wie sehr die Sache den
Göttern, dem Senat etc. am Herzen gelegen sei" usf. „Die Bedeutung: 'allgemeine Erwägung, die sich besonders gut zur rednerischen
Bearbeitung eignet', für *locus* scheint neben der zuerst erwähnten
weit verbreitet gewesen zu sein." Dennoch bin ich der Meinung,
daß sich auch diese Auslegung gut mit dem exakten Verständnis
vereinbaren läßt, denn diese „allgemeinen Erwägungen" sind ja
eben Argumente in der Rede, die allemal einem Topos zugeordnet
werden können. Das gilt, wenn ich recht sehe, auch für den Abschnitt ›*De loco communi*‹ der ›Progymnasmata‹ des Hermogenes
(2. Jhdt.).

Auf diesen Zweig führt aber Mertner die Entwicklung zum engl.
commonplace und dt. Gemeinplatz zurück. Er stützt sich dabei auf
die Progymnasmata des Aphthonius (4. Jhdt.), die besonders im
16. Jhdt. ein weitverbreitetes Textbuch waren.

Mertner kommt im ganzen zu dem hier allein entscheidenden
Urteil:

„Aber ob die Topik nun eine Technik war, Argumente zu finden,
oder ein Mittel, bestimmte Darstellungen auszuweiten oder zu
intensivieren, oder eine Methode, überhaupt Dinge zu entdecken,[93]
ob der *locus* nun weit oder eng gefaßt wurde, als großer Schrank
mit vielen Fächern gewissermaßen oder nur als einzelnes Fach in
einem Schrank (oder beides zu gleicher Zeit), die Grundbedeutung
wurde in keinem Fall verlassen. *Locus* bezeichnet eine Methode,
eine Technik oder Norm, ein Instrument zur Auffindung einer
Sache, niemals aber die Sache selbst."[94]

Die angeführte Stelle aus Quintilian aber ist genau die, die
Curtius (E. L. S. 79) mit „Fundgruben für den Gedankengang"
äußerst mißverständlich übersetzt. Denn die Topoi geben keines-

---

[93] Hinweis auf Rich. McKean, Rhetoric in the Middle Ages, Speculum
XVII, 1942, S. 32.
[94] Mertner, a. a. O., S. 191.

falls, wie bisher zu sehen war, an, was in einer Rede hintereinander folgt, was zu sagen ist, sie haben keinen Bezug zum Inhalt und zur Disposition, sie sind immer auf das Problem bezogen, das zur Diskussion steht. Solmsen hat schon gerügt, daß die Literatur über antike Topik und Rhetorik sich im allgemeinen damit begnüge, die Topoi „als 'Fundörter' in den Bereich des für unser Denken Faßbaren zu überführen, ohne einen Versuch zu machen, der Genesis dieses rhetorischen Begriffs und seinen Beziehungen zu anderen Verwendungsweisen des Wortes τόπος auf die Spur zu kommen" [95]. An anderer Stelle [96] betont er noch schärfer: „Die üblichen Verdeutlichungen der τόποι vom modernen Denken aus — man faßt sie als 'Gesichtspunkte', 'Methoden', 'Hilfsmittel' oder gar 'Kategorien' — sind nicht nur schief und zwecklos, sondern stiften geradezu Unheil." Damit wird aber allen oben genannten Kommentatoren von seiten der Systematik der Boden entzogen. Von einer Deduktion des Begriffs Topos als 'Klischee', das „literarisch all-

---

[95] Solmsen, a. a. O., S. 170 f. Er bezieht sich hier auf Volkmann, Rhetorik der Griechen und Römer, 2. Aufl. 1885, S. 200. Überhaupt scheint mir Volkmann in diesem Werk, wie in dem vorhergehenden, Hermagoras oder Elemente der Rhetorik, Stettin 1865 (bes. §§ 17/18) für das ganze Mißverständnis verantwortlich. Existiert im ›Hermagoras‹ bei der Behandlung der Topoi noch die entsprechende Schrift des Aristoteles, so ist sie in der ›Rhetorik‹ aus der Diskussion verschwunden. Faktisch aber ist sie in beiden Werken unbeachtet geblieben. Nur daraus ist das Urteil in der ›Rhetorik‹ zu verstehen, in der V. schreibt: „Es bleibt ein unbestreitbares Verdienst (des Arist.), den fraglichen Gegenstand zuerst in den Bereich der wissenschaftlichen Erörterung gezogen zu haben. Allein die Art, wie er es getan, ist eine äußerst mangelhafte. Er stellt Rhet. II 23 f. achtundzwanzig allgemeine Beweistopen auf. Die Reihenfolge derselben ist eine ganz zufällige und willkürliche. Zu irgendwelcher Einteilung oder Zusammenfassung des Gleichartigen ist auch nicht der mindeste Versuch gemacht. Die Bezeichnung der Topen ist vielfach unklar und schwerfällig. Manche sind geradezu unverständlich" (S. 159/60). Und das bei den häufigen Verweisen auf die Topik. Das Urteil des Quintilian hätte ihn belehren können. Vgl. Inst. v. 10, 17.

[96] Solmsen a. a. O., 165 auch A. 3, wo „Materialmassen", vergleichbar Curtius' „Vorratsmagazin" inkriminiert wird.

gemein verwendbar" ist, oder als „literarische Reminiszenz oder
rhetorische Formel" kann nirgendwo die Rede sein; dieser Gebrauch erweist sich als unzulänglich und unzulässig.

Dementsprechend sind auch Bedenken gegen die Grundbestim-
mung der *loci* bei Lausberg zu erheben.[97] Gerade weil er sich auf
Aristoteles bezieht, ist der Schluß von der Auffassung: „Aufgabe
der *inventio* ist es aber nun gerade, Anweisung für das Finden der
sach- und parteientsprechenden Gedanken zu geben", auf „die loci
sind also die Suchformeln und in ihrer Gesamtheit ein Gedanken-
reservoir, aus dem die passenden Gedanken ausgewählt werden
können", nicht zulässig.

Vielfach ist dann darauf verwiesen worden, daß die Topik auch
im Rahmen der Rhetorik erscheine, ja hier eigentlich zu Hause sei
und hier ihre noch heute gültige Prägung gefunden habe. Hieran
hängt die ganze Konstruktion des Begriffs bei Curtius. Die genaue
Betrachtung der entsprechenden Kapitel in der ›Rhetorik‹ des
Aristoteles[98] gibt kein anderes Bild als die Topik, auf die Aristoteles in diesem Abschnitt der ›Rhetorik‹ mehrfach verweist. Indem
er über wirkliche und scheinbare Gedankenketten handelt, zeigt er
deren Bestandteile auf, die Topoi, aus denen Argumente für
den Beweis zu ziehen sind. Die Aufzählung einer Auswahl der
achtundzwanzig hier aufgestellten Topoi wird in unserem Zusammenhang dienlich sein. Argumente im Beweis werden geordnet als:
Schluß aus dem Gegenteil — Benutzung ähnlicher Wortableitun-
gen — das Arbeiten mit dem Vergleich — Schluß aus dem Grad —
Beachtung der Zeit — Wendung des Anklagepunktes gegen den
Ankläger — Verwendung der Begriffsbestimmung — Benutzung
der Vieldeutigkeit oder der Einteilung oder der Erfahrung —
Verwendung eines schon einmal gefällten Urteils — Rückgang auf
die Unterarten oder die Folgerungen — und so fort bis hin zu den
Argumenten, die für nur scheinbare — nicht-wirkliche — Gedanken-
ketten charakteristisch sind. Eben diese Ordnungsprinzipien der
Argumente sind die Topoi, eine andere Bedeutung ist auch der
›Rhetorik‹ nicht zu entnehmen.

[97] Lausberg, a. a. O., §§ 373—399.
[98] II 22 ff.

Wie nicht anders zu erwarten, hat die spätantike Tradition auch in der mittelalterlichen Rhetorik immer an der dargestellten Begriffsbestimmung festgehalten.[99] Wir finden sie bei Boethius[100] in seinem Topikkommentar, worin er sich auch auf Cicero stützt. Seine Einleitung zeigt ihn ganz in der aristotelischen Tradition.

Ebenso C. Julius Victor[101]: *hi loci ideo communes appellantur, quia in omni genere causarum ex his argumenta duci possunt.*

In gleicher Weise findet sich das ganze Schema der Topik bei Isidor von Sevilla.[102] Im II. Buch seiner Etymologien handelt er die Rhetorik ab, wobei er besonderen Wert auf die Einteilung der Reden (II 4/5) und den Syllogismus (II 9) legt. Da kann man dann erfahren, daß der *locus communis* — das Argument *generaliter in facti crimen praeponitur. Unde et communis locus dicitur, quia absente persona non tam in hominem, quantam in ipsum crimen exponitur* (II 4, 8). Über die Topik aber: *Topica est disciplina inveniendorum argumentorum. Divisio Topicorum, sive locorum ex quibus argumenta dicuntur, triplex est* ... (II 30, 1) und es folgt die Erarbeitung der Bereiche, wie sie schon bei Aristoteles zu finden ist. Schließlich findet Isidor für die Topik fast panegyrische Worte:

Memoriae quoque condendum est Topica oratoribus, Dialecticis, poetis et iurisperitis communiter quidem argumenta praestare; sed quando aliquid specialiter probant, ad Rhetores, poetas, iurisperitosque pertinent; quando vero generaliter disputant, ad philosophos attinere manifestum est. Mirabile plane genus operis, in unum potuisse colligi, quidquid mobilitas ac varietas humanae mentis in sensibus exquirendis per diversas causas poterat invenire, conclusum liberum ac voluntarium intellectum. Nam quocumque

[99] Vgl. zum Wortgebrauch Thes. Graec. Ling. Bd. VII, 2306 D 12 ff. Art. *topos*; ebs. Thes. Ling. Lat. Bd. III, 1975 B 50 ff. Art. *communis (locus)*.

[100] M. S. Boethii Opera Omnia, Migne PL Bd. 64 Paris 1891 De diff. top. libr. IV.

[101] C. Iulii Victoris Ars rhetorica ed. Halm, Rhetores Latini minores, Lpz. 1863; hier 6. 1.

[102] Isidori Hisp. Episc. Etymologiarum sive Originum libr. XX, recog. W. M. Lindsay, tom. I/II Oxonii 1911.

se verterit, quascumque cogitationes intraverit, in aliquid eorum, quae praedicta sunt, necesse est cadat ingenium (II 30, 17/18).

Cassiodor spricht von *collectiones argumentorum, quae Graeci topica dicunt.*[103]

Über Matthaeus von Vendôme ist oben schon einiges gesagt worden. Anzumerken ist aber noch eine Bemerkung in seiner ›*Ars versificatoria*‹[104]:

utiquidem hic aliter accipienda sunt nomina ista 'argumentum' sive 'locus a nomine vel a natura' quam in logica facultate. Hic enim nihil aliud est argumentum, sive locus a nomine vel a natura, nisi per interpretationem nominis et per naturales proprietates de persona aliquid probare vel improbare, personam propriare vel impropriare.

Für gleichbedeutend hält aber Matthaeus *colores operum, proprietas, epitheta* und *personae attributa* (§ 37), diese Attribute sind allerdings zu einem ganzen Formelbuch ausgearbeitet.

Am richtigen Verständnis der Bedeutung von *locus* ist bei Matthaeus nicht zu zweifeln, seine Attribute sind Schmuck, Beispiele, aber keine Topoi.

Selbst Notker v. St. Gallen kennt in seiner Schrift ›*De arte rhetorica*‹[105] bei der Beschreibung des ganzen Bildungssystems im Anschluß an die antiken Autoren den exakten Wortgebrauch: *Quae sunt topica? Sedes argumentorum, fontes sensum, origines dictionum.*[106]

Nur soweit die Beispiele hier.

Mertner hat von Erasmus von Rotterdam und Melanchthon ausgehend die Entwicklung in der englischen Literatur bis hin zum *commonplace* und den *Commonplace Books* umfassend dargestellt.[107] In Anbetracht einer musikalischen Topik[108] kommt er

[103] Expositio in Psalterium; zit. nach McKean, Rhetoric in the Middle Ages, Speculum XVII, 1942, S. 19.
[104] Faral, a. a. O., S. 136, § 76.
[105] Notker, a. a. O., Bd. I, S. 623 ff.
[106] S. 632, v. 11 ff.
[107] Hier auch reiche Literaturangaben zur Rhetorik im Mittelalter.
[108] Zu Willibald Gurlitt, im Nachwort zu Arnold Schernig, Das Symbol in der Musik, Leipzig 1941, S. 184. Vgl. den unkritischen Gebrauch

zu dem Schluß: „Daß man angesichts solcher deutlicher Worte von einer musikalischen Topik mit ihrem 'überlieferten Topenschatz, d. h. einer Wiederaufnahme, Abwandlung, Neubearbeitung bestimmter typischer Themen, Formeln und Wendungen' sprechen kann, ist nur damit zu erklären, daß unbedenklich die moderne Vorstellung des Gemeinplatzes auf den alten Topos übertragen wird. Gewiß gibt es in der Literatur und Musik zahlreiche wiederkehrende 'Themen, Formeln und Wendungen', und gewiß spielten sie in früherer Zeit eine größere und angesehenere Rolle als in den letzten anderthalb Jahrhunderten. Aber niemals sind sie Topoi gewesen. Erst seitdem man anfängt, Originalität um jeden Preis höher zu schätzen als die handwerkliche Komposition, hat man der alten Findungslehre und ihren Topoi ihre Ehrbarkeit geraubt, und erst als man, ohne der Geschichte des Begriffs sorgfältig nachzugehen, die Bedeutung typischer Formeln und Wendungen in der Literatur und Musik der Vergangenheit wieder entdeckte, hat man den Topos zu dem degradiert, was er gerade nicht ist, zur Formel und zum Klischee." [109]

Damit ist das Dilemma offensichtlich geworden. Der Begriff Topos hat einerseits in dieser Anwendung keine Berechtigung, andererseits ist er in der Literaturwissenschaft heimisch geworden, ist in allen Arbeiten zur Topik aus dem formalen in den inhaltlichen Bereich übergeführt worden und wird in anderen Disziplinen mehr und mehr aufgegriffen.

Trotz des eindeutig zu verfolgenden Eindringens der Rhetorik in die Poesie, wobei aber allemal der fundamentale Unterschied zwischen Rhetorik und Dichtung bestehen bleibt und die Einwirkung sich über die Stil-Elemente vollzog, scheint sich für die *Translatio* des Begriffs Topos kein eindeutiger Beweis erbringen zu lassen. Die Topoi selbst sind streng von der Stilistik zu trennen.

Einen Hinweis auf eine mögliche Erklärung der „topischen Elemente" außerhalb der Topoi im eigentlichen Verstande habe ich in

bei W. Messerer, Einige Darstellungsprinzipien der Kunst im Mittelalter, DVjs. 1962, S. 159 u. 164; Theo Schumacher, Walthers Zweiter Spruch im Reichston, ebd. S. 180 A. 11.

[109] Mertner, a. a. O., S. 223 f.

182 Walter Veit

meiner Arbeit zum ›Topos der Goldenen Zeit‹ gegeben.[110] Er geht
von einer Bemerkung Quintilians aus: „Hinzu kommt der nicht
weniger beträchtliche Vorteil, mit dichterischen Aussprüchen als
geltenden Beweisen dasjenige zu bestätigen, was man vorträgt."[111]
Es handelt sich hier um das Zeugnis oder Beispiel. Unter diesem
Titel hat sie auch Cicero in seiner ›Topica‹ abgehandelt. Zitate
daraus wollen darlegen, was gemeint ist:

„Diejenige Beweisführung nun, von der man zu sagen pflegt, sie
liege außer dem Bereiche künstlerischer (wissenschaftlicher, theore-
tischer) Behandlung, besteht in dem Zeugnisse. Zeugnis aber nennen
wir hier alles, was von irgend etwas Äußerlichem zur Beglaubigung
genommen wird. Es hat nicht jede Person, wie sie auch immer beschaffen sein mag, das Gewicht einer gültigen Zeugschaft; denn zur
Möglichkeit des Beglaubigens gehört Ansehen. Ansehen verschafft
aber entweder die Natur oder die Zeit (die Umstände). Das erstere
beruht vorzüglich auf Tugend (Tüchtigkeit, persönlichem Werte);
in der Zeit aber liegt vieles, was Ansehen verschafft: Talent, Vermögen, Alter, Glück, Kunst, Übung, Notwendigkeit, auch zuweilen
ein Zusammentreffen zufälliger Dinge ..."

„Der Glaube aber, den man der Tugend wegen schenkt, ist von
zweierlei Art: wenn nämlich die Tugend in der Natur dessen liegt,
der sie besitzt, oder etwas Erworbenes ist. Die Tugend (Vollkommenheit) der Götter hebt sich durch ihre Natur heraus, die der
Menschen dadurch, daß sie errungen wird. Die Götter legen auf
folgende Weise Zeugnis ab: erstens sprechend, denn die Orakel-
sprüche haben gerade davon den Namen, weil bei ihnen ein Sprechen stattfindet; zweitens durch das, was durch sie geschieht, worin
sich gleichsam die Resultate göttlicher Tätigkeit offenbaren: fürs
erste die Welt selbst, die ganze Weltordnung durch ihre schöne Ein-
richtung; sodann der Flug der Vögel durch die Luft und ihr
Gesang ... Bei einem Menschen ist es von der stärksten Wirkung,
wenn man an seine Tugend glaubt..."

Man nimmt aber nicht nur diejenigen als solche an, welche als
Staatsbeamte und Staatsmänner vor dem Volke hochgeehrt da-

[110] A. a. O., S. 11.
[111] Quintilian, Instit. I, 8; ebs. V, 11; XII, 4.

stehen, sondern auch Redner und Philosophen und Dichter und Geschichtsschreiber, aus deren Aussprüchen und Schriften man oft eine
Gewährleistung für das schöpft, was man geglaubt wissen will." [112]

Wie deutlich auch hier wird, daß der Bereich der aristotelischen
Topik überschritten wird, weil der Begriff *Topos* oder *Locus* nun
auf das aus ihm geschöpfte Argument übergegangen ist, weil hier
schon nicht mehr die Form, sondern der Inhalt maßgebend wird,
so haben diese Exempla den großen Vorteil, wirkliche Argumente
im Beweis zu sein. Beweis in dem weiteren Sinne, wie jede Dichtung
ein Vorweis von Wirklichem ist. Ja, man kann sogar behaupten,
daß eine logische Analyse sie wieder in den Bereich der Topik zu-
rückbringen könnte. Allerdings, — und das ist entscheidend —: die
stilistischen Formeln und Klischees der Exordial- und Schlußtopik,
wie sie bei Curtius aufgeführt werden, Naturanrufung, Verkehrte
Welt, Unsagbarkeit usw. verlieren damit den Namen Topik. Für
diese müssen andere Begriffe gefunden werden. Für die Topik wird
damit der ihr zuständige Bereich abgesteckt.

So ist als Ergebnis aufzuzeigen, daß man

1. weder zur Begriffsfassung des Topos bei Aristoteles zurückkehren kann, wo er einen Platz im dialektischen Beweisverfahren
hat, wie oben gezeigt ist; noch aber kann man

2. der Definition des Topos durch Curtius vorbehaltlos zustim-
men, die, wie oben gezeigt wurde, rein formalstilistisch ist und über
dem vermeintlichen Klischee-Charakter jede philosophische Bindung leugnet.

3. Vielmehr ist die Anregung und der Ansatz von Curtius,
literarische Formeln in ihrer Tradition zu untersuchen und in ihnen
das geistige Kraftfeld der europäischen Literatur sichtbar zu
machen, aufzunehmen, dabei der Begriff Topos in neuer Begrenzung
zu fassen. In einem neuen Ansatz ist dann nach Grund und Herkunft eines Topos zu fragen und so das Begründungsverhältnis von
Topos und Bedeutungshorizont festzustellen.

Ich schlage deshalb vor, ihn als Denkform zu fassen, wie es in
mehreren Arbeiten, über die weiter unten berichtet wird, schon
geschehen ist; als Form des Denkens von Sein als Wirklichkeit.

---

[112] Cicero, Topica, a. a. O., XIX u. XX.

Damit ist der Topos deutlich vom Klischee, vom Versatzstück oder
von der rhetorischen Floskel, denen der Aussagecharakter fehlt,
unterschieden. Damit rücken wir aber der alten Auffassung des
Topos wieder näher, ohne die Unterschiede aus dem Auge zu verlieren. Vor allem aber wird der methodische Zusammenhang deutlicher: es geht im Ergebnis um die „Seins-Struktur", von der Kuhn
gesprochen hat; sie wird in den Denkformen, die im Topos Gestalt
gewinnen, intendiert und ausgelegt. Wie die Strukturen sind die
Denkformen verbindlich. Damit ist zugleich der Ausgang vom Ansatz in Leisegangs „Denkformen" und die Überschreitung seiner
Absichten verdeutlicht.

V

Auf einen dichtungstheoretischen Topos hat schon Curtius unter
den Kapiteln ›Poesie und Philosophie‹ und ›Poesie und Theologie‹
hingewiesen.[113] In der Literatur wird die Frage nach dem Sinn der
Dichtung selbst gestellt und unterschiedlich beantwortet. So gibt es
eine Auffassung der Dichtung als Philosophie, die in der Antike
beginnt und noch heute, nach mancherlei Modifikationen, vertreten
wird. Was aber besagt das? In welchem Bedeutungshorizont bewegt
sich dieser Topos?

Auch auf den Topos der Dichtung als Theologie ist Curtius eingegangen. Der „Theologus Dante", wie ihn Giovanni del Virgilio
nennt, ebenso hat sich Albertino Mussato geäußert, dabei aber den
Widerspruch des Dominikaners Giovanni von Mantua erfahren, —
diesen Topos nun hat sich Rolf Bachem zum Thema seiner Dissertation gestellt.[114]

[113] E. L., S. 210 f. u. 221 ff. Vor allem aber in der Auseinandersetzung
mit H. H. Glunz, Die Literarästhetik des europäischen Mittelalters,
Wolfram — Rosenroman — Chaucer — Dante. Bochum-Langendreer
1937, ZfRomPh. 58, 1938. Zur Literarästhetik des Mittelalters I—III.
[Abschn. II auszugsweise in diesem Band S. 1—21.]

[114] R. Bachem, Dichtung als verborgene Theologie, Abh. zur Philosophie, Psychologie u. Pädagogik, Bd. V, Bonn 1956. Die Arbeit ist schon
erschöpfend besprochen von Pöggeler, a. a. O., S. 125 ff. [in diesem Band
S. 45—50], der sie in den Zusammenhang seiner eigenen Bemühungen stellt.

Dabei geht er in seiner Einleitung von der Bestimmung der Dichtung als Lüge aus — ein Topos, der ganz in diesen Bedeutungshorizont gehört. Er weist diese Auffassung bei Hesiod, Solon, Platon, Aristoteles, Thomas, Nietzsche und Kierkegaard nach. Platon entlarvt sie als Lüge vor der Vernunft, Kierkegaard als Lüge vor dem religiösen Dasein und Nietzsche vor dem Leben.

Der Hauptteil steht dann unter dem Thema: Dichtung als verborgene Theologie. Ein erster Teil zeigt die Bedeutung des Topos als „abstrakte Theologie" auf, einer Theologie, die unter Absehung vom Artifiziellen in der Kunst, die Kunde vom Göttlichen herauskristallisiert. Dies beginnt schon mit der Homerallegorese: der Stoiker Cornutes findet bei Homer und Hesiod die Spuren einer Urtheologie. Diese Allegorese wenden Clemens von Alexandrien und Basilius auf die ganze antike Literatur an; nicht anders behandelt das junge Christentum das Alte Testament [115]. Nur unter diesen Vorzeichen konnte Vergil zur *anima naturaliter christiana* werden. Als Höhepunkt dieser abstrakt-theologischen Dichtungsdeutung führt Bachem Boccaccio vor.

Bei Opitz und in den Barockpoetiken taucht dann die Bestimmung als verborgene Theologie auf, die als Widerhall der abstrakten Dichtungsdeutung der Theorien der Antike und Renaissance erarbeitet wird.

Ein zweiter Teil zeigt den Topos als „Dargestellte Theologie" (Die christliche Allegorie). So faßt Alanus ab Insulis die Poesie als Verbildlichung einer christlichen Philosophie. Anderen ist sie ein theologisches Exempel; so Dante als Vision; der deutschen Barockpoetik als Geschichtsexempel, entweder als historisches Dokument für Gottes Eingreifen in das Geschehen der Welt oder als erdichtete Geschichte zur Bekehrung der Mitmenschen, letzteres gerade bei Ulrich, Gryphius und Grimmelshausen.

Der dritte Teil erarbeitet die Auffassung der Dichtung als „intuitive Theologie" vor allem aus dem Dichtungsverständnis der

---

[115] Hier setzen auch die Arbeiten von Erich Auerbach an; vgl. Figura, Neue Dantestudien V, Istanbuler Studien 1944; ebs. H. G. Jantsch, Studien zum Symbolischen in der frühmittelhochdeutschen Literatur, Tübingen 1959.

deutschen Klassik und Romantik. Durch Hamann und Lowth wird
an der Bibel ein neuer Mythos-Begriff entwickelt und von Herder
auf das Wesen der Dichtung übertragen: Mythos ist das Leibhaft-
Sehen Gottes. Diese Auffassung von der welterfüllten Schau des
Göttlichen als Dichtung findet ihren Ausdruck in der Symbol-
Theorie. Goethe und Hegel finden Zugang zu ihr, einmal über das
Verhältnis von Kunst und Religion zueinander, zum anderen durch
das Schauen des Göttlichen im Urphänomen. Der allgemeine Grund
der Klassik ist die Bestimmung der Poesie, der symbolischen Dichtung als weltliche, als verborgene Theologie.

Außer diesem Begriff der mythischen und symbolischen Dichtung
gibt es in der Goethezeit noch eine weitere Auffassung der Dichtung
als verborgene Theologie: als romantische Allegorie, die sich von
der mittelalterlichen und antiken Allegorie scharf unterscheidet. Sie
wendet sich zum Absoluten, will das Unendliche im Endlichen
ahnen lassen. Deshalb ist sie intuitive Theologie; verborgene Theologie ist sie, weil das Gefühl das Erkenntnisorgan wird. „Das zunächst liegende Wirkliche wird als unwirklich erkannt, und das
wahre Sein ist die im Göttlichen atmende Sphäre der höchsten
Offenbarung, die Welt des Gemüts."

Theologie ist die Dichtung als eine „neue Bibel" für Novalis und
Schlegel, in der Ironie vermag sich das Göttliche, das Absolute darzustellen.

„Die klassische Symbolik ist S c h a u des Göttlichen als die unendliche Fülle des Seins, als das Hervorquellen der Gestaltung, als
das erhaltende Gesetz und das Walten der Mächte in der vollen
Endlichkeit; klassisch ist die Blickwendung des Faust von der
blendenden Sonne auf ihren farbigen Abglanz, zum göttlichen
Leben der uns beschiedenen Welt: Ehrfurcht und Bewahrung.

Die romantische Allegorie ist Ahnung des Göttlichen in blindem
Hineingetriebensein in die Sonne selbst, ist maßloses Streben ins
Unbedingte ..."[116]

Ein Exkurs über Adalbert Stifter zeigt, daß die Dichtung für ihn
verborgene Theologie ist, „weil vor der Hand in Kunst vom Göttlichen gar nicht die Rede ist und es nur durch den Bereich der sinn-

---

[116] Bachem, a. a. O., S. 73.

lich erscheinenden Gestaltung, nur als Kunstschein herausgearbeitet ist — nicht christliche Gotteslehre, sondern welthafte Theologie".[117] Eine geordnete Stellenauslese aus der behandelten Toposgeschichte beschließt die Arbeit.

Ausgehend von dem nur bei Opitz in der Form der „verborgenen Theologie" vorkommenden Topos, hat Bachem seine Entfaltung in die drei unterschiedlichen Typen des Verstehens dargelegt. Der große Rahmen eines dichtungstheoretischen Topos ist abgeschritten. Dennoch weist die Arbeit entschiedene Mängel im Sinne der Toposforschung auf. Bachem betreibt im Grunde Begriffsgeschichte; das hat seine Ursache im Topos-Begriff bei Curtius. Bachem greift den Topos auf, wo er ihn findet, aber er hat versäumt, nach seinem eigentlichen Ursprung zu fragen, den Horizont zu eröffnen, der ihm seine Bedeutung gibt. Wenn der Bedeutungshorizont nicht in den vielen hinzugehörenden Begriffen eröffnet wird, so droht die Gefahr, benachbarte Erscheinungsformen des Topos, auf die zeitweise in der Argumentation das ganze Gewicht gelegt wird, zu übersehen, den einen Begriff zu überfordern und in Konstruktionen zu verfallen. Pöggeler hat an Bachem kritisiert, daß „das Wort Theologie sich in unserer Formel geradezu als Chamäleon" erweise.[118] Er macht dazu ergänzend den Vorschlag: „Anstatt den Topos von der Dichtung als verborgener Theologie allzu sehr auszuweiten, wäre es vielleicht besser, den Umriß einer Topik des Verhältnisses von Theologie und Dichtung zu geben und den Topos von der Dichtung als verborgener Theologie einzufügen in die Reihe anderer, ähnlicher Topoi. Denn dieser Topos hilft uns ja nichts, wenn wir nach dem Selbstverständnis fragen, das in ursprünglicher griechischer Dichtung liegt, oder nach dem Selbstverständnis der Dichter frühchristlicher Hymnen, von denen ein Logoshymnus dem Prolog des Johannesevangeliums zugrunde liegt und so zur 'Theologie' wurde." [119]

Es geht um die Wesensbestimmung der Dichtung als eines Sagens von Sein, als dargestellte Wirklichkeit.[120] Der Topos „verborgene

---

[117] Ebd. S. 79.
[118] A. a. O., S. 139 [in diesem Band S. 62].
[119] A. a. O., S. 141 [in diesem Band S. 64—65].
[120] Vgl. Käte Hamburger, Logik der Dichtung, Stuttgart 1957.

Theologie" gibt schon eine Entfaltung dieser Grundauffassung. Die
Frage lautet: Wie ist es zu dieser besonderen Entfaltung gekommen? Dieselbe Frage stellt sich bei der Auffassung der Dichtung
als *altera natura*[121] oder als *philosophia*. Dies wäre wohl durch
stärkere Einbeziehung der gleichzeitigen Philosophie, aber eben
wohl zuerst durch die Beachtung des topischen Feldes von den Anfängen der einbezogenen Dichtung her, möglich gewesen; wie auch
die Dichtungstheorie des Novalis durch Interpretationen in engem
Zusammenhang mit der idealistischen Philosophie ihr wahres
Gesicht gezeigt hätte.

Die Frage nach dem Warum einer solchen Auslegung muß gestellt
werden, weil sich nur so das Wesen des Topos zeigt. Ändert sich
die Auffassung von der Wirklichkeit, so wird sich auch, das ist
vorauszusetzen, die Auffassung von der Dichtung als Darstellung
der Wirklichkeit ändern. Wo anders soll die Veränderung des
Verständnisses von Dichtung und damit der Theorie von Dichtung
seit Platon bis in unsere Tage ihren Grund finden, wenn nicht in
dieser Veränderung der Auslegung von Sein? Nur so ist es uns doch
möglich, auch „moderne Gedichte" als Dichtung zu erfassen und die
theoretischen Äußerungen als Poetik.[122]

In diesem Zusammenhang ist dann die Erarbeitung der Topik
einer Dichtung als Nachahmung der Wirklichkeit die große Aufgabe. Die Vorarbeiten zu einer solchen Arbeit liegen in den vielen
Werken über die Wesensbestimmung der Dichtung seit Platon und
Aristoteles bereit und bedürfen kaum mehr als einer Zusammenfassung unter den methodischen Leitpunkten einer Topik: Auf-

---

[121] Vgl. Eizereif, Kunst: eine andere Natur, Diss. Bonn 1952. Die
Arbeit war mir nicht zugänglich. Referat bei Pöggeler, a. a. O., S. 136 ff.
[in diesem Band S. 58—60]. Zur antiken Kunsttheorie: Fritz Wehrli, Die
antike Kunsttheorie und das Schöpferische, Museum Helveticum 14, 1957,
S. 39—49; Anna Tumarkin, Die Kunsttheorie von Aristoteles im Rahmen
seiner Philosophie, Museum Helveticum 2, 1945, S. 108—122; Ernesto
Grassi, Kunst und Mythos, Hamburg 1957; ders., Die Theorie des Schönen
in der Antike, Köln 1962.

[122] Vgl. Mein Gedicht ist mein Messer. Lyriker zu ihren Gedichten,
hrsg. v. Hans Bender, 2. Aufl. München 1961.

findung eines solchen Topos an seinem Ort, Erhellung seines Bedeutungshorizontes in den angrenzenden Bestimmungen, zu denen dann auch die Bestimmung als Theologie, Philosophie und „andere Natur" oder die Elementarmetaphern und Symbole gehören, Aufklärung der Gründe eines Bedeutungswandels unter dem Deckmantel desselben Wortes und schließlich die Aufdeckung des „gründenden Grundes" in der Interpretation der Auffassung von Wirklichkeit selbst. Dies hätte nicht zu geschehen in Gestalt einer Geschichte der Poetik, wiewohl ein solch monumentales Werk wie das der ›Geschichte der deutschen Poetik‹ (1937 ff.) von Bruno Markwardt umfassendes Material vorlegt, sondern durch Interpretation des Topos im Kunstwerk und in der theoretischen Betrachtung selbst, so daß sein „Stellenwert", seine dichterische und argumentatorische Funktion sichtbar wird. Der Rahmen ist dann eine Geschichte der Auffassung und der Darstellung von Wirklichkeit im Kunstwerk.[123] Daß damit wieder die bedeutenden theoretischen Fragen einer Literaturwissenschaft akut werden, ist ohnehin klar.[124]

Noch ein anderes ist zu bedenken. Bachem interpretiert fast nur theoretische Äußerungen, zeigt aber an keiner Stelle den Bezug auf das dichterische Werk. Hier liegt einmal die Gefahr nahe, durch

[123] Für die „Nachahmung" in der Antike jetzt die Arbeit von H. Koller, Die Mimesis in der Antike. Nachahmung, Darstellung, Ausdruck. Bern 1954; dort Literatur, S. 233. Ernesto Grassi, Kunst und Mythos, Hamburg 1957; dort weitere Literatur, S. 156 f. Bernhard Schweitzer, Der bildende Künstler und der Begriff des Künstlerischen in der Antike, Neue Heidelb. Jahrb. N. F. 1925, S. 28 ff. Als Quelle zur Auffassung in der Klassik und Romantik liegen jetzt wieder vor: A. W. Schlegel, Sprache und Poetik, Kritische Schriften und Briefe, hrsg. E. Lohner, in der Reihe ›Sprache und Literatur‹, Stuttgart 1962.

[124] Vgl. Roman Ingarden, Das literarische Kunstwerk, 2. Aufl. Tübingen 1960. H. G. Gadamer, Wahrheit und Methode. Grundzüge einer Philosophischen Hermeneutik, 1960. Rezens.: HZ Bd. 193, 1961, S. 376 bis 389 (H. Kuhn); Reallexikon der deutschen Literaturgeschichte, Bd. II, Art. Literaturwissenschaft, S. 195—212 (Erik Lunding); P. Szondi, Zur Erkenntnisproblematik in der Literaturwissenschaft, Die Neue Rundschau, 1962, S. 146 ff.

das Werk widerlegt zu werden, zum anderen wird dem Topos jede Funktionalität im Werk genommen.

Wie sehr die Auffassung der Dichtung als dargestellte Wirklichkeit das Werk bestimmt, geht eindeutig aus den Studien Erich Auerbachs hervor.[125] Zu ihrer Erforschung bedient sich Auerbach der Figuraldeutung, die er zu einem eigenen methodischen Ansatz macht. „Die Figuraldeutung stellt einen Zusammenhang zwischen zwei Geschehnissen oder Personen her, in dem eines von ihnen nicht nur sich selbst, sondern auch das andere bedeutet, das andere dagegen das eine einschließt und erfüllt. Beide Pole der Figur sind zeitlich getrennt, liegen aber beide, als wirkliche Vorgänge und Gestalten, innerhalb der Zeit; sie sind beide in dem fließenden Strom enthalten, welcher das geschichtliche Leben ist, und nur das Verständnis, der *intellectus spiritualis,* ihres Zusammenhangs ist ein geistiger Akt. Praktisch handelt es sich zunächst fast immer um Interpretation des Alten Testaments, dessen einzelne Episoden als Figuren oder Realprophezeiungen der Ereignisse des Neuen gedeutet werden."[126] Damit hat Auerbach auf der Seite der Stilistik ein glänzendes Mittel gefunden, die wechselnden Interpretationsweisen von Wirklichkeit in der europäischen Literatur „als der aller Thematisierung vorausliegende Entwurf des Stils" (Wehrli), die Entstehung und Geschichte eines literarischen Realismus zu verfolgen und als eine „Geschichte der literarischen Eroberung der modernen Wirklichkeit" auszuarbeiten.

Es ist Stilforschung, kein Zweifel; und damit grenzt sie sich gegen die Toposforschung ab, die den Bedeutungshorizont eines festen Inhalts und seine Wandlungen unter der Leitfrage eines begründenden Warum zu ihrem Erkenntnisfelde gemacht hat.[127] In dem

[125] Erich Auerbach, Mimesis. Dargestellte Wirklichkeit in der abendländischen Literatur, 2. Aufl. Bern 1959. Friedrich Gogarten hat diese Studien in seiner Rezension Z. f. Theol. u. Kirche 51, 1954, S. 270—360, in den dazugehörenden theologischen Rahmen gestellt, der auch für die Arbeit von Bachem von Bedeutung ist.
[126] Auerbach, a. a. O., S. 75.
[127] Einen Artikel ›Figura‹ oder ›Figuraldeutung‹ vermißt man in Merker-Stammlers Reallexikon. Vgl. dazu Max Wehrli, a. a. O., S. 65 f.

Ergebnis der Erforschung der zugrundeliegenden Wirklichkeits-
struktur kommen aber beide zu vergleichbaren Ergebnissen.

Haben Bachem und Pöggeler versucht, die Topik der Dichtungstheorie für das Verständnis von Wirklichkeit fruchtbar zu machen,
so gehen andere Arbeiten Einzelaspekte dieser Wirklichkeit an.

Ich selbst habe in meiner Arbeit zum Topos der Goldenen Zeit[128]
das Problem des Verhältnisses von Zeit und Ewigkeit untersucht.
Ich versuche, kurz zu referieren.

So werden zunächst in zwei getrennten Ansätzen die griechisch-
römische und die jüdisch-christliche Prägung des Topos auf ihre
Herkunft und Bedeutung untersucht.

Der bei Hesiod vorzufindende Topos verweist wie bei Arat,
Aischylos und Pindar auf einen Zusammenhang mit χρόνος, ὕβρις
und δίκη, der εἰρήνη und εὐνομία sowie den Entgegensetzungen.
Die sich aus diesem Zusammenhang ergebenden Phänomene lassen
als Grund eine Zeitstruktur aufleuchten, die vorläufig mit „Kreis-
lauf der Zeiten" umschrieben wird.

Ein ähnliches Bedeutungsfeld ergibt sich bei der Interpretation
des Topos bei Ovid, Vergil und Horaz.[129] Die Untersuchung von
Vergils 4. Ekloge bildet darin einen Hauptteil, die einen deutlichen
Einblick in das spezifische Geschichtsdenken Vergils gibt. Neue
Phänomene werden sichtbar: so die Adynata, die eigens untersucht
werden müssen. Deutlich wird im Bereich der römischen Dichtung
der Zusammenhang von *aurea aetas* und *pax*.

In diesen Untersuchungen hat sich von einem jeweils neuen Ausgangspunkt her gezeigt, daß die Untersuchung des Topos der Goldenen Zeit einmündet in eine Erörterung der Auffassungen von
Geschichte und ihrem Wesen, der Zeit selbst. Dabei ist als Grundstruktur zu erkennen: am Anfang der Geschichte stand eine
Goldene Zeit, die stufenweise verfiel, bis sie im Hier und Jetzt, der
Gegenwart, eine Endstufe erreichte, eine Endzeit mit allen Zeichen
der Ungerechtigkeit, des Unfriedens und äußerster Götterferne.
In dieser schrecklichen Gegenwart geht alle Hoffnung auf

---

[128] W. Veit, Studien zur Geschichte des Topos der Goldenen Zeit von
der Antike bis zum 18. Jahrhundert, Diss. Köln 1961.

[129] Hier ist noch die III. Elegie Tibulls nachzutragen.

eine neue Goldene Zeit, die die Geschichte selbst zum Abschluß bringt. Wie kommt es zu dieser Struktur? Wo liegt ihre ontologische Begründung? Die Beantwortung dieser Frage wird anhand von Interpretationen zu Pindar, Sophokles, Anaximander, Platon und Plotin versucht, — neben die Dichtung tritt die Philosophie, die das, was im Bereich der Dichtung unthematisch, aber konstitutiv in Erscheinung tritt, in seinem Wesen denkt.

Das Ergebnis kann so skizziert werden: Der Gott hat das Weltganze geschaffen nach seinem Urbilde, — je mehr das Abbild sich dem Urbild, der Idee nähert, um so vollkommener, um so seiender ist es. Im Verhältnis zum ewigen Sein, zum in sich ruhenden Einen, Gott also, zur Vollkommenheit selbst, kann es als Gewordenes nur in der Weise des Abbildes dieser Ewigkeit — des αἰών sein: also zeitlich. Denn alles Werdende und Vergehende ist in der Zeit; das an ihm selbst Seiende aber ist unvergänglich. Als Gewordenes ist dieses Abbild zugleich ein Abfall vom eigentlich Seienden. Erst die Rückkehr führt wieder in die Nähe des Vollkommenen. Abkehr heißt Vernichtung, ihr Grund ist die Hybris. Dies Verhältnis von Zeit und Ewigkeit bezeichnet die innerste Struktur des Topos der Goldenen Zeit. Nur auf Grund dieses Begründungsverhältnisses läßt sich feststellen, daß Goldene Zeit und Ewigkeit darin übereinkommen, die zumeist Seienden zu sein; die Entfernung von diesem Grundpunkt durch Ungerechtigkeit bringt aus der Ewigkeit die Zeit hervor, den Verfall der Goldenen Zeit. Als ontologische Grundstruktur, wie dies besonders bei Plotin deutlich wird, ist sie zugleich die innerste Verfassung der Seele des Lebens, der ganzen Natur in Hinsicht auf die Zeitlichkeit.

Von hier aus wird wiederum einsichtig, daß sich diese Strukturen in der Dichtung selbst kompositorisch auswirken müssen, indem sich das gedankliche Gefüge auf das formale Zueinander der Teile überträgt: Sein und Denken weisen die gleiche Verfassung auf. Als seiend ausgesagt ist ihre Darstellung nur in der Triade möglich.

Als zweite Quelle zur Konstituierung des Bedeutungshorizontes wird die jüdisch-christliche Herkunft des Topos Ewiger Friede, der sich als auswechselbar mit Goldener Zeit erweist, erarbeitet. Die im Topos des Ewigen Friedens in Erscheinung tretende zyklische Zeitstruktur erfordert nun wieder die Erarbeitung der Begründung im

Verhältnis von Zeit und Ewigkeit, das scheinbar im Hintergrund verbleibend doch den Grund aller anderen Verhältnisse bildet.

Die Interpretation dieses Verhältnisses baut sich auf dem Begriff αἰών auf, wie er in allen Texten mitgängig oder thematisch erscheint. Dabei ergibt sich die so charakteristisch von der antiken unterschiedene christliche Zeitauffassung, — thematisch ausgeformt bei Boethius und Augustinus. Die spezifisch antike Auffassung als Zyklus wird aus dargelegten Gründen zur Heilslinie, zu einem linearen Verhältnis.

Goldenes Zeitalter und Ewiger Friede haben sich als einander zugeordnete Topoi erwiesen. Sie sind, je für sich gesehen, gesondert fundierte und tradierte Explikationsweisen, Denkformen ein und desselben Zeit-Ewigkeits-Verhältnisses: einmal als verewigte Irdischkeit (Vergil), zum andern als überweltliche Ewigkeit (Augustinus).

In einem neuen Durchgang wird der Topos in der Dichtung des 17. und 18. Jahrhunderts untersucht. Das Verhältnis von Zeit und Ewigkeit, das auch hier sichtbar wird, erscheint als extreme Heraushebung der Ewigkeit bei Grimmelshausen, Gryphius, Rist, Gerhardt und anderen, ganz im Verfolg christlicher Auslegung, schließlich als Betonung glücklicher Gegenwart, so in der Schäferpoesie,[130] bei Tasso, Guarini und Gessner; aber auch bei Klopstock und Wieland[131]. Gerade bei letzterem wird die kompositorische Funktion des Topos sehr anschaulich.

Die Aufdeckung der im Topos der Goldenen Zeit als Denkform

[130] Zusätzliches Material zur Schäferpoesie liefern zwei Aufsätze von Helmuth Petriconi, die mir erst nachträglich bekannt geworden sind: Das neue Arkadien, Antike und Abendland III, 1948, S. 187—200, und Über die Idee des goldenen Zeitalters als Ursprung der Schäferdichtungen Sannazaros und Tassos, Die neuen Sprachen, Bd. 38, 1930, hier weitere Literatur. Die Untersuchungen lassen aber fast ganz die beiden Traditionen außer acht, so daß ein einseitiges Bild entsteht. Vgl. ebs. D. Korn, Das Thema des Jüngsten Tages in der deutschen Literatur des XVII. Jhdts., Tübingen 1957.

[131] Zu Wieland ist eine neue Fundstelle nachzutragen, die in schöner Deutlichkeit die in der Arbeit vorliegende Interpretation bestätigt: Geschichte der Abderiten, I. Teil, 1. Buch, 10. Kapitel.

von Zeit und Ewigkeit gedachten Zeitauffassung des Barock und der Aufklärung erbringt die charakteristische Stellung dieser Epochen.

Barock, Mystik und Pietismus erfahren die scholastische Lösung als fragwürdig auf Grund der neuen Stellung des Subjekts. Das aufklaffende Verhältnis von Zeit und Ewigkeit zu überbrücken, ist für jeden Dichter eine zwingende Notwendigkeit. Als einzige Brücke bietet sich das Heilsgeschehen an. Eine neue Erscheinungsform des Topos zeigt sich im Chiliasmus. In der Auseinandersetzung mit Rousseau vollzieht sich die eigentliche Wendung: Goldene Zeit und Ewiger Friede werden zu Erscheinungsformen eines Eschaton im Sinne des Fortschritts. Der Topos behält seine Funktion als Denkform von Zeit und Ewigkeit, doch ist die Ewigkeit aus dieser Formel gestrichen. Das heißt, die Lehre vom Fortschritt ist eine „Eschatologie ohne Gott". Ihrem Ursprung nach ist sie christlich, der Tendenz nach aber völlig unchristlich. Wenn aber aus dem inneren Verhältnis der Denkform die Ewigkeit ausgeklammert ist, dann muß es schließlich zu einer Aufwertung der Gegenwart als Ort des Glücks mit der charakteristischen Bestimmung als „Zufriedenheit" kommen. Dies zeigt sich schon bei Rousseau selbst, bei Hemsterhuis, Wieland, Kant und den frühen französischen „Sozialisten". Was früher „Fülle der Zeit" hieß, Vollendung der Gegenwart in der Ewigkeit als dem Ort des Heils, das heißt bei Saint-Simon jetzt „Perfektion der sozialen Ordnung", bei Kant „Reich der reinen praktischen Vernunft", bei Goethe, Schiller und Hölderlin „Humanität und neue Mythologie", bei Rousseau „Rückkehr zur Natur", bei Winckelmann „Rückkehr zu den Alten", bei Wieland und Gessner „Einbildungskraft des Dichters." Der Grund ist in der Wendung zur Selbstgewißheit des Subjekts zu suchen, die die Wende der Philosophie der Neuzeit markiert.

Bei der Analyse des Topos der Goldenen Zeit im griechischen und christlichen Altertum stellte sich die Erkenntnis ein, daß mit dem Aufweis der philologischen Tradition ein Umriß gegeben ist, der das Verständnis eines literarischen Phänomens in einer Epoche erleichtern kann. Aber das kann nicht genügen. Erst die Analyse der Grundstrukturen in einem zugehörigen Umfange, sowohl in der philosophischen als literarischen Tradition, kann das bewegende Element richtig zum Vorschein bringen. Denn ein Topos wird erst dann richtig erfaßt, wenn neben dem Beharren auch die Wandlung, neben den literarischen Ursprung auch die Untersuchung der geistigen Herkunft tritt.

Ein ähnliches Problem im gleichen Zusammenhang ist Gegenstand der Erörterung in der Arbeit von Gisela Thiel.[132] Sie untersucht das Motiv der „Frau Welt" in der Literatur des Mittelalters; es ist das Problem der Wertung dieser Welt, der Wirklichkeit selbst.

Die Autorin stellt an zahlreichen Texten die Genesis der Frau-Welt-Gestalt wie ihre Wandlung unter den geistigen Bedingungen der Zeit dar. Sie geht dabei zuerst von der lexikalischen Bestimmung *mundus* = Welt und ihrer Darstellung in Symbol, Gleichnis und Allegorie aus: die Welt stellt sich dar als Rad, Mond, Rennbahn, Weg, Kerker, Höhle, Baum und Meer. Schon in der Patristik wird der *contemptus mundi* sichtbar, die Abwendung von der Welt als *Voluptas* oder *Luxuria*. Hier schon begegnen wir dem Grundzug der Auffassung: Erkenntnis der Nichtigkeit der Welt. Ein weiteres Motiv ist die Auffassung der Welt als Betrüger, vor allem bei Augustinus, das schon die charakteristischen Merkmale der Doppelseitigkeit zeigt. „Im Verlauf der cluniazensischen Bewegung fand das Thema der Weltverachtung in die frühmittelhochdeutsche Dichtung Eingang." Hier ist das *Memento Mori* ein zentraler Übergangspunkt.

In der Erörterung der Wandlung des traditionellen Weltbegriffs von Patristik und Mittelalter zur Frau-Welt-Gestalt des Hochmittelalters gewinnt die Arbeit ihr eigentliches Thema. „Gegen Ende des 12. Jahrhunderts vollzog sich eine entscheidende Wendung, denn der Beginn der höfisch-ritterlichen Periode brachte mit der gradualistischen Anschauung das Bewußtsein eines neuen,

---

[132] Gisela Thiel, Das Frau-Welt-Motiv in der Literatur des Mittelalters, Diss. Saarbrücken 1956; vgl. dazu: W. Stammler, Frau Welt. Eine ma. Allegorie (Freiburger Universitätsreden Bd. 23) 1959. Zwei weitere Arbeiten in diesem Bereich: G. Lange, Den Tod betreffende Topoi in der griechischen und römischen Poesie, Diss. Leipzig 1956, und P. M. Henkel, Untersuchungen zur Topik der Liebesdichtung, Diss. Innsbruck 1957, waren mir nicht zugänglich.

diesseitigen Lebensideals, das eine positive Bewertung der Welt
zur Folge hatte. Während die Zeit einer autonomen diesseitigen
Weltauffassung gegenüber ihren streng religiösen Grundzug beibehielt, prägen sich aus den komplexen Beziehungen zwischen
weltoffenem höfischem Geist und traditionsgebundenem asketi-
schem Denken die Züge jener bekannten doppelgesichtigen Gestalt
der Frau Welt, die trotz ihrer schönen Vorderseite den negativen
Grundgehalt der frühmittelalterlichen Allegorie beibehielt. Erst
höfisch-ritterliches Formempfinden konnte das Frau-Welt-Motiv
plastisch ausbilden und die allegorische Gestalt auf dem Hintergrund des ungelohnten Minnedienstes anschaulich machen und
beseelen. Ihre Darstellung blieb in der Literatur im wesentlichen
unverändert, solange das Weltbild der höfischen Zeit seine Gültigkeit behielt und solange die ritterlichen Daseinsformen, die sich in
der Welt erfüllten und zugleich in die göttliche Ordnung einbezogen
waren, eine erlebte Wirklichkeit darstellten." [133] Die Auffassung
der Frau Welt wird zur Spiegelung des Zeitgeistes, der im Gra-
dualismus des Daseins seine Begründung hat, dessen ganzes Streben
auf die Harmonie von Gott und Welt geht. „Aber diese Lösung auf
höherer Ebene blieb ein unerreichtes Ideal." [134] In den Werken
der mittelhochdeutschen Dichter wird dies Streben nach Einheit
und sein Scheitern sichtbar. „Der bereits lehrhaft gewordene
Niederschlag dieser Auffassung war die Allegorie Frau Welt in der
doppelseitigen Erscheinung. Die schöne Vorderseite, die den Glanz
des Diesseits versinnbildlichte, verdeckte, was der Rücken barg.
Aber nur beide Seiten zusammen spiegeln das Bild des hohen
Mittelalters." [135] Schon in der Lyrik taucht ein anderes Bild auf: die
Allegorie Frau Welt, die in den Epen niemals durchgeführt wurde.
Es erscheint die Zeitklage. Und in Verbindung mit dem Minne-
gedanken wird die Welt als die Herrin verstanden, die aber schließlich keinen Lohn geben kann. Walthers Lieder sind dafür ein Zeug-
nis. Schließlich mündet das höfische Motiv wieder in die religiöse
Thematik ein. „Das Dienst-Lohn-Verhältnis zwischen Mensch und

[133] S. 2.
[134] S. 52.
[135] S. 55.

Welt wurde persönlich und wirklich gesehen und war ebenso span-
nungsgeladen wie die Minnebeziehung zur höfischen Dame."[136]

So kann die Autorin die Gestalt als Sinnbild der religiösen Krise
des mittelalterlichen Menschen sehen. Diese Krise zeigt sich als
Scheitern der Idee einer Harmonie von Gott und Welt im Werk
der großen Lyriker.

Der Aufwertung des Diesseits stemmte sich die Kirche mit aller
Macht entgegen. In den Predigten des Mittelalters wird Frau Welt
und ihre Verderbtheit zum Exemplum.[137] Als solche Gestalt findet
sie Eingang in die mittelhochdeutsche Exempladichtung eines
Konrad von Würzburg und anderer.[138] Der Schluß ist jetzt nicht
mehr Harmonie, sondern Abwendung.

Den Abschnitt über das Hochmittelalter runden Exkurse in die
Plastik und die persische Dichtung ab.

Auf Grund des Zerfalls der kulturellen Einheit gegen Ende des
13. Jahrhunderts und der Auflösung der gradualistischen Struktur
des Weltbildes fällt die Seinsauffassung in ein dualistisches Spannungsverhältnis zurück. Es kommt zur Dämonisierung der Frau-
Welt-Allegorie. Sie wird zur Welt-Angst, und in ihrem Gefolge
stehen die „Vorstellungen des Todes und der dämonischen Mächte
des Bösen"[139]. Die Frau-Welt-Allegorie verkörpert von da an
wieder die ausschließlich negative Macht, die dem Menschen feindlich gegenübersteht. Die Welt ist jetzt das große Tier, der Tod, die
Hölle. Seinen bildlichen Ausdruck findet dieses Weltverständnis in
den phantastisch-höllischen Visionen bei Hieronymus Bosch und
Martin Schongauer.[140]

Damit sind alle Formen zusammengetragen, wie sie in der folgenden Zeit immer wieder auftauchen, im Meistersang und bei
Hans Sachs,[141] in der Ausweitung und Verbindung mit der Allegorie des Todes im ›Ackermann von Böhmen‹, schließlich im
Spiegel- und Verwandlungsmotiv des späten Mittelalters. Von hier

[136] S. 69.
[137] S. 112 ff.
[138] S. 128 ff.
[139] S. 169 ff.
[140] S. 176 f.
[141] S. 218.

führt der direkte Weg zum *Vanitas*-Gedanken der Barockdichtung,
zum Welttheater.

Das Ergebnis dieser Arbeit: „Die Entwicklung des Frau-Welt-
Motivs vollzog sich im Rahmen der Geschichte des abendländischen
Geistes. Die allegorische Gestalt verkörperte weder eine individuelle noch eine philosophische oder wissenschaftliche Weltauffassung; in ihr konkretisierte sich der Weltbegriff unter dem jeweiligen
Blickwinkel des Menschen, der einem bestimmten geistigen Raum
angehörte."[142] „Das Frau-Welt-Motiv konnte nur auf der Grundlage des mittelalterlichen Denkens und Glaubens erwachsen, für die
die irdischen Güter, das Leben und die Welt als Ganzes, nur
Gültigkeit als bezogene Werte hatten." „Das Frau-Welt-Motiv ist
geistiges Eigentum des Mittelalters. Es muß als Allegorie dort auf-
hören zu bestehen, wo der Welt-Begriff säkularisiert wurde und
wo die von der *ratio* bestimmte Welt-Haltung des ethisch-religiös
ausgerichteten Menschen sich auflöste in ein individuelles Welt-
gefühl." „Undank ist der Welt Lohn! Das ist der Kerngedanke
des Frau-Welt-Motivs, in welcher Form es auch in seinem Gang
durch die Jahrhunderte erscheinen mochte. Dieser innere Gehalt
der Aussage, der eine überzeitliche Erkenntnis war, konnte in Verbindung mit den religiösen Anliegen, Ängsten und Sehnsüchten
aller Zeiten ins Bild gehoben werden. Darum kann das Motiv
nicht nur als eine enge, einmal endgültig geprägte und damit un-
veränderlich bestimmte Darstellungsform betrachtet werden, denn
‚Motiv' heißt: ‚das Bewegende, was sowohl vom Stoff wie von der
Idee her im Dichter Dichtung hervortreibt' " (Pongs).

Was ist in diesem Bild von der Frau Welt gefaßt? Wie ist derselbe Sachverhalt zuvor gedacht worden? Wie kam es zu den
Wandlungen? Das sind die Fragen der Toposforschung. Gisela
Thiel hat sie im Rahmen ihrer Arbeit ausführlich dargelegt. So
bleibt nur zu fragen, warum hier der Motiv-Begriff gewählt wurde,
der doch, das wird offen zugegeben, falsch am Platze ist,[143] auch

---

[142] S. 261 ff.

[143] S. 263; vgl. Willy Krogmann, Art. ›Motiv‹ im Reallexikon, Bd. II,
S. 427 ff.

Die angeführte Stelle, S. 264, daß das Motiv darum nicht als endgültig
geprägte Darstellungsform betrachtet werden kann, weil Motiv „das

wenn der Topos an der einen oder anderen Stelle diese Höhe einnimmt.

Bedenklich ist aber auch die Darstellung der geistigen Struktur
des Mittelalters, die hier als bei de Boor[144] vorfindliche Doktrin
dargestellt ist: der frühmittelalterliche *contemptus mundi,* der
klassische Harmonisierungsversuch, die spätmittelalterliche Welt-
angst und Mystik. Diese Auffassung ist offensichtlich das Grund-
schema, in das die philologischen Ergebnisse eingebaut werden.
Daß — und warum ich diese Schematisierung für bedenklich halte,
habe ich andernorts dargelegt.[145] Die Verfasserin kommt ja auch
nicht damit aus und sieht sich an vielen Stellen zu Abweichungen
genötigt. Das Schema verfälscht die Erkenntnis der geistigen Struktur der Zeit.

Wenn aber „Frau Welt" als ein Topos gefaßt wird, dann darf
noch näher auf die Vorstufen hingewiesen werden, die zum Bedeutungshorizont der hier abgehandelten Weltauffassung gehören. Auf
der einen Seite muß eindringlicher, als es geschehen ist, die in der
Apokalypse (17), wie im Alten und Neuen Testament dargestellte
Weltauffassung zur Erörterung herangezogen werden. Die gleichzeitigen theologischen Diskussionen erweisen sich, wie das schon
bei der Untersuchung des Topos der Goldenen Zeit zu sehen war,
als äußerst erhellend, vor allem beim Problem der Toposverände-
rung. — Auf der anderen Seite scheint mir der nur kurz angedeutete Zusammenhang mit der Fortuna einer starken Erweiterung
fähig, die dann sowohl den Anschluß an antike Vorstellungen
ermöglicht, als auch Zwischenglieder in der Entwicklung aufzuzeigen vermag. Die Fortuna gehört zum Bedeutungshorizont des
Topos, und hier liegt auch eine Möglichkeit, den Geschlechtswech-
sel von *mundus* zur Frau Welt zu erläutern: *Fortuna* ist schon
weiblich. Personifikationen der Fortuna finden sich überall, es
braucht nur die erst späte, aber besondere Ausformung bei Boethius
hervorgehoben zu werden. Hier ergibt sich dasselbe Verhältnis wie

---

Bewegende" sei, ist schlicht unlogisch. Aktiv und Passiv sind hier scharf
auseinanderzuhalten.

[144] de Boor, a. a. O., Bd. II, S. 1 ff.

[145] Veit, a. a. O., S. 103 ff.

in der hochhöfischen Lyrik: Die Dame Fortuna und der Mensch treten sich in einem Streitgespräch gegenüber. Bedeutsam ist, daß diese *Consolatio* Stück für Stück von Notker von St. Gallen übertragen wurde. Das 2. Buch bringt alle Ausformungen der Fortuna-Auffassung in ständiger Wiederholung.[146] Gleichermaßen hat er Martianus Capella, ›*De Nuptiis Philologiae et Mercuri*‹, übertragen; das 52. Kapitel des 1. Buches heißt: *Fortuna et Reliqui.*[147]

Ähnliches zeigen die ›*Carmina Burana*‹ in dem Stück ›*Fortunae plango vulnera*‹. Hier wird auch von der Doppelseitigkeit gesprochen:

> „*Verum est, quod legitur,*
> *fronte capillata,*
> *sed plerumque sequitur*
> *occassio calvata.*"

Beispiele aus der Rhetorik sind zwei zufällig herausgegriffene Stücke:

Matthaeus von Vendôme:

„*Siquidem, si agendum erit de instabilitate Fortunae, potest ante tale poni proverbium:*

> *Nutat ad occasum Fortunae gratia fallax,*
> *Sors stabilem nescit perpetuare fidem.*
> *Est rota Fortunae fallax, est mobilis; immo*
> *est in sorte fides non habuisse fidem.*
> *Omnia sunt hominum tenui pendentia filo*
> *et subito casu quae valuere ruunt.*"[148]

Und Eberhard der Deutsche:

> „*Non placeat, sed displiceat tibi gloria mundi:*
> *decipit, et vitam non parit, immo necem.*"[149]

---

[146] Notker, a. a. O., S. 51 f., bes. XIX u. XX, hier wird unter dem Titel Omnia mundana esse instabilia (S. 77) der Übergang zur „Welt" vollzogen. Vgl. auch II, 30.

[147] Ebd. S. 761.

[148] Faral, a. a. O., S. 113 f., § 17.

[149] Ebd. S. 348 v. 335/36.

Curtius hat schon auf die Fortuna bei Alanus von Lille im
›Anticlaudianus‹ hingewiesen,[150], ganz allgemein auch unter den
Schauspielmetaphern[151]. Einen Überblick über die Fundstellen in
antiken Schriftstellern und den Zusammenhang geben die einschlägigen Wörterbücher. Dabei müßte insbesondere der griechischen
Bedeutung noch genauer nachgegangen werden. Der eigenen Leistung des Mittelalters geht damit nichts verloren, im Gegenteil. Das
Eigene wird als solches erst in der geistigen Umgebung der Zeit
erkenntlich, wenn die Tradition, in der es nun einmal steht, klar
erfaßt ist. Gerade darauf wird die Toposforschung immer besonderen Wert legen müssen, wenn sie nicht den Weg der Begriffsgeschichte[152], die ihr ein unersetzliches Hilfsmittel ist, oder den des
Materialkataloges einschlagen will.

In dieser Hinsicht ist auch der Aufsatz von Wolfgang Stammler
›Edle Einfalt. Zur Geschichte eines kunsttheoretischen Topos‹[153] zu
betrachten.

Stammler geht von der Fundstelle des seit Winckelmann geflügelten Wortes aus: „Das allgemeine vorzügliche Kennzeichen der
Griechischen Meisterstücke ist endlich eine edle Einfalt und stille
Größe, sowohl in der Stellung als im Ausdruck", und untersucht
die Herkunft dieses Wortes, das, wie schon Baumecker, Rehm und
Closs (zit. bei Stammler) feststellten, nicht sein Eigentum ist. Schon
bei Voltaire ist von der *noble simplicité* die Rede; eine Verbindung

---

[150] E. L., S. 130/31.

[151] E. L., S. 148 ff.

[152] Einen einschlägigen Artikel habe ich im Reallexikon nicht gefunden.
Vorarbeiten: E. R. Curtius, Zur Geschichte des Wortes Philosophie im
Mittelalter, Rom. Forsch. Bd. 57, 1943, S. 290—309; F. Katenbusch, Die
Entstehung einer christlichen Theologie. Zur Geschichte der Ausdrücke
theologia, theologein, theologos. Z. f. Theol. u. Kirche, N. F. 11, 1930,
S. 161 ff.; J.-E. Heyde, Διὸ Ποίησις καὶ φιλοσοφώτεϱον καὶ σπουδαιότεϱον
ἱστοϱίας ἐστίν; Aristoteles Poetik c 9 (1451 b 6). Ein Beitrag zur Ge-
schichte des Wortes φιλοσοφία, in Worte und Werke, B. Markwardt zum
60. Geburtstag hrsg. v. G. Erdmann u. A. Eichstaedt, Berlin 1961,
S. 123—141.

[153] In Worte und Werke, a. a. O., S. 359—382. Alle Zitate, soweit
nicht anders angegeben, ebd.

zu Mutianus Rufus' (Erfurter Humanist) *sancta simplicitas* und
beata tranquillitas wie zu François Dufresnoys (17. Jhdt.) *majestas
gravis et requies decora* wird abgelehnt. „Von Mutian ... führt
kein Verbindungsweg zur Aufklärung des 18. Jahrhunderts, und
Dufresnoy meint etwas dem barocken Lebensgefühl Entsprechendes, von Winckelmanns Auffassung Grundverschiedenes." [154] Der
Ausdruck ist vielmehr aus dem Französischen entlehnt, er wird von
den Kritikern der Zeit, von Gottsched und Mattheson aufgegriffen,
taucht in den Versen von Uz und Gellert auf. Allen gemeinsam
ist dabei der Rekurs auf die Antike; das zeigt sich vor allem —
vor Winckelmann — bei Friedrich d. Gr., Chr. L. v. Hagedorn
und Justus Möser. Wichtig ist der Hinweis auf das Wesen der
Natur.

Von großer Bedeutsamkeit scheint es Stammler, daß die „edle
Einfalt" neben dem der *simplicitas* einen neuen Zweig, den der
stultitia hinzugewonnen hat. Er untersucht diese Verwandlung und
stellt fest, daß schon die Römer für *simplex* die Bedeutung „schlicht,
einfach, natürlich — Offenheit, Unschuld" kannten. Die Christianisierung der Germanen erbrachte die Übersetzung mit „Einfalt".
Wesentlich ist der Begriff dann in der Scholastik bei der Wesensbestimmung Gottes geworden, vor allem aber in der Mystik Meister
Eckharts, wo es in einer Predigt heißt: „Gott ist die warheit und
luterkeyt und eynfeldigkeit, das ist eyn und eyn wesen."

Gleichlautende Stellen finden sich bei Bonaventura und Seuse, ja
bei allen Mystikern, so daß es in ununterbrochener Tradition von
den Barockmystikern weitergegeben wird, etwa von Gottfried
Arnold.

In einem dritten Abschnitt geht Stammler dann der entscheidenden Frage nach, wie der religiöse Begriff sich in den in der Aufklärung zu findenden ästhetischen wandelt. Auch hier vermag er
auf den Gebrauch in der mittelalterlichen und frühchristlichen
Kirchensprache hinzuweisen. Winckelmann kannte die Definition
der Schönheit aus dem XVII. Brief des Augustinus: *Omnis pulchri-
tudinis forma unitas est.* Hier muß natürlich auf Plotin als Quelle
dieser Anschauung zurückgegangen werden.

[154] S. 359/60.

„Nun ist Gott die absolute Einfachheit und Einheit. Daher mußten konsequenterweise die vom neuplatonischen Ideengut auf das stärkste beeinflußten frühen christlichen Schriftsteller sich auch des Plotinischen Schönheitsbegriffs bemächtigen und Gott als den Schöpfer der 'Urschönheit' ansehen. Nach Pseudo-Dionysius ist die göttliche Schönheit 'einfach' (ἁπλοῦν). Hier knüpft Johannes Scotus Eriugena an." [155] Sind im theologischen Bereich diese Begriffe *simplicitas* und *unitas* noch keineswegs Synonyma, so fallen sie im ästhetischen Bereich zusammen: Gott ist der Prototyp der Urschönheit. „Damit kann *simplicitas* nicht nur ein Wertmesser im metaphysischen und kritizistischen Sinne, sondern auch im ästhetischen Felde werden: *simplex* gilt als die höchste Eigenschaft, als Maßstab schlechthin für künstlerische Erzeugnisse aller Art. Es ist das Charakteristicum der 'Form' überhaupt, der Grundsatz des *ordo*, der die Welt in Regelmäßigkeit beherrschenden kosmischen Schönheit, die Augustinus, in Nachfolge der Pythagoreer, in Zahlen ausgedrückt wissen wollte." [156]

Über Thomas von Aquin reicht diese Auffassung in die Kunsttheorie der hochhöfischen Zeit, zu Gottfried von Straßburg. Dies scheint aber der einzige Fall zu sein, daß „einvalte" im Mittelalter ästhetische Bedeutung hat. „In der andersgearteten Welt der Umbruchsjahrhunderte vom 14. bis 16. Säkulum hatte die ‚Einfalt' keinen Raum mehr." [157] Sie wird ersetzt durch *similitudo* oder *formalitas*.

In die deutsche Kunsttheorie der Aufklärung gelangt der Begriff „Einfalt" durch die französische Ästhetik. Hier fand Gottsched seinen theoretischen Grund und Boden; die „Übereinstimmung des Mannigfaltigen" deutet Stammler als diese „Einfalt", die Gottsched bewußt wegen ihrer Nähe zur *stultitia* vermied. Ebenso braucht Uz in seiner Kritik an Young das Wort „simpel".

Gewisse Abwandlungen ergeben sich bei Bodmer und Klopstock. Als Kriterium der Echtheit geht die „Einfalt" in die Bildbeschreibung ein, die in einer Briefstelle Goethes klassisch zum Ausdruck

[155] S. 366.
[156] S. 367.
[157] S. 368.

kommt: „Er (Oeser) lehrte mich, das Ideal der Schönheit sey
Einfalt und Stille."[158] Schließlich nehmen Wackenroder, Overbeck
und Fr. Schlegel den Begriff auf und wandeln ihn nach ihren Bedürfnissen. „Damit wären wir am Ende mit der Betrachtung der
'Einfalt', der *simplicitas*. Bereits in der Spätantike und im Früh-
christentum war der Glanz der religiösen Vollkommenheit auf
diese Wörter gefallen. Vom theologischen zum moralischen Gesichtspunkt zu gelangen, ist zu allen Zeiten und in allen Ländern möglich gewesen. Und in einer Periode, wo das 'Gute' durch das
'Schöne' ersetzt wurde, nahm man die 'Einfalt' auch in den ästhetischen Bezirk auf und verlieh ihr das Signum der Schönheit."[159]
		In einem fünften Abschnitt wird dann das Beiwort „edel"
untersucht. Hier kommt Stammler zu dem Ergebnis: „Seit den
ältesten Zeiten ist 'edel' aus dem ständisch-politischen Bereich auch
in den geistigen übergetreten. In der Glaubenslehre bezeichnet das
Wort Menschen und Verhältnisse, die zu Gott gehören oder sich
auf ihn beziehen, ja eine religiöse Vollkommenheit. In der Ethik
repräsentiert es ein hohes Menschen- und Tugendideal, ein moralisches Vorbild. Auf künstlerischem Gebiet heißt das Streben nach
Vollkommenheit des Kunstwerks oder das erreichte künstlerische
Ziel 'edel'. — Die letzte Bedeutung nimmt auch Winckelmann an.
Für ihn ist 'edel' das Vollkommene, das von irdischen Zielen Freie,
das zur Höhe Blickende und sich Aufschwingende . . ."[160]
		Abschließend wird die Wirkung, die seither von Winckelmann
ausging, untersucht, bei Lessing, C. Ph. Moritz, Uz, J. E. Schlegel,
Grimm, Herder, Humboldt — bis hin zur unwilligen Reaktion
Jean Pauls über die „scheinbare Einfachheit" in der Dichtung.
„Aber Jean Pauls berechtigter Kampf konnte das Schlagwort nicht
beseitigen."[161] Das zeigen die folgenden Beispiele zur Genüge.

[158] S. 370 A. 48; vgl. hier auch die Äußerung des Literarhistorikers
Dorat (1770), in der er von der *vertu simple* der Deutschen spricht. Zit.
bei H. O. Sieburg, Deutschland u. Frankreich in der Geschichtsschreibung
des XIX. Jhdts., Wiesbaden 1954, S. 40.
		[159] S. 379.
		[160] S. 376.
		[161] S. 380.

Zusammenfassend ergibt sich für Stammler: „Die ganze behandelte Formel war nicht neu, als Winckelmann sie aufgriff. Er kann nicht als ihr Erfinder gelten. Aber den Begriff 'edle Einfalt' idealisierte er in vorher nicht erfaßter Vertiefung; und diese erhöhte Bedeutung erhielt durch ihn das ganze griechische Volk. Weil es körperlich wie seelisch diese 'edle Einfalt' besaß, war sie das innere Agens, aus dem solche ein für allemal gültigen Werke geschaffen werden konnten. Über ein kunsttheoretisches Fachwort hinaus wurde die 'edle Einfalt' zu einem gesetzmäßigen inneren Schöpfungstrieb." [162]

Damit sind Herkunft und Wandlung eines Begriffs nahezu vollständig dargestellt, dazu Einsicht gewährt in die Gründe solcher Wandlung. Unklar bleibt allerdings, weshalb dieser Begriff wohl ein Topos genannt werden kann: Begriffsgeschichte, das ist schon gesagt, ist keinesfalls schon Topik. An keiner Stelle wird die Funktion in der Dichtung selbst überprüft. Außerdem muß gefragt werden, warum die Formel Winckelmanns auf die Hälfte eingeschränkt wurde — die besondere Prägung liegt eben in dem Zusammenhang von „edler Einfalt" und „stiller Größe". So besehen erweist sich der Begriff im Laufe der Zeiten wahrhaft als ein „Chamäleon"; durch die gesonderte Betrachtung von „Einfalt" und „edel" wird dieser Eindruck nur verstärkt. Unübersehbar ist die Tradition des einzelnen Wortes, sehr klein nur die der Formel.

Lexikalisch gesehen ist dabei ein Zweig der Tradition völlig außer acht gelassen: die Bibel. Winckelmann konnte bei seinen Bibelstudien auf Schritt und Tritt der „Einfalt" begegnen, sowohl als Übersetzung zu *simplex* — ἁπλοῦς (Luk. 11, 34—36), *simplicitas* — ἀφελότης (AG. 2, 46), *infans* — νήπιος (Röm. 2, 20), *simplicitas* — ἁπλότης (Röm. 12, 8; 2. Kor. 11, 3; Eph. 6, 5) *simplex* — ἀκέραιος, ἀκήρατος (Röm. 16, 19) und *affluens* — ἁπλῶς (Jac. 1, 5); dazu kommen die Stellen aus dem AT, wie z. B. 1. Mos. 20, 5, 6; 2. Sam. 15, 11; PS. 116, 6; 119, 130 u. a.

Damit ist aber ein Begriffsumfang gegeben, der seiner Zeit wenigstens durch täglichen Umgang geläufig war. „Edle Einfalt"

[162] S. 382.

selbst aber, so stellt sich in der lexikalischen Untersuchung heraus, ist schon bei den Griechen „charakteristisch für die Heroenpsyche".[163]

[163] Vgl. Kittel, Theologisches Wörterbuch zum Neuen Testament, 1935 ff., die Artikel von Bauernfeind, Kittel und Bertram.

I, S. 385—386 ἁπλοῦς, ἁπλότης (Bauernfeind) Neben die ursprüngliche Bedeutung a) einfach LXX Sap. 16. 27. Philo Congr. 36 tritt eine ganze Reihe von abgeleiteten Bedeutungen: b) offen, schlicht, ohne Nebenabsicht. Das Adverbium ἁπλῶς bedeutet dementsprechend: eindeutig, geradeheraus, rückhaltlos, M. Ant. V 7, 2. Aber neben diesen (meist eine positive Wertung enthaltenden) Begriffen macht sich — auf intellektualistischer Basis — auch eine negative Wertung geltend c) einfältig, Isoc. 2, 46.

In den griechischen Übersetzungen des AT bilden ἁπλοῦς bzw. ἁπλότης (o. ἁπλοσύνη) Wechselbegriffe für ἀληθινός, ἄμωμος ὅσιος, εἰρηνικός, καθαρὰ καρδία u. a. . . . Hier und im griechisch redenden Judentum überhaupt (Test XII) zeigt sich besonders die Eignung unserer Wortgruppe für den Ausdruck positiver Werte: frei von innerem Zwiespalt, unschuldig, rechtschaffen, lauter.

ἁπλότης. Auch hier führt die Grundbedeutung a) Einfachheit 2. Bas. 15. II; 3. Makk. 3. 21; Jos. Bell. 2, 151 zu Wertbegriffen: b) edle Einfalt, „charakteristisch für die Heroenpsyche" (W. Schmid, Philol. Wochenschr. 46, 1926, S. 131, 144 (dort Belege)), c) Lauterkeit: Jos. Bell. 5, 319, oft bei M. Ant. verwandt mit ἀλήθεια (Hirzel, Themis, Dike und Verwandtes, 1907, 113, 3).

Im NT meist Bedeutung c): Eph. 6, 5; Kol. 3, 22; 2. Kor. 11, 3; für Röm. 12, 8; 2. Kor. 8, 2; 9, 11. 13 dagegen gilt d) opferbereite Güte.

I, 209/10 (Kittel) ἀκέραιος a) unzerstört, unbeschädigt. b) Danach übertragen: was sich in dem ursprünglichen Zustand von Unversehrtheit, Ganzheit, sittlicher Unschuld befindet, genau wie die Übertragung unseres unverdorben. . . . c) In hellenistischer Zeit entsteht die Verbindung mit οἶνος, χρυσός u. dgl. und damit die Bedeutung lauter: Athen. II, 45 e u. ö. Im NT immer übertragen. Phil. 2, 15 parallel mit ἄμεμπτος und ἄμωμος, als Abgrenzung der τέκνα θεοῦ μέσον γενεᾶς, σκολιᾶς κτλ. Röm. 16, 19: die Christen seien ἀκέραιοι εἰς τὸ κακόν, Inhaber der dem Bösen gegenüber bewahrten Integrität, als deren Symbol Mt. 10, 16 die zum Opfertier geeignete Taube nennt.

Dadurch wird ein bei Stammler nur angedeuteter Bereich einbezogen, der für das Verständnis von nicht zu unterschätzender
Bedeutung ist. Und das gerade bei Winckelmann, dessen Betrachtung sich in den ›Gedanken über die Nachahmung‹ auf das wirklich
Nachahmenswerte richtet, das da im Kunstwerk der Griechen
erscheint, nämlich die Seele; ganz abgesehen davon, daß die
„Größe" weit stärker im Vordergrund steht als die „Einfalt" —
wie eben die Kunst sich auf Dinge erstreckt, „die nicht sinnlich
sind". Auch das findet sich in der erwähnten Abhandlung. Von hier
aus wird es zu erwägen sein, wie der Übergang von der „Einfalt"
zur „Einheit", von der *simplicitas* zur *unitas*, wie nachzuweisen
versucht wurde, stattgefunden hat. Auch bei Gottsched ist „Übereinstimmung des Mannigfaltigen" eben nicht „Ein-falt", sondern
unitas, in Anlehnung an Augustins *Omnis pulcheritudinis forma
unitas est*, gleichbedeutend mit *aequalitas, convenientia* und der
congruentia partium[164]. Wenn Gott „als Prototyp der Urschönheit,
die absolute, die *summa unitas* et *simplicitas* besitzt", so ist damit
ein Bereich eröffnet, in welchem das Wesen Gottes als Urgrund des
Seins ausgesprochen ist, dann gilt zwar *simplex* als „höchste Eigenschaft, als Maßstab schlechthin für künstlerische Erzeugnisse aller
Art", aber nur im Sinne der Bestimmung ihrer Seinsweise.

Wichtig wäre auch zu sehen, wodurch in den „Umbruchsjahr-
hunderten" die „Einfalt" ersetzt wurde und warum. Am Gegenüber zeigt sich meist der eigene Bedeutungshorizont. Vielleicht läßt
sich gerade dadurch die Verweisung auf das eigentliche Wesen
gewinnen, das dann, im Zusammenhang mit anderen kunsttheoretischen Begriffen, zur Erhellung des Bedeutungsgeflechtes der „Nachahmung", zum Wesen der Dichtung entscheidend beitrüge. Wenn
etwas die Toposforschung legitimiert, so ist es nicht die Katalogi-

Vor allem auch der große Artikel von Bertram Bd. IV, 913—925
νήπιος, der den Gesamtrahmen verdeutlicht.
    Vgl. ebenso Walter Bauer, Griechisch-Deutsches Wörterbuch 5. Aufl.
Berlin 1958.
    ἀφελότης (Dio Chrys. Vett. Val. 240, 15, auch 153, 30) die Schlicht-
heit des Herzens AG. 2, 46.
[164] Zit. bei Stammler, S. 367 A. 33.

sierung von Redeformeln und dergleichen, vielmehr die Erkenntnis der in den Topoi formelhaft vorgetragenen Auslegungen wesentlicher Aspekte des Seins. Der Boden dazu ist in exakter philologischer Arbeit zu sichern, wie Stammler in seiner Arbeit gezeigt hat.

Schließlich sei noch auf eine Arbeit von Friedrich Maurer hingewiesen, die den Topos von den „Minnesklaven" untersucht[165], allerdings ohne dem Begriff des Topos eine methodische Bemerkung zu widmen. Ausgehend von der Deutung des Maltererteppichs, hat er die Darstellungen des Bildteppichs, die in Gegenüberstellungen biblische, antike und mittelalterliche „Helden" in ihrer „êre", die sie aus ihren Taten gewannen und dem „leit", das sie von der Frau empfangen haben, zeigen, ebenso auf ihre mittelalterliche Herkunft, als auf ihre Wirkung untersucht. Dabei gelingt ihm eine neue überzeugende Deutung des Teppichs, sowohl hinsichtlich seiner Herkunft als auch seines Gesamtsinnes, der sich als eine Gegenüberstellung von falscher Frauenminne und wahrer Gottesminne enthüllt.

Es zeigt sich, daß die Teppichbilder ihre Parallelen in der Literatur haben, ja durch diese Parallelen wird auch zum erstenmal eine Interpretation des Iwein-Motivs möglich.

Aber, was hat das mit einer Topos-Interpretation zu tun? Daß es sich hier um ein Argument im Beweis handelt, das wird wohl angedeutet, wenn die Belegstellen aufgeführt werden, so bei Oswald von Wolkenstein und bei Hugo von Montfort (S. 200 ff.): „Hier erscheint jetzt der Topos als Beweis für die Vergänglichkeit der Welt", doch wird dies nicht weiter beachtet. Als Gehalt des Topos wird das Schema von *êre* und *leit* herausgearbeitet, doch ohne darauf hinzusehen, welche historisch-philosophische Bedeutung diesem Argument über die philologisch-stilistische hinaus zukommt, welche Bedingungen und welche Folgen der Wandel im Gebrauch hat. Das reine Fortleben mag ein Zeichen der Beweiskraft sein, zum richtigen Verständnis genügt dieser Aufweis wohl nicht. Das ganze Problem gehört in den Bereich der Emblematik.

---

[165] Friedrich Maurer, Der Topos von den Minnesklaven, DVjs. 27, 1953, S. 182—206. Vgl. weiter: F. R. Schröder, „Kupfergeschirr". Zur Geschichte eines Topos; Germ. Rom. Monatsschrift 1955; G. Jungbluth, Ein Topos in Lamprechts Alexander; ebd. 1956.

Aus allen dargestellten Arbeiten wird die eigentliche Vorarbeit zu einer Toposforschung deutlich: die genaue Abgrenzung und Begriffsbestimmung von Topos gegenüber Bild, Metapher, Symbol, Allegorie, Motiv, Formel, Klischee und dergleichen.[166] Nur in der Beschränkung auf ihr Eigenstes wird sie fruchtbare Ergebnisse zeitigen, die nicht auf die Katalogisierung verzichten, aber auch nicht in ihr das Ziel der Bemühung finden. Denn, wenn schon deutlich geworden ist, daß neben die Kategorie der Kontinuität die der Diskontinuität treten muß, neben die Auffindung des rhetorischen Traditionsgutes die Interpretation des „Stellenwertes" im einzelnen Kunstwerk, so ist damit schon der Aufgabenkreis, wie ihn die Forschung bisher eröffnet hat, vorgezeichnet: Erkenntnis eines Topos am Grunde seiner argumentativen Leistung in der Erörterung einer Sache selbst.

[166] Vgl. zum ganzen Komplex die Arbeit von Hans Blumenberg, Paradigmen zu einer Metaphorologie, Archiv f. Begriffsgeschichte 6, Bonn 1960, S. 7—142, die mir zur Zeit der Abfassung dieses Berichts nicht bekannt war.

Der Deutschunterricht. Jahrgang 18 (1966), Heft 6, S. 15—46

TOPIK UND TOPOI

Von Berthold Emrich

I. Die 'historische Topik' von Ernst Robert Curtius

a) Der Topos als Beleg für historische Kontinuität

Ernst Robert *Curtius* hat mit seinem Hauptwerk, dem er den Doppeltitel ›Europäische Literatur und lateinisches Mittelalter‹ gab, die moderne Toposforschung entscheidend angeregt.[1] Aber sein Buch hätte nie so nachhaltig und weithin wirken können, wäre es dem Verfasser allein um eine Interpretation der antiken Rhetorik oder eine Renaissance ihrer Technik gegangen; er selbst wollte es vielmehr als einen Aufruf zur Selbstbehauptung Europas und zur exakteren Begründung der Literaturwissenchaft verstanden wissen.[2]

Für Curtius blieb Europa nur lebendig, wenn es jenseits der nationalen Ideologien wieder als eine gemeinsame Kultur historisch sichtbar wurde. Von diesem historischen Ansatz her erhalten die *Topoi* ihren eigentümlichen Charakter. Sie interessieren vor allem als *Formkonstanten der literarischen Tradition,* in denen sich die Kontinuität zwischen dem antik-mittelmeerischen und dem modern-abendländischen Kulturkreis verdinglicht: In der Rhetorik des ausgehenden Altertums fixiere sich die unklassische, *manieristische Antike,* die das Mittelalter und — als Gegenbild des Klassizismus — die modernen Literaturen bestimme; die *lateinische Spätantike* sei die wahre, autoritative Antike für das Mittelalter gewesen, das die Rhetorik dieser Verfallszeit bewundert und deren Topik übernommen habe.

[1] Curtius, Ernst Robert: Europäische Literatur und lateinisches Mittelalter. Bern u. München 1948 (abgekürzt: E. L.).

[2] Als Vorabdruck erschien das erste Kapitel ›Europäische Literatur‹ 1947 in der Zeitschrift ›Merkur‹.

Es entsteht so die Vorstellung von einem großen Vorratsmagazin, in dem Klischees, literarische Themen, konventionelle Requisiten, Versatzstücke, epische und rhetorische Formeln, Pathosformeln („nur über meine Leiche geht der Weg"), Denkformen (Etymologie als Denkform) und auch Gemeinplätze zu beliebiger Verwendung bereit liegen. Mochten diese Gebilde auch noch so heterogen sein, hatten sie trotzdem eine wesentliche Gemeinsamkeit: an ihrer Herkunft, ihrem Wandel und Vergehen konnte man den Gang der Geschichte frei von jeder geistesgeschichtlichen Spekulation ablesen, Epochen und Zeitstile erkennen und den Beleg dafür greifen, daß nur die Latinität den universalen Standpunkt für das europäische Selbstverständnis gewährt: „Man ist Europäer, wenn man *civis Romanus* geworden ist." [3]

Zu dem gleichen Befund kam man, wenn man eine weitere historische Konstante beachtete. Griechen und Römer hatten eine subtile *Lehre von den Redefiguren* ausgebildet, die in Stil und Ausdruck der mittelalterlichen Literatur wieder begegneten. Indem Curtius Schiffahrts-, Personal-, Speise-, Körperteil- und Schauspielmetaphern untersuchte, ergänzte er die historische Topik durch eine *historische Metaphorik*.[4]

Der Topos war somit in erster Linie geschichtliches Elementarteilchen. Als historische Substanz fand er sich wie die Metapher nur in einem literarischen Gebilde. Die Toposforschung konnte daher wohl „eine neue Anschauung vom inneren Zusammenhang der europäischen Literatur" [5] meinen; ihre Erkenntnisse beruhten dann lediglich auf der Feststellung einer rhetorischen Kontinuität. Aber Curtius legte ihr diese Beschränkung nicht auf, sondern führt sie bewußt aus der Geschichte und der Rhetorik in die Poesie.

[3] Curtius: E. L., S. 22.
[4] l. c., S. 138; ähnlich äußerte sich schon 1846 Karl Friedrich Nägelsbach in der Einleitung zu seiner ›Lateinischen Stilistik‹: Die Topik fordere als ihre notwendige Ergänzung eine Tropik oder eigentlich eine Metaphorik, d. h. eine Lehre vom Verhältnis der Metaphern in der lateinischen und deutschen Sprache. Er denkt sich die Tropik als eine Unterabteilung der Topik.
[5] l. c., S. 385.

b) Der Topos als Element der Literatur

Die antike Topik trat mit der Geschichte kaum in Beziehung; soweit sie für den Gebrauch des Redners zugeschnitten war, hatte sie vor allem Argumente zu liefern; sie war systematisch und normativ. Ihre 'Umwertung' zur historischen Topik belegte Curtius mit einer geschichtlichen Wandlung in der Spätantike: in dieser Zeit verliere die Rhetorik ihren ursprünglichen Sinn- und Daseinszweck und dringe gleichzeitig in *alle* Literaturgattungen ein. Damit werde ihr kunstvoll ausgebautes System „Generalnenner, Formenlehre und Formenschatz der Literatur überhaupt" [6].

So scharf war die Grenze zwischen Rhetorik und Poesie im Altertum nicht, daß ein Austausch von Topoi unterblieben wäre. Curtius gewann daher aus den poetischen Texten leicht auch eine *poetische Topik*; *Naturschönheit* (Ideallandschaft, Wunschträume und Wunschzeiten wie Elysium, Paradies, goldenes Zeitalter) oder *Lebensmächte* (Liebe, Freundschaft, Vergänglichkeit) gehören ihr zu. Motivierte ein Dichter das Ende einer Erzählung oder eines Abschnittes damit, daß es dunkel geworden und Zeit zu ruhen sei, so ließ sich das als ein formaler Topos begreifen; behandelte er das Thema *la belle mendiante,* dann war das ein inhaltlicher Topos. Auch gab es gattungstypische Topoi wie die *cernas*-Formel des epischen Stils.

Als Form- und Ausdruckskonstanten der europäischen Literatur erlaubten die Topoi endlich, die Literaturwissenschaft auf ein neues Fundament, die *Philologie,* zu stellen; denn sie fordern geradezu eine Technik philologischen Mikroskopierens, durch die wir von der autonomen Struktur der literarischen Materie genauere Kenntnis erhalten.[7] Die Methode ist so präzise und stringent, daß man sie auch auf andere Gebiete des künstlerischen Schaffens übertragen darf; die mit der Rhetorik verbundene Musik kannte eine musikalische „Findekunst" und damit eine *musikalische Topik!* [8]

[6] l. c., S. 79.
[7] l. c., S. 10.
[8] l. c., S. 87.

c) Der Topos als Archetypus

Schon als Element der Literatur löste sich der Topos teilweise von der Geschichte, zu deren Wesen die *Diskontinuität* ebenso gehörte wie die Kontinuität: er mußte nicht tradiert sein. Ähnlich der Posie, die sich zwar nur in einem Zeitstil ausdrücken konnte, aber einem biologischen, zeitentrückten Urtrieb entsprungen war, trugen auch die Topoi Ursprüngliches und Ewiges in und durch die Geschichte. Es sind Themen, die Urverhältnisse des Daseins betreffen, Bilder des kollektiven Unbewußten (wie der Topos vom *puer senex*), Archetypen, wie sie C. G. Jung sehen lehrte. Ihr allgemeiner Charakter begünstigte eine Entstehung aus *Polygenese*; anscheinend längst verbrauchte Topoi verjüngten sich in der Geschichte plötzlich wieder und stiegen — archaische Urbilder — aus den Tiefenschichten der Seele zu neuem Leben empor.

d) Ergebnisse und Einwände

Curtius wollte keine Geschichte der Rhetorik schreiben, sondern zu den Fundamenten der europäischen Literatur führen. Er holt seine Begriffe aus der spätantiken Rhetorik und formt sie zu historischen Kategorien um. „Insofern kann dieses Buch eine *Nova Rhetorica* heißen."[9] Es intendiert nichts anderes als den Entwurf für eine *systematische Toposforschung*, die einen neuen Zugang zum Verständnis der mittelalterlichen Literatur öffnen, also eine Heuristik und *ars inveniendi* bedeuten will.

Die immer wiederkehrenden formalen und inhaltlichen Konstanten, die Curtius in der Literatur des Mittelalters beobachtete, waren so verschiedener Natur, daß er offenbar schwankte, wie er sie benennen sollte. Mit dem Terminus *topos* entschied er sich gleichzeitig für den Begriff der *Topik* als einer systematischen Zusammenfassung seiner Einzelbeobachtungen, nicht aber für eine bestimmte antike Definition oder gar ein fertiges Modell.

[9] l. c., S. 138.

Was er an Erbe aus klassischer Philologie, Historismus, Toynbee, Bergson und C. G. Jung noch dazu einbrachte, ergab einen imponierenden, aber etwas gewaltsamen Bau, der Bewunderung und Kritik erregte. Die Einwände greifen sogar das Fundament selbst an: Topos sei bei Curtius nur ein vager Sammelbegriff, die *topoi* und *loci* des Altertums habe er mißverstanden und in seiner Sucht nach Originalität der alten Findungslehre ihre Ehrbarkeit geraubt.[10] Die Tradition der Antike und wesentlich auch des Mittelalters gehe auf Aristoteles zurück: Der Topos meine stets eine Form, nie die Sache selbst.[11]

Es ist daher zu fragen, was die Topoi der Antike eigentlich waren, wenn es bedenklich ist, sie als „Argumente", „gedankliche Themen", „Hilfsmittel für die Ausarbeitung von Reden" oder „Fundgruben für den Gedankengang" zu bezeichnen und die „Betonung der Unfähigkeit, einem Stoff gerecht zu werden" oder das „Lob der Vorfahren und ihrer Taten" ihnen zuzurechnen. Wie weit ist der Weg vom Topos zum *Gemeinplatz* nun wirklich?[12]

Der Gegenstand des Prozesses erfordert eine Prüfung der Quellen. Nur sie können uns darüber belehren, ob Curtius einem Mißverständnis zum Opfer gefallen ist.

II. Die 'dialektische Topik' des Aristoteles

a) Die Topik

Von der „historischen Topik" eines E. R. Curtius gibt es offenbar keine Brücke zur ›Topik‹ des *Aristoteles*[13], die sich ein ganz anderes Ziel setzt:

---

[10] Mertner, Edgar: Topos und Commonplace. In: Strena Anglica. Festschrift für Otto Ritter. 1956. S. 178—244.

[11] Veit, Walter: Toposforschung. Ein Forschungsbericht. DVjs. 37 (1963), S. 120—163. [Die genannte Arbeit ist in diesem Band auf den Seiten 136—209 abgedruckt.]

[12] Curtius: E. L., S. 79.

[13] Aristoteles: Topik. Neu übersetzt und mit einer Einleitung und erklärenden Anmerkungen versehen von Dr. theol. Eugen Rolfes. Philos.

Unsere Arbeit verfolgt die Aufgabe, eine Methode zu finden, nach der wir über jedes aufgestellte Problem aus wahrscheinlichen Sätzen Schlüsse bilden können und, wenn wir selbst Rede stehen sollen, in keine Widersprüche geraten.[14]

Wir werden damit im Bereich formallogischer Überlegungen und allgemeiner Erwägungen zu bleiben haben und nicht auf das Gebiet streng wissenschaftlicher Beweisführung überwechseln dürfen; denn die wahren und ersten Sätze sind als oberste Grundsätze der Wissenschaft durch sich glaubhaft: über die Axiome der Mathematik gibt es keine Diskussion. Aber aus wahrscheinlichen Sätzen können wir einen dialektischen Schluß ziehen. Es sind dies Sätze, die allen oder den meisten oder den Weisen wahr scheinen, und auch von den Weisen wieder entweder allen oder den meisten oder den bekanntesten und angesehensten.[15]

Wer sich in der Kunst, dialektische Schlüsse zu bilden, schult, wird eine feste Methode erwerben, im Gedankenaustausch beweglich sein und auf einem sicheren Weg zu den Prinzipien aller Wissenschaften gelangen. Er kann nach beiden Seiten Bedenken erheben, prüfen, widerlegen und aus wahrscheinlichen Meinungen die Wahrheit ermitteln. Die Dialektik verliert damit aber ihre Stellung als Metaphysik und Abschluß der Philosophie, die sie sich bei Platon errungen hatte, und bildet sich zur Topik aus. Sie ist auf folgendem Grundriß errichtet:

1. Die Disputationen erwachsen aus *Sätzen* (προτάσεις, *propositiones: Ist das so?*), die Schlüsse drehen sich um *Probleme (Ist das so oder nicht so?)*.

Zu den dialektischen Sätzen gehört auch, was dem Glaubwürdigen Ähnliches behauptet, was dem glaubwürdig Scheinenden Entgegengesetztes verneint wird, und alles, was die Meinungen wiedergibt, die den von den Menschen erfundenen Wissenschaften und Künsten gemäß sind. (Beispiel: Ist es glaubwürdig, daß man den Freunden Gutes tun muß, so ist auch glaubwürdig, daß man ihnen nichts Böses tun darf.)[16]

Bibl. Bd. 12. Leipzig 1919. — Die Übersetzung habe ich an allen entscheidenden Stellen mit dem Original verglichen.

[14] Aristoteles: Top. 100 a 18.

[15] l. c., 100 b 18.

[16] l. c., 104 a.

Die Kenntnis mancher Probleme ist für die persönliche Entscheidung wichtig (Ist die Lust begehrenswert oder nicht?), bei anderen
liegt der Nutzen nur im Wissen, wieder andere können nicht gelöst
werden. Man soll sie nur dialektisch behandeln, wenn der Beweis
nicht zu nahe oder zu fern liegt.

2. Alle Hilfsmittel für das dialektische Verfahren sind eigentlich
Sätze. Man gewinnt sie aus der Meinung aller, der meisten oder
der Weisen. Wollte man sich ein philosophisches Urteil über sie
bilden, müßte man sie nach dem Maßstab der Wahrheit behandeln;
für die Dialektik genügt es, wenn man ihre logische Struktur erkennt: sie enthalten die *Gattung*, ein *Akzidenz* oder ein *Proprium*
oder geben eine *Definition* und lassen sich in der Form der Induktion oder des Syllogismus begründen. Es gibt vier 'Werkzeuge' für
die Gewinnung probabler Sätze:

a) ihre Auswahl
b) Unterscheidung der verschiedenen Bedeutung der Wörter
c) Auffindung des Unterschiedes der Dinge
d) Auffindung ihrer Übereinstimmung.

3. Neben die 'Sätze' treten in der Beweisführung die *Örter* oder
Topoi. Aristoteles gliedert sie in vier Bereiche:

Topoi aus dem Akzidenz (Buch II und III); ein Topos ist z. B.
die Überlegung, „ob man das, was einem Ding in anderer Weise
zukommt, etwa für ein Akzidenz erklärt hat ... dem Weiß ist es
nicht akzidentiell, Farbe zu sein, sondern die Farbe ist seine Gattung"[17]. Einen weiteren Topos erhalte ich, wenn ich ein Wort auf
seinen ursprünglichen Begriffsinhalt zurückführe und mich damit
gegen die landläufige Bedeutung wende: ein εὔψυχος ist nicht der
Mutige, sondern ein Mann, um dessen Seele es wohl bestellt ist.[18]
Der Topos des *Mehr und Minder* liefert allein vier 'Örter'! Mit
einigen Topoi aus dem Akzidenz werden vergleichende Werturteile
begründet: wünschenswerter ist, was in sich wertvoll ist und länger
dauert, was wesenhaft etwas ist, für sich selbst Ursache des Guten
ist, was mit höheren Werten zusammenhängt, größer an Zahl oder

[17] l. c., 109 a.
[18] l. c., 112 a.

mit Lust verbunden ist, was die der Art eigene Güte hat, seinen
Inhaber gut macht usw. Hier nähert sich der Philosoph mit seinen
Topoi fast bis zur Identität den 'Sätzen' („Das von Natur Gute
verdient offenbar, gewünscht zu werden"), so daß er sich selbst
wieder erinnern muß:

> Man muß aber die Örter, die sich um das Mehr und das Größere drehen,
> möglichst allgemein fassen. Denn so gefaßt, müssen sie in desto weiterem
> Umfange brauchbar sein. Manchen von den angeführten Örtern läßt sich
> diese allgemeine Fassung durch eine kleine Umbiegung des Ausdrucks
> geben. Man sage z. B.: was eine bestimmte Beschaffenheit von Natur hat,
> hat sie mehr, als was sie nicht von Natur hat.[19]

An dieser „kleinen Umbiegung" sieht man besonders deutlich,
wie der allgemeine und formale Charakter der Topoi erst in einem
Prozeß der Abstraktion gewonnen werden muß — oder umgekehrt:
wie leicht Inhalt in die Form eindringt!

Topoi aus der Gattung (Buch IV) geben die Maßstäbe der Richtigkeit oder Verkehrtheit der Gattungsbezeichnung an.

Topoi aus dem Proprium (Buch V) ergeben mit denen aus der
Gattung zusammen die Grundlage für die Erörterung über die
Definitionen; mit beiden haben es die Untersuchungen der Dispu-
tierenden selten zu tun. Die abstrakte Materie wird daher erst jetzt
behandelt.

Topoi aus der Definition (Buch VI und VII) enthalten die Lehre,
wie man falsche Definitionen widerlegt und selbst richtig definiert;
hierbei zeigt es sich, daß die Definition von allen vier Stücken am
leichtesten zu widerlegen und am schwersten zu begründen ist.

Aristoteles glaubt, er habe damit die Topoi, die uns in die Lage
versetzen, in bezug auf jedes Problem dialektische Schlüsse zu
ziehen, annähernd vollständig aufgezählt.[20] Den Begriff des Topos
definiert er jedoch nicht, sondern er wendet sich der Technik des

---

[19] l. c., 119 a.

[20] l. c., 155 a. οἱ τόποι δι' ὧν εὐπορήσομεν πρὸς ἕκαστα τῶν
προβλημάτων ἐπιχειρεῖν; Boëthius übersetzt das so: Loci per quos copiosi
erimus ad singula quaque problematum argumentari, fere sufficienter
annumerati sunt. (Patrologia Latina. Bd. 64. Sp. 994.)

Disputierens zu, für die er einige Regeln aufstellt; danach sind an
der Auffindung des Ortes Philosoph und Dialektiker in gleicher
Weise beteiligt, die nachfolgende Anordnung und Fragestellung
aber ist die eigentümliche Aufgabe des Dialektikers. Er kehrt zur
Übung Schlüsse um, sieht bei jeder These nach Gründen und trifft
eine Entscheidung; für das Ja und Nein stehen ihm Argumente zur
Verfügung, und er überblickt die Konsequenzen zweier entgegengesetzter Annahmen. Es hilft ihm, wenn er für die am häufigsten
erörterten Probleme und die obersten Grundsätze die Beweisführung gut inne hat, viele Definitionen kennt und die gedachten Prinzipien und Sätze auswendig weiß.

Man präge sich aber lieber einen allgemeinen Vordersatz (πρότασιν
κοινήν / propositionem communem) als eine Beweisführung ins Gedächtnis. Denn es ist nicht eben schwer, sich mit einem Vorrate von Prinzipien
und Voraussetzungen auszurüsten.[21]

So geschult, wird der Dialektiker nicht nur das Wahre oder
Wahrscheinliche beweisen, sondern auch seinen Gegner besiegen
können.

b) Die Rhetorik

Man darf annehmen, daß Aristoteles die Erkenntnisse der Topik
in seiner Rhetorik nicht zu verleugnen brauchte.[22] Er mußte vielmehr versuchen, den philosophischen Ansatz auf einem Gebiet zur
Geltung zu bringen, das sich bisher der theoretischen Begründung
entzog und den bloßen Praktikern überlassen blieb. Wenn ihn schon
der Erfolg des *Isokrates* nicht ruhen ließ, so konnte er den Rivalen
am besten dadurch schlagen, daß er ein Instrument von größerer
Allgemeingültigkeit schuf, als es fertige Beweise waren. Die Rhetorik wurde daher ein Seitenstück der Dialektik: beide haben solche
Dinge zum Gegenstand, die — gewissermaßen als Gemeingut —

[21] Aristoteles: Top. 163 b.
[22] Für die Rhetorik benützte ich die Ausgabe von Adolph Roemer bei
Teubner, Leipzig 1923 (2. Aufl.), und die Übersetzung von Karl Ludwig
Roth, Stuttgart 1833.

jedem erkennbar sind. Deshalb besitzt sie auch jedermann! Denn
jeder stellt Untersuchungen an, hält in einer Behauptung stand,
verteidigt und klagt an.[23] Dialektik und Rhetorik sind somit keine
Wissenschaften, sondern Fertigkeiten; sie müssen mit Leuten von
der gewöhnlichen Art rechnen und sich daher an das Allgemeine
halten. Das bedingt auch die Form ihrer Überzeugungsmittel; nur
sie sind Sache des wissenschaftlichen Systems. Sie liegen im Wesen
des Sprechenden, in der Stimmung der Zuhörer und in der Rede
selbst. Mit den beiden ersten Punkten öffnet sich die Darstellung
des Aristoteles der Lehre von den Affekten, für die sie eigentlich
keinen Platz haben sollte; denn das Geschäft der Rhetorik ist nicht,
zu überreden, sondern zu erkennen, was in jeder Sache zur Gewinnung des Glaubens tauglich und vorhanden ist.[24] Dazu dienen
allein die Beweise, nicht aber Verdächtigung, Mitleid und Zorn, da
es auch und gerade vor Gericht um Wahrheit und Recht geht.

Eine wissenschaftliche Rhetorik beschäftigt sich daher mit der
Theorie der Beweisführung. Ein Redner überzeugt, indem er Beispiele anführt: er zählt Tyrannen auf, die eine Leibwache begehr-
ten, und folgert daraus, daß auch Dionysius, indem er eine eigene
Garde verlangt, nach Alleinherrschaft strebe. Das Beispiel ist eine
Induktion; man kann damit Glauben gewinnen, schlagender aber
ist die Beweisführung durch *Enthymeme*. Unter dem Enthymem
versteht Aristoteles den rhetorischen Schluß (Syllogismus), der sich
durch seine Kürze und Unvollständigkeit von der philosophischen
Schlußfolgerung unterscheidet; er knüpft an das Notwendige an
oder an das, was im Durchschnitt so vorkommt, und erlaubt auch
dem Ungelehrten, ihm zu folgen.

Von den Enthymemen beruht aber nur ein Teil auf dem Bil-
dungsprozeß der Syllogismen. Der dialektische und der rhetorische
Syllogismus hat die Dinge zum Gegenstand, worüber wir die Topoi
bilden; diese sind einmal die allgemeinen (οἱ κοινοί), auf Recht,
Natur, Staat und auf vieles, das seiner Art nach verschieden ist,
anwendbaren, z. B. der Topos des *Mehr und Minder*; aus diesem
Topos kann man einen Schluß ziehen oder ein Enthymem bilden

---

[23] Aristoteles: Rhet. I, 1.
[24] l. c.

über das Recht, die Natur und über was man will, obwohl es der Art nach verschieden ist. Diese Topoi belehren in keinem Fach, weil sie kein Substrat (ὑποκείμενον) haben. Die besonderen (Topoi?) gehen hingegen von den Grundsätzen (προτάσεις) bestimmter Gegenstände (z. B. der Natur) aus und sind nicht übertragbar; von ihnen aus kann man aus dem Bereich der Dialektik und Rhetorik zu den einzelnen Fächern gelangen.[25]

Die Enthymeme holt man also entweder aus den κοινοὶ τόποι, die man für alle Fächer gemeinschaftlich anwenden kann, oder aus den Fächern selbst (τὰ εἴδη), das sind die eigentlichen Grundsätze (προτάσεις) jeder Gattung.

Da das Enthymem ein aus solchen Grundsätzen gebildeter Syllogismus ist, muß der Redner προτάσεις über Mögliches und Unmögliches, über zu Erwartendes und nicht zu Erwartendes bereit haben; ebenso über groß und klein, gut oder böse, recht oder unrecht, Grundsätze über Größe und Kleinheit, über Größeres und Kleineres — z. B. was ein größeres oder geringeres Gut, Unrecht oder Verdienst sei.[26] Aristoteles verwendet das ganze erste Buch und die ersten achtzehn Kapitel des zweiten darauf, das Material für diese Sätze auszubreiten: Betrachtung des Staates (I, 4), die Glückseligkeit (I, 5; eine ganze Sammlung von Grundsätzen wie „Hauptvorzug des Leibes ist die Gesundheit", „Die Schönheit ist für jedes Alter eine andere"), Definitionen über das, was gut und nützlich ist, Inhalte des Guten und Nützlichen (I, 6; Vorzüge des Leibes und der Seele, Reichtum, Freundschaft, Ehre, gute Anlagen u. a. m.).

In I, 7 gibt Aristoteles Hinweise über das größere Gut und die bessere Zuträglichkeit, damit man in dem Streit um den höheren Grad den Unterschied beweisen könne; dabei fragt man nach Ursache und Wirkung, vergrößert, indem man ein Ding in seine Teile zerlegt (Schilderung des Elends in einer eroberten Stadt!), und beschreibt die Lage, aus der das Große hervorgegangen ist (Gelegen-

[25] l. c. I, 2. Im Text steht das hier eingeklammerte und mit einem Fragezeichen versehene *Topoi* nicht, aber es ergibt sich aus dem Zusammenhang.
[26] l. c. I, 3.

heit, Lebensalter, Ort, Zeit und Kraft). Hieraus kann man die Beweismittel (τὰς πίστεις) für das Zu- und Abraten gewinnen. Auch für Lob und Tadel von Tugenden und Lastern braucht der Redner Grundsätze (προτάσεις). Man kann auch Unarten zu Tugenden stempeln und durch einen Trugschluß aus der Ursache den Verwegenen als tapfer bezeichnen: Wenn einer den Kampf sucht, wo es nicht nötig ist, wird noch mehr von ihm zu erwarten sein, sobald es die Ehre fordert. Taten als Stoff der Lobrede muß man vergrößern, indem man Zeit und Umstände berücksichtigt (I, 9).

Die nächsten Kapitel handeln von der Anklage und der Verteidigung, definieren das Vergehen, fragen nach seinen Ursachen und klassifizieren die Handlungen des Rechts und Unrechts. Dabei ist I, 14 der Bestimmung des größeren Vergehens gewidmet; man hebt es heraus, indem man es rhetorisch vergrößert und sagt: Er hat damit viele Forderungen des Rechts umgestoßen oder übertreten, als da sind Eide, Handschlag, Beteuerungen, Eherecht. — Es sei schon hier darauf hingewiesen, daß der Topos des *Mehr oder Minder* auch Aristoteles notwendig auf die Technik der *Amplifikation* führt!

Das erste Buch schließt mit einer Übersicht über die *außerhalb der Kunst liegenden Überzeugungsmittel* der Gesetze, Zeugen und Verträge, der Folter und des Eides. An dieser Stelle sind wir von einer logischen Untersuchung sehr weit entfernt und mitten in die rhetorische Praxis versetzt: wir erhalten fertige Argumente für bestimmte Fälle! Wenn das geschriebene Gesetz der Sache entgegen ist, berufe man sich auf das allgemeine; so hat zwar Antigone gegen Kreons Gesetz, nicht aber gegen das ungeschriebene gehandelt. Und umgekehrt: tritt man für das geschriebene Gesetz ein, dann sage man, es solle doch niemand klüger als der Arzt oder weiser als die Gesetze sein wollen! Die Rhetorik nach Aristoteles nennt derartige Argumente κοινοὶ τόποι oder *loci communes*.

Zu Beginn des zweiten Buches erhalten wir zunächst eine Zusammenfassung aus dem Rückblick: aus dem bisher ausgebreiteten Stoff soll man die Mittel für das Zuraten und Abraten, für Lob und Tadel, Anklage und Verteidigung holen; man erfuhr, welche Gedanken (δόξαι) und Sätze (προτάσεις) nützlich sind, um Glauben zu gewinnen; denn daraus und darüber werden die *Enthy-*

meme gebildet, mit denen wir über jeden Gegenstand sprechen können.

Aber die Rede muß nicht nur beweisen und überzeugen, sondern auch den Urteilenden in eine gewisse Verfassung versetzen; das geschieht am leichtesten, wenn auch der Redner selbst in einer bestimmten Verfassung ist; denn er findet Glauben durch Einsicht, Tugend und Wohlwollen. Damit leitet Aristoteles zur *Lehre von den Affekten* über, für die er ebenfalls die Grundsätze geben will. Er behandelt zuerst den Zorn; wer besänftigen will, muß seine Rede aus den angegebenen Topoi (!) holen, indem er den Zürnenden entsprechend stimmt und dagegen das, wogegen sich der Zorn richtet, als furchtbar oder als Leute darstellt, vor denen man sich schämen müsse, oder als solche, die sich verdient gemacht, oder die es wider Willen getan hätten, oder als reuevoll über das, was sie getan hätten. — Auch das hat mit Logik und Wahrheitsfindung wenig, sehr viel aber mit Psychologie und etwas auch mit sophistischer Täuschung zu tun!

Natürlich bieten auch *Themen* wie Freundschaft und Liebe, Feindschaft und Haß, Mut, Scham, Dankbarkeit, Mitleid und Neid Stoff genug für einen Philosophen; er sieht sie hier jedoch immer unter dem Gesichtspunkt, wie man Beweismittel aus ihnen nehmen kann, wie man also jemanden als Freund oder Feind schildert oder, wenn er es nicht ist, als Freund oder Feind ausgibt. Die Charakteristik der Jugend (II, 12), des Alters (II, 13) und der Männer (II, 14); die Betrachtung über die Gaben des Glücks, die Eigenschaften und Eigentümlichkeiten, die mit dem Reichtum oder der Gewalt verbunden sind: das alles ist nur eine große Materialsammlung für den Redner, der hier über die Vorstellungen (δόξαι) und Grundsätze (προτάσεις) belehrt wird, denen man die Überzeugungsgründe (πίστεις) entnimmt.

Diese Grundsätze waren bis jetzt auf eine bestimmte Gattung der Rede bezogen (ἴδιαι προτάσεις), nun aber werden einige zusammengefaßt, die sich für die *beratende Rede,* die *Gerichtsrede* und die *Schaurede* in gleicher Weise eignen, also allgemein verwendbar (κοιναί) sind. Es schließen sich allgemeine Überzeugungsmittel (κοιναὶ πίστεις) an wie Beispiel und Gnome (II, 20/21), wobei Aristoteles empfiehlt, auch die abgegriffenen, gemeinen Aussprüche (χοιναί γνῶμαι) zu verwenden: sie sind wegen der Torheit der Zuhörer eine große Hilfe; denn weil sie gemein sind, wird ihre Richtigkeit offenbar von allen anerkannt; hier wird als allgemein ausgesprochen, was als individuelle Vorstellung vorhanden ist (z. B. „Nichts ist verdrießlicher als Nachbarschaft"), und außerdem drücken sie eine Gesinnung aus. — Wir müssen also damit rechnen, daß der *Begriff des Gemeinen oder Allgemeinen* einen relativ weiten Bedeutungshorizont hat!

In terminologische Schwierigkeiten geraten wir dann mit dem Kapitel, das zu den Topoi überleiten soll (II, 22). Wir haben von jedem Gegenstand Gesichtspunkte über das Mögliche und am meisten Zutreffende erhalten und sollen sie in der Weise der *Topik* auswählen. Über jede Art des Nützlichen und Notwendigen besitzen wir bereits die Topoi; denn wir haben ja eine Auswahl von Sätzen (προτάσεις) über jedes Stück, so daß klar ist, aus welchen Topoi man rhetorische Schlüsse (Enthymeme) über Gutes und Böses, Löbliches und Verwerfliches, Recht und Unrecht herholen muß. Ebenso haben wir über Gemüt, Leidenschaften und Charaktere schon Topoi gefunden.

Hält man diese Stelle für echt, u. U. auch für einen späteren Zusatz des Aristoteles selbst, dann bleiben nur zwei Lösungen: entweder können die *Sätze* (προτάσεις) mit den *Örtern* (τόποι) zusammenfallen, oder der Begriff des Topos hat einmal eine logisch-formale, ein andermal aber eine inhaltliche Bedeutung. Vielleicht finden wir gerade deshalb mitten in der Überleitung zum Katalog der Topoi, die dem Beweis und der Widerlegung dienen, den Ansatz zu einer Definition des Begriffes, der II, 26 wiederholt und erweitert wird und die einzige authentische Äußerung des Aristoteles über den *Topos* darstellt: er ist *das Element* (στοιχεῖον) *eines Enthymems.* Was damit gemeint ist, müßten die Beispiele klären, die jedem Topos beigegeben sind und von denen ich einige auswähle:

1. Selbstbeherrschung ist ein Gut; denn zügellos leben ist schädlich = Topos aus dem *Entgegengesetzten.*

2. Wenn die Götter nicht alles wissen, dann können es die Menschen noch viel weniger. Oder: Wer seinen Vater schlägt, schlägt auch andere Mitmenschen = Topos aus dem *Mehr und Minder.*

3. Hätte er vor dem Unternehmen eine Bildsäule dafür verlangt, daß er die Tat vollbringen wolle, hätte man sie ihm gewährt; jetzt, nach vollbrachter Tat, wolle man sie verweigern? = Topos aus der *Betrachtung der Zeit*.

4. Du würdest die Flotte nicht um Geld verraten, ich aber sollte es tun? = Topos aus der *Wendung des Anklagepunktes gegen den Kläger* selbst, wenn man dessen Glaubwürdigkeit damit erschüttern kann.

5. Das Geistige ist ein Gott oder eine Wirkung des Gottes; wer aber an eine Wirkung des Gottes glaubt, glaubt auch an einen Gott = Topos aus der *Begriffsbestimmung*.

6. Jedermann tut aus drei Gründen Unrecht: die beiden ersten waren in unserem Fall nicht möglich, den dritten nehmt ihr selbst nicht an = Topos aus der *Einteilung*.

7. Alkidamos bewies mit einer Reihe von Beispielen, daß alle Welt den Weisen ehre = Topos aus der *Induktion*. (Nachdem aber Aristoteles die rednerische Induktion von dem rhetorischen Syllogismus streng geschieden hat, liegt hier nach seiner eigenen Definition gar kein Enthymem vor, als dessen Element der Topos doch begriffen werden soll!)

8. Sappho: Das Sterben ist ein Unglück; so haben die Götter entschieden, sonst würden sie sterben! = Topos aus dem *Urteil aller* oder der meisten oder der Weisen oder Rechtschaffenen oder der Berufenen oder der Götter, des Vaters, der Lehrer usw. (Nach der *Topik* bilden diese *Sätze* den Grund für die Dialektik überhaupt.)

9. Eine Priesterin verbietet ihrem Sohn, Redner zu werden: Denn sprichst du, wie es recht ist, so werden die Menschen dich hassen, und sprichst du unrecht, die Götter. Entgegnung: Du sollst Redner werden; denn wenn du sprichst, wie es recht ist, so werden die Götter dich lieben, und sprichst du unrecht, die Menschen! = Topos aus echten *Gegensätzen, die einen doppelten Schluß zulassen*.

10. Vor der Welt lobt man Recht und Tugend, bei sich aber wünscht man das Nutzbringende = Topos, aus einer menschlichen Schwäche die *ungünstigere Folgerung* herzuleiten, womit man sehr wirksame Effekte erzielen kann.

11. Ihr seid im Begriff, ein Urteil zu fällen nicht über Sokrates,

sondern über die ganze Bestrebung, ob man Philosophie treiben soll = Topos aus dem *Schluß von dem gleichen Ergebnis auf die gleiche Sache.*

12. Drakons Gesetze sind nicht von einem Menschen, sondern von einem Drachen entworfen = Topos aus dem *Namen.*

Topoi liegen ferner vor, wenn man auf den Widerspruch, den scheinbaren oder wahren Grund und die Möglichkeit sieht. Aristoteles führt sogar die ganze Lehre (ὅλη τέχνη) des *Kallippos* auf zwei Topoi zurück: gute und schlimme Folgen abwägen und Gründe für und wider sowie die Beweggründe des Tuns und Lassens vorbringen; damit könne man zureden oder abraten, anklagen oder verteidigen, loben oder tadeln; und die ganze Rhetorik des alten *Theodoros* reduziert er auf den Topos, aus begangenen Fehlern Anklage oder Verteidigung herzuholen.

Das Kapitel über die Topoi der scheinbaren Enthymeme (II, 24) benutzt er dazu, falsche Schlußfolgerungen zu entlarven, die durch ihre formale Richtigkeit, durch Auslassungen, durch Vergrößerung mit gleichzeitigem Appell an die Leidenschaften oder durch Berufung auf Merkmale, Umstände und unzutreffende Gründe den Zuhörer zu einem falschen Urteil verleiten. Auch weist er auf die Lehre des *Protagoras* hin, die als eine nur scheinbare Wahrscheinlichkeit allein im wissenschaftlichen System der Rede- und Disputierkunst gegründet sei, und gibt (II, 25) einige Arten der Beweisentkräftung an.

Das zweite Buch schließt mit dem Versuch, im Rückgang auf die Gleichsetzung von *Element* und *Topos* zu klären, daß Vergrößern und Verringern kein Element und daher auch kein Topos sei. Das Vergrößern (αὔξησις, *amplificatio*) und Verkleinern sei Bildung von Enthymemen zum Zweck des Beweises, daß etwas groß oder klein, gut oder übel, gerecht oder ungerecht ist. Entscheidend ist dabei offenbar, daß über diesen Stoff und nicht aus ihm die rhetorischen Schlüsse gebildet werden, eine Unterscheidung, die in III, 19, dem Kapitel über den Epilog, wieder vergessen ist. Hier heißt es nämlich, es seien die Topoi dafür angegeben, womit man den Menschen als brav oder schlecht darstellen, womit man hinauf- und herabsetzen und womit man Mitleid, Entrüstung, Zorn, Haß, Neid, Eifern und Hader erregen solle. Damit wird doch wohl eindeutig

auf die Grundsätze (προτάσεις) verwiesen, und wir stehen wieder
vor dem gleichen Problem wie bei II, 22.

c) Die 'Umwertung' der sophistischen Topoi

Überblickt man so in groben Zügen die *Topik* und *Rhetorik* des
Aristoteles, dann wird wohl der logische Ansatz des Philosophen
deutlich, aber man erkennt auch, daß er ihn nicht ohne innere
Widersprüche zum Ziel führen konnte.[27] Einen Grund dafür mag
man in dem methodischen Dualismus sehen, die Theorie der Enthymeme auf *Topoi* und *Protaseis* zugleich zu gründen. Schon in der
Topik spielen die wahrscheinlichen Sätze eine bedeutende Rolle
als Grundlage für den Beweis und für die dialektische Praxis; man
soll sie sich in das Gedächtnis einprägen, um frei argumentieren zu
können. Sie dringen sogar hier schon in die Topoi ein und müssen
bei der Erörterung über das Mehr oder Größere erst durch eine
leichte Umbiegung des Ausdrucks den erforderlichen Grad von
Allgemeinheit und Abstraktion erhalten, der einem Topos zukommt. In der Rhetorik verdrängen sie die Topoi bereits in eine
Randstellung, indem sie die Zeichen oder Belege (σημεῖα), das
Wahrscheinliche oder Billige (εἰκότα) und die Merkmale oder Zeugnisse (τεκμήρια) noch an sich ziehen; dabei sammelt sich in ihnen
ohnehin schon das Material aus allen wichtigen Lebensgebieten, in
denen sich ein Redner auskennen soll! Als Grundsätze und Definitionen eines Faches rücken sie sogar in die Nähe der Anfangsgründe
einer Wissenschaft oder eines philosophischen Prinzips (ἀρχαί) und
sprengen damit den Rahmen von Dialektik und Rhetorik. Besonders die Grundsätze *(propositiones generales)* über das Gute, Nützliche, Schöne und Gerechte fügen sich nur in der Form in den Gang

---

[27] Das gibt auch Friedrich Solmsen zu: Die Entwicklung der aristote-
lischen Logik und Rhetorik. Neue philolog. Untersuchungen. Hrsg. von
Werner Jaeger. H. 4. Berlin 1929. Er erkennt auch die Grenzen des aristo-
telischen Einflusses auf die Tradition: The Aristotelian Tradition in
Ancient Rhetoric. In: American Journal of Philology. Vol. 62 (1941).
S. 35—50 und 169—190.

der Untersuchung, daß sie als Prämisse in einem rhetorischen Syllogismus behandelt werden.

In dieser Funktion decken sie sich mit den *Topoi*, die ja ebenfalls Fundquellen für das Enthymem sind. Eine Gleichsetzung liegt aber auch in der Lehre von den Affekten (πάϑη) vor. Aristoteles drängt den Leser fast zu einer Grenzüberschreitung, weil er ihm keine rhetorischen Schlüsse aus Topoi vorführt, sondern nur noch zeigt, wie der Topos die Protaseis auswählt. Insofern könnte man seine ganze Rhetorik auf einen einzigen Topos zurückführen, wie er es mit der Lehre des Kallippos und des Theodoros getan hat: auf den Topos aus dem Urteil aller, der meisten oder der Weisen usw.! Man kann „dieses merkwürdige, nicht erklärte Gebilde"[28], den Topos, also nur aus der *Topik* zu verstehen suchen. Hier waren die Topoi wohl nicht, wie man sie meistens umschreibt, als Gesichtspunkte, Methoden, Hilfsmittel, Kategorien oder gar Materialmassen gedacht, sondern als konstitutive Elemente des Syllogismus. In dieser theoretischen Form stellten sie gegenüber der rhetorischen Tradition etwas völlig Neues dar: sie verdrängten den Stoff durch die Form!

Aber selbst in dieser Reinheit, die man aus den Quellen erst herauspräparieren muß, befriedigten sie den Philosophen nicht lange. Sie ersparten ihm zwar das Aufzählen von Prämissen als Stoff (ὕλη) der Syllogismen, sie waren auch formallogisch einwandfrei, aber sie blieben eben bloß dialektisch. Ihr wissenschaftlicher Wert sinkt in dem Maße, wie das apodiktische Beweisverfahren entwickelt wird: die Analytik hebt die Dialektik auf. In den *Analytica Priora* haben die Topoi den Protaseis das Feld geräumt. Als Ersatz dafür trat nun ihre eristisch-rabulistische Seite stärker hervor. Die 'Umwertung' war also nur zum Teil geglückt.

Das zu erklären, reicht der methodische Dualismus des frühen Aristoteles kaum aus. Es ist vielmehr daran zu erinnern, daß seine *Rhetorik* mitten in den Kampf der Rhetoren und Philosophen um die Jugendbildung hineingehört. Wäre es ihm auch nicht schwergefallen, nur die rhetorischen Schlüsse aus Topoi genau parallel zur *Dialektik* auszubilden — vielleicht hat er dies auch zunächst getan —, so mußte er doch einsehen, daß er damit in eine Höhenlage

---

[28] Solmsen: Die Entwicklung . . ., S. 163.

weit über der Gebrauchsrhetorik auswich. Sein für einen philosophischen Kopf brauchbares Instrument bildete er deshalb in der Konkurrenz zu Isokrates so aus, daß es einen größeren praktischen Nutzen hatte. Neben die rein dialektische Pragmatie trat die konkrete Unterweisung, die Brauchbarkeit war wichtiger als wissenschaftliche Korrektheit.[29]

Hiervon wurden auch und gerade die Topoi betroffen. Aristoteles hatte sie ja nicht erfunden, sondern bei den *Sophisten* nur vorgefunden. Sie gehörten in die Lehre vom Gedächtnis und in die Technik der Amplifikation.[30] Man verwendete sie als fertige Beweise, Klischees und Gemeinplätze, lernte ganze Argumentationen auswendig und stieg höchstens zu einer Systematisierung von Gesichtspunkten auf. Aristoteles setzte seine Topoi von diesen Gemeinplätzen ab, die er, um den Unterschied zu dem eigenen Ansatz zu unterstreichen, λόγοι ῥητορικοί nannte; er konnte damit aber nicht die Identität von *Logoi* und *Topoi* in der sophistischen Tradition aufheben. 'Fremder' Sprachgebrauch veranlaßte ihn sogar, die Einzelprämisse und insbesondere die Grundsätze über die Affekte, Gutes und Böses, Recht und Unrecht als Topoi zu bezeichnen! Und auch das 'Material' bewies eine gewisse Widerstandskraft gegen die Formalisierung: die außerhalb der Kunst liegenden Überzeugungsmittel blieben mit den fertigen Argumenten der rhetorischen Praxis eng verbunden, und durch den Topos des *Mehr und Minder* drang die ältere Technik der Amplifikation durch.

Es wäre in der Tat ein Wunder gewesen, wenn die Form den Stoff vertilgt und den alten *Gemeinplatz* aus der Welt geschafft hätte! Andererseits prägte aber Aristoteles mit der 'Umwertung' der Topoi eine Methode, deren Wirkung sich von nun an keine anspruchsvollere theoretische Behandlung der rednerischen Praxis und vor allem keine Topik entziehen konnte. Dadurch wuchs der Bedeutungsumfang des Begriffes 'Topos' so sehr, daß er in keine Definition mehr hineinpassen wollte.

[29] Das stellte bereits Solmsen fest; vgl.: Anm. 27, S. 225.
[30] Vgl. Plöbst, Walter: Die Auxesis (Amplificatio). Studien zu ihrer Entwicklung und Anwendung. Diss. München 1911.

III. Der Topos in der lateinischen Tradition

a) Vorbemerkung

Die Geschichte des Begriffes Topos ist zwar ein dringendes Desiderat der Forschung, aber sie wird nicht so bald geschrieben werden. Das liegt weniger an dem trockenen und spröden Stoff an sich, sondern daran, daß man diesen Bereich aus einer Gesamtdarstellung der Rhetorik nicht herauspräparieren kann. Eine Sichtung der bloßen 'Definitionen' ergäbe nur das Bild einer ausdruckslosen Statik jenseits der lebendigen Entwicklung; denn in ihnen spiegelt sich kaum die Wirklichkeit des Forums und die Praxis der Schule. Man muß daher von den erhaltenen Reden und von den Materialmassen der theoretischen Lehrschriften ausgehen, wenn man eine Anschauung von der Sache gewinnen will. Auch bleibt der Topos nicht auf die Rhetorik beschränkt: Redner und Dichter gelten als Nachbarn,[31] und enge Beziehungen bestehen zwischen Beredsamkeit und Geschichtsschreibung.[32] Die klassische Philologie kennt diesen Tatbestand schon längst, so daß sich Curtius auf sie berufen konnte.

Ich beschränke mich hier auf einige Aspekte, die uns der Topos, der von nun an eigentlich *locus* oder *locus communis* zu nennen wäre, in der Zeit von Cicero bis Boëthius bietet. Es wird dabei nicht ohne widersprüchliche Feststellungen abgehen, und wer zusammenfassen will, wird daher leicht verallgemeinern.

b) Rhetorik und Dialektik

Bei Aristoteles waren Rhetorik und Dialektik eng aufeinander bezogen, die Philosophie hatte die Beredsamkeit in ihre Obhut

---

[31] Cicero: De oratore. I, 16, 70: Est enim finitimus oratori poeta. — Da bei den lateinischen Autoren, die ich im Original durchgesehen habe, die Zitierweise nicht an eine bestimmte Ausgabe gebunden ist, verzichte ich auf Angabe der benutzten Texte.

[32] Der Geschichtsschreiber stellt rhetorico paene more dar; Cicero, l. c., II, 14, 58.

genommen. Für die Römer aber war es zunächst unmöglich, eine
solche Synthese nachzuvollziehen. Sie fühlten sich einem Inhalt,
einer Sache verpflichtet und lehnten die alberne Disputierfreudig-
keit der Griechen ab.[33] Die Technik der Amphibolien, von den
Dialektikern um ihrer selbst willen gepflegt, galt als eine kindische
und geschwätzige Lehre, die mehr schadete als nützte.[34] Weil sie
ihre ganze Sorgfalt auf das Disputieren verwandten, waren die
Stoiker, sobald sie reden sollten, hilflos.[35] Hätte sich Aristoteles
nicht von der leeren Eleganz seiner Disputationen abgekehrt und
die Philosophie mit der rhetorischen Übung verbunden, wäre er
kaum der Lehrer Alexanders geworden.[36]

Natürlich verfiel *Cicero* nicht dem Irrtum, die Dialektik von den
Gepflogenheiten der Wander- und Winkelphilosophen her beurteilen zu wollen. Er sah in ihr vielmehr die allergrößte Kunst und
das Licht, eine komprimierte Beredsamkeit.[37] Aber der Redner
war auf die Philosophie doch nur deshalb angewiesen, weil der
Philosoph in das Gebiet der Rhetorik eingedrungen war und er sich
von ihm nun leihen muß, was ihm einst selbst gehörte![38] Er darf
daher nicht nur in der Dialektik, sondern er muß in allen Themen
der Philosophie gebildet sein![39] Indem er diese Bedingungen erfüllt,
bereitet er sich zugleich auf seine eigentlichen Aufgaben vor: *beweisen, erfreuen, umstimmen;*[40] Bewunderung, Jubel, Beifall muß
er erregen können, und die Wirkung auf die Leidenschaften der
Zuhörer ist sein eigentliches Geschäft.[41]

[33] l. c., II, 4, 17.
[34] Rhetorik Ad Herennium. II, 11, 16: garrula disciplina.
[35] Cicero: Brutus. 31, 118 f.
[36] Cicero: De or., III, 35, 141.
[37] Cicero: Brutus. 41, 153; 90, 309.
[38] Cicero: De or., III, 27, 107 f.
[39] Cicero: Orator. 33, 118.
[40] l. c., 21, 69: probare, delectare, flectere.
[41] l. c., 71, 236; Quintilian, Institutiones oratoriae, VI, 2.

c) Rhetorik und Topik

Eine eigene, von der Rhetorik unabhängige Topik konnte kaum im Interesse des Redners liegen. Cicero wenigstens stellte fest, daß die ›Topik‹ des Aristoteles fast unbekannt sei.[42] Das Schriftchen, das er selbst unter diesem Titel verfaßte, läßt sich auf rund zwanzig Teubner-Seiten abdrucken und weicht von dem griechischen Vorbild so sehr ab, daß man Ciceros Hinweis, er habe es auf einer Seereise frei aus dem Gedächtnis niedergeschrieben, gerne als eine Erklärung für seine Besonderheiten nahm. Er widmete es C. Trebatius, einem Juristen, und stimmte es auf dessen Gebrauch ab. Die Topik bedeutet für Cicero eine Methode, Beweise zu finden. Von der Dialektik, der Methode des Urteilens und Schließens *(ars iudicandi)*, unterscheidet sie sich durch ihr höheres Alter und ihre praktische Verwendbarkeit. Da nun die *Inventio* als erster und wichtigster Teil der Rhetorik den materiellen Inhalt der Rede zum Gegenstand und auf ihn allein hinzuführen hat, sich Cicero zudem ausdrücklich auf Aristoteles und Isokrates zugleich beruft, müssen die *loci* seiner ›Topik‹ möglichst den ganzen Bereich der Beweisführung, Form und Inhalt umfassen. Wie in ›De oratore‹ und im ›Orator‹ unterscheidet er zweifache Örter *(duplices loci)* für die Argumente: Topoi, die in dem behandelten Gegenstand selbst liegen, und andere, die von außen her dazukommen; beide trennt er so scharf, daß er nach Behandlung der ersten Gruppe die Lehre vom Finden der Argumente für abgeschlossen hält und dann erst auf die kunstlose Beweisführung eingeht. Aber der dualistische Ansatz in der Logik des Aristoteles ist hier zu einem friedlichen Nebeneinander von Denkformen und Sachen geworden.

Die stärkere Ausrichtung auf die Praxis führt dazu, daß die rhetorischen Schriften in der Einteilung der Topoi im Prinzip ähnlich verfahren. Dieses Verteilen der *loci* auf verschiedene Bereiche tritt an die Stelle einer grundlegenden Topik. Man gliedert und ordnet die *Attribute* der Person und der Sache, zählt die *loci* für die Erregung des Unwillens und des Mitleides auf *(indignatio* und *commiseratio)* und entwickelt Schemata für die Gewinnung des

---

[42] Cicero: Topik, 1, 3.

Wohlwollens *(captatio benevolentiae)* oder einzelne Teile der Rede
wie *Exordium* und *Epilog*. Auch die Arten der Rede — das *genus
demonstrativum, deliberativum* oder *iudicale* — oder die Art des
Falles, der zur Debatte steht, ergeben Möglichkeiten, spezielle *loci*
zu sammeln. Für die Rede vor Gericht bewährte sich offenbar die
Einteilung in die *loci ante rem, in re, (circa rem)* und *post rem;*
man konnte damit alle Voraussetzungen und Begleitumstände einer
Tat in Erwägung ziehen, wie Cicero an dem Beispiel eines Mordes
in der Taverne zeigt.[43] Fortunatianus teilt diese vier *loci,* die meist
ohne den *locus circa rem* begegnen, in 31 weitere *loci* auf![44]

Wie man nun die Topoi auch anordnet und aufteilt, im Mittelpunkt des Interesses stehen für den Redner immer die Eigenschaften
und die Begleitumstände; an ihnen orientiert sich seine ›Topik‹.
Boëthius, der die gesamte Tradition überblickte, unterschied daher
zwischen rhetorischen und dialektischen Örtern. Der Dialektiker
holt seine Argumente aus der Natur des Gattungsbegriffes, geht
also aus von der Ähnlichkeit oder dem Widerspruch an sich; der
Redner aber hält sich an den Inhalt eines Begriffes und argumen-
tiert von dem aus, was als ähnlich oder gegensätzlich vorhanden
ist. Darauf beruhe der ganze Unterschied zwischen Aristoteles,
dessen Topik dialektisch, und Cicero, dessen Topik rhetorisch sei.[45]
Damit hängt eine weitere Beobachtung des Boëthius zusammen: er
bemerkt, daß Cicero eigentlich gar keine Einteilung der *loci,* son-
der der *res* gebe, die erst in der Beweisführung selbst zu *loci*
würden.[46] Die Gemeinsamkeit von *Rhetorik* und *Dialektik* beschränkt sich also auf das Argumentieren, während sie in ihrem
Ansatz und Wesen getrennt bleiben.

---

[43] Cicero: De Inventione. II, 13, 43.
[44] Rhetores Latini minores. Hrsg. v. Karl Halm. Leipzig 1863. S. 115 f.
(abgekürzt: R. L. M.).
[45] Boëthius zitiere ich nach der Ausgabe in Mignes ›Patrologia Latina‹
(PL). Bd. 64. Paris 1891; hier: Sp. 1216 B/C.
[46] Boëthius: l. c., Sp. 1091 B.

d) Der Topos als 'Element' des Beweises

Die Definition des Aristoteles, nach der man den Topos als ein
Element des Beweises zu verstehen hat, wird von den Lateinern
allgemein dahin aufgelöst, daß man von *sedes argumentorum*
spricht: der *locus* ist der Sitz des Beweises,[47] der Ort, aus dem man
die Beweise hervorholt oder ausgräbt.[48] Die Definition wird damit
zur Metapher, indem sie nach Synonymen für den fest abgegrenz-
ten Bezirk sucht. Es tritt daher oft ein *gewissermaßen* oder *gleichsam (quasi, tamquam)* vor das gewählte Substantiv, und als Varian-
ten begegnen dann auch *Wohnungen* oder *Vorratskammern*.[49] Eine
räumliche Vorstellung liegt ebenfalls vor, wenn Cicero die Topoi
des Aristoteles als eine Art von *Zeichen* umschreibt.[50] Man versteht
also offenbar nicht mehr, inwiefern der Topos das Element eines
Beweises sein soll. Boëthius lehnt diese Auffassung sogar ausdrücklich ab; *loci* könnten nur *gleichsam* Elemente sein, da sie ja nicht
wie echte Elemente von einem Ganzen umfaßt würden; denn der
locus sei nicht ein Teil des Beweises, sondern der ganze Beweis;
wenn man auf ihn sehe, wisse man, woher das Argument zu holen
sei.[51]

Der metaphorische Charakter des Bildes von den *sedes argumentorum* wird noch deutlicher, wenn man berücksichtigt, daß auch
der Witz seinen *locus* und seine *regio* (Gegend) hat. Das Lächerliche
beruht auf einer Mißbildung und Entstellung des Körpers oder
Geistes, kann aber auch außerhalb der Person liegen. Diese Bereiche
nennt Quintilian *sedes!*[52]

---

[47] Cicero: Topik, 2, 8: locum esse argumenti sedem.
[48] Cicero: De or., II, 30, 131: loci, ex quibus argumenta promuntur;
II, 34, 146: locos, ex ... eruamus; Topik 2, 7: sedes, e quibus argumenta
promuntur.
[49] Cicero: De or., II, 39, 162: sedes et quasi domicilia omnium argumentorum; Cicero: Dialogus. 31, 109: quique illos locos tamquam the-
sauros aliquos argumentorum notatos habet.
[50] Cicero: Or., 14, 45: locos ... quasi argumentorum notas tradidit,
unde omnis ... traheretur oratio.
[51] Boëthius: PL 64, Sp. 1083 A/B.
[52] Quintilian: Inst. or., VI, 3, 8; 3, 37; Cicero: De or., II, 58, 236 ff.

Während die logische Bedeutung des Begriffes von der lokalen
überlagert wird, identifiziert man gleichzeitig Ort und Sache. Der
locus communis wird zum Argument selbst! Argumente, die man
auf viele Fälle übertragen kann, nennt Cicero *loci communes*.
Diese Gleichsetzung beschränkt sich nicht auf eine Stelle, sondern
ist in der Lehre von den *Status* durchaus gebräuchlich. Das hängt
damit zusammen, daß hier der fertige Beweis als *locus communis*
gilt. Will man eine Anschuldigung zurückweisen, dann sagt man:
da die Schuld bei einem anderen liegt, darf der Angeklagte nicht
bestraft werden.[53] Die (fast) fertige Formulierung, das Argument
und der Ort, an dem ich es finde, werden nicht (mehr) scharf
geschieden.[54]

Die *loci* werden aber auch noch auf einem anderen Weg als dem
der Lokalisierung verdinglicht. Bei Aristoteles durften wir die
Protaseis mit dem *Topoi* nicht identifizieren. Ebenso sprechen die
Lateiner von einer *propositio* als dem ersten Teil eines Beweises,
mag dieser nun aus drei oder fünf Teilen bestehen. Der Syllogismus
zieht seinen Schluß aus nur zwei *propositiones*: jeder Mensch ist
ein Lebewesen, jedes Lebewesen ist eine Substanz; folglich ist jeder
Mensch eine Substanz. Der Vordersatz kann jedoch auch eine
propositio maxima, generalis oder *universalis,* d. h. so bekannt und
einleuchtend sein, daß er keine Begründung braucht, selbst aber
wieder zum Beweis dienen kann. In ihm liegt dann die ganze
Kraft der Beweisführung. So ist z. B. der Satz „Alle Gesetze müssen dem Staat nützen"[55] eine *propositio generalis.* Boëthius begreift
darunter sowohl Aussagen, die der allgemeinen Meinung entsprechen, als auch Axiome von der Art wie „Jede Zahl ist entweder
gerade oder ungerade"[56]. Mit diesen universalen Propositionen
fragt man z. B. nach dem, was ehrenhaft, nützlich und gerecht ist.[57]

[53] Cicero: De Inv., II, 18, 48: Haec argumenta, quae transferri in
multas causas possunt, locos communes nominamus; außerdem: II, 30, 91.
[54] Weitere Belege: Ad Herennium, III, 19, 31 f.; Quintilian: Inst. or.
V, 10, 23 ff.; R. L. M., S. 270 f.: hier wird das argumentum commune (!)
mit dem locus communis identifiziert.
[55] R. L. M., S. 116; 118; 416; 245.
[56] Boëthius: PL 64, Sp. 1051 C/D; Sp. 1187.
[57] R. L. M., S. 379; 389; 394.

Man erhält so eine *quaestio infinita* oder *generalis,* die auch *These* oder *propositio* heißen kann und auf die man sogar den Begriff *locus communis* überträgt.[58]

Daß es sich hier nicht einfach um einen laxen Sprachgebrauch handelt, bezeugt mir Boëthius, der sich redlich um eine Brücke zwischen den Protaseis und den Topoi bemüht. Er schlägt sie dadurch, daß er die *propositiones maximae* genauso *loci* nennt wie ihre Species *(differentiae),* die Cicero nach Aristoteles in Definition, Gattung, Eigentümlichkeit und Akzidenz eingeteilt hatte; denn sie enthalten in sich die anderen Propositionen wie die Örter *(loci)* die Körper. Auch diese Species können *loci argumentorum* und gewissermaßen ihre *ultimae sedes* sein, ist doch nicht nur der Mensch ein Lebewesen, sondern auch Ochse und Pferd![59] Hier haben wir das „Verzweiflungsmittel", nach dem, wie Solmsen meinte, noch niemand gegriffen hatte.[60] Als „Sitze" für das Argument und damit als Topoi *(loci)* fungieren jetzt sowohl die allgemeinen Sätze *(propositiones maximae, Protaseis)* als auch ihre besonderen Örter.[61] Ich brächte damit gerne die Stelle bei Priscian in Verbindung, wonach die Prinzipien in den *loci communes,* nur auf eine gewisse Formel gebracht, aufbewahrt und in Form von Sätzen Ausgangspunkt für die Argumentation sind, aber der Text bleibt im praktischen Bereich und weit unter dem Niveau des Boëthius.[62]

Der Topos konnte also selbst in der Argumentation, mit der ihn Aristoteles eng verbunden hatte, nicht seine reine Form bewahren. Die zahlreichen loci, die nicht im Gegenstand an sich lagen, sondern, von außen herbeigeholt, nur eine kunstlose, aber für den Redner höchst wichtige Beweisführung einleiteten, in deren Verlauf sie aus bloßen Dingen erst zu Örtern für die Argumente wurden, und die Bedeutung wichtiger Sätze, die Aristoteles als Protaseis von

---

[58] Quintilian: Inst. or., III, 5, 5; VII, 2, 1; IX, 5, 13; R. L. M., S. 270 (hier auch S. 271 die Bezeichnung loci locorum communium für Sätze im Conjectural-Status!); Boëthius: PL 64, Sp. 1177 C: Soll man heiraten?

[59] Boëthius: l. c., Sp. 1051 D f.; 1053 A/B; 1058 C/D.

[60] Solmsen: Anm. 27, S. 20.

[61] Boëthius: l. c., Sp. 1185 A: Argumenti enim sedes partim propositio maxima intelligi potest, partim maximae propositionis differentia.

[62] R. L. M., S. 555.

den Topoi getrennt wissen wollte, verhinderten nicht nur jeden
Methodenmonismus, sondern auch eine einheitliche Terminologie.
Durch das Christentum werden zudem bewährte Schlußfolgerungen
neu überprüft und auf ihre Geltung untersucht; wenn schon Sätze
wie „wenn er geboren ist, wird er auch sterben" nicht mehr notwendig richtig sind, muß auch der Bereich dessen, was annehmbar,
glaubhaft oder wahrscheinlich *(probabile)* ist, wieder kritisch durchdacht werden. Es ergeben sich dabei Abweichungen nach dem Ort,
dem Volk und der Zeit. Hierauf muß ein einleuchtender Beweis
Rücksicht nehmen, der sich nach Victorinus (und *Cicero*) in folgen-
der Form konstituiert [63]:

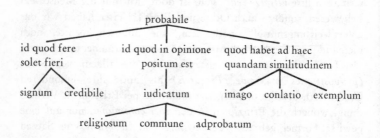

Das Wahrscheinliche stützt sich auf das gewöhnliche Geschehen,
die Meinung der Menschen und auf ähnliche Fälle und muß faktisch belegt werden können durch verläßliche Zeichen, bewährte
Urteile und vergleichbare Beispiele. In einem solchen Beweis sind
die *loci argumentorum*, die *Gegenstände* und *Resultate* methodisch
miteinander verbunden.

e) Der Topos in der Status-Lehre

Während die Topoi des Beweises bis zu einem gewissen Grad der
Tradition des Aristoteles verpflichtet sind, geht die Lehre von den
Status (στάσεις) auf *Hermagoras* zurück; sie ist bereits bei ihm eng

---

[63] R. L. M., S. 234—237; 237: Ita videmus et locos argumentorum et
res et exitus certis rationibus sibi esse copulata.

mit der Inventio (εὕρεσις) und der Rede vor Gericht verbunden; denn hier prüft der Redner nach dem Schema, ob die Tat begangen wurde *(an sit)*, was eigentlich geschehen ist *(quid sit)* und welche Beschaffenheit die Tat hat *(quale sit)* den Fall auf seinen Bestand hin *(status* oder *constitutio causae)*. Man unterscheidet den *Status coniecturalis* (hat der Angeklagte die Tat überhaupt begangen?), den *Status definitionis* (was ist geschehen, einfacher Diebstahl oder schwerer Tempelraub?), den *Status qualitatis* (hat er richtig gehandelt oder nicht?) und die *Translatio*, mit der durch Einwände gegen das Verfahren die Entscheidung verzögert werden soll. Den weitesten Spielraum für Anklage und Verteidigung gewährt der Status coniecturalis, die größte Differenzierung weist der Status qualitatis auf. Ergänzend können in der Theorie noch fünf Status über das Gesetz hinzutreten.

Entscheidend für die Topoi und ihre Verwendung ist dabei, daß jetzt *eine* Frage in den Mittelpunkt rückt, auf die sich alle Argumente beziehen. Das Abwägen von Vorteil und Nachteil wird als wichtigster *locus* zum Fundament des *Status coniecturalis*: er ermöglicht es, die Tat aus ihren Motiven heraus zu begreifen. Da aber noch gar nicht feststeht, ob der Angeklagte an dem Vorfall beteiligt war, greifen Kläger und Verteidiger zu den gleichen 'Gemeinplätzen': Verdacht erregenden Umständen muß man glauben oder darf man nicht glauben! — Auch bei den übrigen Status werden immer wieder dieselben Überlegungen vorgetragen: wer zur Translatio seine Zuflucht nimmt, will sich nur dem Urteil und der gerechten Strafe entziehen; und dagegen: die Form des Verfahrens muß in Ordnung sein, sonst gerät alles durcheinander! — Die Lehrbücher der Rhetorik wetteifern in der ausgehenden Antike, diese Lehre an einzelnen Rechtsfällen besonders anschaulich zu demonstrieren. Sie führen ganze Plädoyers mit sauber geordneten Argumenten vor, die sie natürlich *loci* oder *loci communes* nennen.

Mir scheint, als habe Cicero diese Entwicklung vorausgesehen, wenn nicht schon zu seiner Zeit die gleiche Praxis herrschte. Er hält die Lehre des Hermagoras für einen sicheren Weg, der keinen Irrtum zuläßt, und glaubt, es sei für den Unterricht nützlich, die Fälle in einzelne Arten aufzuteilen und ihnen gesondert eine Fülle von Argumenten beizugeben. Aber er weiß auch, daß man

so nur zu den Bächen, nicht zu den Quellen gelangt.[64] Überall dort
aber, wo das Bewußtsein lebendig blieb, daß die Topoi die Status
umgreifen, kann man von einem Kompromiß zwischen Aristoteles
und Hermagoras sprechen, dessen Lehre die Rhetorik des großen
Philosophen fast verdrängt hätte.

f) Der Topos in der Lehre vom Gedächtnis

Fertige Argumente, Gemeinplätze, lernte man bei den Sophisten
auswendig. Hingegen hatte Aristoteles empfohlen, sich lieber einen
allgemeinen Vordersatz als eine Beweisführung zu merken. Mit
einem Vorrat an Prinzipien und Voraussetzungen ausgestattet, wird
man freier argumentieren als mit inhaltlich fixierten Gründen. Diese
Formalisierung und Entstofflichung des Verfahrens verdrängte aber
die räumliche Vorstellung nicht, die zur Lehre vom Gedächtnis
wesenhaft hinzugehört; denn unser Erinnerungsvermögen arbeitet
mit Bildern und Zeichen, die ganz bestimmten Stellen zugeordnet
sein müssen. Das klassische Beispiel hierfür ist die Geschichte des
Simonides. Während er von den Dioskuren gerettet wird, erschlägt
die Decke des Saales den Tyrannen Sosias und seine Freunde;
Simonides identifiziert ihre bis zur Unkenntlichkeit verstümmelten
Leichen, indem er sich vergegenwärtigt, welchen Platz (*locus* oder
sedes) die Lebenden beim Mahl eingenommen hatten. Ich glaube,
daß wir hier auf die Wurzel der Metapher von den *sedes argumentorum* gestoßen sind!

Die Gedächtnislehre wäre aber für den Redner wertlos, wenn er
sich erst mühsam erinnern müßte. Er braucht eine handliche Technik, die er durch Übung perfektionieren kann, bis ihm die *loci*
ohne Überlegung einfallen wie die Buchstaben beim Schreiben
eines Wortes. Genauso verfügt er über die Bilder, mit denen er auf
die *loci* schreibt wie mit Buchstaben auf Wachs.[65] Er kann schließlich nicht erst auf dem Forum die Stellen durchgehen. Bevor man
zu dieser Meisterschaft müheloser Beherrschung eines technischen

---

[64] Cicero: Brutus, 76, 263 und De or., II, 27, 117.
[65] Cicero: De or., II, 30, 130; 34; 146; 85, 350 ff.

Mittels gelangt, lernt man jedoch seine Topoi auswendig; man schreibt sie und trägt sie in der Schule vor.[66] Dabei bestand die gleiche Gefahr, der sich auch Aristoteles gegenübersah: man verlor die Übersicht über das System. Cicero und Quintilian bemühen sich daher, einen vollständigen Katalog der Topoi zu geben. Das geht nur, wenn man sich auf die *sedes argumentorum* als die Hauptörter beschränkt und darauf verzichtet, die Argumente selbst oder die *loci communes* aufzuzählen; denn das wäre ein endloses Geschäft.[67]

Ohne Gliederung und Ordnung helfen die Topoi dem Gedächtnis nicht. Metrodorus siedelte je 360 *loci* in den zwölf Zeichen des Tierkreises an.[68] Aber er überschreitet damit den Bereich der bloßen Übung und zielt auf eine Weltordnung, einen *ordo rerum* ab, der mit der Zahl der *loci* nicht gegeben sein kann.[69] Daß sie selbst einen materiellen Inhalt haben, soll damit nicht bestritten werden. Die Verwendung der Begriffe *silva* und *materia* bei Cicero und anderen verbietet es uns, den stofflichen Charakter der Topoi zu übersehen; der Redner sucht an diesen Stellen zwar nicht die Dinge selbst oder die nackten Tatsachen, sondern ihre Qualität (Beschaffenheit), um einen Stoff für seine Gründe *(materia causarum)* zu finden.[70] Trotzdem werden gerade die 'Sachen' *(res)* zu Kristallisationspunkten für bestimmte *loci*. Sie gruppieren sich um die Eigenschaften der Person, die Umstände eines Falles, die Frage nach der Autorität der Juristen, den Wert oder Unwert der Folter (nach Quintilian V, 4 ein *locus frequentissimus!*) oder der Zeugen und um die Antithese zwischen dem geschriebenen Recht und der Gerechtigkeit, dem bloßen Buchstaben und dem dahinterliegenden Willen, ein Thema, das schon die Knaben bei ihren Lehrern traktieren.[71] Viele und bedeutsame *loci communes* gibt es über den Nutzen und die Natur des Rechtes,[72] mit anderen kann man auf das Vorleben des An-

[66] Quintilian: Inst. or., II, 4, 27.
[67] l. c., V, 1, 3; 12, 15 ff.
[68] l. c., XI, 2, 22.
[69] R. L. M., S. 257.
[70] Cicero: De Inv., I, 24, 34 ff.; De or., II, 65, 262; Quintilian: Inst. or., V, 10, 32 ff.; R. L. M., S. 176 und 232.
[71] Cicero: De or., I, 57, 244; R. L. M., S. 106 und 296 f.
[72] Cicero: De Inv., II, 23, 71.

geklagten eingehen; ist es unangreifbar, dann bedient man sich des *locus communis*, nicht die Vergangenheit sei ausschlaggebend, da sie im Dunkeln liege, oder es habe nicht die Absicht zu einer Untat gefehlt, sondern allein an einem Grund oder der Fähigkeit oder Gelegenheit dazu; man dürfe nicht nach dem Vorleben den jetzigen Prozeß, sondern müsse nach dem gegenwärtigen Prozeß das Vorleben beurteilen. Der Verteidiger antwortet darauf mit dem *locus communis*, es sei eine Schande, daß der Mann, der eine saubere Vergangenheit habe, durch ein Motiv zu einer Tat verleitet worden sein soll, das nur für lasterhafte Gesellen gelten könne; oder er führt den *locus communis* ein, daß ein ehrenhaftes Vorleben dem Angeklagten zugute gehalten werden müsse, da es das sicherste Zeugnis für seinen Charakter und seine Absichten sei, während die Anklage seiner persönlichen Feinde doch nur auf Neid beruhe![73]

Die Tradition der sophistischen Technik, die sich in solchen Beispielen immer wieder greifen läßt, ist also durch Aristoteles keineswegs verschüttet worden, hat er ihr doch selbst am Ende des zweiten Buches der *Rhetorik* seinen Tribut gezollt.

Man könnte sich die *loci* noch leichter merken, wenn sie sich nicht nur um einen sachlichen Mittelpunkt versammeln, sondern dabei eine sinnvolle Reihenfolge einhalten wollten. Breit ausgeführte Musterfälle demonstrieren zwar eine solche Anordnung und lehren, daß es besser sei, Punkt für Punkt *(per singulos locos)* den Gegner anzugreifen und die eigene Sache zu verteidigen, als alle *loci* zweimal zu durchlaufen, aber es liegt ja gerade im Wesen der Topik, eine *ars inveniendi* zu sein: sie gibt in möglichst vollständiger Übersicht an, wo die Argumente zu finden sind; Auswahl und Gliederung für den einzelnen Fall überläßt sie dann dem Redner. Er trifft die *dispositio locorum* wie ein Feldherr die Aufstellung seiner Soldaten zur Schlacht: vielleicht nimmt er die schwächeren Argumente in die Mitte, auf jeden Fall wahrt er sich seine Freiheit.[74]

[73] R. L. M., S. 265 f.
[74] Ad Herennium. III, 9, 16 ff.

g) Die Allgemeinheit des Topos

Der κοινὸς τόπος *(locus communis)* unterscheidet sich durch seine allgemeine Verwendbarkeit vom Topos im engeren Sinn. In diese Definition geht vieles und verschiedenes hinein: er ist nicht an eine bestimmte Wissenschaft gebunden, sondern erlaubt es uns, über Recht, Natur und Staat Schlüsse zu bilden;[75] er eignet sich für alle Gattungen der Rede und für alle Fälle; man kann mit ihm nach zwei Seiten *(in utramque partem)* argumentieren; die einzelnen Status bilden keine Grenze für ihn; er paßt auf jeden Tempelräuber oder Helden; Ankläger und Verteidiger müssen beide auf ihn zurückgreifen. Es ist nicht besonders aufschlußreich, daß daneben andere Abgrenzungen begegnen. So soll der *locus communis* einmal nur für ähnliche Fälle, nicht aber für Personen gelten,[76] oder er wird auf die *loci proprii* des Anklägers und des Verteidigers übertragen.[77]

Mit der allgemeinen Verwendbarkeit ist indes noch nicht die Herkunft aus der *communis opinio* aufgedeckt; denn das Allgemeine beruht auf der Billigung und verbindlichen Anerkennung aller: daß man vor älteren Leuten aufstehe und daß man sich der Bittenden erbarme.[78] Wenn es darum geht, ob etwas gerecht oder ungerecht, ehrenhaft oder unehrenhaft, lobens- oder tadelnswert, auszuzeichnen oder zu bestrafen, nützlich oder schädlich sei, handelt es sich um Fragen, die allen gemeinsam sind. Alle Elemente der ethisch-moralischen Welt faßt Cicero — und nach ihm Emporius — in dem Begriffspaar des *honestum* und *utile* zusammen, auf das er eine ganze Wertlehre gründet.[79] Der Redner muß diese *loci* auswendig wissen; sie öffnen ihm den Blick auf das Leben und den Charakter der Menschen.

Damit gewinnt der *locus communis* eine Domäne der Philosophie wieder für die Rhetorik zurück: die zweiseitigen *Disputationen*

---

[75] Aristoteles: Rhetorik, I, 2.
[76] Isidor von Sevilla, R. L. M., S. 508.
[77] Ad Herennium. II, 6, 9; II, 15, 22—16, 24.
[78] Cicero: De Inv., I, 30, 48.
[79] Cicero: l. c., II, 53, 159; Emporius in R. L. M., S. 571.

über die Manneswürde, die Pflichterfüllung, das Gerechte und Gute, das Ansehen, den Nutzen, die Ehre und die Schande, den Lohn und die Strafe, die unsterblichen Götter, die Frömmigkeit, die Eintracht und Freundschaft, das gemeinsame Recht der Bürger, Menschen und Völker, die Gerechtigkeit, Selbstbeherrschung und Seelengröße. Dazu kommen weitere Stoffe der Philosophie wie der Tod, die Tugenden und Laster, der Schmerz und die Lust. Diese *loci* begegnen in der Praxis oft.[80] Sie geben Gelegenheit, über das allgewaltige Schicksal und die Schwäche der Menschen zu sprechen und allgemein verbreitete Laster wie Verschwendung, Habsucht und Ungerechtigkeit anzuprangern. Hierbei werden selbst *loci proprii* zu *loci communes*![81] Wir wissen aus Cicero und Quintilian, daß man solche Disputationen und Stoffe *loci communes* nannte.[82] Wenn sich Quintilian auch gegen diese Bezeichnung wendet, so ist er ihr doch an anderen Stellen verpflichtet; nur eine sehr punktuelle Betrachtungsweise, die das unproblematische Nebeneinander verschiedener Möglichkeiten übersieht, kann sich allein auf seine *sedes argumentorum* zurückziehen.

Der *locus communis* als Thema kann selbst wieder mehrere *loci* in sich enthalten; *Priscian* führt uns das an einem Beispiel, der Argumentation gegen einen Tempelräuber, vor, indem er zunächst drei 'Prinzipien' angibt:

1. Ihr müßt alle Übeltäter hassen, Richter, besonders aber die, welche etwas gegen die Götter wagen;
2.· Wenn ihr also noch andere zu Halunken machen wollt, dann verzeiht diesem Mann da, wenn nicht, dann gebt ihm die verdiente Strafe;
3. Scheinbar droht nur dem Angeklagten eine Gefahr, in Wirklichkeit aber seid auch ihr aufs höchste gefährdet; denn die Verachtung des Eides und die Verletzung heiliger Verpflichtung verdient wohl nicht geringere Strafe als ein Tempelraub.

---

[80] Cicero: Orator, 33, 118: saepe cadunt in causas; vgl. auch De or., I, 13, 55 u. III, 27, 107.

[81] Cicero: De or., III, 27, 106.

[82] Cicero: Brutus, 12, 46; Quintilian: Inst. or., V, 10, 20; vgl. aber auch II, 4, 22 f. u. V, 12, 16.

Im Gegensatz dazu ist dann noch auszuführen, welche Formen
der Verehrung für die Götter durch das Gesetz festgelegt sind, dann
erst kommt man zur Sache.[83]

Unter die Themen muß man also auch das weite Feld *allgemeiner
Erwägungen* einbeziehen. Kann man Gerüchten glauben? Darf
man der Gesinnung eines Menschen trauen? Muß man grundsätzlich
Mitleid haben? Mindert man den Wert einer Auszeichnung nicht,
wenn man sie zu häufig verleiht? Wie soll man es mit unbedeuten-
den Beweismiteln halten, wie mit den Zeugen? Hierfür muß der
Redner fertige *loci* parat haben; denn es ist gut, den Streit in das
Allgemeine hinüberzuspielen und die dort gewonnenen Beweise
dann auf den einzelnen Fall anzuwenden. Aus dieser Technik
gehen die *loci communes* in der Form von allgemeinen Erwägungen hervor, z. B.: Allzuviel schadet mehr als zuwenig![84] Sie haben
zwar nicht die unmittelbare Beziehung zum Beweis wie die Topoi
des Aristoteles, können aber in jede Schlußfolgerung aufgenommen
werden.

h) Der Topos in der Amplifikation

Die Technik der Amplifikation (αὔξησις) entwickelte sich bereits
vor Aristoteles von dem mechanisch einschiebbaren Gemeinplatz
des Gorgias und Antiphon zu einem System von Gesichtspunkten,
auf denen der Redner seine Steigerung aufbauen konnte. Die Entwicklung dieser *Topik* fand in Isokrates einen gewissen Abschluß:
er bildete die vier Topen des Vergleichs (σύγκρισις), der Untersuchung (κρίσις), der Gesinnung des Täters (διάνοια) und der Tat
selbst aus.[85] Der Zusammenhang mit der Beweisführung muß dabei
besonders in der Gerichtsrede gewahrt bleiben. Cicero definierte
die Amplifikation geradezu als eine heftige Art der Beweisführung,

---

[83] Priscian: Praeexercitamenta. In: R. L. M., S. 555.

[84] Cicero: De Inv., II, 10, 34; 16, 51; 39, 114 ff.; De or., II, 27, 118;
Orator, 14, 45; 15, 47; 22, 73; Quintilian: Inst. or., II, 1, 11; V, 7, 4;
V, 13, 57.

[85] Plöbst: Anm. 30.

mit der man allerdings nicht belehren, sondern erregen wolle.[86] Sie geht aus den gleichen *loci* hervor wie der Beweis; denn mit den Topoi für die Argumente beweisen wir nicht nur, sondern vergrößern wir auch.[87]

Aber trotz aller Verwandtschaft zwischen Beweis und Steigerung, die der Form nach mit dem Topos des *Mehr und Minder* gegeben ist, erfolgt eine notwendige Unterscheidung vom Zweck her.[88] So gewinnt z. B. ein Vergleich in der Amplificatio über die Beweisführung hinaus einen Eigenwert und erweitert sich selbst durch möglichst viele Topoi. Während es beim Argument allein um die Wahrheit geht oder gehen sollte, tritt jetzt die Größe und Fülle in den Vordergrund; Ziel ist die 'Erhebung' *(exaggeratio)*.[89]

Für diese Aufgabe werden natürlich auch besondere *loci* zur Verfügung gestellt; der Verfasser der ›Rhetorik an Herennius‹ zählt allein zehn *loci communes* für die Steigerung der Untat auf.[90] Es wird offenbar zu einer Hauptfunktion des *locus communis*, einen erwiesenen oder noch zweifelhaften Tatbestand zu vergrößern; denn die Amplificatio wirkt am stärksten im *locus communis*.[91] Und gerade wegen dieser Wirkung wird die Steigerung zum ersten Ort *(locus primus)* für den Ankläger.[92]

Vom Zweck her ergibt sich sogar eine Einteilung der *loci communes* in zwei verschiedene Arten: die einen dienen allein der Vergrößerung eines bestimmten Tatbestandes, die anderen der Erörterung eines noch zweifelhaften Falles. Wenn die Schuld klar bewiesen ist und nur der Kläger das Feld beherrscht, kann es keine *Kontroversen*, sondern nur *loci communes* geben, in denen das Verbrechen

---

[86] Cicero: Dialogus, 8, 27: est enim amplificatio vehemens quaedam argumentatio, ut illa docendi causa, sic haec commovendi.

[87] Cicero: l. c., 16, 55; De Inv.: I, 53, 100; R. L. M., S. 118.

[88] Quintilian: Inst. or., VIII, 4, 12 ff.

[89] Cicero: De Inv., II, 16, 51; R. L. M., S. 272 u. 555 f.

[90] Ad Herennium, II, 30, 47 ff.

[91] Cicero: De Inv., II, 15, 48; II, 16, 51; Orator, 36, 126.

[92] R. L. M., S. 261; als locus amplificationis nennt Boëthius den Vatermord (PL 64, Sp. 1213 A).

nicht nachgewiesen, sondern genau geschildert wird.[93] Der *locus communis* wäre demnach die *exaggeratio* einer offenkundigen Sache, die *positio* oder *These* hingegen die Untersuchung einer noch nicht entschiedenen Frage (z. B. „Soll man sich der Beredsamkeit widmen?").[94] Man hat also wohl zu unterscheiden zwischen den Argumenten des Prozesses und den Örtern, mit denen man die Richter gewinnt und erschüttert.[95]

Damit sind die Bereiche bereits angedeutet, in denen sich die Topoi der Steigerung besonders entfalten. Ihr allgemeinster und zugleich bedeutendster Wirkungskreis ist die Beschreibung oder Schilderung. Die Eroberung einer Stadt, die unschuldige oder unbesonnene Jugend eines Angeklagten, eine hervorragende Tat und ein ungeheueres Verbrechen, die Lage und die Umstände, aus denen sie entsprangen, das höchste Gut und das abgründige Böse müssen in allen ihren Teilen sichtbar werden. Hier geht der Redner daher ins Detail und führt mit Hilfe der *loci communes* des Helden Waffen, den Staub und Schweiß und das Blut vor, die ihn bedecken.[96] Das führt natürlich nicht zu einer individualisierenden Darstellung, wohl aber zu einer *Technik der summativen Häufung,* deren Formprinzip auch in der Dichtung grundlegend wurde.

Insbesondere fordert jede *pathetische Situation* den *locus communis.* Eine Sache durch Lob zu erheben und durch Tadel wieder zu stürzen, das ist — wie bereits Gorgias erkannt hatte — die erste Aufgabe des Redners[97], die Leidenschaften der Hörer zu erregen sein eigentliches Geschäft.[98] Für Lob und Tadel, für den Angriff auf das Laster *(incusatio)* und die Verteidigung der Unschuld, für Entrüstung *(indignatio)* und Bitte um Erbarmen *(commiseratio, deprecatio)* entwickelt sich eine eigene Topik mit fertigen Erwä-

---

[93] R. L. M., S. 270 u. 147 (hier: Gegenüberstellung von probatio und expressio).

[94] Priscian: R. L. M., S. 559.

[95] Cicero: De or., II, 72, 291.

[96] R. L. M., S. 147; 325 ff.; 564.

[97] Cicero: Brutus, 12, 47.

[98] Quintilian: Inst. or., VI, 2.

gungen *(loci communes)*.[99] Die enge Verklammerung der Topoi
mit den Affekten verführt eine nachlässige Terminologie sogar
dazu, den *locus communis* als einen *Affekt* mit Ausruf und Frage
gleichzusetzen![100]

Damit die Erregung auf andere übergehe, muß man sie dem
Redner auch glauben können; es ist daher notwendig, daß er sich
und seinem Mandanten zuvor das Wohlwollen der Richter und des
Publikums sichere und seine Gegner verhaßt mache. Über Aristoteles hinaus drängt die Rhetorik deshalb zu einer Vermehrung der
Rezepte für die *captatio benevolentiae*. Victorinus gliedert die vier
loci, die allgemein für diesen Zweck benutzt werden, in elf Punkte
auf.[101] Das Wohlwollen allein genügt jedoch nicht, die Affekte
müssen sich auch in einer bestimmten Form äußern.

Die Lehre vom Vortrag *(pronuntiatio)* geht auf die *loci (communes)* besonders ein. Für die Amplificatio eignet sich eine weiche,
geschmeidige Stimme, die sich bei der nachdrücklichen Ermunterung
zu einer gemäßigten Lautstärke erhebt und bei der Klage senkt.[102]
Man unterscheidet *loci communes*, die dem Angriff oder der Verteidigung, der Beschreibung oder der Handlung, der Steigerung
oder der Verkleinerung dienen: ihre Unterschiede verlangen eine
entsprechende Variation der Aussprache.[103] Da der Redner in
diesem Bereich oft mehr vorbringt, als dem Urteil unterworfen ist,
muß er mit Nachdruck sprechen; anders wirken die *loci* auf die
Richter nicht.[104]

Auch Satzbau und Wortwahl heben den *locus communis* von
seiner Umgebung deutlich ab. Die weit gespannte Periode ist ihm
angemessen, denn hier darf und soll sich der Redner frei entfalten.
Wenn er über undichte Dachtraufen spricht, muß er auf große
Worte und *loci communes* verzichten.[105] Hier aber ist Raum für

---

[99] Ad Herennium. II, 31, 50; Cicero: De Inv., I, 55, 106 ff.; II, 16,
51; II, 34, 104; De or., III, 27, 106 f.; Priscian, R. L. M., S. 556 f.

[100] Julius Severianus: R. L. M., S. 364 ff.

[101] R. L. M., S. 197.

[102] Ad Herennium. III, 13, 23 ff.

[103] R. L. M., S. 132.

[104] Quintilian: Inst. or., V, 13, 55 ff.

[105] Cicero: Orator, 21, 72.

Ernst und Würde, Fülle und Reichtum, Freiheit und Glanz der Rede.[106] 'Anmut' *(iucunditas)* und 'Würde' *(gravitas)* vermählen sich in dem locus als einem Thema zwischen Rhetorik und Philosophie.[107] Alle rhetorischen Figuren dürfen dem Ausdruck der Affekte dienstbar gemacht werden, so daß Quintilian davor warnen muß, sie miteinander zu verwechseln.[108]

Mit dem *locus communis* ist dem Redner zugleich die einzige Möglichkeit gegeben, von der Sache abzuschweifen.[109] Diese *digressiones per locum communem* konzentrieren sich auf bestimmte Teile der Rede. Für die Einleitung (exordium) sind sie zwar notwendig — es gibt daher eine *Exordialtopik* —, aber doch mit Vorsicht zu gebrauchen.[110] Zur vollen Entfaltung kommen sie im Schluß *(peroratio)*, wenn die Beweisführung beendet und jedes Wort auf Wirkung abgestimmt ist.[111] Aber man findet sie schließlich an allen Stellen; denn die Lehrbücher empfehlen, häufige und kurze Amplifikationen durch *loci communes* einzuschieben und über die ganze Rede gleichmäßig zu verteilen. Das Publikum zu gewinnen und zu bewegen ist eigentlich Aufgabe jedes Satzes, so daß die *loci* wie das Blut im Körper in sämtliche Teile gelangen müssen.[112]

i) Terminologische Besonderheiten

Man macht in den rhetorischen Lehrbüchern häufig die Beobachtung, daß wohl über die Sache gesprochen, nicht aber der entsprechende Begriff verwendet wird. Wir erhalten Hinweise für die *insinuatio*, den eindringlichen Eingang der Rede, mit dem man die

[106] Cicero, l. c., 33, 118; Quintilian: Inst. or., IV, 1, 59 f.; IX, 4, 138; R. L. M., S. 270 u. 272; dazu auch S. 470 u. 564.

[107] Cicero: De or., I, 13, 55.

[108] Quintilian: Inst. or., IX, 1, 24; die Verbindung, die Curtius zwischen Topik und Metaphorik herstellt, ist also nicht zufällig!

[109] Cicero: De Inv., I, 51, 97; Brutus, 21, 82; R. L. M., S. 270.

[110] Cicero: De or., II, 79, 321 ff.; Quintilian: Inst. or., IV, 1, 59.

[111] Cicero: Orator, 37, 128; R. L. M., S. 270.

[112] Ad Herennium. III, 8, 15; Cicero: De or., II, 77, 310; R. L. M., S. 430.

Zuhörer gewinnen will, für Lob und Tadel, für das Zuraten und
Abraten oder für den Schluß, ohne daß die Einzelerscheinungen
unter einem *Terminus technicus* zusammengefaßt werden. Erst
gegen Ende des Abschnittes erfahren wir dann, daß wir hiermit
die *loci (communes)* für den angegebenen Zweck kennengelernt
haben.[113] Ähnlich verfuhr auch Aristoteles!

Vielfach wird der Begriff *locus (communis)* durch andere Termini
ersetzt; wenn der 'Autor an Herennius' vier *modi* nennt, aus denen
das Wohlwollen zu gewinnen sei, wenn Cicero die *rationes* des
Lobens und Tadelns aufführt oder Quintilian von dem Ehren-
haften, Nützlichen und Notwendigen als den *partes suadendi*
spricht, darf man jedoch daraus nicht folgern, es handele sich hier
nicht um *loci* oder Topoi im eigentlichen Sinne.[114] Man müßte sonst
die gleichen Bedenken gegen Ciceros *numeri, modi, praecepta* oder
partes argumentandi und seine *modi reprehensionis* vorbringen,
denen man die 'Echtheit' nicht absprechen kann.[115] Auch bei Victorinus haben *pars, modus, res* und *locus* die gleiche Bedeutung.[116]

Während einerseits Synonyma für *locus* eintreten, beschränkt
sich andererseits sein Anwendungsbereich nicht auf eine streng
terminologische Verwendung. Er begegnet in allgemeinem Sinne
als Stelle in einem Buch, Punkt oder Hauptpunkt in der Rede, als
Abschnitt, Teil oder Kapitel und als Gesichtspunkt und bewahrt
auch sonst den Zusammenhang mit dem landläufigen Sprachgebrauch außerhalb der Rhetorik. In speziellerer Fixierung bezeichnet er aber auch die Suchformeln, die zu den Fundstellen hinführen:
auf die näheren Umstände eines Ereignisses stoßen wir mit den
Fragen *wer, was, wann, wo, warum, wie* und *womit*, die gering-
fügig variiert werden können und *elementa* (μόρια, στοιχεῖα,
ἀφορμαί) oder *loci* heißen.[117] Da aber die Belege nicht ausreichen,

[113] Cicero: De Inv., I, 17, 23 ff.; De or., II, 84, 340 ff.; Dialogus, 24,
83 ff.; Quintilian: Inst. or., VI, 1 ff.
[114] Ad Herennium. I, 4, 8; Cicero: Dialogus, 21, 70; Quintilian: Inst.
or., III, 8, 22.
[115] Cicero: De Inv., I, 30, 49 f.; I, 42, 78.
[116] R. L. M., S. 153—304 passim, insbes. S. 251 f. u. 265.
[117] R. L. M., S. 141; 207; 213; 220 u. ö.

den Begriff von hier aus schärfer zu erfassen, begnüge ich mich mit
diesen wenigen Hinweisen auf das „unbekümmerte" Verfahren der
Lehrbücher.

k) Der Topos als wertneutrales Gebilde

Der Topos gehört grundsätzlich in eine Lehre hinein, die zu
seinem Gebrauch anleiten will. Er ist deshalb immer der Beurteilung von der praktischen Anwendung her ausgesetzt: sein Wert ist
bestreitbar! Als ein Hilfsmittel für die Beweisführung, eine Quelle
für Gesichtspunkte, eine Bereicherung der Darstellung und als
Prunkstück in der Rede wird er viel gelobt und kritisiert. Cicero
hat den *locus communis* mit einem Acker verglichen, der Frucht
trägt, aber auch Unkraut hervorbringt.[118]
Die Einwände richten sich einmal gegen das Übergewicht der
Theorie, die der Beredsamkeit nicht vorausgeht, sondern erst aus
ihr erwachsen ist; ihre abgedroschenen Vorschriften sind höchstens
eine Durchgangsstufe für den Redner, auf dessen Talent alles ankommt.[119] Sie richten sich sodann gegen die Auswirkung dieser
Theorie: es wird immer wieder das gleiche vorgebracht werden.[120]
Verwendet man fertige 'Gemeinplätze', dann verliert man die
eigene Erfindung und Schlagfertigkeit, erregt Überdruß und flickt
Wendungen an, die nicht zur Sache gehören.[121] Die *loci* stecken in
den Dingen drin; sie muß man betrachten und kennen, sonst nützen
Topoi nichts.[122]
Unter den *loci* gibt es viele *res mediae*, die zwei Wertungen zulassen, wie Macht, Ansehen und Geld. Der Meinung des Redners
ist damit ein weiter Spielraum gelassen, der ihn dazu verführt,
die Wahrheit der Wirkung unterzuordnen.[123] In dem Arrangieren
der Fakten und dem Appell an die Affekte lebt die Sophistik

[118] Cicero: Orator, 15, 48.
[119] Cicero: De or., I, 31, 137; 32, 147.
[120] Quintilian: Inst. or., V, 7, 34.
[121] l. c., II, 4, 27—32.
[122] Cicero: De or., I, 33, 151; II, 34, 147; II, 30, 131.
[123] R. L. M., S. 197 u. 207; Cicero: De Inv., II, 16, 51.

munter weiter, und nur verantwortungsbewußte Redner warnen —
wenigstens in der Theorie: ohne Beweise, die zuvor zu erbringen
sind, bleiben die *loci communes* armselig und leer![124]

In der Schule, wo kein Prozeß verlorenging, wenn die Bitte um
Mitleid ins Lächerliche umschlug, wo man die *loci communes* des
Lobes auf Bäume anwenden konnte, die man pries, weil sie viel
Pflege brauchten, und bewunderte, wenn sie keine benötigten, gehörten die *Gemeinplätze* zum Lehrstoff. Man trug Thesen und
loci communes vor, lobte berühmte Männer und tadelte Schurken,
verglich das Landleben mit dem Leben in der Stadt, den Juristen
mit dem Krieger und klügelte Fälle aus, in denen man nur auf
wenige *loci* zurückgreifen konnte; da wird ein junger Mann an-
geklagt, er habe den Tyrannen ermorden wollen, weil er jedesmal,
wenn er an dessen Burg vorüberging, in Tränen ausbrach; oder ein
Mann, den man an einem abgelegenen Ort antraf, ein blutiges
Schwert in der Hand und gerade die noch frische Leiche eines Er-
schlagenen bestattend, wird des Mordes verdächtigt.[125] Wer sich auf
diesem Weg zum Topos als reiner *Denkform* emporarbeiten muß,
bleibt immer mit einem Rest von *Materie* behaftet!

Ergebnis

Eine Untersuchung, die ihr Beobachtungsfeld nicht durch eine zu
enge Vorstellung von Topik und Topos einschränkt, muß zu dem
Ergebnis kommen, daß wir es hier mit *Hilfsmitteln* zu tun haben,
die in logischen Operationen, allgemeingültigen Sätzen, fertigen
Beweisen, grundlegenden Themen, wichtigen Gegenstandsbereichen,
psychologischen Einsichten und psychagogischen Praktiken, Methoden zum Auffinden von Beweisen, schematisierten Fragen, alt-
bewährten Erwägungen und in Prinzipien für die Gestaltung bestimmter Teile der Rede, für Schilderung und Beschreibung
bestehen. In dem schwankenden *Werturteil* zeichnet sich die Ent-

---

[124] Cicero: De or., III, 27, 106 f. (ieiuni atque inanes).
[125] Priscian: R. L. M., S. 557; Quintilian: Inst. or., II, 1, 9; 4, 20 ff.;
V, 1, 37 ff.; R. L. M., S. 325—336.

wicklung zum Gemeinplatz bereits ab. Selbst *Aristoteles* konnte es nicht gelingen, den Reichtum rhetorischer Übung für die Dauer auf die abstrakten Formen seiner dialektischen Topik zu reduzieren, aber er bewies, daß die Praxis einer wissenschaftlichen Behandlung zugänglich war.

Die Berechtigung für die historische Topik von *Curtius* sehe ich einmal in der Vielfalt der Aspekte, die Topik und Topoi in der Antike boten, und in der Auswirkung der Rhetorik auf die Texte begründet, vor allem aber in der Umkehrung eines Systems, das der literarischen Produktion diente, zu einem *Instrument des Textverständnisses.* Mit dieser Umwandlung setzt er lediglich eine Tradition fort, deren Anfänge ich bei Erasmus und in Melanchthons Kommentar zum Römerbrief vermute und die man über die Barockzeit bis in die klassische Philologie hinein verfolgen könnte. Er verfährt also weit weniger selbstherrlich als Aristoteles, sondern erinnert nur an eine Methode, die er zugleich erweitert und verfeinert.

Weitere Literatur

Kroll, Wilhelm: Rhetorik. In: Pauly-Wissowa: Suppl. Bd. VII (1940). Sp. 1039—1138 (1937 als Sonderdruck erschienen).

Lausberg, Heinrich: Handbuch der literarischen Rhetorik. Eine Grundlegung der Literaturwissenschaft. 2 Bde., München 1960.

Pöggeler, Otto: Dichtungstheorie und Toposforschung. In: Jb. f. Ästh. u. allgem. Kunstwissensch. 5 (1960), S. 89—201. [Im Auszug in diesem Sammelband auf den Seiten 22—135.]

Viehweg, Theodor: Topik und Jurisprudenz. München 1953.

Volkmann, Richard: Die Rhetorik der Griechen und Römer in systemat. Übersicht dargestellt. Hildesheim 1963 (Nachdruck d. 2. Aufl. Leipzig 1885).

Jahrbuch des Wiener Goethe-Vereins. Neue Folge der Chronik. Band 73 (1969), S. 107—116.

ZUM TOPOSBEGRIFF
DER MODERNEN LITERATURWISSENSCHAFT

Von August Obermayer

Die Feststellung Edgar Mertners[1], daß sich die Terminologie der Literaturwissenschaft häufig in einem vagen Felde von Undeutlichkeiten und Mehrdeutigkeiten bewegt, trifft gerade für den Toposbegriff in erstaunlichem Maße zu.

Hier sei der Versuch unternommen, die große Konfusion, die sich um diesen Begriff gebildet hat, zu entwirren, da Begriffssauberkeit erste Voraussetzung für jede Wissenschaft, somit auch für die Literaturwissenschaft ist.

Von vornherein sei hier die Bedeutung „Gemeinplatz" im heutigen Sinne — als „allgemein bekannte und unbestrittene, daher nichtssagende Behauptung"[2] — ausgeschlossen, da diese Bedeutungsvariante für die literaturwissenschaftliche Toposforschung ohne Belang ist. Topos soll hier — mit Einschränkungen und Korrekturen — in dem Sinne verstanden werden, wie ihn Ernst Robert Curtius zu fassen suchte, um die Toposforschung als eine Methode der neueren Literaturwissenschaft fruchtbar zu machen.[3]

---

[1] Edgar Mertner: Topos und Commonplace, in: Strena Anglica, Festschrift für Otto Ritter, Halle/S. 1956, S. 178.

[2] Gero von Wilpert: Sachwörterbuch der Literatur, Stuttgart 1964 (4. Aufl.), S. 240, Schlagwort: Gemeinplatz.

[3] Curtius arbeitete daran seit 1938 (Zs. f. Rom. Philol. 1938 [z. T. in diesem Band abgedruckt auf den Seiten 1—21]. DVjs 1938; Rom. Forsch. 1939; Zs. f. Rom. Philol. 1939; Rom. Forsch. 1939; Zs. f. Rom. Philol. 1940; Modern Philology 1941; Corona Quernea, Festgabe Karl Strecker 1941).

Zusammengefaßt hat Curtius alle seine Ergebnisse in dem großen Werk ›Europäische Literatur und lateinisches Mittelalter‹, 1948 u. ö.

Curtius definiert Topos als „feste Clichés oder Denk- und Ausdrucksschemata"[4] oder an anderer Stelle als „Klischees, die literarisch allgemein verwendbar sind"[5].

Curtius will den Topos immer von der antiken Wortbedeutung her verstanden wissen und betont die „ursprüngliche Wortbedeutung"[6], die aber, wie noch gezeigt wird, keinesfalls eindeutig feststand. Dieses Festhalten an der ursprünglichen, griechischen Wortbedeutung hat zu Unklarheiten in der Verwendung des Begriffes geführt, so daß es heute bereits wissenschaftlich bedenklich erscheint, den Begriff ohne vorhergehende Definition anzuwenden.

Hier erscheint es nun notwendig, kurz auf die antike Bedeutung des Begriffes einzugehen.

In der antiken Rhetorik und Philosophie — neben der rhetorischen Topik (Lehre von den Topoi) hat Aristoteles eine philosophische ausgebildet[7] — verstand man unter Topos ein „Hilfsmittel zur Erfindung von Beweisgründen"[8] oder mit anderen

---

Hier sei angemerkt, daß Curtius die Toposforschung zwar als Methode entwickelt und umschrieben hat, aber nicht als erster betrieben hat. Vor ihm hat bereits

Otto Weinreich: Phöbus, Aurora, Kalender und Uhr. Über eine Doppelform der epischen Zeitbestimmung in der Erzählkunst der Antike und Neuzeit (Schriften und Vorträge der Württembergischen Gesellschaft der Wissensch., geistesw. Abt., Heft 4), Stuttgart 1937,

Toposforschung im Sinne, wie sie dann Curtius beschrieben hat, betrieben.

[4] Ernst Robert Curtius: Beiträge zur Topik der mittellateinischen Literatur, in: Corona Quernea, Festgabe Karl Strecker z. 80. Geb., Leipzig 1941, S. 1.

[5] Ernst Robert Curtius: Europäische Literatur und lateinisches Mittelalter, Bern und München 1961 (3. Aufl.), S. 79.

Wird in der Folge zitiert: Curtius: E. L.

Diese Definition übernehmen auch die Sachwörterbücher.

[6] Curtius: E. L., S. 79.

[7] Walter Veit: Topos, in: Fischerlexikon Literatur, hrsg. v. W.-H. Friedrich und W. Killy, Frankfurt/M. 1965. Bd. 35/2, S. 564.

[8] Gero von Wilpert: Sachwörterbuch der Literatur, Stuttgart 1964 (4. Aufl.), S. 726, Schlagwort: Topos.

Worten eine „rahmenmäßige Suchformel, die zum Finden passender Gedanken führen kann"[9].

Im Bereich der Philosophie war die Topik ein Formprinzip der Argumentation.

Ein Beispiel: „Problem: Ist er der Mörder?

Nein, er war verreist.

(Topos ist hier der andere Ort — alibi.)

Oder: Nein, er war noch nicht geboren.

(Hier ist die Zeit der Grund des Beweises.)"[10]

„Der Topos ist also nicht der Beweis selbst, sondern sein Prinzip."[11]

Er war in der Antike eine Methode, über jedes gestellte Problem aus wahrscheinlichen Sätzen Schlüsse zu bilden, ohne in Widerspruch zu geraten.[12]

Ähnlich ist der Topos für die antike Rhetorik zu verstehen.

Jede Rede mußte — nach Lehre der Rhetorik — Argumente bringen, um ihre Sache anwendbar zu machen.

Ein Beispiel: Wenn ein Redner über eine Person zu sprechen hatte, waren ihm die loci a persona — „1. genus, 2. natio, 3. patria, 4. sexus usw."[13] — zur Verfügung. Auf diese Weise konnte der Redner alles über eine Person Aussagbare leicht finden.

Nun gibt es nach Curtius „eine ganze Reihe solcher Argumente, die für die verschiedensten Fälle anwendbar sind. Es sind gedankliche Themen zu beliebiger Entwicklung und Abwandlung geeignet. Griechisch heißen sie koinoi topoi, lateinisch loci communes,[14] im

[9] Heinrich Lausberg: Handbuch der literarischen Rhetorik, München 1960, Bd. 1, S. 146, § 260.

[10] Walter Veit: Studien zur Geschichte des Topos der Goldenen Zeit von der Antike bis zum 18. Jh., Diss. Phil. Fak. Köln 1961, S. 7. Wird in der Folge zitiert: Veit: Diss.

[11] Veit: Diss., S. 7.

[12] Vgl. Berthold Emrich: Topik und Topoi, in: Der Deutschunterricht 18 (1966), Heft 6, S. 18. [In diesem Band S. 215.]

[13] Heinrich Lausberg: Handbuch der literarischen Rhetorik, München 1960, Bd. 1, S. 204, § 375.

[14] Edgar Mertner zeigt (a. a. O., S. 189), daß Quintilian zwischen locus und locus communis unterscheidet.

älteren Deutsch Gemeinörter. So sagen noch Lessing und Kant. Nach dem englischen commonplace wurde dann um 1770[15] Gemeinplatz gebildet."[16]

Als nach dem Untergang der griechischen polis und der römischen Republik die Rede aus der politischen Wirklichkeit verschwand, drang die Rhetorik in die Gebiete des literarischen Lebens ein. Damit gewinnen auch die Topoi — nach Ansicht von Curtius — eine neue Funktion: „Sie werden K l i s c h e e s , die allgemein verwendbar sind."[17] So unterschiedlich der Begriff Topos in der Antike immer gefaßt worden sein mag,[18] konnte er, wie bereits

Locus entspricht dem griechischen topos und wird von Quintilian auch als sedes argumentorum bezeichnet, während locus communis Themen für allgemeine Erwägungen bezeichnete. Mit loci communes redete man gern abschließend gegen Laster wie Ehebruch, Würfelspiel, Wollust usw. Dies entspricht zwar der deutschen Wortbedeutung von Gemeinplatz, ist aber nicht mit dem griechischen topos identisch, wodurch schon eine leise Unsicherheit in der Terminologie von Curtius deutlich wird.

[15] Wieland verwendete erstmals um 1770 dieses Wort für seichte Gesprächsthemata. Mit dem lateinischen locus (sedes argumentorum) hatte es nichts zu tun, daher auch keine Beziehung zum griechischen topos. Vgl. Jacob und Wilhelm Grimm: Deutsches Wörterbuch, Leipzig 1897, Bd. 4, 1. Abt., 2. Teil, Spalte 3262, Schlagwort: Gemeinplatz.

„Das deutsche Wort Gemeinplatz trat in den Kreis der vulgärsprachlichen Übertragungen des locus communis erst ein, als Campbell und Blair im Englischen die bereits vollzogene Ablösung des Begriffes von seiner rhetorischen Geschichte kundtaten." (Edgar Mertner: a. a. O., S. 222.)

Hier sind also deutliche Unkorrektheiten bei Curtius.

[16] Curtius: E. L., S. 79.

[17] Curtius: E. L., S. 79.

[18] Edgar Mertner zeigt (a. a. O., S. 187), daß Aristoteles gegen den Toposbegriff der Sophisten polemisierte, daß auch Cicero und Quintilian den Begriff verschieden faßten. Auf die Unterscheidung bei Quintilian wurde bereits verwiesen (siehe Anmerkung 14).

Auch Berthold Emrich erwähnt (a. a. O., S. 36 [in diesem Band S. 238]), daß die Sophisten unter topoi fertige Argumente verstanden, die man auswendig lernte, um in Streitgesprächen bestehen zu können.

Gegen diese Auffassung wandte sich Aristoteles, für den sie ein Instrument der Dialektik waren.

gezeigt, immer nur „eine Methode, eine Technik oder Norm, ein Instrument zur Auffindung einer Sache, niemals aber die Sache selbst" [19] sein.

Es ist nun durchaus einsichtig, daß in der Umschreibung des Begriffes durch Curtius die ursprüngliche Wortbedeutung, die er beibehalten will, verlorengegangen ist und „der Gemeinplatz" [20] — Curtius lehnt diese Übersetzung ausdrücklich ab, weil sie der ursprünglichen Wortbedeutung nicht entspricht — „durch die Hintertür wieder eingeführt" [21] wurde.[22]

Im Kapitel ›Topik‹ [23] seines Buches ›Europäische Literatur und lateinisches Mittelalter‹ [24] bringt Curtius Beispiele dessen, was er als Topos bezeichnet.

Er nennt hier unter anderem Einleitungs- und Schlußtopik.

Darunter versteht er stereotyp wiederkehrende Phrasen am Beginn und Ende eines Dichtwerkes, einer Rede oder Urkunde.

Weiter affektierte Bescheidenheit, worunter Bemerkungen des Autors, daß er dem Stoff nicht gewachsen sei, schlecht vorbereitet sei usw., zu verstehen sind.

Curtius nennt dann noch „Naturanrufung", „Knabe und Greis", „Verkehrte Welt", „Goldene Zeit" usw.

Man kann beobachten, daß hier formal und inhaltlich heterogene Dinge zusammengebracht werden, was Berthold Emrich auch veranlaßt, von formalen und inhaltlichen Topoi zu sprechen.[25]

---

[19] Edgar Mertner: a. a. O., S. 191.

[20] „Klischees, die allgemein verwendbar sind", unterscheiden sich ja kaum mehr von Gemeinplätzen.

[21] Edgar Mertner: a. a. O., S. 181.

[22] Wenn auch Curtius (E. L., S. 79) die Übersetzung „Gemeinplatz" ablehnt, so ist er im Gebrauch in vielen Fällen damit identisch. Z. B.: E. L., S. 118: „Der Topos Seelenadel ist in der italienischen Dichtung vor und neben Dante ein Gemeinplatz ..."; „... das 13. u. 14. Jh. hat also einen Gemeinplatz erneuert."

[23] Curtius: E. L., S. 89—101.

[24] A. a. O.

[25] Berthold Emrich: Topik und Topoi, in: Der Deutschunterricht 18 (1966), Heft 6, S. 17. [In diesem Band S. 213.]

Bescheidenheits-, Schluß- und Einleitungsformeln können keine Topoi im „ursprünglichen" Sinne sein, da diese — wie bereits gezeigt — nur Mittel zur Findung einer Sache, niemals aber die Sache selbst, also auch keine bestimmten Formeln sein können. Es sei denn, man übernimmt hier plötzlich den Toposbegriff der Sophisten. Dann allerdings könnte man „Naturanrufung", „Goldene Zeit" usw. nicht als Topos bezeichnen, weil hier nicht unbedingt fest geprägte sprachliche Fügungen vorliegen. Diese Beispiele sind Instrumente, die der Weltbewältigung dienen. Es sind Vorstellungsschemata, die ihren Ursprung in der Dichtung haben.

Hier handelt es sich eher um Topoi im „ursprünglichen" Sinne (die Auffassung der Sophisten ausgenommen), da diese Beispiele doch Mittel darstellen, die Welt — Welt sei hier im allgemeinsten und umfassendsten Sinne verstanden — oder doch einen Teil von ihr in den Griff zu bekommen.

Wie bis jetzt ersichtlich wurde, ist sowohl aus der Definition als auch aus den gebotenen Beispielen bei Curtius höchstens zu erahnen, nicht aber zu begreifen, was Topos ist. Alexander Gelley charakterisiert das als „a fine example of Curtius's impassioned metaphorical mode of argumentation" [26]. Die klare Begriffsfassung wird bei Curtius noch dadurch erschwert, daß er unter den Toposbegriff zwar Denk-, Darstellungs-, Ausdrucks- und Anordnungsschemata ordnet, die Metapher aber eigenartigerweise davon ausnimmt. Er stellt ausdrücklich fest, er wolle neben die „historische Topik eine historische Metaphorik" [27] stellen.

Es fehlt auch nicht an Autoren, die gegen diese Unklarheiten schärfstens polemisieren. Edgar Mertner meint, die literaturwissenschaftliche Terminologie sei nun „durch einen Begriff vermehrt, der, handlich und wohlklingend und mit dem Ansehen einer zweitausendjährigen Geschichte ausgestattet, den großen Vorzug hat, beliebig in unbestimmter Weise auf disparate Inhalte angewendet werden zu können" [28]. Es komme schließlich so weit — meint

---

[26] Alexander Gelley: Ernst Robert Curtius: Topology and Critical Method, in: Modern Language Notes 81 (1966), S. 591.

[27] Curtius: E. L., S. 138.

[28] A. a. O., S. 178.

Mertner —, daß man alles, was sich nur als überliefert nachweisen lasse, als Topos bezeichnen könne.

Wenn Otto Pöggeler bekennt: „Die literarhistorische Forschung ist sich nicht einig darüber, was alles in die Toposforschung einbezogen werden soll",[29] so ist diese Unsicherheit hauptsächlich aus dem Umstande entwachsen, daß man sich nicht darüber einig ist, was man als Topos ansprechen soll.

Es ist nun tatsächlich bei der Anwendung des Begriffes durch die einzelnen Forscher zu großen Konfusionen gekommen, so daß man sich auch aus der Lektüre der Veröffentlichungen über Topos, Topik usw. keine Klarheit über den Begriff verschaffen kann.

Leonid Arbusow bringt in seiner Arbeit ›Colores Rhetorici‹[30] eine „Sammlung von Topoi, die zwischen Formeln, Tropen, Metaphern, Sentenzen, Beispielen, Schilderungen und Motiven keinen Unterschied macht"[31]. Wolfgang Kayser sieht in den Topoi einen „Schatz poetischer Bilder, geprägter Formeln und technischer Darbietungsweisen . . ."[32] und auch die in „literarischer Tradition bestimmten gegenständlich festgelegten Bilder, Motive oder auch gedanklichen Prägungen"[33].

Auch hier kann man eine Vermischung von Formalem und Gedanklichem, von Formeln und Denkschemata feststellen.

Rudolf Bachem definiert Topos in ganz trivialer Weise als „Stelle (in einem Buch) oder rhetorischer Gemeinplatz",[34] bestimmt aber

[29] Otto Pöggeler: Dichtungstheorie und Toposforschung, in: Jahrbuch für Ästhetik und allgem. Kunstwissenschaft 5 (1960), S. 147. [In diesem Band S. 72.]
Wird in der Folge zitiert: Pöggeler.

[30] Leonid Arbusow: Colores Rhetorici, 2. erw. Aufl., hrsg. v. Helmut Peter, Göttingen 1963.

[31] Walter Veit: Toposforschung. Ein Forschungsbericht, in: DVjs 37 (1963), S. 127. [In diesem Band S. 147.]
Wird in der Folge zitiert: Veit: Forschungsbericht.

[32] Wolfgang Kayser: Das sprachliche Kunstwerk, Bern und München o. J. (1965), (11. Aufl.) S. 72.

[33] Ebenda, S. 73.

[34] Rudolf Bachem: Dichtung als verborgene Theologie. Ein dichtungstheoretischer Topos vom Barock bis zur Goethezeit und seine Vorbilder, Diss. Phil. Fak. Bonn 1956, S. 15.

die dichtungstheoretischen Topoi, die er für seine Arbeit braucht, etwas exakter: „Dichtungstheoretische Topoi bedeuten uns mehr als bloße Redensarten, sie sind jeweils Ausdruck der Kunstauffassung von einem bestimmten Ort des Geistes her." [35]

Es sei darauf hingewiesen, daß Bachem schon den „geistigen Ort" betont. Otto Pöggeler charakterisiert Topoi als „leitende Gesichtspunkte des Denkens, die sich zu Formeln kristallisieren", [36] fügt aber hinzu, daß sie elastisch anwendbare Begriffe oder Sätze, zu deren Eigenart die Unschärfe und systematische Unbestimmtheit gehören, [37] seien. Pöggeler ordnet dem Toposbegriff schon allerlei andere literaturwissenschaftliche Begriffe unter. Er führt aus, daß „die Geschichte einer bestimmten Metapher, einer bestimmten Allegorie, eines bestimmten Symbols, eines bestimmten Topos . . . soweit sie in den Bereich der Dichtungstheorie gehören, der dichtungstheoretischen Toposforschung zuzurechnen" [38] sei.

Dem ist mit Walter Veit entgegenzuhalten, daß Begriffsgeschichte allein keinesfalls schon Topik sei. [39]

Walter Veit nimmt nun „Anregung und Ansatz von Curtius auf, feststehende literarische Metaphern" — Curtius betont aber ausdrücklich, daß er Metaphern dem Toposbegriff nicht unterordnet — „zu untersuchen, um dann aus neuem methodischen Ansatz nach Grund und Herkunft eines Topos zu fragen und so das Bedeutungsverhältnis von Topos und Bedeutungshorizont festzustellen. Es wird versucht, den Topos als Denkform zu fassen. Damit ist er deutlich vom Klischee unterschieden, das wohl am besten mit rhetorischer Floskel umschrieben ist, weil ihm der Aussagecharakter fehlt . . ." [40].

Unlogisch an dieser Definition ist nur, daß Walter Veit Metaphern untersucht, um zu Denkformen — Topoi — zu gelangen, und diese Denkformen dann von Klischees abhebt. Denkformen und Floskeln gehören wohl verschiedenen Begriffsebenen an.

[35] Ebenda, S. 15.
[36] Pöggeler: S. 155. [In diesem Band S. 81.]
[37] Pöggeler: S. 159. [In diesem Band S. 86.]
[38] Pöggeler: S. 149. [In diesem Band S. 74.]
[39] Veit: Forschungsbericht, S. 161. [In diesem Band S. 205.]
[40] Veit: Diss., S. 14.

Unbefriedigend an dieser Lösung ist außerdem, daß ja ein vermeintliches Klischee nicht absolut niemals Topos sein kann, genausowenig wie es Topos sein muß. Man wird immer zu untersuchen haben, ob das Klischee nicht zu neuem Leben erweckt wurde und funktionell in die Dichtung eingebaut ist, wonach es in die Toposforschung einzubeziehen wäre, weil es ja dann seinen vorerst durchaus vorhandenen Klischeecharakter verliert.

Es gibt nun eine ganze Reihe von Arbeiten, die den Toposbegriff unkritisch von Curtius übernehmen oder einfach einen nicht genauer erläuterten Begriff von Topos voraussetzen.[41]

[41] Dazu gehören in alphabetischer Anordnung:

Helmut Beumann: Topos und Gedankengefüge bei Einhard, in: Archiv für Kulturgeschichte 33 (1951), S. 337—350.

Anton Blaschka: „Wittenbergische Nachtigall", Sternstunden eines Topos, in: Wiss. Zs. d. Martin-Luther-Universität Halle/Wittenberg, gesellsch.- u. sprachw. Reihe 10 (1961), S. 897—908.

Frank L. Borchardt: The Topos of Critical Rejection in Renaissance, in: Modern Language Notes 81 (1966), S. 476—488.

Karl Hammerle: Das Titanenlager des Sommernachtstraumes als Nachhall des Topos vom Locus amoenus, in: Shakespearejahrbuch 90 (1954), S. 279—284.

Theodor Heinermann: Die grünen Augen, in: Romanische Forschungen 58/59 (1944 bis 1947), S. 18—40.

Gustav René Hocke: Manierismus in der Literatur (rowohlts deutsche enzyklopädie 82/83), Hamburg 1963.

Günther Jungbluth: Ein Topos in Lamprechts Alexander? In: Germ.-rom. Monatsschrift 37 (1956), S. 289—290.

Gisela Lange: Den Tod betreffende Topoi in der griechischen und römischen Poesie, Diss. Phil. Fak. Leipzig, Leipzig 1956.

Friedrich Maurer: Der Topos von den „Minnesklaven", in: DVjs 27 (1953), S. 182—206.

Franz Rolf Schröder: Vom „Kupfergeschirr". Zur Geschichte eines Topos, in: Germ.-rom. Monatsschrift 36 (1955), S. 235—252.

Wolfgang Stammler: „Edle Einfalt". Zur Geschichte eines kunsttheoretischen Topos, in: Worte und Werte, Bruno Markwardt z. 60. Geb., Berlin 1961, S. 359—382.

Werner Welzig: Ordo und verkehrte Welt bei Grimmelshausen. 1. Teil in: Zs. f. dt. Philol. 78 (1959), S. 424—430; 2. Teil in: Zs. f. dt. Philol. 79 (1960), S. 133—141.

Als Kuriosum sei erwähnt, daß es aus dem Jahr 1956 (!) ›Untersuchungen zur Topik der Liebesdichtung‹[42] gibt, in denen die Forschungen von Curtius an keiner Stelle erwähnt werden und Topoi als „allgemeine Gebräuche in der Poesie, deren Betrachtung bei den einzelnen Dichtern insoferne nicht ohne Interesse ist, da sie manchmal von den älteren, wenigstens der Form nach, den jüngeren vermittelt wurden"[43] definiert werden.

Gisela Thiel spricht in ihrer Untersuchung[44] vom Frau-Welt-Motiv, obwohl es sich hier auch um einen Topos handelt. Damit sei aber nicht gesagt, daß Topos und Motiv einander ausschließen. Elisabeth Frenzel zeigt, wie Topoi — sie versteht darunter in etwas enger Anlehnung an Curtius literarische Klischees[45] — aus dem Bereich des „stilistischen Formelschatzes" heraustreten und sich zu literarischen Motiven zu entwickeln vermögen.[46]

Aus all den bisherigen Ausführungen ist wohl einsichtig, daß bei der heutigen Forschungslage jeder Autor, der den Begriff Topos verwendet — der nun einmal von Curtius in die literaturwissenschaftliche Terminologie eingeführt wurde —, diesen definieren muß.

Ich versuche nun, eine Umschreibung des Begriffes vorzuschlagen, wobei ich bewußt auf die „ursprüngliche Wortbedeutung" — sofern diese überhaupt je eindeutig war — verzichte und mich auf den literaturwissenschaftlichen Standpunkt beschränke.[47]

---

[42] Peter Henkel: Untersuchungen zur Topik der Liebesdichtung, Diss. Phil. Fak. Innsbruck 1956.

[43] Ebenda, S. 215.

[44] Gisela Thiel: Das Frau-Welt-Motiv in der Literatur des Mittelalters, Diss. Phil. Fak. Saarbrücken 1956.

[45] Elisabeth Frenzel: Stoff- und Motivgeschichte (Grundlage der Germanistik 3), o. O. u. J. (Berlin 1966), S. 17.

[46] Ebenda, S. 127.
Vgl. dazu auch: Elisabeth Frenzel: Stoff-, Motiv- und Symbolforschung (Sammlung Metzler, Realienbücher für den Germanisten, Abt. E: Poetik, M 28), Stuttgart 1963, S. 43.

[47] Es kennen auch andere Wissenschaften den Terminus Topos, allerdings mit unterschiedlichem Bedeutungsinhalt. So zum Beispiel:
Philosophie: Vgl. Philosophisches Wörterbuch, hrsg. v. G. Schischkoff

August Obermayer

Goethe sah — nach einer Formulierung in ›Maximen und Reflexionen‹ — in den poetischen Motiven „Phänomene des Menschengeistes, die sich wiederholt haben und wiederholen werden, und die der Dichter nur als historisch nachweist" [48].

Ähnlich sehe ich in Anschluß an die genannten Autoren den Topos als ein *Vorstellungsmodell*, als eine Weise des Denkens und Formens von Sein und Welt, die sich zu einer feststehenden sprachlichen Form kristallisieren kann, jedoch nicht notwendigerweise muß, und *literarisch* [49] *wirksam* [50] wird.

(Kröners Taschenausgabe 13), Stuttgart o. J. (1965) (17. Aufl.), S. 604, Schlagwort: Topik.

Soziologie: Vgl. Arnold Gehlen: Die Seele im technischen Zeitalter (rowohlts deutsche enzyklopädie 53), Hamburg 1957, S. 60.

Mathematik: Vgl. Fischer Lexikon Mathematik, Bd. 29/1, o. O. u. J. (Hamburg u. Frankfurt/M. 1966), S. 292.

Kartographie: Vgl. Herbert Wilhelmy: Kartographie in Stichworten, o. O. (Kiel), 1966, Bd. 4. S. 37.

Meteorologie: Vgl. Richard Scherhag: Einführung in die Klimatologie (Das geographische Seminar), Braunschweig, Berlin o. J. (1962) (2. verb. Aufl.), S. 19.

Jurisprudenz: Vgl. Theodor Viehweg: Topik und Jurisprudenz, München 1953.

[48] Johann Wolfgang von Goethe: Maximen und Reflexionen (Weimarer Ausgabe, Werke I, 42,2), S. 250.

[49] Betont sei hier „literarisch", denn Topoi finden sich nicht nur in Dichtwerken, sondern auch in Chroniken, Historienbüchern, Urkunden, philosophischen Werken usw.

[50] Um ein Beispiel von „Wirksamkeit" zu geben, sei hier verwiesen auf:

Theodor Heinermann: Die grünen Augen, in: Romanische Forschungen 58/59 (1944—1947), S. 18—40.

Er zeigt an dem Beispiel der „grünen Augen" die Macht und Wirksamkeit eines Topos: Aus dem antiken „oculi varii" bildete sich im Altfranzösischen „yeux vairs" (glänzend, hell). „Vairs" klang aber ausgesprochen wie „vert" (grün). So kam es in der spanischen und portugiesischen Literatur, die von der französischen Literatur stark beeinflußt wurden, zu den „grünen Augen" (ojos verdes). Das Ganze beruht also auf einem Hörfehler. Heinermann weist nach, daß es grüne Augen gar nicht gibt, nie hat ein

In den Topoi sind also „Seinsverhältnisse gedacht und geformt" [51].

Auch ist ein Topos „mehr als ein Begriff, er fordert die Anwendung von Begriffen in bestimmter Absicht" [52].

Es wird damit — in Anschluß an Veit [53] — weder zu Aristoteles zurückgekehrt, wo der Topos einen Platz im Beweisverfahren hatte, noch wird — wie bei Curtius — über dem vermeintlichen Klischeecharakter jede philosophische Bindung geleugnet.

Die Fassung als „Vorstellungsmodell" will eine deutliche Unterscheidung zum Klischee, dem ja der Aussagecharakter fehlt, hervorheben und im Unterschied zu Walter Veit, der von „Denkweise" spricht, eine zu enge Bindung ans Gedanklich-Philosophische vermeiden.

Nicht notwendig erscheint es, daß die Tradition eines Topos bis zur Antike zurückzuverfolgen ist. Ein Topos kann zu jeder Zeit entstehen. Die Topoi waren ja ursprünglich, bevor sie literarisch wirksam und für manche Autoren verbindlich wurden, „unmittelbare Stilschöpfungen" [54].

Ich unterscheide nun vier Möglichkeiten, wie sich ein Topos manifestiert, das heißt, in welcher sprachlichen Prägung er erscheint:

medizinisches Werk über grüne Augen berichtet. Trotzdem war die Macht der Topik — das geistige und sprachliche Beharrungsvermögen und die Vorbildlichkeit des Französischen — so groß, daß man sich schöne Frauen nur mit grasgrünen oder smaragdgrünen Augen vorstellen konnte.

Heinermann weist damit gleichzeitig die Abhängigkeit der portugiesischen Literatur von der französischen, entgegen anderen Meinungen, die eine Eigenständigkeit der portugiesischen Literatur vertreten, nach.

Einen ähnlichen Zwang übte auch der Ölbaum im Topos „locus amoenus" aus. Er kommt auch in Gegenden vor, wo er den klimatischen Verhältnissen nach gar nicht existieren könnte.

[51] Walter Veit: Topos, in: Fischer Lexikon Literatur 35/2, hrsg. v. W. Killy, Frankfurt/M. 1965, S. 570.

[52] Pöggeler: S. 109. [In diesem Band S. 27.]

[53] Veit: Diss., S. 14.

[54] Herbert Seidler: Topos, in: Kleines literarisches Lexikon (Sammlung Dalp 17), Bern und München 1966 (4. Aufl.), 3. Bd., Sachbegriffe, S. 415.

1. Es kann sich ein bestimmter Denkinhalt eines Vorstellungs-
   modelles zu einer sprachlichen Formel verfestigt haben und diese
   Formel wird mit gleichbleibendem Denkinhalt und gleichbleibender Bedeutung literarisch wirksam.

   Ein Beispiel: Die „Goldene Zeit" ist jene weit in der Vergangenheit liegende Epoche, in der die Menschen frei von Sorgen und
   Not in äußerster Götternähe lebten.

2. Mit den wechselnden geistigen Situationen kann sich die Bedeutung eines solchen zu einer bestimmten sprachlichen Formel
   verfestigten Denkinhalts wiederholt verändern, so daß zwar
   die sprachliche Erscheinungsweise unverändert ist, die Bedeutung jedoch verwandelt erscheint.[55]

   Ein Beispiel: Walter Veit hat in seiner Untersuchung über den
   Topos der „Goldenen Zeit" gezeigt,[56] daß der Topos in der
   Antike als „Denkform von Zeit und Ewigkeit" in die Vergangenheit weist und die Gegenwart als die jeweils schlechteste
   der bisher vorhanden gewesenen Zeiten ausweist.

   Bei Torquato Tasso und anderen Dichtern der Renaissance
   findet sich dieser Topos als Denkform der Gegenwart, während
   er sich im — von Veit nicht mehr untersuchten — historischen
   und dialektischen Materialismus, wo man die Erfüllung der
   Geschichte in der Zukunft sieht, als Denkform der Zukunft
   darstellen kann.

3. Ein überlieferter Denkinhalt mit bestimmter gleichbleibender
   Bedeutung stellt sich in einer sprachlich nicht fixierten Form
   dar. So äußert sich in dem von Curtius gewählten Beispiel aus
   den ›Carmina burana‹:

   > Es blühte sonst das Studium,
   > Heut kehrt es sich in Bummeln um.
   > Die Wissenschaft galt einst als Ziel,

---

[55] Darauf verweisen auch:

Erik Lunding: Deutsche Barockforschung. Ergebnisse und Probleme,
in: Wirkendes Wort 2 (1951/52), S. 305.

Werner Welzig: Ordo und verkehrte Welt bei Grimmelshausen, in:
Zs. f. dt. Philol. 78 (1959), S. 427.

[56] Veit: Diss.

> Doch obenauf ist nun das Spiel.
> Es werden heute vor der Zeit,
> Die grünen Jungen so gescheit . . .[57]

der Topos „Verkehrte Welt", während er sich bei Grillparzer unter anderem in folgendem Wortlaut darstellt:

> Ist das 'ne Sommernacht? Noch stehn die Stoppeln
> Und schon so kalt! Sonst war der Sommer warm,
> Der Winter Frost; jetzt tauschen sie das Amt . . .[58]

4. Ein modifizierter Denkinhalt stellt sich in einer nicht bestimmten sprachlichen Form dar.

So zeigt sich in den Versen:

> Schwer atmend blickt sie auf und fährt zusammen,
> Wie von Berührung einer höhern Macht.
> Die Augen auf die Leier starr geheftet,
> Beleben sich mit eins die toten Züge,
> Und fremdes Lächeln spielt um ihren Mund . . .[59]

aus Grillparzers ›Sappho‹ der Topos vom „Göttlichen Wahnsinn des Dichters". Aus Grillparzers psychologischer Motivation Sapphos geht aber deutlich hervor, daß es nicht die göttliche Sinnesverwirrung ist, die nach Ansicht der Antike dem Dichter eignet, sondern daß Sapphos Zustand aus weit realeren Ursachen zu erklären ist.[60]

Mithin stelle ich die Begriffe: Topos — Motiv — Symbol — Metapher — sprachliches Bild usw. nicht in eine Reihe, wie dies vielfach geschieht, sondern sehe in Motiven, Symbolen, sprachlichen Bildern, Metaphern, Allegorien usw., soferne es sich um Vorstellungsmodelle mit literarischer Wirksamkeit handelt, sprachliche Ausdrucksformen eines Topos.

Es liegen hier vielfach zwei verschiedene Begriffsebenen vor. Topos ist ein historischer Begriff. Hat man nun aus dieser histori-

---

[57] Curtius: E. L., S. 104.
[58] Franz Grillparzer: König Ottokars Glück und Ende, V. 2586 ff.
[59] Franz Grillparzer: Sappho, V. 1916 ff.
[60] Vgl. August Obermayer: Die künstlerische Funktion der Topoi in den Dramen Grillparzers, Diss. Phil. Fak. Wien 1968, S. 46 ff.

schen Sicht einen Topos ermittelt, so kann er je nach seiner Funktion im konkreten literarischen Werk Motiv, Symbol, Allegorie, Metapher, sprachliches Bild usw. sein. Wir sprechen dann am besten von einem Topos in Funktion eines Motives, eines Symbols, einer Allegorie usw. So hat Ernesto Grassi Topoi überhaupt als „immer wiederkehrende Motive"[61] bezeichnet, und auch Elisabeth Frenzel weist darauf hin, daß Topoi zu Motiven werden können[62].

Als Beispiele seien angeführt:

Die mittelalterliche Vorstellung von der „Frau-Welt", also jener Dame mit der verführerischen Vorderseite und dem von Würmern zerfressenen und daher unansehnlichen Rücken, die die Menschen vor oberflächlichem Lebensgenuß warnt, ist sowohl als Allegorie als auch als Motiv bezeichnet worden.[63]

Nichtsdestoweniger ist hier ein besonders im Mittelalter und im Barock wirksames Vorstellungsmodell zu beobachten, und aus diesem Grund können wir auch von einem Topos sprechen.

Der Gegensatz von arm und reich, der sich seit Horaz unter anderem in der sprachlichen Formulierung von „Palast und Hütte" ausdrückt und bis Büchners ›Hessischem Landboten‹ wirksam ist, von Elisabeth Frenzel als Motiv[64] ausgewiesen, ist von meinem Aspekt her auch Topos, und wenn er die Funktion eines Motivs erfüllt, Topos in Motivfunktion.

Auch das Motiv vom Insekt, das, von der Flamme angelockt, herbeikommt, um darin zu verbrennen, ist wiederholt wirksam geworden, und in Goethes ›Seliger Sehnsucht‹ steigerte es sich zum Symbol für den sich immer weiterentwickelnden Menschen.

---

[61] Ernesto Grassi: Kunst und Mythos (rowohlts deutsche enzyklopädie 36), Hamburg 1957.

[62] Elisabeth Frenzel: Stoff-, Motiv- und Symbolforschung (Sammlung Metzler, Realienbücher für den Germanisten, Abt. E: Poetik, M 28), Stuttgart 1963, S. 43.

[63] Gisela Thiel: Das Frau-Welt-Motiv in der Literatur des Mittelalters, Diss. Phil. Fak. Saarbrücken 1956.

[64] Elisabeth Frenzel: Stoff-, Motiv- und Symbolforschung (Sammlung Metzler, Realienbücher für den Germanisten, Abt. E: Poetik, M 28), Stuttgart 1963, S. 48.

Auch hier wieder ein Motiv, bei Goethe ist es zum Symbol angewachsen, das trotz alledem Topos ist.

Daraus ist aber einsichtig geworden, daß die Topoi, die sich dem Dichter darbieten, für ihn Stoff sind, aus dem er dann sein Kunstwerk formt.

So sagt das Vorhandensein oder Nichtvorhandensein von Topoi über den künstlerischen Wert eines Sprachwerkes von vornherein überhaupt nichts aus, und es genügt für die Literaturwissenschaft nicht, sich mit dem Aufzeigen von Topoi in einem Kunstwerk zu begnügen.

Es wird immer zu untersuchen sein, wie die Topoi künstlerisch eingesetzt werden, was für eine Funktion sie im konkreten Werk erfüllen und wie sie dem Ganzen eingepaßt sind.[65]

---

[65] Ein diesbezüglicher Versuch wurde erstmals vom Autor unternommen.

Vgl. August Obermayer: Die künstlerische Funktion der Topoi in den Dramen Grillparzers, Diss. Phil. Fak. Wien 1968.

Jahrbuch der Grillparzer-Gesellschaft. Dritte Folge. Band 8 (1970), S. 57—85.

DIE TOPOI
UND IHRE PSYCHOLOGISCHE DIFFERENZIERUNG IN DEN DRAMEN GRILLPARZERS

Von August Obermayer

1. Zum Toposbegriff

Für diese Arbeit soll Topos als ein Vorstellungsmodell, als eine Weise des Denkens und Formens von Sein und Welt, die an keine starre sprachliche Realisierung gebunden ist und literarisch wirksam wird, gefaßt werden.[1] In den Topoi sind „Seinsverhältnisse gedacht und geformt"[2]. Ein Topos ist auch „mehr als ein Begriff, er fordert die Anwendung von Begriffen in bestimmter Absicht"[3].

Es wird damit — in Anschluß an Walter Veit[4] — weder zu Aristoteles zurückgekehrt, wo der Topos einen Platz im Beweisverfahren hatte, noch wird — wie bei Curtius[5] — über dem vermeintlichen Klischeecharakter jede philosophische Bindung geleugnet. Die Fassung als „Vorstellungsmodell" will eine deutliche Unterscheidung zum Klischee, dem ja der Aussagecharakter fehlt,

---

[1] Vgl. dazu Obermayer, August: Zum Toposbegriff der modernen Literaturwissenschaft, in: Wiener Goethe-Jahrbuch. N. F. der Chronik 73 (1969), S. 107—116. [In diesem Band abgedruckt auf den S. 252—267.]

[2] Veit, Walter: Topos, in: Fischerlexikon Literatur 35/2, hrsg. v. W. Killy, Frankfurt a. M. 1965, S. 570.

[3] Pöggeler, Otto: Dichtungstheorie und Toposforschung, in: Jahrbuch für Ästhetik und allgem. Kunstwissenschaft 5 (1960), S. 109. [In diesem Band S. 27.]

[4] Veit, Walter: Studien zur Geschichte des Topos der Goldenen Zeit von der Antike bis zum 18. Jh., Diss. Phil. Fak., Köln 1961, S. 14.

[5] Curtius, Ernst Robert: Europäische Literatur und lateinisches Mittelalter, Bern u. München o. J. (1961), 3. Aufl., bes. S. 79.

hervorheben und im Unterschied zu Veit, der von „Denkweise"
spricht, eine zu enge Bindung ans Gedanklich-Philosophische vermeiden. Nicht notwendig erscheint es, daß die Tradition eines
Topos bis zur Antike zurückzuverfolgen ist. Ein Topos kann zu
jeder Zeit entstehen. Die bekannten Topoi waren ja, bevor sie
literarisch wirksam und für manche Autoren verbindlich wurden,
„unmittelbare Stilschöpfungen" [6].

2. Die Topoi und die psychologische Differenzierung als ihr Gegensatz

Der Toposbegriff ist immer mit dem Begriff der Tradition, der
Vermittlung und Überlieferung verbunden. Es gehört geradezu
zum Wesen des Topos, daß er Tradition aufzuweisen hat, das heißt,
daß er literarisch wirksam geworden ist. Dazu kommt noch, daß
die Realisierung eines Topos an Sprache — im allgemeinsten
Sinne — gebunden ist. Mit der Verwendung einer bestimmten
Sprache stehen wir aber notwendigerweise in der Tradition dieser
Sprache und ihrer Sprachträger, was Feststellungen wie „Dichtung
ist eine Sache der Tradition" [7] oder „die Verarbeitung der Tradition
ist grundsätzlich ein schöpferischer, und das heißt Neues, bisher
nicht Dagewesenes schaffender Akt. Ob es absolute Neuschöpfungen gibt, bleibe dahingestellt" [8] untermauert.

Bei der Verwendung eines Topos ist jedenfalls immer etwas
Vorgegebenes, Festgelegtes, mit dem Nimbus der Autorität Um-
gebenes berührt.

Besonders in der österreichischen Dichtung, in der es — wie etwa
auch in der spanischen — „keinen Realismus, der als Gegengewicht

[6] Seidler, Herbert: Topos, in: Kleines literarisches Lexikon (Sammlung Dalp 17), Bern u. München 1966, 4. Aufl., 3. Bd.: Sachbegriffe,
S. 415.

[7] Muschg, Walter: Tragische Literaturgeschichte, Bern 1957, 3. Aufl.,
S. 18.

[8] Babilas, Wolfgang: Tradition und Interpretation. Gedanken zur
philologischen Methode (Langue et parole 1), München 1961, S. 24.

zur Klassik und Romantik aufgefaßt werden kann"[9], gegeben hat, entnahmen die Dichter ihr Ideengut vorwiegend der europäischen Bildungstradition.

Dies soll aber nicht heißen, daß etwa in der österreichischen Dichtung des 19. Jh.s der aufkommenden Realistik nicht Rechnung getragen wurde. Es entwickelte sich gerade in der österreichischen Dichtung eine psychologische Feinfühligkeit, die nur dort Entwicklungschancen haben dürfte, „wo entweder eine innige Durchdringung des Rationalen und des Irrationalen stattgefunden hat oder wo Geist und Drang in einem dramatischen Spannungsverhältnis stehen, das heißt dort, wo man von echter oder erstrebter Bildung im Sinne der Individualisierung reden kann"[10].

In diesem Sinne motiviert Grillparzer die Aktion seiner Gestalten von der Psychologie her, um überzeugen zu können. Die Tatsache, daß ein Gedankenschema, ein Vorstellungsmodell, von Platon stammte, genügte etwa noch im Mittelalter als Beleg, nicht aber dem 19. Jahrhundert. Man erwartete vom Dichter Motivierung, Begründung und auch Originalität.

Dies führte naturgemäß zu Spannungen. Auf der einen Seite waren überkommene Gedanken und Bilder zu bewahren, und auf der anderen Seite galt es, der Differenzierung des sprachlichen Ausdrucks durch den Positivismus, besonders in psychologischer Hinsicht, gerecht zu werden. Für den Dichter bestand die Schwierigkeit, die Vorstellung von der poetischen Idealität und seine ihm bewußte oder unbewußte Anlage zum Realismus der Anschauungen und Erfahrungen[11] in Einklang zu bringen.

Bei Grillparzer zeigt sich das nun in charakteristischer Weise; es soll Ziel der weiteren Ausführungen sein, die „innere Spannung von Topos-Tradition und Realistik"[12] im Stile Grillparzers heraus-

---

[9] Horst, Karl August: Austria Hispanica. Anmerkungen zu Geist und Charakter österr. Literatur, in: Wort und Wahrheit 10 (1955), S. 170.

[10] Ebenda, S. 170.

[11] Vgl. Martini, Fritz: Drama und Roman im 19. Jh., in: Gestaltprobleme der Dichtung, G. Müller z. 60. Geb., Bonn 1957, S. 209.

[12] Seidler, Herbert: Franz Grillparzer. Ein Forschungsbericht, in: Zs. f. dt. Philol. 83 (1964), S. 240.

zuarbeiten, um zu zeigen, wie die alten Topoi neu gedeutet werden und damit durchaus legitime Aussageweisen des 19. Jh.s darstellen. Damit ist aber auch die Gefühlshaltung charakterisiert, mit der Grillparzer seine Werke belebte. Es ist das Anpassen und Modifizieren des Ererbten an die neuen Gegebenheiten, es ist — wie Walter Höllerer so trefflich formuliert — der „Neuklang im Nachklang"[13].

3. Die dichtungstheoretischen Topoi in ›Sappho‹

Die drei dichtungstheoretischen Topoi — Dichtung als verborgene Theologie, Dichter als Gott und göttlicher Dichterwahn — sind, wie bereits Otto Pöggeler[14] erkannte, inhaltlich miteinander verbunden und treten in der Regel auch gemeinsam auf.

Der Topos „Dichtung als verborgene Theologie" meint, daß in der Dichtung Kunde vom Göttlichen verborgen sei. Rudolf Bachem[15] hat die Geschichte dieses Topos dargestellt, und auf seine Ausführungen stützt sich das Folgende. Von der griechischen Antike her ererbten wir die Auffassungen von der Dichtung als verborgener Theologie und auch von der Dichtung als Lüge. Beide Auffassungen hielten sich über das Mittelalter, die Renaissance und das Barock. Über Hamann und Herder wurde dieses Gedankengut an Goethe vermittelt. In der Goethezeit wurde der Topos dann innerlich verwandelt. „Für Goethe wird das Kunstwerk zum Symbol, da es auf einem Gewahrwerden des Urphänomens, einer Erfahrung des Göttlichen beruht. Verborgen ist diese Theologie, weil sie in sinnlichen Gestalten erscheint und dem nichts sagt, dessen Sinn verschlossen ist."[16] So wird diese Dichtung zur „intuitiven Theo-

---

[13] Höllerer, Walter: Zwischen Klassik und Moderne. Lachen und Weinen in der Dichtung einer Übergangszeit, Stuttgart o. J. (1958), S. 9.

[14] Pöggeler, Otto: Dichtungstheorie und Toposforschung, a. a. O., S. 112. [In diesem Band S. 30—31.]

[15] Bachem, Rudolf: Dichtung als verborgene Theologie. Ein dichtungstheoretischer Topos vom Barock bis zur Goethezeit und seine Vorbilder, Diss. Phil. Fak. d. Rheinischen Friedrich Wilhelms Univ., Bonn 1955.

[16] Pöggeler, Otto: a. a. O., S. 129. [In diesem Band S. 50.]

logie", das heißt „zur eigenen künstlerischen Schau des Göttlichen" [17]. Selbst Stifter spricht noch von der Dichtung als „Darstellung des Göttlichen im Kleide des Reizes" [18].

Der Topos „Dichter als Gott" ist zwar schon bei Platon
nachweisbar — Platon vertritt die Ansicht, daß der Dichter kraft
seines Dichtertums göttlichen Wesens teilhaftig sei —,[19] ist aber
sonst in der Antike und im Mittelalter, die ja Dichtung primär als
Nachahmung begriffen, nicht ausgebildet. Es sollen sich aber bei
„Longin" und Macrobius Ansätze zu dieser Auffassung finden.[20]
Julius Cäsar Scaliger spricht in seiner Poetik vom Dichter als
„alter deus" [21] und von der Dichtung als „altera natura". Shaftesbury begriff den Dichter im Zusammenhang mit seiner Auffassung
des Prometheussymbols als „Organismenschöpfer" [22]. Die Auffassung vom Dichter als Schöpfer ist jedoch erst in Goethes Genie-
periode deutlich ausgeformt worden.

Der Topos vom „göttlichen Dichterwahn" hängt nun mit den
beiden anderen eng zusammen. „Der Theorie vom Dichterwahn
liegt der tiefe Gedanke von der numinosen Inspiration der Poesie
zugrunde — eine Vorstellung, die gleichsam als esoterisches Wissen
um die göttliche Abkunft der Poesie von Zeit zu Zeit immer wieder
auftaucht." [23] Die Auffassung des Dichters als Sprachrohr der
Götter, als einen, dem die Götter die Sinne verwirren, damit er
das Göttliche künden kann, ist, wie Otto Pöggeler ausführt,[24]
bereits bei Platon ausgebildet. Platon meinte aber nicht, daß die
Dichter Offenbarungen aussprächen, sondern vertrat vielmehr die
Meinung, daß in der Dichtung die göttliche Wahrheit verborgen
wiedergegeben werde, weshalb den Dichtern als bewußten Lügnern
Vorschriften zu machen seien.

[17] Bachem, Rudolf: a. a. O., S. 49.
[18] Bachem, Rudolf: a. a. O., S. 76.
[19] Pöggeler, Otto: a. a. O., S. 136. [In diesem Band S. 58—59.]
[20] Vgl. Curtius, Ernst Robert: a. a. O., S. 401 ff. und Pöggeler, Otto:
a a. O., S. 123 ff. [In diesem Band S. 44—47.]
[21] Pöggeler, Otto: a. a. O., S. 137. [In diesem Band S. 60.]
[22] Pöggeler, Otto: a. a. O., S. 138. [In diesem Band S. 60.]
[23] Curtius, Ernst Robert: a. a. O., S. 467.
[24] Pöggeler, Otto: a. a. O., S. 112 ff. [In diesem Band S. 31—33.]

Die Ansicht vom „göttlichen Dichterwahn" wurde dann Lehrgut der Antike und hat sich über das Mittelalter, das Barock — die Barockpoetiken künden vom „furor poeticus sive divinus" [25] — ins 18. Jh. tradiert. Die Romantik nahm die Lehre vom „Wahnsinn des Dichters" in der Formel „Enthusiasmus und Ironie" verwandelt auf. Bei Nietzsche erscheint die Formel vom „göttlichen Wahnsinn" [26] ausdrücklich, und im 20. Jh. ist auf das Verhältnis von Genie und Wahnsinn wiederholt hingewiesen worden. In jedem Falle aber drückt sich in dem Topos die „Einsicht, daß Dichtung etwas nicht zu Erzwingendes und die Dichtkunst etwas nicht vollständig Lehr- und Lernbares ist" [27], aus.

In Grillparzers ›Sappho‹ [28] zeigen sich nun diese drei dichtungstheoretischen Topoi ebenfalls gemeinsam.

Wenn im 5. Akt der ›Sappho‹ die Sklavin Eucharis das Verhalten Sapphos nach deren endgültiger Erkenntnis, daß es ihr nicht möglich sei, an der Seite Phaons ein Leben des stillen häuslichen Glückes zu führen, schildert, erscheint dieser Bericht ganz im altgriechischen Schema, demzufolge dem Dichter von den Göttern die Sinne verwirrt werden.

> Sprach- und bewegungslos stand sie dort oben,
> Mit starren Augen und erblaßten Wangen,
> Im Kreis von Marmorbildern, fast als ihresgleichen.   (1905 ff.)
>
> Schon wollt' ich nahn, da tönt' ein Klingen durchs Gemach,
> Und zuckend fuhr es durch ihr ganzes Wesen.   (1912 f.)
>
> Schwer atmend blickt sie auf und fährt zusammen,
> Wie von Berührung einer höhern Macht.
> Die Augen auf die Leier starr geheftet,
> Beleben sich mit eins die toten Züge,
> Und fremdes Lächeln spielt um ihren Mund.

[25] Pöggeler, Otto: a. a. O., S. 113. [In diesem Band S. 32.]
[26] Pöggeler, Otto: a. a. O., S. 119. [In diesem Band S. 39.]
[27] Pöggeler, Otto: a. a. O., S. 120. [In diesem Band S. 40.]
[28] Zitiert wird nach der Hanser-Ausgabe (hrsg. v. Peter Frank u. Karl Pörnbacher), o. O. u. J. (München 1960—1965), 4 Bände.

Jetzt öffnen sich die strenggeschloßnen Lippen,
Es tönen Worte, schauerlichen Klangs,
Aus Sapphos Munde, doch nicht Sapphos Worte.   (1916 ff.)

Ihr lebend toter Blick entsetzte mich.   (1946)

Dieser feierliche hymnische Schwung, der in diesem Bericht
waltet und der in den sonstigen Äußerungen der Sklavin nicht
anzutreffen ist, hebt die Aussage ins Allgemeine. Es ist gleichsam
chorisches Sprechen, das nur Eucharis in den Mund gelegt wird.
Herbert Seidler hat darauf hingewiesen, daß in den „Prunkreden" [29], besonders gegen Ende des 5. Aktes, die einzelnen Gestalten ihre Individualität aufgeben und zu Stimmungsträgern werden.
Diese Gestalten übernehmen die Funktion, Sprecher von Schluß-
reden zu sein. All dies vereindringlicht die Aussage.

Für den Zuschauer oder Leser ist freilich schon am Beginn des
Dramas (I, 3) der Ansatzpunkt gegeben, der diese Entwicklung
Sapphos voraussehen und als durchaus folgerichtig erkennen läßt.
Sappho erklärt Phaon ihr Wesen:

Ich hab' gelernt verlieren und entbehren!
Nur eins verlieren könnt ich wahrlich nicht:
Dich, Phaon, deine Freundschaft, deine Liebe!
Drum, mein Geliebter, prüfe dich!
Du kennst noch nicht die Unermeßlichkeit,
Die auf und nieder wogt in dieser Brust.
O laß mich's nie, Geliebter, nie erfahren,
Daß ich den vollen Busen legte an den deinen
Und fänd' ihn leer!   (122 ff.)

Die Antwort Phaons auf diese Liebeserklärung:

Erhabne Frau!   (130)

sagt eigentlich schon deutlich, daß sein Busen leer ist. Damit ist der
Leser oder Zuschauer schon darauf hingespannt, in welcher Weise
sich die „Unermeßlichkeit, die auf und nieder wogt in dieser Brust",

---

[29] Seidler, Herbert: Prunkreden in Grillparzers Dramen (Sitzungs-
berichte der Österr. Akademie der Wiss., phil.-hist. Kl., 244. Bd., Abt. 4),
Wien 1964, bes. S. 12.

äußern wird. Als nun Sappho über Phaons Liebe zu Melitta Gewißheit erlangt hat und sich um ihrer Sklavin willen verschmäht findet, bricht sie psychisch zusammen, und es wird offenbar, daß der Schmerz darüber ihren Geist vorübergehend zerwühlt hat.

Durch diese psychologische Motivation verliert aber der Topos seine spezifische Bedeutung für Dichter und Dichtertum, denn aus den eben erwähnten Gründen kann sich jedes Menschen Geist verwirren.

Ähnlich verhält es sich mit dem Topos „Dichter als Gott". „Die grillparzersche Sappho tritt . . . mit einem Anspruch auf Göttlichkeit auf, entspricht aber dann diesem Anspruch in ihren Gefühlen und Handlungen keinesfalls." [30] Es wird sich auch hier zeigen, wie — ganz der antiken Anschauung gemäß — der Dichter als göttliches Wesen begriffen wird, wie das aber dem 19. Jh. entsprechend — sofort relativiert wird und wie die psychologische Motivation Sapphos diese Göttlichkeit zumindest soweit in Frage stellt, daß sie zwar für das Künstlertum Sapphos, nicht aber für deren menschliche Qualitäten anzunehmen ist. Sappho weiß sich selbst als Geschöpf, das am göttlichen Wesen Anteil hat. Sie wohnte „auf der Dichtkunst wolkennahen Gipfeln" (91), sah hernieder „auf der Erde Freuden" (1274) und charakterisiert ihre Stellung mit den Worten:

> Ich bin den Göttern heilig.   (1957)

Sie kommt auch zur Einsicht, daß die Erde für sie als Göttin keinen Platz hat.

> Dort oben war mein Platz, dort an den Wolken,
> Hier ist kein Ort für mich, als nur das Grab.
> Wen Götter sich zum Eigentum erlesen,
> Geselle sich zu Erdenbürgern nicht;
> Der Menschen und der Überirdischen Los,
> Es mischt sich nimmer in demselben Becher.
> Von beiden Welten eine mußt du wählen,
> H a s t du gewählt, dann ist kein Rücktritt mehr.   (946 ff.)

[30] Vordtriede, Werner: Grillparzers Beitrag zum poetischen Nihilismus, in: Trivium 9 (1951), S. 104.

Sappho übt auch ganz bewußt göttliche Funktionen aus. Sie betätigt sich wiederholt als „Menschenbildnerin" und betrachtet die von ihr gebildeten Menschen als ihr Eigentum.

> Von Mytilenes besten Bürgerinnen
> Ist manche, die in freudiger Erinnrung
> Sich Sapphos Werk aus frühern Tagen nennt.   (749 ff.)

> Sie ist mein Werk! Was wär sie ohne mich?
> Und wer verwehrt dem Bildner wohl sein Recht,
> Das zu zerstören, was er selber schuf?   (1244 ff.)

Sie betrachtet sich gleichsam als letzte Instanz, indem sie, da von den Göttern keine Hilfe kommt, zur Selbsthilfe greift:

> Und wo blieb euer Donner, ew'ge Götter!   (1505 ff.)
> . . .
> Da ist nicht Hilfe! Sappho, hilf dir selbst!   (1515)

Sie weist auch — ein Wort Phaons aufnehmend (1783) — die Liebe als den Menschen betreffend zurück.

> Den Menschen Liebe und den Göttern Ehrfurcht!
> Genießet, was euch blüht, und denket mein!   (2025 f.)

Es weiß sich aber nicht nur Sappho selbst als Göttin, auch ihre Umwelt anerkennt sie als solche.

Phaon sieht in ihr ein „hohes Götterbild" (164) und meint, sie habe ihr „Antlitz einer Pallas abgestohlen" (918). Er appelliert an Sapphos Göttlichkeit, als sie sich als beleidigtes und rächendes Weib zeigt.

> Du bist mir wieder, was du einst mir warst,
> Dasselbe Götterbild, das ich nur irrend
> So lange für ein Menschenantlitz hielt, —
> Zeig dich als Göttin! Segne, Sappho, segne!   (1717 ff.)

Er weist sie auch von der Erde in den Kreis der Unsterblichen:

> Ich liebte dich, so wie man Götter wohl,
> Wie man das Gute liebet und das Schöne.
> Mit Höhern, Sappho, halte du Gemeinschaft,
> Man steigt nicht ungestraft vom Göttermahle
> Herunter in den Kreis der Sterblichen.   (1724 ff.)

und verbannt sie schließlich, indem er ihr das Recht auf Liebe abspricht, ganz aus dem Kreis der Menschen:

> Den Menschen Liebe und den Göttern Ehrfurcht,
> Gib uns, was unser, und nimm hin, was dein!
> Bedenke, was du tust und wer du bist! (1782 ff.)

Auch der Sklave Rhamnes zählt Sappho den Göttern zu, indem er ihr das Attribut der Unsterblichkeit verleiht:

> Hoch an den Sternen hat sie ihren Namen
> Mit diamantnen Lettern angeschrieben,
> Und mit den Sternen nur wird er verlöschen! (1835 ff.)

Er sieht ebenfalls in Sappho die Menschenbildnerin:

> Wenn sie dir wohlgefiel, so war es Sapphos Geist,
> War Sapphos milder, mütterlicher Geist,
> Der ansprach dich aus ihres Werkes Munde. (1870 ff.)

und hält Sapphos Mörder für den Feind der Götter:

> Hier Sapphos Mörder, hier der Götter Feind! (1881)

Schließlich erhebt er sie expressis verbis in den Kreis der Unsterblichen:

> Was sinnet sie? Verklärt ist all ihr Wesen.
> Glanz der Unsterblichen umleuchtet sie! (2023 f.)

> Es war auf Erden ihre Heimat nicht —
> Sie ist zurückgekehrt zu den Ihren! (2040 f.)

Ebenso erkennt die Sklavin Eucharis das Göttliche an Sappho:

> Gehoben ihre ganze Lichtgestalt,
> Verklärungsschimmer über sie gegossen,
> Als Überirdische hätt' er sie begrüßt,
> Und zum Gebet gebeugt die schwanken Knie. (1940 ff.)

Bei den Aussagen von Rhamnes und Eucharis ist abermals zu betonen, daß es sich um chorisches Sprechen handelt, daß die Personen nicht Individuen, sondern Funktionen sind. Die Aussage ist dadurch verdichtet und ins Allgemeine gehoben.

Neben all diesen göttlichen Attributen hat Grillparzer aber Sappho auch menschliche Eigenschaften verliehen, die im scharfen Gegensatz zu den göttlichen Ansprüchen stehen. Dieser Gegensatz zwischen Göttlichem und Menschlichem in Sappho wird, wie Herbert Seidler in seinem Sapphoaufsatz [31] zeigt, in engster Beleuchtung zweier Einzelwesen — Sappho und Melitta — sichtbar. Sappho kann nur Phaons Verehrung erringen, seine Liebe gehört Melitta, die auch durch ihre Lieblichkeit einen Gegensatz zu Sappho darstellt.

> Den Menschen Liebe und den Göttern Ehrfurcht,
> Gib uns, was unser, und nimm hin, was dein!
> Bedenke, was du tust und wer du bist!   (1782 ff.)

Phaon und Melitta haben Sappho nicht nur als Göttin kennengelernt. Als sie sich in ihrer Liebe verraten weiß, erwacht in ihr das beleidigte Weib, das in seiner Raserei unbedingt und mitleidlos ist:

> Falsche Schlange!
> Auch ich kann stechen! (einen Dolch ziehend)   (1122 f.)

So erscheint Sappho als ein zwischen zwei Welten hin- und hergezerrtes Wesen, das beiden Welten angehört, diesen Schwebezustand aber in keine harmonische Einheit zu bringen weiß. Hervorgerufen wurde dieser Zustand, als sie sich von ihrem künstlerischen Dasein — von der „Dichtkunst wolkennahen Gipfeln" — mehr zum Vitalen — des „Lebens heitre Blütentäler" — hinneigte, indem sie Phaons Liebe begehrte und diesen auch liebte. Sie hat damit eine unwiderrufliche Entscheidung gefällt, wodurch sie ihr künstlerisches Dasein schwerstens gefährdete. Ihr Versuch, sich im irdischen Leben zu bewähren, scheiterte und hat ihre Göttlichkeit, zumindest für diesen Bereich, sehr in Frage gestellt. Da sie beiden Daseinsbereichen nicht gewachsen war, in ihren ursprünglichen aber nicht mehr zurückkehren konnte, mußte sie untergehen. Ihr Tod führt die Unvereinbarkeit des Idealen mit dem Realen deut-

[31] Seidler, Herbert: Das sprachliche Bild in Goethes „Iphigenie" und Grillparzers „Sappho", in: Germanistische Abhandlungen, Innsbruck 1959, Bd. 6, S. 155—178.

lich vor Augen. „So erweist sich das Göttliche als ganz und gar unwirklich, während sich das Wirkliche als ganz und gar ungöttlich erweist." [32]

Somit ist der Topos vom „Dichter als Gott" derart relativiert, daß die Göttlichkeit für den Bereich der Kunst, nicht aber für die vitalen Bereiche des Dichters gilt.

Der Topos „Dichtung als verborgene Theologie" klingt in „Sappho" nur an, wenn Phaon in seiner Traumerzählung sagt:

> Die Lippen, die erst Götterlieder tönten   (916)

Aber gleich im darauffolgenden Vers wird angedeutet, daß diese Lippen auch zu etwas anderem fähig sind:

> Sie lächelten mit irdisch-holdem Lächeln   (917)

Es ist nicht klar auszumachen, ob die Lippen von Göttlichem kündeten, ob sie Götter priesen oder eben nur Lieder sangen, die so schön waren, daß sie als göttlich empfunden wurden. Sicher klingt hier alles mit, und eine Festlegung auf eine der genannten Möglichkeiten erscheint weder notwendig noch sinnvoll, denn der sprachliche Gegensatz zu diesen „Götterliedern", das „Irdisch-Holde", gehört eindeutig einer Ebene an, die in keinem Falle mit dem Ausdruck „göttlich" zu charakterisieren ist.

So bilden Sapphos Lippen eine eindeutig „menschliche" Sprache, wenn sie Melitta zur Rede stellt:

> Unselige, das also wars, warum
> Du dich beim Mahle heut so seltsam zeigtest?
> Was ich als Zeichen nahm der blöden Scham,
> Ein Fallstrick wars der listgen Buhlerin,
> Die spinnenähnlich ihren Raub umgarnte.   (1098 ff.)

Der Gegensatz dieser beiden Bereiche von Sapphos Sprache ist abermals ein Zeichen für ihre innere Zerrissenheit, für ihre Stellung zwischen den Bereichen des Göttlichen und des Menschlichen.

Es zeigt sich hier, daß alle drei dichtungstheoretischen Topoi

---

[32] Ziegler, Klaus: Das deutsche Drama der Neuzeit, in: Deutsche Philologie im Aufriß, o. O. u. J. (Berlin 1960; 2. Aufl.), Bd. 2, Spalte 2209.

in dieser Hinsicht zusammenwirken. Sie zeigen immer Sapphos Schwellenlage auf und sind im Dienste der Psychologie Sapphos eingesetzt. Damit verlieren sie aber ihre spezifisch „dichtungstheoretische" Bedeutung, die ihnen ursprünglich zukam.

4. Der Topos „Goldene Zeit" in ›Ahnfrau‹, ›Sappho‹ und ›Vließ‹

Über diesen Topos liegt eine umfassende Untersuchung von Walter Veit[33] vor, auf die hier verwiesen wird. Er ist eine Denkform von Zeit und Ewigkeit, die in der Antike auf die Vergangenheit weist, in der Renaissance die Gegenwart bezeichnet und im historischen und dialektischen Materialismus die Zukunft meint.

In der ›Ahnfrau‹ erscheint dieser Topos in einem bestimmten Entwicklungsstadium Berthas. Für sie ist die liebende Vereinigung mit Jaromir das höchste Glück, doch birgt dieses Vorhaben Kummer und Sorge um den Geliebten. In ahnungsvoller Verzweiflung an der Tür Jaromirs stehend und um dessen Schicksal bangend, erscheint ihr die Kindheit harmonisch, einträchtig und sorglos:

> Wohin seid ihr, goldene Tage?
> Wohin bist du, Feenland?
> Wo ich, ohne Wunsch und Klage,
> Mit mir selber unbekannt,
> Lebte an der Unschuld Hand.   (1534 ff.)

Mit dem Erwachen der Liebe tritt sie aber in eine andere Sphäre. Das Dasein wird ihr durch das Wissen um die Dinge problematisch. Das kommende Verhängnis kündigt sich hier schon an. Obwohl Bertha den Höhepunkt ihres Glücks erleben müßte, da Jaromir im Hause ihres Vaters schläft, sieht sie die „Goldene Zeit" in der Vergangenheit und begreift wohl auch, daß die Tage, wo sie „an der Unschuld Hand" gelebt, endgültig vorbei sind.

Die „Goldene Zeit" erscheint hier zwar als sorgenfreie und unproblematische Zeit, wird aber vom Mythos und von aller

---

[33] Veit, Walter: Studien zur Geschichte des Topos der Goldenen Zeit von der Antike bis zum 18. Jh., Diss. Phil. Fak., Köln 1961.

Geschichtsphilosophie losgelöst, indem sie als die Jugendzeit Berthas gesehen wird und nur in diesem persönlichen Sinn psychologisch ausgewertet wird.

Ähnlich ist die Lage in ›Sappho‹. Sappho, die sich noch von Phaon geliebt glaubt, erlebt die Macht der Liebe intensiv und freudig:

> Das eben ist der Liebe Zaubermacht,
> Daß sie veredelt, was ihr Hauch berührt,
> Der Sonne ähnlich, deren goldner Strahl
> Gewitterwolken selbst in Gold verwandelt.   (355 ff.)

Obwohl von „Goldener Zeit" überhaupt noch nichts gesagt wird, erscheint es doch auffällig, daß gleich in zwei aufeinanderfolgenden Versen das Wort „Gold" sinntragende Bedeutung hat.

Aus der Stimmung der inneren Harmonie und des seligen Überschwanges wird für Sappho das Jetzt zur „Goldenen Zeit". Die Macht der Liebe läßt ihr die Dinge vergoldet erscheinen. Die „goldenen Strahlen" der Sonne — das heißt der Liebe — verwandeln selbst Gewitterwolken in „Gold", das meint, verklären die alltäglichen Widrigkeiten. Aber schon melden sich Zweifel in Sapphos Brust, ob sie sich denn die Liebe Phaons zu erhalten vermag, und so wird ihr ihre Kindheit zu einer Zeit des Friedens, der Eintracht und der Unschuld:

> O gebt mir wieder die entschwundne Zeit.
> . . .
> Laßt mich zurückekehren in die Zeit,
> Da ich noch scheu mit runden Kinderwangen,
> Ein unbestimmt Gefühl im schweren Busen,
> Die neue Welt mit neuem Sinn betrat.
> Da Ahnung noch, kein quälendes Erkennen
> In meiner Leier goldnen Saiten spielte,
> Da noch ein Zauberland mir Liebe war,
> Ein unbekanntes, fremdes Zauberland!   (380 ff.)

Hier erscheint nun die ersehnte „Goldene Zeit" in der Vergangenheit. Es ist zu beachten, daß, wenn auch nur die Saiten der Leier, so doch irgend etwas in dieser seligen Zeit „golden" erscheint. Sappho gibt diese Gedanken an ihre Kindheit aber bald wieder auf. Die

Vereinigung mit Phaon stellt sich ihr nun angenehmer und erstrebenswerter dar, doch ahnt sie bereits — obwohl noch kein konkreter Anlaß dazu vorhanden ist — den Abstand zwischen ihr und Phaon. Sie blickt jetzt in die Zukunft:

> Da steh ich an dem Rand der weiten Kluft,
> Die zwischen ihm und mir verschlingend gähnt,
> Ich seh das goldne Land herüberwinken.
> Mein Aug erreicht es, aber nicht mein Fuß.　(394 ff.)

Die „Goldene Zeit", das eine Kontinuum, von dem her Geschehen betrachtet werden kann, wird hier in das andere Kontinuum, von dem her eine solche Betrachtung möglich ist, zum Raum, gewandelt. Aus der „Goldenen Zeit" wird das „Goldene Land".

Dies hängt damit zusammen, daß die Raumbilder bei Grillparzer besonders bedeutsam und für Grillparzers „theatralischen Stil" — theatralisch im Sinne von Hans Gmür als das Schaubare[34] — wesentlich sind. Es ist beobachtet worden, daß ein Wechsel des äußeren Schauplatzes immer einer inneren Wendung des Geschehens entspricht.[35] Es ist noch zu erwähnen, daß die Farbe „Gold" in ›Sappho‹ sehr oft in positiver, wenn nicht geradezu verklärender Bedeutung verwendet wird. (Vgl. 172, 258, 435, 680, 871, 905, 954, 1251, 1273, 1282, 1615, 1687, 1729, 1731 u. 1992.)

So ergibt sich nun, daß der Topos „Goldene Zeit" in ›Sappho‹ als Vorstellungsmodell der Gegenwart und der Vergangenheit, verwandelt als „Goldenes Land" als Vorstellungsmodell der Zukunft erscheint. Es sind damit jene drei Bereiche angeschnitten, die Sappho in ihrem Denken und Sein vergeblich zu vereinigen sucht. Sie empfindet jenen „typischen Zustand der Schwelle einer nur halb überwundenen Vergangenheit und einer nicht mehr erreichbaren Zukunft"[36], wie ihn auch Medea erlebt. Die dauernde Umwertung dieser zeitlichen Vorstellung gibt Zeugnis von Sapphos

---

[34] Gmür, Hans: Dramatische und theatralische Stilelemente in Grillparzers Dramen (Phil. Diss. Zürich), Winterthur 1956.

[35] Vgl. Gmür, Hans: a. a. O., S. 101.

[36] Schaum, Konrad: Gesetz und Wandlung in Grillparzers „Goldenem Vließ", in: DVjs 38 (1964), S. 403.

innerer Zerrissenheit und Unsicherheit. Der Topos verliert hier
auch seine allgemeine Bedeutung als „Denkform von Zeit und
Ewigkeit"[37] und ist immer nur auf den persönlichen Bereich
Sapphos, auf ihre Kindheit, die sie in glücklicher Erinnerung hegt,
auf ihr Wunschdenken, die Vereinigung mit Phaon, angewendet.
Sappho selbst steht zwischen den Bereichen, was die dauernde
Umfunktionalisierung des Topos' „Goldene Zeit" deutlich erken-
nen läßt.

Auch im ›Goldenen Vließ‹ ist Ähnliches zu beobachten. Jason
hatte in seiner Jugend nur ein Ziel: die Eroberung des Vließes. Dies
zu erreichen erschien ihm die Erfüllung seiner Wünsche. Damit lag
die von ihm ersehnte Zeit in der Zukunft. Mit der Erlangung seines
Zieles aber brach Schuld und Kummer über ihn herein, und als
Flüchtling betrachtete er Korinth, den Ort, wo er seine Jugendtage
verlebte:

> Da liegen sie, die Türme von Korinth,
> Am Meeresufer üppig hingelagert,
> Die Wiege meiner goldnen Jugendzeit!   (III. 204 ff.)

Eindeutig sieht Jason die schönste und sorgenfreieste Zeit seines
Lebens in seinen vergangenen Jugendtagen in Korinth, aber seine
gesamte Jugendzeit war durchaus nicht so sorgenfrei:

> Die Stadt hier ist Korinth. In früher Zeit,
> Als ich, ein halbgereifter Jüngling noch,
> Vor meines Oheims wildem Grimme floh   (III. 236 ff.)

Er wurde aber dann von König Kreon aufgenommen, und so
waren die vergangenen Tage, obwohl schlimm genug, im Vergleich
zu seiner gegenwärtigen Situation relativ „golden". Auch ist hier
eine Verfärbung der Gedächtnisinhalte im kallotropen Sinne, ein
Phänomen, das der Psychologie schon lange bekannt ist, nicht ausgeschlossen.

Medea kommt aus ebendenselben Gründen zu demselben Schluß.
Sie entgegnet Jason, der seine Taten in Kolchis als törichte Jüng-
lingsabenteuer hinstellen will:

[37] Vgl. Veit, Walter: Studien zur Geschichte . . ., S. 71.

O schilt das goldne Jugendalter nicht!
Der Kopf ist rasch, allein das Herz ist gut!
O wärst du, der du warst, mir wäre besser!   (III. 1473 ff.)

Auch hier ist wieder der relative Unterschied herausgehoben.
Ebenso scheint das Vergangene nicht mehr in dem Maße zu wirken
wie die Gegenwart. Medea hat in Kolchis durch Jason viel verloren. Ihr Bruder, ihr Vater sind tot, sie selbst muß sich einer ihr
völlig fremden und unverständlichen Umwelt, die sie haßt und
verabscheut, anpassen. In Kolchis jedoch hat Medea die Liebe
Jasons besessen, die sie alles ertragen ließ, und dieser Umstand läßt
ihr auch die vergangene Zeit im Vergleich zur Gegenwart „golden"
erscheinen.

Der Topos „Goldene Zeit" vermittelt hier also die Relation
zwischen Gegenwart und Vergangenheit.

Zusammenfassend läßt sich sagen, daß für alle dramatischen
Personen, die bei Grillparzer diesen Topos verwenden, die „Gol-
dene Zeit" durchaus eine Zeit des Ahnens, des Einsseins mit der
Natur und dem All, des unreflektierten Daseins war.

> Bertha: Mit mir selber unbekannt,
>   Lebte an der Unschuld Hand.   (1536 f.)
> Jason: Als ich, ein halbgereifter Jüngling noch.   (III. 237)
> Sappho: Da Ahnung noch, kein quälendes Erkennen
>   In meiner Leier goldnen Saiten spielte.   (389 f.)

In dem Augenblick, wo Sappho diesen Zustand bewußt herbei-
sehnt, wird die „Goldene Zeit" zum „Goldenen Land", das dadurch
etwas realer wird. Auch ist die „Goldene Zeit" bei Grillparzer
immer eine bestimmte glückliche Zeit einer bestimmten Person.
Nie ist sie allgemein eine für alle Menschen glückhafte Epoche.
Diese „Goldene Zeit" war aber für alle Personen, obwohl zu verschiedenen Zeitpunkten, doch immer jene Zeit, zu der sie das Leben
noch vor sich hatten, wo sie ihr Dasein noch nicht motivieren
mußten, wo sie noch kein bewußtes Leben führten.

5. Locus amoenus in ›Sappho‹

Dieser Topos ist ab Homer zu verfolgen. Es ist in ihm eine
Ideallandschaft, eine Verklärung der Welt gestaltet.[38] Entscheidend
für die Existenz dieses Topos ist das Vorstellungsmodell der Natur
als „ideal" oder „lieblich". Die einzelnen Requisiten, die in der
sprachlichen Ausformung auftreten — Quellen, Nymphen, Ölbäume, Haine usw. —, sind beliebig verwend- und austauschbar.

In ›Sappho‹ klingt dieser Topos nur an. Sappho, noch erfüllt von
dem Gefühl, geliebt zu werden, sieht die sie umgebende Natur ganz
im Schema des Topos vom „locus amoenus". Sie sieht gleichsam mit
den Augen der Liebe und interpretiert die Landschaft um sie als
idealen Raum, der wie kein anderer für die Entfaltung der von ihr
ersehnten Vereinigung mit Phaon geeignet ist.

> Sieh diese Gegend, die der Erde halb
> Und halb den Fluren, die die Lethe küßt,
> An einfach stillem Reiz scheint zu gehören;
> In diesen Grotten, diesen Rosenbüschen,
> In dieser Säulen freundlichen Umgebung,
> Hier wollen wir, gleich den Unsterblichen,
> Für die kein Hunger ist und keine Sättigung,
> Nur des Genusses ewig gleiche Lust,
> Des schönen Daseins uns vereint erfreun.   (284 ff.)

Als sie aber dann zur Einsicht gelangen muß, daß sie die Liebe
Phaons nicht erringen kann, sieht sie ebendieselbe Landschaft, die
vorerst als Ideallandschaft geradezu verklärt wurde, mit ganz
anderen Augen:

> Hier ist kein Ort für mich, als nur das Grab.   (947)

Hier wird deutlich, wie die Einstellung Sapphos zu den Dingen
von ihrer seelischen Lage abhängt. Ein bestimmter Seelenzustand
ruft geradezu eine Wahrnehmungsabwehr hervor. Es sind ja noch
immer dieselben Rosenbüsche, Grotten, Haine, Säulen usw. vor-

---

[38] Dazu vor allem Curtius, Ernst Robert: a. a. O., S. 191—209.

handen, nur erlebt sie Sappho nicht mehr in ihrer Lieblichkeit. All
das, was vorerst das Leben verschönerte, wird nun zum Grabes-
schmuck. Sie erlebt dieselbe Landschaft in zwei disparaten Stim-
mungen völlig verschieden, indem sie ihr Innenleben gleichsam
auf die Landschaft projiziert.

Hier bietet sich abermals Gelegenheit, auf die Bedeutsamkeit des
Raumes und der Raumbilder bei Grillparzer zu verweisen.[39]

6. „Verkehrte Welt" in ›Sappho‹, ›Vließ‹, ›Ottokar‹, ›Treuer Diener‹, ›Bruderzwist‹ und ›Libussa‹

Das formale Grundprinzip dieses Topos war die Reihung unmöglicher Dinge, die erstmals bei Archilochos aufzutauchen scheint.[40]
Dieses formale Stilprinzip ist dann durch die ganze griechische
und römische Antike zu verfolgen. Aus der Reihung der impossibilia erwächst dann der Topos „Verkehrte Welt". Die Bedeutung
dieses Topos wurde nie ganz eindeutig festgelegt, denn die Funktion dieses Vorstellungsbereiches hat sich geändert, wie sich Wortbedeutungen verändert haben.[41]
Den beiden tragenden Frauengestalten in ›Sappho‹ — Sappho
und Melitta — erscheint die Welt, in der sie sich befinden, fremd
und ihrem Wesen entgegengesetzt. Melitta vergleicht die griechische
Insel, die Welt Sapphos, in die sie gewaltsam als Sklavin gestellt
wurde, mit ihrer Heimat:

> Von andern Bäumen war ich dort umgeben
> Und andre Blumen dufteten umher,
> In blauen Lüften glänzten schönre Sterne
> Und freundlich-gute Menschen wohnten dort.   (635 ff.)

---

[39] Vgl. Seidler, Herbert: Das sprachliche Bild in Goethes „Iphigenie"
und Grillparzers „Sappho", in: Germanistische Abhandlungen, Innsbruck
1959, Bd. 6, S. 155—178.
[40] Vor allem Curtius, Ernst Robert: a. a. O., S. 104—108.
[41] Vgl. Welzig, Werner: Ordo und verkehrte Welt bei Grimmelshausen, 1. Teil, in: Zs. f. dt. Philol. 78 (1959), bes. S. 427.

Sie erlebt — wie Herbert Seidler zeigte[42] — die Welt in der unmittelbaren Tatsachenerfassung, kindlich, eng persönlich und voll Anlehnungsbedürfnis. Die Welt Sapphos ist ihrer Liebe feindlich, sie ist ihr fremd und bietet ihr keine Freunde.

> Da muß ich sitzen, einsam und verlassen,
> Fern von der Eltern Herd im fremden Land,
> Und Sklavenketten drücken diese Hände,
> Die ich hinüberstrecke nach den Meinen.
> Weh mir, da sitz ich einsam und verlassen,
> Und niemand höret mich und achtet mein!   (554 ff.)

Doch soll sie gerade in dieser ihr fremden Welt, in der sowohl eine andere geistige Sphäre herrscht, als auch andere Pflanzen und Tiere leben, ihr Glück finden; ihr Glück mit einem Menschen, der ebenso aus dieser Welt Sapphos auszubrechen sucht wie sie. Für Melitta ist diese sie umgebende Welt in zweifacher Hinsicht verkehrt. Einmal wurde sie gewaltsam aus ihrer Heimat geraubt und in diese andere Landschaft versetzt, zum anderen ist ihr die geistige und künstlerische Atmosphäre, die Sappho umgibt, nicht angemessen.

Für Melitta besteht aber, da sie nicht aus innerer Schwäche oder aus Neugier einen ihr zugemessenen Platz verlassen hat und in eine andere Welt eingedrungen ist, sondern eben gewaltsam dorthin versetzt wurde, innerlich aber nie hingehörte, die Möglichkeit, aus dieser Welt gewaltsam wieder auszubrechen.

Sappho hingegen begibt sich halb bewußt und halb getrieben in eine ihrem Wesen entgegengesetzte Welt, die — worauf schon Herbert Seidler hinweist — im Handlungsverlauf verschieden bewertet wird.

Vorerst ist das Ziel ihrer Wünsche, ihr Leben als Dichterin mit einem stillen Dasein in häuslicher Eintracht und Bescheidenheit zu vertauschen:

> Er war bestimmt, in seiner Gaben Fülle,
> Mich von der Dichtkunst wolkennahen Gipfeln
> In dieses Lebens heitre Blütentäler

---

[42] Seidler, Herbert: Das sprachliche Bild . . ., a. a. O.

> Mit sanft bezwingender Gewalt herabzuziehn.
> An seiner Seite werd ich unter euch
> Ein einfach stilles Hirtenleben führen,
> Den Lorbeer mit der Myrte gern vertauschend
> Zum Preise nur von häuslich stillen Freuden
> Die Töne wecken dieses Saitenspiels.
> Die ihr bisher bewundert und verehrt,
> Ihr sollt sie lieben lernen, l i e b e n , Freunde.   (89 ff.)

Mit der aufkeimenden Eifersucht aber sieht sie nicht mehr die „heiteren Blütentäler" dieses Lebens, sondern es verkehrt sich der vorerst gepriesene Aufenthaltsort in ein „engbegrenztes Tal". Die von ihr neu erwählte Welt erscheint ihr nur mehr als der Ort für ihr Grab:

> O Törin! Warum stieg ich von den Höhn,
> Die Lorbeer krönt, wo Aganippe rauscht,
> Mit Sternenklang sich Musenchöre gatten,
> Hernieder in das engbegrenzte Tal,
> Wo Armut herrscht und Treubruch und Verbrechen?
> Dort oben war mein Platz, dort an den Wolken,
> Hier ist kein Ort für mich, als nur das Grab.   (941 ff.)

Als unmittelbar darauf die Erkenntnis folgt:

> Von beiden Welten eine mußt du wählen,
> H a s t du gewählt, dann ist kein Rücktritt mehr!   (952 f.)

deutet sie wieder den Bereich des Geistigen und des Künstlers als Welt der „stillen Schatten" und das alltägliche Leben als „lieblich":

> Ein Biß nur in des Ruhmes goldne Frucht,
> Proserpinens Granatenkernen gleich,
> Reiht dich auf ewig zu den stillen Schatten,
> Und den Lebendigen gehörst du nimmer an!
> Mag auch das Leben noch so lieblich blinken,
> Mit holden Schmeichellauten zu dir tönen,
> Als Freundschaft und als Liebe an dich locken:
> Halt ein, Unsel'ger! Rosen willst du brechen
> Und drückst dafür dir Dornen in die Brust!   (954 ff.)

Diese Deutung, die das Alltagsleben als „lieblich" erscheinen läßt, wird unmittelbar darauf abermals relativiert. Mit der endgültigen Einsicht aber, daß Phaons Entscheidung unwiderruflich ist und sie seine Liebe nicht erringen kann, wird ihr die Dichtung wieder zum Bereich des „Schönen" und die Erde zur „Wüste". Sie muß auch einsehen, daß sie allein dieser neuen Welt nicht gewachsen ist. Ohne die Hilfe Phaons — auf seine Hilfe vertrauend hat sie den Bereich des Dichtertums verlassen — wird sie untergehn:

> Ich stand so ruhig in der Dichtung Auen,
> Mit meinem goldnen Saitenspiel allein;
> Hernieder sah ich auf der Erde Freuden,
> Und ihre Leiden reichten nicht zu mir.
> Nach Stunden nicht, nach holden Blumen nur,
> Dem heitern Kranz der Dichtung eingewoben,
> Zählt ich die Flucht der nimmerstillen Zeit.
> Was meinem Lied ich gab, gab es mir wieder,
> Und ew'ge Jugend grünte mir ums Haupt.
> Da kommt der Rauhe und mit frechen Händen
> Reißt er den gold'nen Schleier mir herab,
> Zieht mich hernieder in die öde Wüste,
> Wo rings kein Fußtritt, rings kein Pfad;
> Und jetzt, da er der einz'ge Gegenstand,
> Der in der Leere mir entgegenstrahlt,
> Entzieht er mir die Hand, ach, und entflieht!   (1272 ff.)

So wird gerade in der „stimmungsmäßigen Umkehr der beiden Raumcharaktere Sapphos innere Zerrissenheit greifbar" [43].

Von diesen beiden Welten, die Sappho bewußt erlebt und zwischen denen sie steht, ist jeweils eine, vom Standpunkt der anderen her gesehen, „verkehrt". Diese beiden Welten stehen symbolhaft für zwei einander entgegengesetzte Daseinsformen, für die Welt des Künstlers und die Welt des praktisch eingestellten Alltagsmenschen. Da nun Sappho diese beiden Bereiche dauernd umwertet, je nach ihrer seelischen Gestimmtheit denselben Bereich bald positiv, bald negativ sieht, äußert sich in dieser Umwertung die innere Spannung und Zerrissenheit Sapphos. Ihre letzte Äußerung zu diesem Thema ist jedoch eindeutig verzichtend und entsagend.

„Hier wo die ‚ideale' Existenz nicht mehr, aber die rein ‚vitale'

---

[43] Seidler, Herbert: Das sprachliche Bild . . ., a. a. O., S. 160.

Existenz auch nicht möglich ist, gerät der Mensch in jenen Zustand
der Selbstentfremdung, der ihm sein Dasein zum verhaßten Verhältnis macht." [44]

Im ›Goldenen Vließ‹ ist es das geheimnisvolle Kolchis, das dem
Griechen Milo schon landschaftlich, ohne daß er noch einen Ein-
wohner dieses Landes gesehen hätte, anders erscheint als er bisher
gewohnt war, Landschaften zu sehen. Es erscheint ihm in jeder
Beziehung „verkehrt".

> Und jeder dürre Stamm scheint mir ein Riese
> Und jedes Licht ein Feuermann, 's ist seltsam!
> Was unbedenklich sonst, erscheint hier schreckhaft,
> Und was sonst greulich wieder hier gemein.
> Nur kürzlich sah ich einen Bär im Walde,
> So groß vielleicht, als keinen ich gesehen,
> Und doch kam's fast mir vor, ich sollt' ihn streicheln,
> Wie einen Schoßhund streicheln mit der Hand,
> So klein, so unbedeutend schien das Tier
> Im Abstich seiner schaurigen Umgebung.   (II. 328 ff.)

Ist es bei Milo nun die Furcht, die ihm Kolchis so „verkehrt" zeigt:

> Ich, der als Knabe voll Verwund'rung horchte,
> Wenn man erzählte, 's gäb' ein Ding,
> Die Furcht genannt; hier seh ich fast Gespenster.
>   (II. 325 ff.)

so ist es bei Jason die Liebe, die ihm das Anderssein dieser Kolcher-
welt „wunderbar" erscheinen läßt. Medea hat erstmals seinen
Namen ausgesprochen:

> Wenn ich so vor dir steh und dich betrachte,
> Beschleicht mich ein fast wunderbar Gefühl.
> Als hätt' des Lebens Grenz' ich überschritten
> Und stünd' auf einem unbekannten Stern,
> Wo anders die Gesetze alles Seins und Handelns,
> Wo ohne Ursach', was geschieht, und ohne Folge,
> Da seiend, weil es ist.   (II. 1178 ff.)

---

[44] Wiese, Benno von: Die deutsche Tragödie von Lessing bis Hebbel,
Hamburg 1964 (6. Aufl.), S. 160.

Bei Medea sind es wieder Sorge und Kummer, die sie die Anders-
artigkeit der Welt, in die sie mit Jason getreten ist, erkennen lassen:

> Was recht uns war daheim, nennt man hier unrecht,
> Und was erlaubt, verfolgt man hier mit Haß;
> So laß uns denn auch ändern Sitt' und Rede,
> Und dürfen wir nicht sein mehr, was wir wollen,
> So laß uns, was wir können, mind'stens sein.   (III. 123 ff.)

Sie hat eine ihr gemäße Welt verlassen und ist in eine völlig
neue Sphäre, in der ihr die Menschen mit Scheu und Verachtung
begegnen, getreten. Weil sie ihr Wesen nicht wechseln kann wie
Länder und weil — ähnlich wie bei Sappho — der Mann, dem
sie sich vertraute und der ihre Stütze in der Fremde sein sollte, sie
verstößt, muß sie untergehen.

Jason, der nun wieder in der ihm vertrauten Welt und nicht
mehr von der Zaubermacht der Liebe umgarnt ist, sieht nun das
wilde Kolchis nicht mehr als „fremden Stern", der ihn die Grenze
des Lebens überschreiten läßt, sondern er erzählt König Kreon
wesentlich nüchterner über jene andere Welt, wobei er selbst die
Relativität seines damaligen Eindrucks hervorhebt:

> Der Tag ist Nacht dort und die Nacht Entsetzen,
> Die Menschen aber finstrer als die Nacht.
> Da fand ich sie, die dir so greulich dünkt;
> Ich sage dir, sie glich dem Sonnenstrahl,
> Der durch den Spalt in einen Kerker fällt.
> Ist sie hier dunkel, dort erschien sie licht,
> Im Abstich ihrer nächtlichen Umgebung.   (III. 451 ff.)

Auch hier werden — wie bei Sappho — verschiedene Raumbilder zu Symbolen für verschiedene Daseinsformen. Das helle
Griechenland mit seinen kultivierten Einwohnern und das dunkle
Kolchis mit seinen Barbaren stehen einander gegenüber. Wieder
erscheint vom Standpunkt des einen die Welt des andern „verkehrt", wieder wird das Wagnis, in diese andere Welt einzudringen,
mit dem Untergang bezahlt. Abermals ist zu beobachten, wie die
seelische Verfassung der Gestalten in der Bewertung der Räume
Ausdruck findet. Milos Furcht läßt ihm Kolchis unheimlich erschei-

nen, Jasons Liebe macht ihm dasselbe Land zu einem fremden Stern, auf dem alles „wunderbar" erscheint. Als diese Liebe dann stirbt, hat er für Kolchis ganz andere Worte. Auch Medea kommt unter dem Druck der Ereignisse zu dem Vergleich der beiden Welten.

In ›König Ottokars Glück und Ende‹ tritt der Topos deutlicher auf. Im ersten Akt des Dramas nimmt Zawisch Rosenberg den Topos auf, um seinen Verwandten die Unmöglichkeit und Gefährlichkeit ihres Betragens in ironischer Weise klarzumachen:

> Wer seid ihr denn, ihr beide, daß ihr schmäht?
> Die ihr auf offner Straße Racheplane
> Zu tauben Wänden schreit und — offnen Ohren!
> Verschwört euch auf dem Markt und treibt im Zimmer Aufruhr.
>
> (174 ff.)

Hier wird ganz nach dem alten Schema, durch die Reihung von impossibilia das Verkehrte des Beginnens der Rosenberge dargestellt. Es ist zu beobachten, daß in dieser Weise zu geistig nicht besonders regsamen Menschen — Milota und Benesch — gesprochen wird, die durch die Drastik das Unmögliche ihres Beginnens besser begreifen als durch wohlgesetzte Rede.

Ottokar sieht vor Beginn seiner letzten Schlacht — den Untergang bereits ahnend — das Verkehrte der Welt, wohl auch seines Beginnens:

> Ist das 'ne Sommernacht? Noch stehn die Stoppeln,
> Und schon so kalt! Sonst war der Sommer warm,
> Der Winter Frost; jetzt tauschen sie das Amt;
> Die Zeiten ändern sich und wir mit ihnen!   (2586 ff.)

Es ist hier bereits die Veränderung angedeutet, die sich mit Ottokar bald darauf an der Bahre Margarethens vollziehen wird. Ottokar ist innerlich schon bereit für diesen Wandel. Es bedarf nur mehr eines sehr starken Erlebnisses, wie es der Anblick der toten Margarethe darstellt. An ihrer Bahre reflektiert er über die verkehrte Entwicklung seines Lebens:

> Die mir die Nächsten, haben mich verraten,
> Die ich gehoben, haben mich gestürzt.
> Das Weib, um das ich hingab deinen Wert,

> Sie hat das Herz im Busen mir zerspalten,
> Die Ehre mein verkauft an meinen Knecht;
> Und als ich blutend heimkam aus der Schlacht,
> Goß sie mir Gift, statt Balsam, in die Wunden.   (2668 ff.)

Ottokar sieht immer noch — wie es für Machtmenschen seiner Art typisch ist — das Verkehrte bei den anderen und niemals bei seinen eigenen Entscheidungen und Handlungen.

Diese Einstellung ändert sich erst kurz vor seinem Ende:

> Ich hab' nicht gut in deiner Welt gehaust,
> Du großer Gott . . .   (2825 f.)

Hier ist der Wandel bereits vollzogen. Von dem siegreichen und sieggewohnten Machtmenschen ist nichts mehr übrig. Das kommt auch in der Gestik zum Ausdruck. Das ihm bisher so verhaßte Knien übt er nun freiwillig an der Bahre Margarethens und beim Gebet kurz vor seinem Tode.

Dem früheren:

> Ich gehe meinen Gang, was hindert, fällt.   (636)

und

> Nun, Erde, steh mir fest!
> Du hast noch keinen Größeren getragen!   (682 f.)

steht nun ein bescheidenes und demütiges:

> So sieh mich hier vor deinem Antlitz knien,
>   (er kniet)
> Und hör mich beten, wie ich jetzo bete:
> Geh als ein Gott der Gnade zu Gericht!   (2872 ff.)

gegenüber.

Auch hier ist wieder die seelische Verfassung Anlaß zur Bewertung der Raumbilder.

Zawisch Rosenberg vermengt aus ironisch-überlegener Haltung die Räume in unmöglicher Weise, und Ottokar sieht, durch Schmerz und Unglück geläutert, den Ort seiner früheren Triumphe nun als Tummelplatz des Verbrechens, des Treuebruchs und der Arglist.

Im ›Treuen Diener seines Herrn‹ glaubt Otto von Meran Erny
von der Verkehrtheit ihrer Ehe mit Bancban überzeugen zu müssen:

> Als ich mit ihm zum erstenmal Euch sah,
> Da riefs in mir: Verkehrt ist die Natur!
> Entsprießt dem Eis die Königin der Blumen?   (1192 ff.)

Ob dies nun ein rein rhetorisches Mittel ist, Erny zu überreden,
oder ob der Prinz hier sein Innerstes ehrlich offenbart, ist nicht so
bedeutsam. Wichtiger ist vielmehr, daß Erny möglicherweise einen
Augenblick mit dem Gedanken spielt, die ihr vertraute und zugemes-
sene Welt zu überschreiten. Sie ist damit „ohne eigentlich eine schul-
dige Tat begangen zu haben ... dem unauflöslichen Zwiespalt des
Sinnlichen ausgeliefert" [45] und somit auch schon dem Tode geweiht.

Das Engagement des Prinzen (Erny zu überzeugen oder zu über-
reden, sei dahingestellt) ist besonders deutlich, und aus diesem
Engagement ist auch die Sicht auf das besondere Verhältnis Erny —
Bancban, das hier durch den Topos gestaltet wird, zu erklären.

Im ›Bruderzwist in Habsburg‹ ist es der in seine Studierstube
zurückgezogene Kaiser Rudolf II., der sich geschickt von den Wir-
ren der Zeit abschirmt, bis sie dennoch vor sein Antlitz gelangt
und er in seinem natürlichen Sohn, Don Cäsar, den Repräsentanten
dieser für ihn so „verkehrten Welt" sieht.

> Schaut rings um Euch in aller Herren Land,
> Wo ist noch Achtung für der Väter Sitte,
> Für edles Wissen und für hohe Kunst?
> . . .
> Deucht mir's doch manchmal grimmiges Vergnügen,
> Mit ihm zu ringen, in des Argen Brust
> Die Keime aufzusuchen der Verkehrtheit,
> Die ihm geliehn so wildverworrne Welt.
> Die Zeit kann ich nicht bänd'gen, aber ihn,
> Ihn will ich bänd'gen, hilft der gnäd'ge Gott.   (327 ff.)

Hier wird der Topos, wie das in älterer Verwendung durchaus
üblich war, mit der Zeitklage verbunden. Die enge Beziehung aber

[45] Schaum, Konrad: Grillparzers Drama „Ein treuer Diener seines
Herrn" in: Jahrbuch der Grillparzer-Gesellschaft, Wien 1960, 3. F.,
3. Bd., S. 86.

mit der Person Rudolfs (deucht mir's . . . mit ihm zu ringen . . . die
Keime aufzusuchen 341 ff.) zeigt schon den Kampf an, den der
Kaiser mit dieser Zeit auszutragen haben wird, und stellt alle
weiteren Äußerungen und Handlungen Rudolfs unter diesen
Aspekt.

Der Kaiser weiß aber selbst um sein Unvermögen dieser Zeit
gegenüber und will an Stelle der Zeit Don Cäsar bändigen, „hilft
der gnäd'ge Gott". So wird hier schon im ersten Akt durch die
Relativierung des Topos' das Verhältnis des Kaisers zu seiner Zeit
deutlich. Auch die Schwäche des Kaisers dieser Zeit gegenüber zeigt
sich ganz klar. Im dritten Akt ist Rudolf in einer ähnlichen Situation. Er erklärt sich hier ebenfalls einem Freunde und verwendet
dabei denselben Topos:

> Damit ich lebe, muß ich mich begraben,
> Ich wäre tot, lebt ich mit dieser Welt.
> Und daß ich lebe, ist vonnöten, Freund.
> Ich bin das Band, das diese Garbe hält,
> Unfruchtbar selbst, doch nötig, weil es bindet.   (1160 ff.)

Es ist abermals das gänzlich verkehrte Verhältnis, das der Kaiser
zu seinem Reich und zu seiner Zeit hat, ausgedrückt. Rudolf erscheint jedenfalls als gefestigte Persönlichkeit, die dieses Verhältnis
in zwei ähnlichen Situationen gleich bewertet. Seine Ansicht ist
wohlbegründet und subjektiv für ihn richtig. Als er dann, dem
Drange der Ereignisse weichend, von diesem Prinzip abgeht und
in den Gang der Welt eingreift, stirbt er.

In ›Libussa‹ ist es Kascha, eine der drei Schwestern, die über
geheime Wissenschaften und Kräfte verfügt und ihre Welt deutlich
von der Welt des Durchschnittsmenschen abhebt. Das Angebot der
Böhmenkrone lehnt sie mit folgenden Worten ab:

> Unter Sternen schweif' ich,
> In der Tiefe walt' ich;
> Was Natur vermag und kann,
> Ist mir willig untertan.
> Das Leblose lebt,
> Des Lebend'gen Dasein ist Tod.
> Ich mag nicht herrschen über Leichen,

> Geht zu andern mit euren Reichen,
> Was ist mir gemein mit euch?   (207 ff.)

Die beiden Schwestern Libussas sind nicht sehr individuell gezeichnet und scheinen die Funktion zu haben, Sprecher eines bestimmten Prinzips zu sein. In diesem Sinne ist auch die feierliche Formelhaftigkeit dieser Rede zu deuten. Andrerseits eröffnet diese Selbstcharakteristik aber auch einen gewissen Einblick in die Psyche Libussas, da diese immerhin eine Schwester Kaschas ist und mit ihr in gemeinsamer Zurückgezogenheit lebt.

Wenn nun Libussa die Krone annimmt, ist es für den Leser oder Zuschauer klar, daß sie damit eine Welt betritt, die ihr nicht eignet. Dieses Wagnis aber, seinen angestammten Raum zu verlassen, hat bei Grillparzer, wie in allen Beispielen bisher deutlich wurde, meist tödliche Konsequenzen. Dieses Eintreten Libussas in die Welt des Alltags erscheint nun auch ihren Untertanen verkehrt.

Biwoy, einer der Wladiken, kennzeichnet die Lage wie folgt:

> Was bleibt mir über?
> Hör ich die Klugen sprechen als im Fieber.
> Verkehrt ist all dies Wesen, eitler Tand,
> Und los aus seinen Fugen unser Land.
> Weiber führen Waffen und raten und richten,
> Der Bauer ein Herr, der Herr mitnichten.   (569 ff.)

Dieser Wortschwall, der hier dem sonst eher wortkargen Biwoy entströmt, deutet schon darauf hin, daß er in seinem Innersten berührt sein muß. Wie sehr es ihm aber darum geht, die Bereiche des „vitalen" Lebens nicht an eine Frau abtreten zu müssen, ist allein schon aus der Wortwahl ersichtlich: Waffen, richten, raten, Herr, Bauer. Diese Zustände vor Augen, beschließen die Wladiken, Libussa aufzufordern, einen Mann zu wählen, in der festen Meinung, daß die Wahl einen von ihnen treffen würde. Daß sie aber damit Libussa noch mehr ans Irdische binden und ihren Untergang beschleunigen, kommt ihnen nicht in den Sinn.

7. Zusammenfassung

Die vorliegende Arbeit bemühte sich zu zeigen, daß die in den Dramen Grillparzers eingepaßten vorgegebenen Muster gedanklicher und sprachlicher Art nicht im epigonalen Sinne verwendet, sondern in schöpferischer und sprachkünstlerischer Weise in den Text integriert wurden.[46] Es wurde deutlich, daß die psychologische Differenzierung einen Gegensatz zur traditionell verfestigten Wirksamkeit der Topoi bildet und daß dadurch vollkommen neue Bedeutungsmöglichkeiten der Topoi erreicht werden, die dem Ganzen des dichterischen Kunstwerkes eingepaßt sind. „Dabei bildet das Psychologische in dieser Vollkommenheit eine Errungenschaft Grillparzers."[47] Weiters konnte gezeigt werden, daß hier die von der Tradition bereitgestellten Mittel durch Modifizierung und Anpassung an die vorliegenden veränderten Gegegebenheiten legitime Aussageweisen einer eigenen und durchaus modernen Kunstübung werden, indem Überlieferung bewahrt und derart verändert wird, daß zugleich eine Bewahrung und Weiterentwicklung der Tradition stattfindet. Das Weltbild des Menschen im 19. Jh. hat sich gegenüber dem barocken Weltbild verändert. „Die Welt ist für ihn (den Menschen) kein Schauplatz mehr, auf dem er als Glied einer Gemeinschaft sicher seinen Weg geht, sondern sie ist die Situation, in der er sich existentiell verantworten soll."[48] Daher gewinnt die Psychologie im Kunstwerk immer mehr Bedeutung und Berechtigung. Wir hoffen, hier eindeutig gezeigt zu haben, daß die Psychologie als Gegensatz zu den erstarrten Bedeutungsinhalten der Topoi wirksam wird. Dadurch scheint aber das viel zu harte Urteil Gerhart Baumanns: „Grillparzers Sprache ist Nachhall schlechthin",

---

[46] Dies ist nicht der einzig mögliche Aspekt, die künstlerische Funktion der Topoi bei Grillparzer aufzuzeigen. Vgl. dazu Obermayer, August: Die künstlerische Funktion der Topoi in den Dramen Grillparzers, Phil. Diss., Wien 1968.

[47] Baumann, Gerhart: Franz Grillparzer. Dichtung und österreichische Geistesverfassung, Frankfurt a. M. u. Bonn 1966, S. 130.

[48] Müller, Joachim: Grillparzers Menschenauffassung (Literatur und Leben 4), Weimar 1934, S. 151.

„vieles ist mit Erinnerungen so beladen, daß der neue Ausdruck darunter erstickt",[49] widerlegt.

Als viel zutreffender konnte das Urteil Walter Höllerers erwiesen werden, der Grillparzers Werk als „Neuklang im Nachklang"[50] begreift, so daß Grillparzers literaturgeschichtliche Stellung charakterisiert werden kann: Er ist nicht „Ausläufer der Klassik, sondern Vorläufer der Moderne"[51].

Die der Verwendung der Topoi zugrunde liegende Gefühlshaltung ist hier eindeutig das Bedürfnis, Überliefertes und Bewährtes zu erhalten, es aber gleichzeitig weiterzuentwickeln und zu vervollkommnen. Grillparzers historische Leistung war es, „das barocke Welttheater und das österreichische Volksschauspiel mit den Humanitätspostulaten der deutschen Klassik und dem differenzierten psychologischen Realismus des 19. Jh.s zu einer künstlerischen Einheit zu bringen"[52] und so die Urbanität des österreichischen Barocks mit der Humanität der deutschen Klassik und der Psychologie des Realismus zu einem neuen schöpferischen Phänomen zu verbinden[53].

Es soll noch darauf verwiesen werden, daß in jenen deutschen Sprachbereichen, in denen der Sturm und Drang wirksam war, die Topoi durch die sprachschöpferische Bewegung der Originalgenies aus den dichterischen Werken zumindest vorübergehend verdrängt wurden, während sie im süddeutschen Sprachraum, somit auch in Österreich, länger kontinuierlich fortwirken.[54]

Dies bedarf aber noch einer näheren Untersuchung, die hier nicht geleistet werden kann.

[49] Baumann, Gerhart: a. a. O., S. 130.

[50] Höllerer, Walter: Zwischen Klassik und Moderne. Lachen und Weinen in der Dichtung einer Übergangszeit, Stuttgart o. J. (1958), S. 9.

[51] Klarmann, Adolf D.: Grillparzer und die Moderne, in: Die Neue Rundschau 67 (1956), S. 137.

[52] Müller, Joachim: Franz Grillparzer (Sammlung Metzler M 31), Stuttgart 1966 (2. verb. Aufl.), S. 14.

[53] Ebenda, S. 82.

[54] Vgl. dazu die Ergebnisse von Bauer, Roger: La Réalité Royaume de Dieu, München 1965.

DIALEKTIK UND ZEITGESCHICHTLICHE FUNKTION DES LITERARISCHEN TOPOS[1]

Von Max L. Baeumer

Wenn wir heute von Topoi sprechen, so meinen wir nicht mehr in ursprünglicher Sinngebung die „sedes argumentorum" der antiken und mittelalterlichen Rhetoriker, noch irgendeine Vorschrift zur rednerischen Anwendung. Für den heutigen Sprachgebrauch hat „Topos" eine ausschließlich literarische Bedeutung und besagt, daß wir dem aus der antiken Rhetorik stammenden Begriff und Hilfsmittel zur „inventio", zum Auffinden von Beweisgründen, eine literarische Funktion im Sinn von Ernst Robert Curtius und der ihm folgenden modernen Toposforschung einräumen.[2] Nach ihr

---

[1] Diesem Originalbeitrag liegt teilweise ein Kurzreferat zugrunde, das 1970 auf dem Vierten Internationalen Germanisten-Kongreß in Princeton, USA, gegeben und in ›Dichtung, Sprache, Gesellschaft‹, den Akten dieses Kongresses, hrsg. von Victor Lange und Hans-Gert Roloff, Frankfurt: Athenäum Verlag 1971, S. 107—113, veröffentlicht wurde.

[2] Ernst Robert Curtius, Beiträge zur Topik der mittellateinischen Literatur. In: Corona Quernea. Festgabe Karl Strecker zum 80. Geburtstage dargebracht. Leipzig 1941 (= Monumenta Germaniae historica 6.), S. 1, bezeichnet die literaturhistorischen Topoi als „feste Clichés oder Denk- und Ausdrucksschemata". Vgl. ebenfalls sein im folgenden zitiertes Werk: Europäische Literatur und lateinisches Mittelalter. 6. Aufl., Bern 1967 (1. Aufl. 1948), S. 77. Heinrich Lausberg gibt in seinem „Handbuch der literarischen Rhetorik" in 2 Bänden, München 1960, S. 740, eine grundsätzliche, aus der antiken Rhetorik abgezogene Definition des rhetorischen Topos, die zugleich die literarische Funktion des Topos mit einschließt: „Allgemeine (rahmenmäßige) Suchformel zum Auffinden (inventio) geeigneter Gedanken; mit Hilfe dieser Suchformel gefundener Gedanke." Mit der Abgrenzung des literarischen Topos vom rhetorischen und philosophischen (Aristoteles) und mit seiner geschichtlichen Entwick-

ist der Topos eine schematisierte, wenn nicht klischeehafte, Denk-, Vorstellungs- und Ausdrucksform oder -formel literarischer Produktion. Er kann eine geprägte Phrase, ein Name, ein Zitat, Bild, Emblem, Motiv oder eine andere technische Darbietungsweise sein. Jedoch werden Topoi von modernen Autoren für ihre dichterische oder schriftstellerische Produktion kaum mehr als solche verwendet oder etwa, wie bis zum 18. Jahrhundert, gesammelt und nach bestimmten Regeln benutzt. Topoi sind heute lediglich mehr oder weniger eindeutig definierte Mittel und Instrumente des interpretierenden, und besonders des historischen Literaturverständnisses. Als solche hat sie Curtius in die moderne europäische Literaturwissenschaft eingeführt und damit „den Grund zu einer historischen Topik" gelegt, die sich an seiner „Analyse der Texte" bewährt hat (92). Mit ihr gab er eine neue und exakt-philologische Beweisführung für die Entstehung und den inneren Zusammenhang der europäischen Literatur aus der Antike und dem lateinischen Mittelalter. Bei aller berechtigten Kritik an einzelnen Anschauungen und Formulierungen von Curtius besteht sein zweifelloses Verdienst in der beispielhaften Anwendung der Topik als ein

lung und Anwendung beschäftigten sich nach Curtius in grundsätzlicher Untersuchung auf breiter Basis vor allem: Edgar Mertner, Topos und Commonplace. In: Strena Anglica. Festschrift für Otto Ritter. Hrsg. von Gerhard Dietrich und Fritz W. Schulze. Halle 1956, S. 178—224. — Otto Pöggeler, Dichtungstheorie und Toposforschung. In: Jahrb. für Ästhetik u. Allgemeine Kunstwissenschaft 5 (1960), S. 89—201. [Diese Arbeit ist im Auszug in diesem Band auf den S. 22—135 abgedruckt.] — Walter Veit, Toposforschung. Ein Forschungsbericht. In: DVjs. 37 (1963), S. 120—163. [Diese Arbeit ist in diesem Band auf den S. 136—209 abgedruckt.] — Berthold Emrich, Topik und Topoi. In: Der Deutschunterricht. Jg. 18 (1966), Heft 6, Beiträge zur literarischen Rhetorik, S. 15—46. [Diese Arbeit ist in diesem Band auf den S. 210—251 abgedruckt.] — In demselben Heft: Heinrich Lausberg, Rhetorik und Dichtung, S. 47—91. — August Obermayer, Zum Toposbegriff der modernen Literaturwissenschaft. In: Jahrb. des Wiener Goethe-Vereins. N. F. der Chronik. Bd. 73 (1969), S. 107—116. [Diese Arbeit ist in diesem Band auf den S. 252 bis 267 abgedruckt.] — Die genannten Arbeiten werden im Text mit dem Namen der Autoren und nach den Seiten dieses Bandes zitiert.

bewährtes „heuristisches Prinzip" (92) oder, um es mit den Worten von Berthold Emrich auszudrücken, „in der Umkehrung eines Systems, das der literarischen Produktion diente, zu einem *Instrument des Textverständnisses*" (251).

Für Curtius und die durch ihn begründete Toposforschung geht es bisher erstens um die „genetische Erkenntnis literarischer Form-Elemente", wie er selbst sagt. Dabei verliert er sich in die Tiefenpsychologie C. G. Jungs und nennt die Topoi Archetypen, „Anzeichen einer veränderten Seelenlage [...] die auf keine andere Weise greifbar sind", die zeitlose „Urverhältnisse des Daseins" betreffen und „unser Verständnis der abendländischen Seelengeschichte" vertiefen (92). Zweitens und vor allem sind Topoi, für Curtius und andere, Beweismittel für die historische Kontinuität in der Literatur. Die Toposforschung dient dem Erkennen des traditionellen literarischen Gutes, bestätigt Otto Pöggeler (25).

Einige Kritiker von Curtius' Anschauung verlangen die Erforschung des inhaltlichen Wandels der Topoi in ihrem geschichtlichen Veränderungsprozeß, gegenüber der bloßen Feststellung der Denk- und Ausdrucksschemata in ihrer formalen Erstarrung und Traditionsgebundenheit. Hierbei berufen sie sich auf Curtius' eigene und unklare Formulierung vom „Gesetz der Diskontinuität: der schöpferischen Entwicklung", nach dem das Bedeutsame in der Geschichte geschehe.[3] Nicht weniger undeutlich hebt Curtius bei der Erörterung der „historischen Topik", wie wir gesehen haben, die „veränderte Seelenlage" hervor, für welche die Topoi „Anzeichen" sind; oder er sieht den historisch-wandelbaren Charakter „bei allen poetischen Topoi" nur im „Stil der Aussage" (92). Schon 1938 schreibt er: „Aber die Topoi sind nicht starre, unveränderliche Schemata. Ihre Bedeutung und Tragweite wechselt mit ihrer historischen Umwelt."[4] Ansätze zu einer grundsätzlichen oder durch-

---

[3] Curtius, Über die altfranzösische Epik I. In: Zeitschr. f. Rom. Phil. 64 (1944), S. 233—320. Auf die Formulierung des geschichtlichen „Gesetzes der Diskontinuität" für die Anwendung des Topos berufen sich Pöggeler (106 [in diesem Band S. 24]), Veit (128 [in diesem Band S. 144]) und Emrich (17 [in diesem Band S. 213]).

[4] Zur Literarästhetik des Mittelalters II. In: Zeitschr. f. Rom. Phil. 58 (1938), S. 141. [In diesem Band S. 17.]

gehenden Erörterung des Bedeutungswechsels der Topoi im Lauf der Geschichte finden wir bei ihm jedoch nicht.

Hugo Friedrich betont Curtius gegenüber die jeweils „neue Organfunktion der Topoi im persönlichen Werk",[5] Walter Veit den „funktionalen Zusammenhang zum einzelnen Werk" (144) und die „Aufdeckung" der geschichtlichen „Seinsstruktur" durch die Topoi (161), Otto Pöggeler den topologischen „Hinweis auf ein geschichtliches, auf ein sich wandelndes Wesen [der Dichtung]" (127). Sehr vage sagt er von den „dichtungstheoretischen Topoi" (wie „Dichtung als verborgene Theologie" und „Göttlicher Dichterwahnsinn"): „In ihnen kann sich eine immer neu eingenommene Haltung ausprägen (77)." Oder er meint: „Der gleiche Topos kann mit ganz verschiedenem Geiste erfüllt werden", wenn zwei Autoren dieselben Topoi gebrauchen (114). Abgesehen von den nichtssagenden geistesgeschichtlichen Phrasen über eine Aufdeckung der geschichtlichen Seinsstruktur, über das sich wandelnde Wesen der Dichtung und die Erfülltheit mit verschiedenem Geist bezieht sich diese bisher nur angedeutete und für möglich gehaltene geschichtliche Funktion des literarischen Topos entweder auf den schöpferischen Dichter oder das einzelne Werk oder die Entwicklung eines bestimmten Topos im Verlauf der Geschichte.

Pöggeler spricht zwar im Anschluß an die ›Topik‹ des Aristoteles[6] von „Toposforschung und dialektischem Denken" (82—93) und hat 1970 einen Aufsatz über ›Dialektik und Topik‹ veröffentlicht.[7] Jedoch meint er nicht die wissenschaftliche Anwendung des Hegelschen Prinzips der aus dem Widerspruch resultierenden Bewegung auf den historischen Gebrauch des Topos, sondern „Toposforschung als Topologie des Gespräches" (78), Geschichte als „das große Gespräch" (78) und, wiederum sehr nebelhaft, „Dialektik und Topik" als „das Gespräch, das im sublunarischen Bereich des Werdens und Vergehens geführt wird und das sich immer neu auf

---

[5] Vgl. Schweizer Monatshefte 29 (1949), S. 502—505.

[6] Aristoteles behandelt vier Arten von Topoi, mit deren Hilfe wir, wie er sagt, dialektische Schlüsse aus wahrscheinlichen Sätzen bilden können, ohne in Widerspruch zu geraten (Top. 100 a, 18).

[7] In: Hermeneutik und Dialektik 2 (1970), S. 273—310.

den Weg machen muß, um sein Ziel zu erreichen" (88). Es ist
natürlich nicht verwunderlich, daß eine solche esoterische Gesprächs-
Topik für Pöggeler „nur zu einem wahrscheinlichen Wissen" (92)
und nie zu einem wissenschaftlich-praktischen Ziel führen kann.
Hier ist weder von Dialektik als philosophischer Beweisführung
noch von der aller geistigen Bewegung zugrunde liegenden dialektischen Gesetzmäßigkeit die Rede, sondern nur von Dialektik in
einem weiten und ungenauen etymologischen Sinn als 'Kunst der
Unterredung'.

In den neueren Forschungen von Veit und August Obermayer
wird zum erstenmal ein gewisses Verständnis für den gegensätzlichen Wechsel und die umfunktionierende Wandlung des Topos
sichtbar. Veit beobachtet in der mittelalterlichen Literatur nicht nur
das Entstehen neuer Topoi, worauf Curtius einen so großen Wert
legte, „vielmehr ist es der nicht weniger wichtige Vorgang, daß alte
Topoi einen neuen Bedeutungshorizont gewinnen, der den alten
völlig negiert oder doch nur sehr vage erkennen läßt, in jedem
Fall aber auf ihn verweist" (161). Veit liest aus dem Bedeutungs-
wechsel des Topos gleichsam Hegels dialektisches Gesetz der Negation der These in der Antithese ab, schränkt dann aber seine
Bemerkung gleich wieder ein und stellt auch die Hegelsche Aufhebung der Negation in der Synthese, nämlich in dem folgenden,
neuen Bedeutungsinhalt desselben Topos, nicht mehr fest; denn es
geht ihm hier nicht so sehr um die Funktionalität des Topos, als um
eine Denk- und Seinsstruktur im Bild des Mittelalters. Im letzten
Kapitel seines umfassenden Forschungsberichtes über die Untersuchungen einzelner Topoi in längeren literarischen Zeiträumen
kommt Veit zu dem Ergebnis, daß ein Topos erst dann richtig
erfaßt wird, wenn neben dem Beharren auch seine „Wandlung
unter den geistigen Bedingungen der Zeit" (195) erkannt wird
und daß so der Topos zur „Spiegelung des Zeitgeistes" werden
kann (196). Dennoch geht es Veit abschließend nicht um die zeitgeschichtliche Funktion, sondern, wieder allzu weitgreifend und
philosophisch, um die „in den Topoi formelhaft vorgetragenen
Auslegungen wesentlicher Aspekte des Seins" (208) oder nur
um „die Interpretation des 'Stellenwertes' im einzelnen Kunstwerk" (209).

Obermayer unterscheidet zwischen der Manifestierung eines
Topos, der einmal „mit gleichbleibendem Denkinhalt und gleichbleibender Bedeutung literarisch wirksam wird", und der in zweiter
Möglichkeit, „mit den wechselnden geistigen Situationen [. . .] die
Bedeutung [. . .] wiederholt verändern [kann], so daß zwar die
sprachliche Erscheinungsweise unverändert ist, die Bedeutung
jedoch verwandelt erscheint" (264). Für die Manifestierung „gleichbleibender Bedeutung" gibt er als Beispiel den Topos der glücklichen, weit in der Vergangenheit liegenden „Goldenen Zeit"; für
die Manifestierung „wiederholt veränderter" Bedeutung den Topos
„Goldene Zeit", wie ihn Walter Veit als in die Vergangenheit
weisende „Denkform von Zeit und Ewigkeit" in der Antike und
als „die jeweils schlechteste der bisher vorhanden gewesenen Zeiten" in der Gegenwart nachgewiesen habe. Natürlich handelt es sich
hier in Wirklichkeit um ein und denselben Topos gleichbleibenden
Namens, nämlich „Goldene Zeit", der sich nicht grundsätzlich,
sondern nur zeitgeschichtlich so stark geändert hat, daß sein zweiter
Bedeutungsinhalt den ersten völlig negiert, direkt aufhebt. Der
Topos zeigt eine „gleichbleibende Bedeutung" lediglich für eine
gewisse Zeitspanne, hier der Antike. Ebenso ist die zweite, entgegengesetzte Bedeutung nicht nur verschieden, sondern für die
Dauer einer bestimmten Epoche auch wieder „gleichbleibend".
Wenn Obermayer, völlig richtig, dann noch die neue Manifestierung des Topos „Goldene Zeit" in der Formulierung des marxisti-
schen, dialektischen Materialismus als Erfüllung der Geschichte in
der Zukunft heranzieht und diesen als „Denkform der Zukunft"
bezeichnet, so wird damit in Wirklichkeit der grundsätzliche dialektische Charakter des Topos offenbar gemacht: die Vorstellung
'glückliche Vergangenheit' ist antithetisch aufgehoben in der Bedeutung 'bisher schlechteste Gegenwart' und wird durch die Negation
in dialektischer Bewegung synthetisch neu gesetzt als 'gleiches
Glück für alle in einer klassenlosen Gesellschaft der Zukunft'.

In einer kürzlichen Veröffentlichung stellt Obermayer abschließend fest, daß einige, von verschiedenen Gelehrten in anderen
Werken bereits untersuchte Topoi in den Dramen Grillparzers
durch „psychologische Differenzierung einen Gegensatz zur traditionell verfestigten Wirksamkeit der Topoi" ausdrücken und so die

Überlieferung zugleich bewahren und verändern.[8] Eine Gesetzmäßigkeit von Bewahren und Verändern oder einen dialektischen Wechsel sieht Obermayer nicht. An Stelle einer zeitgeschichtlich bedingten Verwendung, wie er sie vorher in seiner Auffassung über den Topos „Goldene Zeit" wenigstens angedeutet hatte, glaubt er hier, daß der Gebrauch des Topos sich nach der „Gefühlshaltung" des einzelnen Dichters gegenüber der literarischen oder geistigen Tradition richte. Wörtlich meint er: „Die der Verwendung der Topoi zugrunde liegende Gefühlshaltung ist hier eindeutig das Bedürfnis, Überliefertes und Bewährtes zu erhalten, es aber gleichzeitig weiterzuentwickeln und zu vervollkommen." Demgegenüber ist festzustellen, daß dem Gebrauch sprachlicher Ausdrucksmittel — wie sie die Topoi offensichtlich sind — weder eine Gefühlshaltung oder tradierendes Bedürfnis noch eine veränderte Seelenlage (Curtius) oder geistige Haltung (Pöggeler) oder eine Denk- und Seinsstruktur (Veit) zugrunde liegen, als vielmehr der rein sprach- und ausdruckstechnische Gesichtspunkt 'Wie sage ich das?' Ebenso kann die Beantwortung der Frage nach der sich in der Geschichte wandelnden Bedeutung des Topos nicht, wie bisher, von einer ausgesprochen geistesgeschichtlichen, philosophischen oder psychologischen Auffassung her versucht werden, sondern sie muß sich aus der jeweiligen zeitgeschichtlichen Ausdrucksfunktion des Topos ergeben. Wie Curtius die Kontinuität der literarischen Tradition aus der Geschichte einzelner antiker Topoi in der mittelalterlichen europäischen Literatur bewies, so soll hier das von ihm fälschlicherweise mit dem vagen und nicht faßbaren Begriff der „schöpferischen Entwicklung" identifizierte „Gesetz der Diskontinuität" am Beispiel des Wandels einzelner Topoi aufgezeigt werden. Die sich wandelnde zeitgeschichtliche Funktion literarischer Topoi in ihrer allgemeinen Gültigkeit und Gesetzmäßigkeit soll daher im folgenden an der Verwendung zweier wesentlicher Topoi, des antiken Topos des Dionysischen in der antiken und deutschen Literatur, und des biblischen Ausdrucks der „abundantia cordis"

---

[8] August Obermayer, Die Topoi und ihre psychologische Differenzierung in den Dramen Grillparzers. In: Jahrb. der Grillparzer-Gesellschaft. 3. Folge. Bd. 8 (1970), S. 84—85. [In diesem Band S. 297—298.]

im deutschen Schrifttum nach Luther, in einem zusammenfassenden
Überblick nachgewiesen werden.[9]

I

Dionysos, oder Bacchus, ist im Altertum Gott und Metonym des
Weines und seiner rauschhaften Wirkung, die man später als das
Dionysische bezeichnet. In einem der ältesten literarischen Werke
des klassischen Griechenlands, in der ›Ilias‹ (VI 130), spricht Homer
vom „rasenden" Gott. Wenn diese Bezeichnung bereits negativ
gemeint ist, so kann man aus dem etwas jüngeren Zeugnis des
dem Hesiod zugeschriebenen ›Schildes des Herakles‹ (399), daß
nämlich Dionysos den Menschen mit dem Wein Freude *und* Leid
gegeben habe, die Synthese von positiver und negativer Bedeutung
ablesen. Ebenso hebt ein etwas jüngeres, von Heraklit überliefertes
Fragment (15) den Gegensatz von Sexuellem und Religion, insofern
er damals überhaupt bestand, von Leben und Tod, von Raserei und
Feier auf: „Wenn es nicht Dionysos wäre, dem sie die Prozession
veranstalten und das Lied auf den Phallos singen, so wäre es ein
ganz schamloses Treiben. Derselbe aber ist Hades und Dionysos,
dem sie rasen und den sie feiern." Oder man kann die Vereinigung

---

[9] Meine folgenden Einzeluntersuchungen werden hier zugrunde gelegt
und ausgewertet:

Das Dionysische — Entwicklung eines literarischen Klischees. In:
Colloquia Germanica 3 (1967), S. 253—262.

Die zeitgeschichtliche Funktion des dionysischen Topos in der romantischen Dichtung. In: Gestaltungsgeschichte und Gesellschaftsgeschichte. In
Zusammenarbeit mit Käte Hamburger hrsg. von Helmut Kreuzer. Stuttgart 1969, S. 265—283.

Zur Psychologie des Dionysischen in der Literaturwissenschaft. In:
Psychologie in der Literaturwissenschaft. Viertes Amherster Kolloquium
zur modernen deutschen Literatur 1970. Hrsg. von Wolfgang Paulsen.
Heidelberg 1971, S. 79—111.

„Fülle des Herzens" — Ein biblischer Topos der dichterischen Rede in
der romantischen Literatur. In: Jahrb. der Deutschen Schillergesellschaft 15
(1971), S. 133—156.

derselben Gegensätze aus der bekannten Ableitung der abendländischen Tragödie und Komödie aus dem Mythos und Wesen des Dionysos ablesen, wie sie Aristoteles formulierte: „Sie [die Tragödie] entstand aus Improvisationen, ebenso wie die Komödie, erstere durch die Dichter des Dithyrambos, letztere durch die Dichter der phallischen Gesänge, wie sie noch in vielen unserer Städte beim Gottesdienst gesungen werden" (Poetica 1449 A).

Wollen wir die wichtigsten literarischen Zeugnisse der frühen Antike weiterhin chronologisch verfolgen, so schildern die ›Bakchai‹ des Euripides Dionysos als den großen, gewalttätigen Gott, der seine heiligen Orgien machtvoll verbreitet, während er uns ein Lebensalter später in den ›Fröschen‹ des Aristophanes als ein rüpelspielender Schwächling erscheint, der seine eigenen Riten als obszöne Zechgelage verhöhnt. Den Eindruck des bewußten rhetorisch-literarischen Gegensatzes zu der vorhergehenden Dionysosauffassung der ›Bakchai‹ weiß Aristophanes noch dadurch zu erhöhen, daß er Dionysos den Euripides aus der Unterwelt heraufholen läßt, um ihn im Wettstreit mit Aischylos scharf zu kritisieren. In den Gesängen der großen und öffentlichen dionysischen Kultfeiern der folgenden Zeit, und noch mehr in den hellenistischen Mysteriengemeinschaften, werden diese gegensätzlichen Meinungen über den Gott wieder aufgehoben und gewissermaßen erhöht in beseligende Auferstehungs- und Erlösungsriten. Zugleich erkennen wir auch, daß die antithetischen Aussagen über Dionysos, sowohl in ihrem Wechsel als auch in ihrer Aufhebung, der jeweiligen allgemeinen Auffassung und Zeittendenz entsprechen. Homers negatives Dionysoszitat stimmt mit der anthropomorphen Anschauung seiner Zeit überein, in der die Dichter den Göttern menschliche Leidenschaften und Schwächen zutrauen. Heraklit und Aristoteles verbinden in ihren Urteilen über Dionysos die vorhomerische, chthonisch-dämonische Göttervorstellung mit einer neuen, mehr humanen und ästhetischen Religiosität. Euripides, der aufgeklärte Schüler der Sophisten, analysiert, der Zeittendenz gemäß, die Bedeutung des Kultes, das Wesen der Götter und die leidenschaftliche Natur des Menschen. Dieser Haltung entsprechend setzt er ein neues, rational psychologisch motiviertes und positives Dionysosbild, dem der kritisch-konservative Aristophanes einen entgött-

lichten und politisch abgewerteten Dionysos entgegenstellt, während
die folgende Aufhebung dieser Antithetik in sinnbildliche Allegorik
und geheimnisdeutende Mystik wieder der Nivellierung und dem
geläuterten Bildungsstreben des hellenistischen Zeitalters entspricht.
Zu der gehobenen und 'gereinigten' Anschauung von Dionysos,
wie sie im Geheimkult der sich über Griechenland und Unteritalien
ausbreitenden Mysterien vertreten wird, steht die politische Auffassung des römischen Senatsbeschlusses von 186 v. Chr. gegen die
geheimen Bacchanalia in drastischem Widerspruch. In dem von
Livius (XXXIV 8—18) ausführlich geschilderten Skandalprozeß
gegen 7000 dem Dionysos geweihte Männer und Frauen werden
schwere Anschuldigungen geheimer Verbrechen, sexueller Ausschweifungen und scheußlicher Greueltaten erhoben und der Kult
für das gesamte Römische Reich verboten. Ungefähr 140 Jahre
später läßt Caesar die dionysischen Mysterien wieder in Rom zu,[10]
und seit Markus Antonius feiern römische Feldherren und Kaiser
im Stil der dionysischen Feste der Ptolemäer ihre Siege und lassen
sich als „Neo-Dionysos" verehren. Im spät- und nachhellenistischen
Synkretismus der antiken Religionen wird dann der mystische
Dionysos so stark mit sakramentalen und Jenseitsvorstellungen verbunden, daß er für die Zeitgenossen der frühen Christen als ein
anderer „Heiland" mit Christus und dem christlichen Mysterium
von Brot und Wein identisch wird. Noch Augustinus schreibt von
seinen Zeitgenosssen: „Nicht wenige sind in dem verwerflichen
Wahn befangen, daß wir [die Christen] in Brot und Wein den
Dionysos verehren."[11] Die Nähe und Ähnlichkeit des Dionysos
mit der Person des leidenden und wiederauferstandenen Christus
und des dionysischen Wein-Blut-Topos mit dem Sakrament der
Eucharistie haben die apologetischen Kirchenväter, vor allem
Justinus der Märtyrer und Clemens von Alexandrien, hervor-

---

[10] Servius Maurus Honoratus, ad Verg. Ecl. V, 29: „Caesarem constat
primum sacra Liberi patris Romam transtulisse!" Mit dem Namen „Liber
pater" drückten die Römer die im Wein „befreiende" Wirkung des Gottes
aus.

[11] De haeresibus, cap XIII: „Pejus desipiens, quam nonnulli, qui nos
propter panem et calicem et Liberum colere existimant."

gehoben und als besondere Gefahr für die junge Kirche scharf bekämpft. In diesem Existenzkampf wurde jede Erinnerung an den Erlöser-Dionysos der Mysterien für das Mittelalter restlos ausgerottet.

Wir können aber nur mit erheblichen Einschränkungen aus diesen Zeugnissen einen dialektisch fortschreitenden Wechsel der antiken Dionysosauffassung nach dem Schema 'These, Antithese, Synthese' ablesen und eigentlich noch nicht eindeutig beweisen, daß die einzelnen positiven, negativen und den Gegensatz wieder aufhebenden Dionysosversionen den jeweiligen religiösen, sozialen und z. T. auch politischen Anschauungen entsprechen. Denn der Versuch einer Abgrenzung einzelner Zeitabschnitte, von heute aus über 2000 bis 3000 Jahre zurückblickend, ist ungenau und fragwürdig. Andere, meist weniger profilierte und nur fragmentarische Aussagen des frühen Altertums über Dionysos entsprechen nicht unserem Schema; die meisten können zeitlich und in ihrem größeren Text- oder Sinnzusammenhang nicht eindeutig genug bestimmt werden. Wohl aber beweisen die angeführten und auch die hier nicht erwähnten Zeugnisse über Dionysos einen antithetischen und dauernd wechselnden Charakter. Es erscheint uns daher unberechtigt, wie oben zitiert, etwa von der ursprünglichen „gleichbleibenden Bedeutung" des Topos einer „weit in der Vergangenheit liegenden Goldenen Zeit" zu sprechen; denn diese alten literarischen Quellen sind für uns nur deshalb 'erste Zeugnisse', weil wir keine anderen kennen. Wir haben keine Berechtigung anzunehmen, daß die negative und früheste uns erhaltene Erwähnung des „rasenden" Gottes durch Homer auch die ursprüngliche Bedeutung des Dionysos wiedergibt. Erstens wissen wir, daß Dionysos nicht zu den olympischen Hauptgöttern im Sinn Homers zählt und keine besondere Rolle in seinem Werk spielt. Zweitens findet sich der Name Dionysos bereits auf zwei Tontäfelchen der 1952 entzifferten mykenischen Linear-B-Schrift und beweist, daß der Gott schon um 1500 v. Chr. im mykenischen Kulturbereich verehrt wurde.

Inwiefern aber und wann wurde der Name Dionysos als ein Topos aufgefaßt oder gebraucht? Definitiv seit der nachgewiesenen Ausbildung und Pflege der Rhetorik und kunstmäßigen Prosa in Unteritalien, Sizilien und Griechenland im fünften Jahrhundert

v. Chr., als das Lob des einzelnen Gottes aus seinem zuständigen
Naturbereich, seiner speziellen Gabe für die Menschen, seinen
mythologischen Taten, seiner Abstammung, Unsterblichkeit und
Nachkommenschaft (so Quintilians spätere Tabelle der „Lobgegenstände der Götter") fester Bestandteil der drei Redegattungen und
der Exkurse epischer und dramatischer Dichtung geworden war.
Das bedeutet, daß Dionysos mit allen Einzelheiten seiner verschiedenen Mythen in den Werken der drei großen Dramatiker Aischylos, Sophokles und Euripides sowie in den Dialogen und Schriften
der Sophisten, Platons und der folgenden Philosophen als Topos
gebraucht wird. Seine rhetorische Verwendung bedingt auch besonders die dialektische Art des Gebrauches von gegensätzlichen
Standpunkten und verschiedenen „Vertretbarkeitsrangstufen" des
honestum, dubium, admirabile, humile und obscurum genus des
allgemeinen Richtigkeitsempfindens aus. Ebenso dialektisch schließt
das Lob der Rede den Tadel ein, und auch die oben genannte
Tabelle meint ausdrücklich „Gegenstände des Lobes und Tadels"[12].
Zwei gegensätzliche Standpunkte können sowohl innerhalb derselben Rede oder Dichtung als auch durch zwei verschiedene Reden
oder Werke vertreten werden. Mit der Ausdehnung des dialektischen Gegensatzes auf verschiedene rhetorische oder literarische
Werke ist auch die Voraussetzung zu einer bewußten zeitgeschichtlichen Dialektik in der Rhetorik und Literatur gegeben. Hier
kommt zwar noch die poetische Forderung hinzu, wie sie Horaz
später formulierte, daß nämlich der hervorragende Dichter das
bekannte Wort in sinnvoller Verbindung neu wiedergibt.[13]

Wie Dionysos mit dem Ursprung der Tragödie und Komödie in
ursächlicher Beziehung steht, so ist er auch mit dem Beginn der
griechischen Lyrik eng verbunden. Das Lob des Gottes auf dem
ältesten kultischen Fest der Dionysien wurde in der zunächst un-
regelmäßigen Form des hymnischen Chor- und Reigenliedes, des
Dithyrambos, gesungen. 'Dithyrambos' ist zugleich ein alter Name
des Dionysos. D. h., der Gott ist mit dem Dithyrambos, dem Preis-

---

[12] Vgl. hierzu und zum folgenden Heinrich Lausberg, Handbuch der
literarischen Rhetorik, München 1960, § 63—64, 240—243.
[13] Horaz, De arte poetica, 47.

lied zu seinen Ehren, inhaltlich und formal als Topos identisch. Das am Altar des Gottes unter Flötenbegleitung und mit mimischen Gebärden von tanzenden Satyrn im Wettstreit aufgeführte Preislied des Dithyrambos ist nach der zitierten Definition des Aristoteles und der sagenhaften Bezeichnung als 'Bocksgesang' zugleich der Ursprung der Tragödie. So erscheint Dionysos als der Ursprungs-Topos der griechischen Lyrik *und* Dramatik. Der lyrische Dionysos-Topos beginnt mit dem sagenhaften Dichter und Sänger Arion des siebten Jahrhunderts, der dem Dithyrambos seine feste Form als Chorlied und dramatischen Bocksgesang zu Ehren des Gottes gegeben haben soll. Als solches bezeugt Archilochos den Dithyrambos im gleichen Jahrhundert. Hundert Jahre später ändert Simonides das Preislied zu Ehren des Dionysos um zum Enkomion, zum Siegeslied für den siegreichen Helden der Olympischen National-spiele, sein Neffe Bakchylides zur dialogischen Heroenballade. Der berühmte Pindar aber setzt das Heldenlied in strengem antithe-tischem Aufbau aus dem lokalen Heimatdialekt in die dorische Kunstsprache um und macht den Göttermythos erneut zum Mittel-punkt des Liedes, aber jetzt als frommen Preis der ruhmreichen Vergangenheit. So verbindet und erhebt Pindar den Gegensatz zwischen dem ursprünglichen kultischen Dithyrambos und der Heldenballade zum religiös-nationalen Feierlied einer heldisch-ritterlichen Zeit. Dionysos gehört jetzt als Weingott zum Requisit der nationalen Siegesfeier: „Mische ihn einer, den süßen Sprecher des Festlieds, / Und teile ihn aus, des Weinstocks gewaltigen Sohn", und inspiriert den seherischen Dichter des athenischen Frühlings-festes: „Deutliche Zeichen dem Seher gebend bleibt er nicht ver-borgen, / Wenn geöffnet ist das Gemach der purpurgewandeten Horen / Und der duftende Frühling herbeiführt die göttlich-quellenden Pflanzen."[14]

Vom Preis der Feste und Spiele handeln auch die ältesten uns erhaltenen Epigramme des Anakreon aus der zweiten Hälfte des sechsten Jahrhunderts, die den Weihegeschenken an Dionysos bei-gegeben waren. Von drei vollständig überlieferten, echten Liedern

[14] Nemea 9 und Fragment. Übertragung nach Wilamowitz, Griechische Verskunst. Berlin 1921, S. 310.

des Anakreon ist das zweite dem Dionysos gewidmet. Hier finden
wir zum erstenmal die Verknüpfung des Gottes mit der Bitte um
Erfüllung menschlichen Liebesverlangens, indem Anakreon, in
neuer Verbindung, aus den orgiastischen Schwärmen des Dionysos
mit den Nymphen und mit Aphrodite dessen „Macht des Eros"
ableitet. In diesem bedeutenden Wechsel der dichterischen Funktion
des Dionysos ist zugleich die alte kultisch-orgiastische Verbindung
des Gottes zu den Frauen als Bakchen, Mänaden und Thyiaden
umgestellt ins Erotische, der männerfeindliche Gegensatz des Dionysos (zu Lykurgos und Pentheus) aufgehoben und der Anfang neuer
dionysischer Topoi, wie 'anakreontisch' und 'Bacchus-Venus',
gesetzt. Die bekannteren, tändelnd-süßlichen 'Anakreonteia' der
hellenistischen und nachhellenistischen Zeit sind weniger schwache
Nachahmungen des Anakreon, sondern stellen einen weiteren
Wandel von den ursprünglichen, religiös-feierlichen Gesängen zu
den genußfrohen dionysischen Trink- und Liebesliedern dar, die
wiederum den veränderten Geist ihrer Zeit 'in nuce' widerspiegeln.
Der zeitgebundenen Einstellung und Auflösung des alten Götter-
glaubens im zweiten nachchristlichen Jahrhundert entsprechend,
wendet Lukian den Dithyrambos-Topos völlig negativ an und läßt
in seinem satirischen Dialog ›Timon oder der Menschenhasser‹ einen
Trinkgenossen dem anderen zum Zechgelage sozusagen als neuen
Schlager „einen von den eingelernten Dithyramben" mitbringen.
Dionysos ist überhaupt für Lukian das bevorzugte Mittel seiner
radikalen Religionsspöttereien.[15] Während er in seinen späteren
Schriften den Mystizismus und Aberglauben seiner Zeit besonders
in den dionysischen Mysterien satiriert, persifliert er in seinen
frühen Dialogen über die Weingelage und erotischen Eskapaden
der Götter die anakreontische Moderichtung seiner Zeit.

Daß die heiteren Oden eines Catull, Horaz und Ovid das anakreontische Thema 'Wein und Liebe' im Rom der Kaiserzeit unter

---

[15] Lukian verwendet Dionysos zur Verspottung des Götterhimmels im
2., 9., 18. und 23. ›Göttergespräch‹, im ›Gespräch der Meergötter‹, im
14. ›Totengespräch‹, in den Dialogen ›Über die Pantomimik‹, ›Das Gast-
mahl oder die Lapithen‹, in seiner ›Wahren Geschichte‹, in der ›Götterver-
sammlung‹ und in den Schriften ›Über das Lebensende des Peregrinus‹,
›Alexander oder der Lügenprophet‹ und ›Von der syrischen Göttin‹.

dem neuen Aspekt abgeklärter Lebensweisheit in virtuoser Form-
beherrschung fortsetzen, ist hinlänglich bekannt. Die veränderte
Funktion des Dionysischen in ihren Liedern wird dagegen leicht
übersehen. Horaz gebraucht in einer Reihe seiner Oden den Dionysos der Mysterien in einer neuen Weise. In der Ode I 18 fühlt er
sich als Hüter des dionysischen Geheimnisses, das er nicht aus-
plaudern darf, und bittet den Gott um Bändigung seiner Ekstase;
in der folgenden Ode entfachen ihn das anakreontische Paar Bacchus
und Venus zu „ungebundener Zügellosigkeit". Dionysische Mysterien verbindet er mit dionysischem Rausch in der Ode II 19 zur
neuen Auffassung von Dionysos als dem Lehrer der Dichtkunst:
„Bacchum in remotis carmina rupibus / Vidi docentem, credite
posteri. — In der verborgenen Felsengrotte habe ich Bacchus die
Dichtkunst lehren sehen. Glaube mir Nachwelt!" In den nächsten
Versen fühlt er sich von der Ekstase „voll des Gottes" ergriffen,
und „göttliches Gebot" ist es für ihn, die Großtaten des Gottes zu
singen. „Quo me, Bacche, rapis tui / Plenum" beginnt jene berühmte
Ode III 25, die Hamann, Hölderlin und Novalis später in jeweils
verschiedener Auffassung zur Formulierung ihrer neuen Anschauung von rauschhafter Dichtkunst verwenden.

> Wohin reißest du mich, Bacchus,
> Voll von Begeisterung?
> [. . .]
> Neu und herrlich erklingt mein Lied,
> Wie kein Mund es noch sang!

Das ist Dionysos als neuer Topos ekstatisch-leidenschaftlicher Dichtkunst, wie ihn Horaz als erster hier und in anderen Oden, Ge-
sprächen und Briefen verkündet.[16] „Cliens Bacchi", „Schützling des
Dionysos", nennt er im Brief II 12 den Dichter des „waldigen
Hains" und der „bergenden Schatten" der Nacht. Der 22 Jahre
jüngere Ovid berichtet in den ›Tristia‹, daß Horaz zur sodalitas
poetarum, einer Kultgemeinschaft des Liber-Dionysos, gehört habe;
nach ›Amores‹ III 15, 17 könnte Ovid selbst ein Mitglied dieser
sodalitas gewesen sein. Möglicherweise hat Horaz einige seiner

---

[16] Oden I 32; III 21; IV 8; IV 15; Gespräche I 13; Briefe I 19; II 12.

dionysischen Mysterienoden als eingeweihter Myste geschrieben und sich und andere Dichter-Mitglieder der dionysischen Kultgemeinschaft als „Schützlinge des Dionysos" gesehen. Auch für Ovid ist Dionysos ein Gott der Dichtkunst. Bei ihm sind die Dichter nicht mehr wie Apollon mit dem Lorbeer bekränzt, sondern mit dem Efeu- und Weinlaubkranz des Dionysos (Tristia I 7, 2).

In Verbindung mit dem Motto 'Dionysos, Gott der Dichtkunst' formuliert Horaz einen zweiten neuen dionysischen Topos, den man später irrtümlicherweise und völlig unbegründet auf Luther zurückzuführen sucht: Wein, Weib und Gesang. Der Bund zwischen Bacchus, Venus und den Grazien soll in der Ode III 21 im Wein beschlossen sein, während es im Brief an Maecenas (I 19) heißt: „Seit Bacchus seinen Satyrn und Faunen berauschte Dichter beigesellt hat, wird es die Regel, daß die holden Musen frühmorgens Wein ausatmen." Schon die griechische Antike kannte eine persönliche Verbindung des Dionysos zu den Musen,[17] aber die Identifizierung des Gottes mit dichterischer Produktion und die Formulierung 'Bacchus, Venus und die Musen' finden wir erst bei Horaz, anschließend dann auch bei Ovid und anderen römischen Dichtern.[18] Bei Terenz treten in der Komödie ›Eunuchus‹ an Stelle der Musen die Freuden des Bauches in der Person der Ceres, der Göttin der Getreidefrucht: „Sine Cere et Libero friget Venus." Vorher bildeten Dionysos und Ceres als 'Liber et Libera' die heilige Formel von 'Wein und Brot', in der sie schon in einem 493 v. Chr. geweihten römischen Tempel verehrt wurden. Der Kirchenvater Minucius Felix zieht dagegen im zweiten nachchristlichen Jahrhundert in seiner Schrift ›Dialogus Octavius‹ zur Verteidigung des Sakra-

---

[17] Aischylos, Fragm. 60, nennt Dionysos mit dem Beinamen μουσόμαντις. Eine Inschrift auf der Insel Naxos gibt dem Gott den Beinamen des Apollon μουσαγέτης. Auch in Sophokles' Antigone (965) wird die Verbindung des Dionysos zu den Musen erwähnt.

[18] Z. B. Dionysos als Gott der Liebes- und Tragödiendichtung: Ovid, Amores I 3; III 1; III 15; Dionysos neben Apollon als Gott der Dichtung: Tibull III 4, 44; Properz III 2, 7; Dichter nicht mehr mit dem Lorbeer des Apollon, sondern mit dem Weinlaub und Efeu des Dionysos bekränzt: Ovid, Tristia I 7, 2; Properz II 526; IV 1, 62; Vergil, Eclogae III 25; VIII 13.

mentes von Wein und Brot und der christlichen Moral wieder die pejorative Bedeutung des Terenz vor, daß „es ein Spruch der Komödie ist, Venus verkümmere ohne Liber und Ceres" (XXI 2). Der zeitgeschichtliche Wandel des dionysischen Wein-Weib-Gesang-Topos in der deutschen Literatur wird in den folgenden Abschnitten weiterverfolgt.

Auch für Ovid sind Bacchus und Ceres, zwar in der klischeehaften Manier seiner leichten Liebesdichtung, Metonyme für Wein und Brot, so wie Liebe und Wein für ihn in Amor oder Venus und Bacchus verkörpert sind.[19] Ovid erotisiert den dionysischen Topos noch mehr als seine Vorgänger. Die Formulierung des literarischen Klischees der üppig-lüsternen Geliebten im lasziv-dekadenten Bild einer ruhenden Bacchantin geht auf ihn zurück: „Und wie stand es ihr gut, dies Lässige, wie der Bacchantin, / Wenn sie verwegen und matt daliegt im schwellenden Grün" (Amores I 14). Für Heinse, um nur *ein* späteres Beispiel für den Ovidschen Topos der Bacchantin herauszugreifen, ist die Geliebte des Ardinghello eine Bacchantin „in Gluth und Ueppigkeit" mit einem „lüsternen Blick und wollüstigem Lächeln".[20] Noch stärker als Ovid wertet Lukian im zweiten nachchristlichen Jahrhundert das Bild der Bacchantin ab, während der Schriftsteller Philostratos im folgenden Jahrhundert, im Zug einer allgemeinen letzten Aufwertung des Heidentums, in seinen ›Eikones‹ die in Liebe entzückte Bacchantin wie eine Heilige sieht: „Des Silens, der lüstern nach ihr greift, achtet die Bacchantin nicht; das Bild des Dionysos, den sie liebt, steht lebendig vor ihre Seele, und ihn sieht sie, obwohl er fern ist; denn die Blicke der Bacchantin schweben zum Äther empor und sind dort vom Geist der Liebe erfüllt" (II 17, 7). Ebenso führte Jahrhunderte vorher der konservative Priester Teiresias in den ›Bakchai‹ des Euripides das Konzept der keuschen Bacchantin gegen den aufgeklärt-antidionysischen Pentheus ins Feld (317—318). Auch die von Dionysos abgeleiteten

---

[19] Bacchus und Ceres z. B. in Amores III 2, 53; Amor und Bacchus in Amores I 3 und I 6.
[20] ›Ardinghello und die glückseeligen Inseln‹. Wilhelm Heinse, Sämmtliche Werke. Hrsg. von Carl Schüddekopf. Bd. 4, 2. Aufl., Leipzig 1907, S. 97. Im folgenden zitiert als Heinse, Werke.

316 Max L. Baeumer

Topoi, wie die 'liebeslüsterne Bacchantin', 'Wein, Weib und Gesang' und 'Wein und Brot', werden nach dem Prinzip des zeitgeschichtlich bedingten Wechsels in positiver und negativer Wertung gebraucht. In ihrer positiven, und noch mehr in ihrer negativen Bedeutung werden sie durch die wiederholte Anwendung oft zum Klischee. Den möglichen Klischeecharakter eines Topos zu verneinen, wie manche moderne Toposforscher im Gegensatz zu Curtius versuchen, würde bedeuten, den nachweisbaren Wechsel der Topoi zu einer negativen Bedeutung zu übersehen.

In zwei großen antiken Epen wird Dionysos als Verwandlungstopos im eigentlichen Sinn gebraucht, in Ovids ›Metamorphoses‹ und in den ›Dionysiaka‹ des Nonnos. Die im Titel und den einleitenden Versen formulierte Absicht Ovids ist, die Welt von ihrem Beginn bis zu seiner Zeit, in den „Verwandlungen" der Götter in immer neue Gestalten, als ein „perpetuum carmen" darzustellen. Hier fällt die mythisch-metamorphische Religions- und Geschichtsauffassung der Antike, wie sie Ovid schildert, zusammen mit der dichterisch-literarischen Bedeutung und Funktion des Dionysos-Topos in seinem dialektischen Wandel. Die mythischen Verwandlungsgeschichten des Dionysos machen den größten Teil des dritten und vierten Buches der ›Metamorphoses‹ aus. Das vierte Buch beginnt mit einer hymnischen Aufzählung der Ruhmestaten des Dionysos und insbesondere, nach der rhetorischen Vorschrift der epideiktischen Lobrede, mit einem Namenskatalog des Gottes. Die Namen nennen und enthalten zugleich die einzelnen Mythen und Taten des Dionysos und damit seine übertragenen 'topischen' Funktionen:

Bromius, Bacchus, Lyaeus rufen sie ihn
Und Feuergeborenen, zwiefach Erzeugten und allein zweimal Geborenen;
Dazu Nyseus, langgelockter Thyoneus,
Lenaeus und Pflanzer der freudebringenden Traube,
Nyctelius, Iacchus, Eleleus Vater und Euhan
Und die vielen Namen, die du, Liber, sonst noch trägst
Unter den Stämmen der Griechen.[21]

---

[21] Bromius, griech. „Lärmender", vom jungen Goethe gebrauchter Name für Dionysos in ›Wandrers Sturmlied‹; Lyaeus, griech. „Löser"

Anschließend werden chronologisch die einzelnen Mythen des Gottes als Wandlungen seines Wesens und die Metamorphosen seiner Gefolgschaft und der sich ihm Widersetzenden als die verwandelnde, gegensätzliche Wirkung des Dionysos als Beseligung oder Zerstörung geschildert.

Gebraucht Ovid, dem literarisch-historischen Thema seiner ›Verwandlungen‹ gemäß, den dionysischen Topos in seiner Gegensätzlichkeit, so kommt es dem Nonnos, der zwischen 390 und 450 n. Chr. in Panopolis in Ägypten lebte, auf eine alle vorhergehenden Gegensätze aufhebende, großartige und verklärende Synopse der gesamten dionysischen Mythen an. Das im übertriebenen Barockstil des späten alexandrinischen Hellenismus in 48 ausgedehnten Gesängen angelegte Werk der ›Dionysiaka‹ — die letzte große griechische Dichtung vor dem Untergang der römisch-griechischen Welt und das umfangreichste Werk der Antike überhaupt — schildert die Taten und Leiden, den indischen Siegeszug und die verklärende Himmelfahrt des dreifachen Dionysos: des orphischen, von den Titanen zerrissenen Zagreus, des aus Semele wiedergeborenen, siegreichen Bakchos und des in den eleusinischen Mysterien auferstehenden Iakchos. Dionysos ist hier in dem verwandelnden Dreischluß von Tod, Wiedergeburt und Auferstehung ein antiker Heiland, der als „Sorgenbrecher" das Leid der Menschen durch die Erfindung und Verbreitung des Weines lindert und den ihm Ergebenen die Versetzung in den ewigen Kranz der Sterne bereitet. Nonnos verwendet den dionysischen Topos zu einer letzten, großen Religionssynthese der heidnischen, antiken Literatur seiner Zeit, bevor er selbst Christ wird und bevor die heidnische Welt versinkt. Nach dem Dionysos-Topos des Nonnos formuliert 1300 Jahre später Schelling in seiner ›Philosophie der Offenbarung‹ die dialektische These von der Selbstidentifizierung des Absoluten im geschicht-

(nämlich der Wein als Sorgenlöser); Nyseus, in Nysa (von den Nymphen) aufgezogen; Thyoneus, Sohn der Thyona (= Semele); Lenaeus, der Dionysos des Lenäenfestes, auf dem die Komödien und Tragödien aufgeführt wurden; Nyctelius, griech. „Nächtlicher". Iacchus, Dionysos als „jubelnder" Sohn des Zeus und der Demeter; Eleleus und Euhan, beide aus dionysischen Jubelrufen gebildete Namen.

lichen Bewußtsein der Griechen in den Potenzen und Erscheinungsformen des dreifachen Dionysos, als Gegensatz und Überwindung
des wilden Unbewußten (Zagreus) zum verwandelten Bewußten
(Bakchos) und zur Synthese des Unbewußten und Bewußten im
Geistigen (Iakchos). Die Funktionen des antiken Dionysos aber,
wie sie in den letzten Mysterienschriften und in der Dichtung des
Nonnos als „Heiland", „Erlöser" und „Retter des Menschen-
geschlechts" ausgedrückt sind, gehen in neuer geistiger Bedeutung
über auf den christlichen Erlöser und Heiland eines neuen Zeitalters.

II

Wie alle Götter, so überlebt auch Dionysos den Untergang der
Antike nur als Zierobjekt der Rhetorik. Quintilian hatte den Gott
als Topos in seinem feststehenden Repertoire der Lobgegenstände
aufgeführt. „Ex inventis", wegen der Gabe, die er für die Menschen
„erfunden" hat, „laudatur ex vino", soll er wegen des Weines
gelobt werden, heißt es in der ›Institutio oratorica‹ (III 7, 7—9).
Im Sinn Quintilians wird der Name Dionysos in der deutschen
Literatur zuerst von Notker indifferent als Erfinder des Weines
gebraucht und durch „Weingott", „Wein", „Stifter der Weinrebe"
und „Durststiller" ersetzt. Sagte z. B. Martianus Capella in ›De
nuptiis Philologiae et Mercurii‹, im Lied an Hymen, den Gott der
Hochzeit: „Seu tibi quod Bacchus pater est", so übersetzt und interpretiert Notker: „Dàz tir uuîngot tîn fátir íst. Uuánda uuîn máchot
kelúste." Der Mönch Notker führt nicht weiter aus, welches „Ge-
lüste" er meint. Aber im 47. Abschnitt seiner Übersetzung nennt
er den Gott „freundlich und lieblich" und fügt erklärend hinzu:
„Was ist erfreulicher und lieblicher als der Wein?" Die „Bacchica
munera" in Boethius' ›De consolatione Philosophiae‹ ersetzt er
einfach mit „Wein". Eine Abwertung des Gottes im christlichen
Sinn findet sich bei ihm an keiner Stelle; ebenso gönnt er ihm, abgesehen von der freundlichen Bemerkung über den Genuß des
Weines, kein ausgesprochenes Lob.

Im höfischen Epos ist der Gott, dem Zeitalter entsprechend, ein
königlicher Ritter und großer Held geworden, dessen Name euhe-

meristisch-allegorisch auf den Erfinder des Weines angewendet wird und dessen gute oder schlechte Wirkungen gesellschaftsmoralisch wechselhaft gelobt und verworfen werden. „Frumige unde wîse" (4126) erscheint „Dionisius der wîgant, / ein kuninc mit grôzeme here" (4064—65) im ›Alexanderlied‹ des Pfaffen Lamprecht zwischen 1140 bis 1170. Als personifizierter, edler Wein, aber auch als „houbetman" der „schemelichen rotte" trunkener Weiber (XI 447) tritt er in der Übertragung der Ovidschen ›Metamorphoses‹ des Albrecht von Halberstadt um 1190 auf. Rudolf von Ems charakterisiert den Gott in ›Barlaam und Josaphat‹ um 1230 als „tobende[n] wüeterich", der das Gemüt umkehrt und mit Zauberlisten den Leib plagt (254). „Der pris des namen was sin lon", bestätigt Rudolf in seinem letzten Werk, der ›Weltchronik‹, die epideiktische Formel des Quintilian von Bacchus, dem Urheber des Weinbaues, und gibt seine vorherige negative Meinung wieder auf. Ebenso verbindet gegen Ende des 13. Jahrhunderts Konrad von Würzburg im ›Trojanerkrieg‹ die positive und negative Bedeutung des Topos zugunsten der epideiktischen Formel und hebt die moralische Wertung im höfischen Etikett auf, wenn „des wînes got, her Bâche, / der von êrst erdâchte most", im dekorativen Gefolge und Katalog antiker Götter auftritt, um „durch trinken und durch luoder" das höfische Fest zu verschönern (986—994). Zuletzt setzt der Verfasser des ›Makkabäerbuches‹ um 1323 Dionysos als bekannt voraus, als „des wines got", dem „der tranc zu gebote" steht und der als „Bachus,/ der musicgenger abgot sus / die gerne swelgen, da mite / volgen en unstete site" (8633—8636). In diesem spätesten mittelalterlichen Werk, in dem der Dionysos-Topos, soweit wir wissen, gebraucht ist, wird einerseits noch einmal die prinzipielle Identifizierung des Gottes mit dem Wein und seiner Erfindung im Sinne der rhetorischen Tradition herausgestellt. Andererseits aber hat sich jetzt die moralisch-negative Bedeutung des Topos durchgesetzt, in der er in der Folgezeit ausschließlich verwendet wird. Wir stellen an den aufgezeigten Beispielen des mittelalterlichen Gebrauches des Topos, wie in der Antike, einen deutlichen dialektischen Wechsel von positiver, negativer und den Gegensatz aufhebender Funktion fest, die jeweils der zeitgeschichtlich bedingten Absicht des Verfassers entspricht. Aber wir können in diesem un-

regelmäßigen Funktionswandel noch nicht eine eindeutige Gesetzmäßigkeit erblicken. In jedem hier verzeichneten Werk handelt es
sich außerdem um eine unterschiedlich freie Übertragung oder
Nachdichtung einer nichtdeutschen, meistens ursprünglich antiken
Vorlage, von welcher der mittelhochdeutsche Verfasser auch in
seinem Gebrauch des Dionysos-Topos nur mehr oder weniger ab-
weicht. Grundsätzlich hat Dionysos als Erfinder und Geber des
Weines in der mittelalterlichen Literatur die gleiche rhetorische und
allegorische Funktion als Redefigur im Lobes- und Tadelkatalog
der euhemeristisch vermenschlichten Götter wie in den rhetorischen
Regelbüchern der Spätantike. Nur die äußere Form seiner Verwendung ist höfisch und mittelalterlich.

Bezeichnete Bacchus im Mittelalter den Erfinder des Weines und
Urheber des Rausches, so hat er in der Emblematik und Literatur
des 16. Jahrhunderts die zeitgeschichtliche Funktion, in moralischer
Belehrung die negativen Wirkungen des Weingenusses und der
Völlerei in drastisch-anschaulicher Weise zu demonstrieren. Aus dem
braven und ritterlichen Held und König wird das abschreckende
Sinn-Bild der Trunkenheit und, in der erwähnten antiken Kom-
bination mit Venus, die Verkörperung aller Trink-, Buhl- und
Spiellaster, eine Verbindung, die im 18. Jahrhundert unter dem
Klischee von Wein-Weib-und-Gesang dagegen gefeiert wird. Der
ausschließlich negativen Bedeutung des Bacchus-Topos in der mo-
ralisch-didaktischen Literatur des Jahrhunderts entspricht seine
exklusive Verwendung in der satirischen Gattung, besonders bei
Erasmus, Wickram, Hans Sachs und Fischart. Bei Erasmus agiert
Bacchus im ›Encomium Moriae‹ als „übertörichter" Genosse der
Stultitia und als „blöder Gott", der von Ceres seinen „Charm" hat
und „verrückt und berauscht sein ganzes Leben mit Gelagen, Tän-
zen, Reigen und Schäkerei verbringt und zu Pallas nicht die geringsten Beziehungen hat". Das Klischee des verwerflichen Bacchus
wird in der Feder des Humanisten umfunktioniert zum Nebentopos der Torheit und zum Antitopos zu Vernunft und Weisheit.
Hiermit entspricht Erasmus ganz der lehrhaften Tendenz der
Bacchus-Embleme, welche vor allem die Unvernunft des in Bacchus
dargestellten Weingenusses demonstrieren. „Damit lehr und zeige
an ich / Daß wer meiner gaben mißbraucht sich / Der setzt Hörner

auff", doziert in einer langen subscriptio unter dem Titel ›Bacche pater quis te morali lumine novit‹ ein Bacchus in der bürgerlichen Tracht des 16. Jahrhunderts (auf anderen Emblemen ist er nackt, weil er in maßloser Unvernunft seine Kleider versoffen hat).[22] Die deutschsprachige Literatur gebraucht den Topos, im Gegensatz zu der mehr gemäßigt negativen Anwendung bei Erasmus und in der Emblematik, als Werkzeug und Ausdruck grobianisch-wüster Schimpfreden gegen die gesellschaftlichen Laster der Zeit. In Wickrams Übertragung von Albrecht von Halberstadts ›Metamorphosen‹ und in seinen ›Siben Hauptlastern‹ ist Bacchus der Gott der „truncken boltzen" und „vollen tollen bruder". Das mänadische Schwärmen Ovids, von Albrecht als eine Art von Tanzwut geschildert, ist bei Wickram eine Sauftour „der bruderschafft Bachi" in „toben und schreien" (III 21). Hans Sachs nennt die Trunksucht „des Bachi plag",[23] und in seinem Lied ›Von der drunckenheit‹ von 1550, das Sachs nach der Formel „Bachum et Venerem" zu seinen Buhlliedern rechnet, bringt der Gott mit seiner Erfindung des Weines Streitsucht, Unzucht, Spielsucht, Krankheit, Prassen, Saufen, Schulden und zuletzt den Bettelstab. Leonhard Schertlin steigert in seinem satirischen Dialog ›Künstlich trincken‹ die Schimpfkanonade in der Rede des Bacchus an seine Gefolgschaft zu den Worten: „Dann ye unflätiger, ye besser, / Ja ye sewischer art, ye lieber." In den Freß- und Saufgelagen von Fischarts ›Geschichtklitterung‹ (›Gargantua‹) regiert Bacchus schon im ersten Kapitel als Oberster der „geile[n] Satyri" und „Eselische[n] Sileni".

Die begleitenden Holzschnitte von Tobias Stimmer und Nicolas Reusner in der ›Geschichtklitterung‹ sind Bacchus-Embleme zechender und sich erbrechender Männer. Die lateinische inscriptio „Gula [‘Gurgel’, ‘Gaumen’; bei Horaz und Cicero ‘Schlemmer’], Bacchus, Amorque", eine neue Version des zitierten ‘Liberum et Musas Veneremque’ des Horaz, ist übersetzt mit „Fressen, Sauffn, Buln". Auf einem anderen begleitenden Emblem heißt es für „Bacchus, cum citharisque Venus" entsprechend „Tantzn, spiln, sauffn, prassn,

---

[22] Jeremias Held, Liber emblematum. Frankfurt 1557, Nr. 156.
[23] Vgl. ›Der kampf zwischen dem got Vulcano und Bacho‹ von 1548, in der Abenteuerweis des Hans Folz.

schlemm". Hans Sachs hatte 1535 ein Fastnachtspiel vom ›Buhler, Spieler und Trinker‹ herausgegeben; Wickram 1556 sein Kapitel zur fünften Hauptsünde, dem „verderblichen laster der füllerey", mit der Feststellung abgeschlossen: „sobald der Bachus und die Ceres überhand nemen, so ist die gailhait und ir göttin Venus vorhanden"; und Fischart hatte 1572 Rabelais' Übersetzung des Terenzzitates als Eheberatung des Gargantua zu Beginn des fünften Kapitels mit der Bemerkung wiedergegeben, „daß die Strofitel Venus zu einem widerschein gern stünde an der Sackpfeiffen Bauchus [Bacchus], unnd neben der Bauchfuderigen Zeres". Zuletzt erscheint der alte Horaz-Terenz-Topos noch in der „Truncken Litanei" in Fischartscher Manier als „Zungenlös, schönes gefräß und gethös", um im 17. Jahrhundert in Moscheroschs zeitsatirischem ›Philander von Sittewald‹ 1640 im Gesicht der „Venusnarren" als neugefaßter Reim gebraucht zu werden: „Wo Ceres nicht sitzet, / Wo Bacchus nicht hitzet, / Do Venus nicht schwitzet." Aber schon bei Opitz hat dieser dionysische Nebentopos nicht mehr die Funktion der drastischen Abschreckung. In seiner Übertragung von Heinsius' ›Lobgesang Bacchi‹ im Jahr 1621 endet das Zitat in eine typisch existentielle Barockbetrachtung über die Freuden des Bacchus:

> Dann ohne Bacchi safft, und Ceres deine frucht,
> Ists mit dem lieben nichts, und Venus giebt die flucht.
> Die frewde kömpt von dir: wir seind ohn deine gaben
> Schon vor dem Tode Todt, und lebendig begraben. (206)

Weckherlin schreibt „Bakchische" und „Anakreontische Oden" nach Ronsard und Du Bellay. Anstatt gegen wüste Trinkgelage loszuwettern, sitzt er in seinem Trinkgedicht ›Anacreontisch. Fröhlich zu leben‹ in „guter Gesellschaft" und preist Bacchus als „wunder got" der „süß-starcken brunst", der ihm hilft, „beste poësy zu singen und zu schreiben" und „mit küssen und drincken / Das leyd [zu] versincken" (›Die vierte Eclog von der Herbst zeit‹). In Harsdörffers ›Pegnesischem Schaefergedicht‹ ist Bacchus der „Traubenmann", der dem Bräutigam „der blassen Sorgen Last" wegnimmt. Mit dem Wein identisch, wird er zum „Freudenwekker / Lustbringer / Versefreund / Hertzgeber / Sinnentdekker". Dieselbe

Doppelbedeutung als schäferlicher Liebeserwecker und „Vater der Dichtkunst" tritt in Opitz' Übertragung des 568 Verse langen ›Lobgesang Bacchi‹ von Heinsius zutage. In galantem Schäferkostüm ist der üble Trunkenbold hier plötzlich als Freudenbringer und Liebeserwecker zu Ehren gekommen und wird in Horazischer Manier sogar zur Quelle dichterischer Inspiration. Nach der Vorschrift von Harsdörffers ›Poetischem Trichter‹ versinnbildlicht Bacchus die Freuden des Herbstes; nach Heinsius' ›Lobgesang Bacchi‹ und nach anderen Zeugnissen ist er die Quelle lyrisch-gehobener Dichtkunst. Opitz bestätigt im fünften Kapitel seines ›Buches von der Deutschen Poeterey‹ und in der Vorrede zu seiner Übertragung des ›Lobgesang Bacchi‹ ausdrücklich, daß dieser zu seinen Musterübersetzungen für eine neue, gebildete deutsche Dichtung gehört. Dagegen verspottet 20 Jahre später Moscherosch in lehrhaft-satirischer Kritik, im ersten Kapitel seines ›Philander von Sittewald‹, die Auffassung von der von Bacchus beseelten Dichtkunst und vom berauschten Dichter als ein sprichwörtliches Klischee. In Lohensteins Arminius-Roman von 1689 symbolisiert der Gott und seine Priesterschaft die Verworfenheit ehebrecherischer Wollust und Abscheulichkeiten. Der positive Topos wird wieder, gemäß der zeitgeschichtlich bedingten, mehr konservativen Tendenz der Anwendung, umgekehrt zum negativen, abschreckenden Klischee. Dieselbe negative Bedeutung hat Bacchus im ersten umfassenden deutschen Wörterbuch vor Adelung und Grimm, in Kaspar Stielers ›Teutscher Sprachschatz‹ von 1691, als „Gott der Trunkenbolde", der „im eigentlichen Sinn einen von Raserei aufgebrachten und laut tobenden [Menschen]" bezeichnet. „Bachantisch" ist hier ein „rudis amusus, immoderatus, immodestus" (S. 74).

Völlig entgegengesetzt zu dieser Definition ist die neue Funktion des Bacchus-Topos im 18. Jahrhundert. Eine neue Formel, die des „weisen" und des „zahm gemachten" Bacchus, läßt sozusagen 'in nuce' das anakreontisch-aufgeklärte Ideal eines Hagedorn, Gleim und Uz erkennen. Hagedorn wagt zwar nicht, den Namen Bacchus anders als in negativer, abwertender Bedeutung zu gebrauchen, sondern sieht sich noch gezwungen, beim Lobpreis des Weines den Namen des Gottes durch das Wort „Wein" zu ersetzen. Anders bei Gleim: Für ihn ist Bacchus als „Bruder Weingott" das

Symbol intimer Freundschaft und froher Geselligkeit. In ihm soll
„die Tugend auf der Erde, / Lieblich und erkennet werde[n]", in
ihm „Den die Weisheit sichtbar schmückt" (›Trinklied‹). Für Uz
weckt Bacchus „Witz und attisch lachen" und steht für Klugheit,
Schönheit und Sanftmut (›Die Freude‹). Die gesamte Weltanschauung der Anakreontiker wird in Gleims neuer Verwendung des
Bacchus-Topos treffend sichtbar:

> O Bacchus deine freye Freuden
> Kennt weiser Trinker Zunft!
> Die nehmen dein Geschenk bescheiden,
> Und rasen mit Vernunft.
> Die singen in vergnügten Chören,
> Den Lobgesang der Weisheit und der Ruh,
> Und wenn sie volle Gläser leeren,
> So sehn die keuschen Musen zu.
> (›Die Säufer und die Trinker‹.)

Gleim und seine Schäferfreunde gebrauchen den Bacchus (und
Amor) der antiken Anakreontik, unbeachtet seiner gegensätzlichen
ursprünglichen Bedeutung, um ihre trocken-biederen Vernunft- und
Tugendideale in bürgerlicher Gesellschaftsdichtung neu auszudrücken. Dabei verbinden sie die lehrhaft-moralische Verwendung
des Bacchus-Topos im 16. und 17. Jahrhundert, ohne die grobianische
Trunkenbold- und Schimpffunktion in dieser Epoche, mit seinem
Gebrauch zum Wein- und Liebeslob in der vorhergehenden Barock-
lyrik. Die veränderte, anakreontische Anwendung des Topos setzt
sich, zwar schwächer und klischeehafter, bei aufgeklärten und
empfindsamen Dichtern bis zu den Anhängern des Göttinger Hains
fort.

Aber wenn die Anakreontiker auch, in Gleims bekannter Phrase,
„mit Vernunft rasen" und den Bacchus „zahm gemacht" verehren,
wie Uz (›Die Wollust‹) versichert, so können sie dennoch nicht ver-
hindern, daß sie mit demselben Topos, nur wieder in umgekehrter
Funktion, von den frommen Schweizern nach den Worten Bodmers
als „Bande des Bacchus" bekämpft werden, nicht vom Wein, sondern „vom schlammichten Biere berauschet" und im schändlichen
Abgrund des Unsinns und der Erniedrigung zum Vieh verhar-

rend.[24] In derselben negativen Weise gebraucht Wieland den
Bacchus-Topos gern und ausgiebig als Symbol „zügelloser Phantasie" (›Idris und Zelinde‹), „unmäßigster Schwärmerei" (›Agathon‹)
und des „rohen Bacchanals" (›Endymion‹). Für ihn ist das Dionysische schöne Illusion und zugleich übler Betrug, besonders da hier
das Maß von Vernunft und Tugend fehlt. Diese Einstellung hat er
mit den Anakreontikern gemeinsam. Auch der Topos von „Wein,
Weib und Gesang", den wir zuletzt von Opitz im positiven Sinn
gebraucht sehen, wird ihm zum Symbol des Lasters, wenn Bacchides
im zweiten Teil des ›Sokrates Mainomenos‹ von 1770 zugeben muß,
daß er sein ganzes Vermögen verpraßt hat. „Zehn glückliche Jahre
brachte ich ununterbrochen mit Comus [dem Gott der Tafelfreuden
und der Freßlust] und Bacchus und Amorn und mit der lachenden
Venus, und mit allen Göttern der Freude zu." Im ersten Kapitel
des ›Agathon‹ hieß es entsprechend, daß die Seeräuber das Bacchus-
fest mit Schmaus, Trinkgelage und sexuellen Ausschweifungen fortsetzen. Kurz nachdem Wieland diesen dionysischen Nebentopos
im Sinn der negativen Tradition den 16. und 17. Jahrhunderts
anwendet, heißt es im Stil des Göttinger Hains in der ›Devise an
einen Poeten‹ im ›Wandsbecker Bothen‹ von 1775: „Wer nicht liebt
Wein, Weib und Gesang, / Der bleibt ein Narr sein Leben lang, /
Sagt Doktor Martin Luther."[25] Goethe und Schiller dagegen gebrauchen den Topos vom klassischen Standpunkt aus wieder negativ
in der Manier Wielands, wenn es in der 87. „Xenie" auf die ›Donau
in Bayern‹ heißt: „Bacchus der lustige führt mich und Komus der
fette durch reiche Triften, aber verschämt bleibt die Charis zurück."

[24] Der Streit der Anakreontiker mit den Schweizern und Wieland in
J. P. Uz, Sämmtliche poetische Werke. Hrsg. von A. Sauer. Stuttgart
1890 (= Deutsche Litteraturdenkmale des 18. und 19. Jahrhunderts in
Neudrucken hrsg. von Bernhard Seuffert. Bd. 33—38), S. XXII—XXXI.

[25] „Wie wollt ir jetzt anders einen Deudschen vorthun, denn ebrietate,
praesertim talem, qui non diliget musicam et mulierem?" wird ein Aus-
spruch Luthers aus dem Jahr 1536 überliefert (E. Kroker, Luthers Tisch-
reden in der Mathesischen Sammlung. 1903, S. 376; zitiert nach Hart-
mann Grisar, Der gute Trunk in den Lutheranklagen. In: Hist. Jahrb. 26
[1905], S. 411).

Im weiteren modernen Gebrauch als 'Wein, Weib und Gesang' ist
der dionysische Ursprung des Topos nicht mehr bewußt.

Eine neue und heute nur mehr wenig bekannte Funktion hat der
Topos bei Winckelmann. Im erhabenen Apollon und in einem
träumerisch-süßen Bacchus als dem Sinnbild des gemischtgeschlecht-
lichen, noch unentwickelten „schönen Knaben" stellt er zwei höchste
Typen „Idealischer Schönheit" auf.[26] Seiner persönlichen Ver-
anlagung entsprechend faßt Winckelmann den Bacchus-Topos in
homoerotischer Bedeutung auf und gebraucht ihn, der klassizistischen
Kunstauffassung der Zeit gemäß, zur Bestimmung des ästhetischen
Ideals der deutschen Klassik. In entgegengesetzter Funktion formuliert Hamann mit dem Bacchus-Topos die neue Ästhetik des
Sturm und Drang: „Wagt euch also nicht in die Metaphysick der
schönen Künste, ohne in den Orgien und Eleusinischen Geheim-
nissen vollendet zu seyn. Die Sinne aber sind Ceres, und Bacchus
die Leidenschaften; alte Pflegeeltern der schönen Natur" (›Aesthe-
tica in nuce‹). Noch deutlicher und umfassender drückt derselbe
Topos in Hamanns Mysterienschriften die Erneuerung leidenschaft-
licher religiöser Dichtung aus, hier in bewußter Umkehrung der
Wein-und-Brot-Formel, mit der die Kirchenväter die dionysischen
Mysterien und die heidnischen Götterspiele ihrer Zeit bekämpften.
Für Herder bezeichnet Bacchus in der vorbildlichen dithyrambischen
Dichtung der Griechen die Erhebung „der thierischsinnlichen
Sprache des Weins" zu einer „Mystischsinnlichen Sprache der
Götter". Zugleich hat Bacchus für ihn die Funktion, eine neue
dithyrambische Dichtkunst auszudrücken: „trunkne Gesänge einer

---

[26] Geschichte der Kunst des Alterthums. Dresden 1764, S. 157. „Bacchus
ist ein schöner Knabe, [...] bey welchem die Regung der Wollust wie die
zarte Spitze einer Pflanze zu keimen anfängt, und welcher wie zwischen
Schlummer und Wachen, in einem entzückenden Traume halb versenkt,
[...] seine Züge sind voller Süßigkeit, aber die fröliche Seele tritt nicht
ganz ins Gesicht (160)." Ebenso entwickelt Winckelmann in den ›Gedan-
cken über die Nachahmung der griechischen Werke in der Malerei und Bild-
hauerkunst‹ (Bd. 1 der Sämmtlichen Werke, hrsg. von Joseph Eiselein,
Donaueschingen 1825, S. 33) seine ästhetische Maxime der „edlen Einfalt und stillen Größe" aus dem Gegensatz zum Dionysischen, zum
„Parenthyrsus" übertriebener Leidenschaft.

heiligen Religions- und Staatsbegeisterung", welche die „Genies" „aus dem Abgrund [ihrer] Seele" holen.[27] Dem aufschlußreichen zeitgeschichtlichen Funktionswandel im Gebrauch des Topos 'Dithyrambe' von Johann Gottlieb Willamow 1763 über Herder, Maler Müller, Goethe, Schiller bis zu Nietzsche und Ivan Goll kann hier nicht nachgegangen werden. In derselben Wertung als Symbol dichterischer Leidenschaft ist Bacchus für den jungen Goethe des Sturm und Drang des „Jahrhunderts Genius" und „was innre Glut / Pindarn war" (›Wandrers Sturmlied‹), zuerst „Dithyrambe" genannt.

Für den klassischen Goethe bedeutet der Topos in direkter Umkehr „unreinen Enthusiasmus" und „abstrusen Mystizismus".[28] Im ›Deutschen Parnaß‹, in den ›Römischen Elegien‹ und ›Epigrammen‹, in ›Faust I und II‹, in der ›Pandora‹ und in ›Dichtung und Wahrheit‹ bezeichnet der Dionysos-Bacchus für Goethe frivole Sinnenlust. Die Naturmysterien des Weines im ›Faust‹ sind „widerlich", „gräßlich" und „treten alle Sitte nieder". Das Wort „Dionysisch", das Goethe als erster, soweit ich feststellen kann, in der deutschen Sprache gebraucht, definiert er in seinen Aufzeichnungen zur Fortsetzung der ›Pandora‹ als „Völliges Vergessen" und setzt ihm „die Tat" des echten Mannes entgegen. Für Schiller ist Bacchus zuerst, im Gefolge der Anakreontik, „der lustige", zusammen mit Amor, dem „lächelnden Knaben", und Phöbus, „dem herrlichen".[29] Wenn Bacchus dann auch in ›Die Götter Griechenlands‹ als der „große Freudenbringer" unter „dem Evoe muntrer Thyrsusschwinger" erscheint, in einem anderen Gedicht, in ›Bacchus im Triller‹, ist er nur ein „wüster Vogel", „lockrer Specht" und „seichter Tropf". Goethe

---

[27] ›Zwote Sammlung von Fragmenten über die neuere Deutsche Litteratur‹ von 1767 und 1768. Herders Sämmtliche Werke. Hrsg. von Bernhard Suphan. Berlin 1877—1909, Bd. 1, S. 310—312, Bd. 2, S. 179—180. Im folgenden zitiert als Suphan.

[28] Am 17. 10. 1812 an Knebel; und am 16. 1. 1818 an Boisserée.

[29] Die „Dithyrambe", in der diese Klischees vorkommen, hatte er jedoch nur geschrieben, weil er Karl Theodor von Dalberg eine Gegengabe für zwölf Flaschen Rheinwein für die Übersendung des Musenalmanachs auf das Jahr 1796 schuldig war.

und Schiller gebrauchen den Topos negativ, abwertend wie Wieland und ganz im Gegensatz zu seiner Funktion bei Dichtern des Sturm und Drang und der folgenden Romantik. Winckelmanns Bacchus vereinigt die in ihrer moralischen Wertung entgegengesetzten Auffassungen der Anakreontiker und Wielands zu einem klassizistisch gemäßigten Bacchus moralischer Indifferenz und ausschließlich ästhetischer Wertung. Auch für Hamann, Herder und Heinse, die von Winckelmann beeinflußt sind, hat der dionysische Topos eine nur ästhetische Funktion; aber diese ist, in deutlichem Gegensatz zu Winckelmann, irrational, leidenschaftlich, und vor allem dichtungsbezogen. In den aufgezeigten jeweiligen Unterschiedsmerkmalen drückt die verschiedene Funktion ein und desselben Topos zugleich auch den besonderen Charakter der entsprechenden literarischen und ästhetischen Bewegung aus.

In dreifacher Hinsicht wird Dionysos in der Romantik zu einem neuen und wichtigen Topos. Die Dichter begreifen in ihm eine neue dichterische Begeisterung, eine Fortsetzung seiner Funktion bei Hamann und Herder. Für Mythologen und Altertumsforscher, wie Gotthilf Heinrich Schubert, Joseph Görres, Georg Friedrich Creuzer, Karl Otfried Müller und Johann Jakob Bachofen, bedeutet er die mystische Feier von Zeugung, Leben und Tod; für die Philosophen Hegel und Schelling das erneuernde Prinzip künstlerischer Schöpfungskraft. Nicht zuletzt hat der dionysische Topos die Funktion der romantischen Vereinigung und des Gegensatzes von Antike und Christentum sowie des leidenschaftlichen Durchbruchs zu idealer oder ungehemmter politischer Freiheit und Gleichheit.

Die Funktion des Bacchus in der frühen romantischen Dichtung, besonders bei Hölderlin und Novalis, ist einerseits, in symbolischer Wiederkehr die Dichter zu begeistern, gerufen von „des Weingotts heiligen Priestern" in ›Brod und Wein‹, von den begeisterten Dichtern „aus Enthusiasmus und bacchischer Trunkenheit" im ›Heinrich von Ofterdingen‹. Dieselbe Funktion als wiederkommender Gott der dichterischen Begeisterung hat Bacchus in Hölderlins ›An unsre großen Dichter‹, ›Dichterberuf‹, ›Chiron‹, ›Wie wenn am Feiertage‹ und ›Der Rhein‹; bei Novalis in der Fortsetzung zum ›Heinrich von Ofterdingen‹ und dem Gedichtfragment „Wohin ziehst du mich, / Fülle meines Herzens", einer Nachdichtung der Horaz-ode III 25. Die Belege sind zu zahlreich, um sie im einzelnen hier noch hinzuzufügen. Andererseits gebrauchen Hölderlin, Novalis, Görres und andere den Topos, um die romantische Verbindung von Antike und Christentum im ekstatischen Dichter auszusagen;[30] Hölderlin verwendet ihn außerdem, um die Dichter zur geistigen und revolutionären politischen Tat aufzurufen.[31]

Im Unterschied zu der positiven dichtungstheoretischen Funktion des Topos bei Hölderlin und Novalis erscheint Bacchus in der spätromantischen Dichtung als betörender Versucher und heidnischverführerische Macht der Sinnenlust, ein geheimnisvolles, erschreckendes Gruselrequisit; so in der neunten Vigilie von Hoffmanns ›Der goldne Topf‹, als gefährdender Elementargeist in Mörikes biedermeierlicher Naturidylle ›Herbstfeier‹, als Schelm und Lüstling im Spuk von Hauffs ›Phantasien im Bremer Ratskeller‹ und z. B. als die traumhaft-schöne Jünglingsgestalt des Bacchus-Donati in Eichendorffs ›Marmorbild‹, die zugleich mit irrem Blick, bleich und wüst verzerrt den romantischen Natur-

[30] Hölderlin in der Vereinigung Dionysos und Christus in ›Brod und Wein‹, ›Der Einzige‹, ›Am Quell der Donau‹ und ›Friedensfeier‹; Novalis in den ›Paralipomena‹ und den letzten ›Fragmenten von 1799—1800‹ zum Ofterdingen-Roman. Außerdem ist die Vereinigung von Dionysos und Christus angedeutet sowohl in der Mythenforschung bei Görres (Gesammelte Schriften, Köln 1926, Bd. 3, S. 8) und Gottfried Welcker (Neue Jahrbücher 27, 1911, S. 133) als auch bei Goethe (Biedermann, Goethe IV, 2. Aufl., S. 433) und Wilhelm von Schütz (Über den katholischen Charakter der antiken Tragödie, 1843).

[31] In dem sogenannten ›Vaterländischen Gesang‹, dem Gedicht ›Der Einzige‹, bezeichnet Hölderlin den Dionysos als „Gemeingeist", ebenso als den „gemeinsame[n] Gott", der „für den Tag, das Vaterland, und des Opfers / Festlicher Flamme [. . .] Darum kränzt [. . .] das Haar uns, / Und den eigenen Sinn schmelzet, wie Perlen der Wein". Im Nürtinger Brief an den Bruder vom Dezember 1800 ist der „Gemeingeist" das vereinigende Symbol der Gemeinschaft mit Hölderlins revolutionären Dichterfreunden. Der Eroberungszug des Bacchus „mit heiligem / Wein vom Schlafe die Völker wekend", im Gedicht ›An unsre großen Dichter‹, ist für Hölderlin das mythologische Sinnbild für die geistige und politische Revolution seiner Zeit, zu der die Dichter aufgerufen sind: „Ihr nur / Habt der Eroberung Recht, wie Bacchus."

schwärmer in seiner christlichen Geborgenheit bedroht, um am
Ende mit der ihm verbundenen Venus als antikes Schreckbild in
marmorhaftem Erschaudern zu vergehen.

Alle diese Eigenschaften und Gruselzüge steigert Heine zum
Ausdruck zynischer Weltverachtung, zur beißenden Satire des
klassisch-deutschen Griechenbildes, und gebraucht das Dionysische
meisterhaft als ein Mittel der Desillusionierung und Mythenzerstö-
rung (der Traum des „weinberauschten Gottes" im ›Buch Le Grand‹
und des Dichters im dritten Fragment ›Jehuda be Halevy‹ des
›Romanzero‹). Der Auflösung des romantischen Weltbildes entsprechend, benutzt Heine in ›Die Götter im Exil‹ und in der
Pantomime ›Die Göttin Diana‹ den Topos, um die frühromantische
Synthese Dionysos-Christus umzustellen zur Antithese dionysisch-
christlich, die seiner gegensätzlichen Formulierung hellenisch-naza-
renisch entspricht. Wenn Hölderlin Christus mit dionysischen
Metaphern beschrieb, um die Einheit mit dem Weingott auszudrücken, so nennt Heine im Zug der jungdeutschen Emanzipation
des Fleisches Dionysos den „göttlichen Befreier" und „Heiland der
Sinnenlust". Die Mysterienfeiern des Gottes sind zum „Kankan der
antiken Welt" geworden, die „einen leisen lüsternen Schauer, ein
ästhetisches Gruseln" hervorrufen; der olympische Parnaß zum
Venus der „Üppigkeit und Wollust"; der schöpferische Wahnsinn
der Dichter zum „ungebundenen Wahnsinn der alten Tage". Die
frappierende Wirkung der Anwendung des Topos liegt bei Heine
in der radikalen Umkehr jeder einzelnen Funktion, in der Hamann,
Herder, Novalis und Hölderlin denselben Topos gebraucht hatten.
Der Topos einer neuen „heiligen Religions- und Staatsbegeisterung" (Herder) und eines neuen politischen „Gemeingeistes" des
Vaterländischen (Hölderlin) wird in der Feder Heines zum Kampf-
slogan gegen die feudale und die bürgerliche christliche Gesellschaft
„ganz ohne hypokritische Verhüllung, ganz ohne Dazwischenkunft
der Sergeants-de-ville einer spiritualistischen Moral [...] jauch-
zend, tobend, jubelnd: Evoe Bacche!" Heines Antithese dionysisch-
christlich wird bei Nietzsche zum Schlagwort „Dionysos gegen den
Gekreuzigten".

Noch extremer als Heine gebraucht der österreichische Gymnasial-
professor Robert Hamerling 1866 in seinem Gedichtepos ›Ahasverus

in Rom‹ (einem Reißer, der bereits nach sechs Jahren in der 11. Auflage erschien) den Dionysos-Topos, um die Zerstörung der stillen und würdevollen olympischen „Welt der Schönheit" und eine „neue Botschaft" der „schrankenlosen Lust" für das jetzt zum Tisch der gestürzten adelsstolzen Götter zugelassene „arme Volk" zu verkünden: den „neuen Dionysos" und „furchtbar mächtigen Nebenbuhler" dessen, „den man ans Kreuz geschlagen", den „neuen Gott der Erde". Ein Jahr nach diesem Aufruf zur Befreiung und Anteilnahme des unterdrückten Standes am hemmungslosen Genuß der sinnlichen und materiellen Güter der Besitzenden und Herrschenden im Namen des Dionysos gibt Karl Marx den ersten Band des ›Kapitals‹ heraus, und zusammen mit der elften Auflage der Propagierung des Hamerlingschen „Nero-Dionysos" erscheint Nietzsches ›Geburt der Tragödie‹. Die zeitgeschichtlichen Aspekte werden im Funktionswandel des dionysischen Topos von Hölderlin zu Heine, zu Hamerling und zu Nietzsche in besonders kontrastierender Schärfe deutlich.

Dagegen setzt sich die von Novalis und Hölderlin um 1800 verkündete positive Wertung und Funktion des Dionysos-Topos in der nachfolgenden romantischen Philosophie und Mythenforschung fort. Für Hegel vollzieht sich die selbstbewußte Einheit des absoluten Geistes zunächst als die taumelnde Vereinigung und Aufhebung des dialektischen Gegensatzes des männlichen und des weiblichen Prinzips im „Mysterium des Brodes und Weines, der Ceres und des Bacchus"[32]. In Schuberts ›Ansichten von der Nachtseite der Naturwissenschaft‹ von 1808 und Görres' ›Mythengeschichte der asiatischen Welt‹ von 1810 hat Dionysos die mystische Funktion der Vereinigung von Tod und Liebe, von Untergang und Wiedererneuerung. In Creuzers lateinischer Dionysosschrift von 1807 und 1809, und vor allem in seiner ›Symbolik und Mythologie der alten Völker, besonders der Griechen‹, aus der Schelling, Bachofen und Nietzsche ihre Dionysosauffassung zum großen Teil entnehmen, bildet Dionysos die synkretistische Einheit der indischen, ägypti-

[32] Phänomenologie des Geistes. Bd. II der 4. Aufl. der Jubiläumsausg. der sämtl. Werke in 20 Bänden. Stuttgart-Bad Cannstatt 1964, S. 546 bis 551.

schen, kleinasiatischen und griechischen Mythen in deren angeblich gemeinsamer Grundlehre, daß der Tod das wahre Leben sei. Unterstützt von Goethe und anderen Klassikern verkündet Johann Heinrich Voß gegen Creuzer und die Symbolisten 1824 in seiner ›Antisymbolik‹ Dionysos, vollkommen anachronistisch, als „Himmelsgenius / Erhabner Menschlichkeit" (einleitendes Gedicht). Für Karl Otfried Müller ist das Dionysische in seinem ›Handbuch der Archäologie der Kunst‹ von 1830 „die das menschliche Gemüth überwältigende, und aus der Ruhe eines klaren Selbstbewußtseins herausreißende Natur" [33].

Schelling, und nicht Nietzsche, ist derjenige, der den Begriff „dionysisch" in die Philosophie einführt und das Dionysische als trunkene „schrankenlose Produktionskraft", im Gegensatz zum Apollinischen als formende und „negirende Kraft" im Künstler und dichterischen Genius definiert.[34] Wie Schelling den Topos vom dreifachen Dionysos zur Formulierung seiner dialektischen These von der Selbstidentifizierung des absoluten Göttlichen im geschichtlichen Bewußtsein der Griechen verwendet, wurde bereits im Zusammenhang mit der synkretistischen Darstellung der Dionysosmythen in den ›Dionysiaka‹ des Nonnos gesagt. Schelling faßt seine langen, phantastischen Ausführungen über diesen dionysischen Dreischluß in seiner ›Philosophie der Mythologie‹ und in der ›Philosophie der Offenbarung‹ als die Lehre seiner „Dionysiologie" zusammen, die er als Übergang vom Heidentum zum Christentum, anschließend auch auf seine „Christologie" überträgt.[35] Die vorchristliche Entwicklung des menschlichen Bewußtseins sieht er in den drei Stufen des Dionysos als Überwindung des ungeistigen, bloß realen Prinzips (Zagreus) durch das subjektiv-geistige, aber noch dämonische Prinzip (Bakchos) zum objektiv-geistigen An-sich-Sein (Iakchos), dem wahren Sein paradiesischer Seligkeit. In dem-

---

[33] 3. Aufl., Breslau 1848, S. 594.

[34] Werke (1858) II, IV, 25.

[35] Philosophie der Offenbarung. Bd. I. Reprografischer Nachdruck aus Friedrich Wilhelm Joseph von Schellings sämmtlichen Werken (Stuttgart und Augsburg) von 1856—1861, Wissenschaftliche Buchgesellschaft Darmstadt 1966, S. 332·—333; und zum Folgenden: S. 390—525.

selben Dreischritt, aber auf einer neuen, höheren Stufe, manifestiere sich der christliche Gott dem menschlichen Bewußtsein wie vorher der triadische Dionysos. Bei Schelling hat nach seinen eigenen Worten der Dionysos-Topos die Funktion, die gesamte vorchristliche Götterwelt dialektisch auszudrücken.

Zwischen Schelling und Nietzsche steht der Basler Rechtshistoriker und Mythologe Bachofen, in dessen Haus Nietzsche während der Abfassung seiner ›Geburt der Tragödie‹ freundschaftlich verkehrte. Bachofen macht in seinem Hauptwerk ›Das Mutterrecht‹ von 1861 die grundsätzliche Unterscheidung von „dionysischer Gynaikokratie" (Frauenherrschaft) und „apollinischer Paternität". Einerseits behauptet er: „Der dionysische Kult hat dem Altertum die höchste Ausbildung einer durch und durch aphroditischen Zivilisation gebracht und ihm jenen Glanz verliehen, von welchen alle Verfeinerung und alle Kunst des modernen Lebens verdunkelt wird." [36] Andererseits erklärt er unter dem Titel ›Dionysos als Förderer von Freiheit und Gleichheit‹, das Dionysische manifestiere „eine Zurückführung des Daseins auf das Gebiet der reinen Stofflichkeit und der bloß leiblichen Existenz, die für alle Glieder der großen menschlichen Gesellschaft dieselbe, ihrer Natur nach frei und gleich ist" [37]. Das Dionysische ist für ihn das leibliche, weibliche und in sexueller Lust befreiende und alles gleichmachende, demokratische Prinzip gegenüber dem vergeistigten, männlichen apollinischen Prinzip. In Verbindung mit dem Apollinischen steht die Funktion des ausschließlich sexuellen und nivellierenden Dionysischen bei Bachofen im Gegensatz zum Dionysischen als schöpferische Produktionskraft bei Schelling. Die lebenverherrlichende Bedeutung hat es mit den vorhergehenden romantischen Philosophen und Mythologen gemeinsam. Seine politische Funktion demokratischer 'Freiheit und Gleichheit' ist wörtlich dieselbe wie bei Hölderlin und Hamerling. Während Hölderlin aber diese Funktion positiv zu einer antik-christlichen Erneuerung im idealisierten Geist der Fran-

---

[36] Gesammelte Werke. Hrsg. von Karl Meuli. Basel 1943—1958. Bd. V, S. 46. Diese Gesamtausgabe wird im Folgenden zitiert.

[37] Versuch über die Gräbersymbolik der Alten. Bd. IV der Gesammelten Werke, S. 238.

zösischen Revolution interpretierte, sah Hamerling sie negativ in
neronischer Untergangsstimmung. Bachofen hebt diesen Gegensatz
auf zugunsten einer Zurückführungsfunktion auf archaische, gleichmachende Mutterrechtsverhältnisse.

Für Nietzsche drückt das Dionysische und Apollinische ein
speziell ästhetisches, dialektisches Verhältnis von Kunstkräften aus,
die nach ihm in der griechischen Tragödie zeitweise vereinigt
gewesen sein und eine Wiedergeburt der deutschen Kunst im Sinn
der Musikdramen seines damaligen Freundes Richard Wagner
bewirken sollten. Das Apollinische ist bei ihm, gegenüber Schelling
und Bachofen, zur Traumillusion und zum schönen Schein ent-
wertet, während das Dionysische, im Anschluß an Schopenhauer,
als individuationsauflösende, rauschhafte Naturkraft, ähnlich wie
bei Bachofen, aber ohne dessen Verbindung mit dem Weiblich-
Urmütterlichen, definiert wird.[38] Unabhängig vom Apollinischen
ist das Dionysische vor allem das, was Curtius einen Topos nennt:
bei Nietzsche ein psychologischer „Zustand" und „Urzustand", ein
„Phänomen" und „Urphänomen" der Kunst, des Tragischen und
des Lebens — bei Curtius „Urverhältnisse des Daseins" und irratio-
nale „Lebensmächte".[39] Wie die moderne Literaturwissenschaft vom
Topos als einem Schema, einer geprägten Formel oder Suchformel
spricht, so nennt Nietzsche das Dionysische „die Formel" für
die „Rechtfertigung des Lebens, selbst in seinem Furchtbarsten,
Zweideutigsten und Lügenhaftesten" III S. 556. Im ›Ecce homo‹
heißt es: „Das Jasagen zum Leben selbst noch in seinen fremdesten
und härtesten Problemen, der Wille zum Leben, im Opfer seiner
höchsten Typen der eigenen Unerschöpflichkeit frohwerdend — das
nannte ich dionysisch." Auf der nächsten Seite erläutert er seine

---

[38] Nietzsche wird nach der von Karl Schlechta besorgten kritischen
Ausgabe seiner Werke in drei Bänden, München 1954—1956, zitiert;
hier I, S. 47—49.
[39] Das Dionysische als „Zustand" und „Urzustand" Nietzsche I, S. 34,
81, 84; II, S. 996, 997, 1031, 1111; III, S. 788; als „Phänomen" und
„Urphänomen" I, S. 10, 92, 93, 122, 131, 133, 134; II, S. 1030, 1109.
Curtius, Corona Quernea S. 1 und 90. Vgl. ebenfalls ›Europäische Literatur
und lateinisches Mittelalter‹, S. 77.

Definition: „Jene neue Partei des Lebens, welche die größte aller Aufgaben, die Höherzüchtung der Menschheit in die Hände nimmt, eingerechnet die schonungslose Vernichtung alles Entartenden und Parasitischen, wird jenes *Zuviel von Leben* auf Erden wieder möglich machen, aus dem auch der dionysische Zustand wieder erwachsen muß" (IV S. 1110—1111). Auf derselben Seite behauptet Nietzsche: „Vor mir gibt es die Umsetzung des dionysischen in ein philosophisches Pathos nicht." Eine Seite zuvor — und fast mit denselben Worten im vierten Kapitel seiner ›Götzen-Dämmerung‹ (S. 1030) — brüstet er sich, „das wundervolle Phänomen des Dionysischen [...] als der erste begriffen" und als einziges Gleichnis der Geschichte zu seiner innersten Erfahrung „entdeckt" zu haben. Die Untersuchung des dionysischen Topos in seiner literaturgeschichtlichen Entwicklung zeigt jedoch, daß Nietzsche das Dionysische weder „entdeckt" noch ins Philosophische, wie in Wirklichkeit Schelling vor ihm, „umgesetzt" hat. Wohl hat Nietzsche in brillanter Sprache und großartigem „Pathos" die Funktion des Topos „umgesetzt", indem er dessen positive romantische Bedeutung als rauschhafte Erneuerung des Lebens — im Sinn von Novalis und Hölderlin sowie in der mystischen Version Creuzers und Schellings — mit der negativen Funktion — bei den Spätromantikern, bei Heine, Hamerling und Bachofen — verband und ihre Gegensätzlichkeit in einem neuen Topos der gleichzeitigen Lebensbejahung und Lebensvernichtung aufhob. Diese neue Funktion des Dionysischen sagt aber zugleich die überhebliche zeitgeschichtliche Auffassung der Gründerzeit treffend aus. Die politische Funktion der Schaffung eines lustvollen Lebens in demokratischer 'Freiheit und Gleichheit' bei Hölderlin, Hamerling und Bachofen kehrt er gründerzeitlich um in eine völlig undemokratische Verherrlichung der „höchsten Typen" des Lebens und der „eignen Unerschöpflichkeit" des großen Herrenmenschen.

Im Gefolge Nietzsches gebrauchen Neuromantiker und Expressionisten das Dionysische als Topos des Lebensrausches je nach ihrer zeitgeschichtlich bedingten Einstellung in positiver oder negativer Bedeutung. Anhänger des George-Kreises sehen es heroisch-tragisch. Für Hofmannsthal ist Dionysos zunächst der „große Gott der Seele" (›Der Thor und der Tod‹), später in „Prosa III" bedeutet er

in nietzschescher Zweideutigkeit „Verwandlung nach oben, Verwandlung nach unten", „Tier und Gott". Döblin gebraucht ihn
negativ: „Donnernd, durch Qual und Lust reißend, bewältigend,
vernichtend Dionysos."[40] Gerhart Hauptmann verwendet dagegen
das Dionysische für seinen ›Ketzer von Soana‹ als Topos und Motiv
sexueller Befreiung und beglückender Naturvereinigung. Für
Thomas Mann ist er „Der fremde Gott" und „Feind des gefaßten
und würdigen Geistes". Von Gustav Aschenbach, der Dionysos verfallen ist, heißt es am Ende von ›Der Tod in Venedig‹: „Und seine
Seele kostete Unzucht und Raserei des Unterganges." Wohl am
meisten von allen modernen Dichtern nach Nietzsche bedient sich
Gottfried Benn des dionysischen Topos, und zwar in mehrfachem
Bedeutungswandel. Friedrich Wilhelm Wodtke stellt nach ein-
gehender Behandlung aller Zitate bei Benn fest, daß das Dionysische bei ihm zuerst ekstatischer Ausdruck eines neuen körperlichen
Vitalismus und Sensualismus gewesen sei, sodann geistiges Prinzip
künstlerischer Gestaltung innerhalb des europäischen Nihilismus
und zuletzt, unter Hinwendung zu einem Ideal apollinischer Kunst
des schönen Scheins und des Spiels, parodistisches Mittel der Sinn-
losigkeitsdarstellung der Geschichte.[41] In der modernsten Literatur
hat der dionysische Topos nicht mehr die Funktion, das Leben zu
verherrlichen, sondern es in seiner niedersten sexuellen Brutalität
auszudrücken; so in den beiden modernen Versionen der ›Bakchai‹
des Euripides, in Hans Werner Henzes Oper ›Die Bassariden‹ von
1966 und dem berüchtigten nudity-play ›Dionysus in 69‹ von
Richárd Schechner; so auch im deutschen Aktionstheater von
Hermann Nitsch, der das Dionysische als „enthemmteste abreaktionsorgiastik" bezeichnet.[42]

Denselben zeitgeschichtlichen Funktionswandel drückt der Gebrauch des dionysischen Topos interessanterweise in der germani-
stischen Literaturwissenschaft unseres Jahrhunderts aus. Vom
Dionysischen als dem „Sinnbild" für „das heroische, das tragische

---

[40] Linke Poot, Der deutsche Maskenball. Berlin 1921, S. 38.
[41] Friedrich Wilhelm Wodtke, Die Antike im Werk Gottfried Benns.
Wiesbaden 1963, S. 58—60.
[42] März Texte I, Darmstadt 1969, S. 171.

Leben" bei Ernst Gundolf, dem „dionysischen Rausch [der Germa-
nen], blut- und seelehaft" bei seinem Bruder Friedrich, dem psychologischen „Zustand der Ekstase" aller „echten Dichter" bei Ludwig
Klages, und C. G. Jungs „dionysischer Expansion" von „Goethe
und Schiller", wie sie in „Seid umschlungen Millionen" eine „die
ganze Welt umfassende Bewegung ist", bis zur Vereinigung des
Dionysischen mit dem Apollinischen als „dionysische Wiederbele-
bung der Klassik" und „Dionysik des Geistes" bei Walther Rehm,
Richard Benz, Louis Wiesmann, F. J. von Rintelen, Walter Silz
und William H. Rey (bei ihm als die „Tod und Leben vereinende
dionysische Immanenz"),[43] immer bezeichnet hier der Topos die
Verherrlichung von Blut, Leben und deutscher Seele.

In der Literaturwissenschaft der sechziger Jahre ist seine Bedeutung dagegen negativ und destruktiv. Für Joachim Rosteutscher
war das Dionysische schon 1947, in seinem Buch ›Die Wiederkunft
des Dionysos‹, „eine Rebellion der Instinkte, des ‘Blutes’, gegen
die allgemeingültige [...] Wertordnung" (S. 259). Gustav René
Hocke gebraucht es 1959 als Klischee für das antiklassische Element des Manierismus, Ludwig Pesch als Topos des „Nihilismus"
und der Destruktion „für das Machen moderner Kunst und ihr
Verstehen".[44]

[43] Ernst Gundolf in Nietzsche als Richter unserer Zeit. Breslau 1923,
S. 57. — Friedrich Gundolf, Bild Georges. In: Jahrb. für die geistige
Bewegung (1910), S. 91. — Ludwig Klages, Vom kosmogonischen Eros.
Jena 1922, S. 77—78. — C. G. Jung, Das Apollinische und das Diony-
sische. In: Psychologische Typen. Zürich 1921, S. 203. — Walther Rehm,
Griechentum und Goethezeit. Leipzig 1936, S. 289, 309, 312—320. —
Richard Benz, Die deutsche Romantik. Stuttgart 1937, S. 72 u. 75. —
Louis Wiesmann, Das Dionysische bei Hölderlin und in der Romantik.
Basel 1948. — Fritz-Joachim von Rintelen, Von Dionysos zu Apollon.
Wiesbaden 1948. — Walter Silz, The Dionysian and the Supernatural.
In: Early German Romanticism. Harvard University Press 1929. —
William H. Rey, Weltentzweiung und Weltversöhnung in Hofmanns-
thals griechischen Dramen. Philadelphia 1962.
[44] Hocke, Manierismus in der Literatur. Hamburg 1959, S. 205,
211—212, 270—271. —Pesch, Die romantische Rebellion in der modernen
Literatur und Kunst. München 1962, S. 84, 87—88.

338 Max L. Baeumer

In der neuesten literarästhetischen Verwendung ist die Funktion des Topos, die völlige sexuelle Befreiung auszudrücken: für Norman O. Brown, in ›Life Against Death‹, als Befreiung des Körperlichen, im Gegensatz zu der von Freud geforderten apollinischen Sublimierung und zu dem „nur genitalen apollinischen Bewußtsein"; als „enthemmteste abreaktionsorgiastik" nicht nur für den Deutschen Hermann Nitsch, sondern auch für die Amerikaner Walter Kerr und Stefan Brecht, und nicht zuletzt für den amerikanischen Germanisten Peter Horwath, in seiner Arbeit ›Sex im Vormärz‹, als Befreiung der „unterdrückten Natur" von „Neurosen", in „Sinnenfreudigkeit" und „Fäkalien".[45]

Resümierend stellen wir fest, daß die jeweils neue und verschiedene Anwendung des dionysischen Topos durch einen Dichter in dialektischem Wechsel der vorgehenden Verwendung zugleich auch die zeitgeschichtlichen Besonderheiten der Epoche oder literarischen Bewegung ausdrückt, zu welcher der betreffende Dichter gehört. Derselbe zeitgeschichtliche Funktionswandel sei noch kurz an dem biblischen Topos der „Fülle des Herzens" nachgewiesen.

III

Der Ursprung der Redewendung „Fülle des Herzens" ist der biblische Satz „Ex abundantia enim cordis os loquitur" bei Matthäus (12, 34) und Lukas (6, 45). In beiden Fällen ist er negativ für verwerfliche Redekunst gegen die Beredsamkeit der Pharisäer und falschen Propheten gebraucht. „Abundantia" und „copia" wurden als Grundbegriffe in der Rhetorik Ciceros und Quintilians synonym verwendet. Beide kommen als personifizierte „Göttin des Überflusses" bei Plautus, Horaz und Ovid vor. Im Alten Testament findet sich die Metaphorik des „Fließens", „Ausgießens" und des „vollen" Herzens. „Schüttet euer Herz vor ihm aus; Gott ist unsre

---

[45] Norman O. Brown, Life Against Death. Middletown, Connecticut, 1959, S. 174—176. — Walter Kerr in: The New York Times, 16. Juni 1969. — Stefan Brecht in: The Drama Review 13 (1969), S. 156—169. — Peter Horwath in: Neues Forum 179—180 (1968), S. 773—780.

Zuversicht", heißt es z. B. im 62. Psalm. Im Hohen Lied (8, 5—6) sagt der Bräutigam zur Braut, die „von Lust überfließend" aus der Wüste heraufsteigt: „Setze mich wie ein Siegel auf dein Herz."

Bei Luther heißt es in rhetorischer Herausstellung der „copia verborum": „Sehet, wie byn ich auszlauffen und uberfloszen mit wortten."[46] Dennoch verwirft Luther eines besseren Deutsch wegen die latinisierte Formel „Überfluß des Herzens" zugunsten seines bekannten Satzes im ›Sendbrief vom Dolmetschen‹: „Wes das hertz vol ist, des gehet der mund uber, das heist gut deutsch geredt."

Die lutherischen Pietisten nehmen den Ausdruck, in direktem Gegensatz zu Luthers Verdikt, in positivem Sinn auf und drücken mit ihm den Wesenskern ihrer religiösen Bewegung aus: das Herzenschristentum der gotterfüllten Seele. Zwei Beispiele mögen genügen: Bei Johann Wilhelm Petersen heißt es in ›Die Hochzeit des Lammes‹ (Offenbach, o. J., S. 118): „Also daß sie nicht mehr lebeten / sondern Christus in ihnen / davon sie redeten auss der Fülle ihres Hertzens." Johann Henrich Reitz berichtet in seiner ›Historie der Wiedergebohrnen‹: „Und so [...] stieg die himmlische Süßigkeit mit solchem Überfluß in meiner Seele auf / daß ich [...] zu den Anwesenden aus der Fülle meines Hertzens sprach."[47]

Von besonderer Bedeutung ist der Topos im Prozeß der Säkularisierung der pietistischen Erweckungssprache in der Literatur des 18. und beginnenden 19. Jahrhunderts.[48] Die vor der Übernahme des Topos in die weltliche Literatur, in seiner geprägten Formel als „Fülle des Herzens", besonders von Klopstock gebrauchten Fließmetaphern des Herzens, z. B. im ›Messias‹, ›Der Zürchersee‹, ›Der Bach‹ und ›An sie‹, können wir hier und auch in den folgenden

---

[46] D. Martin Luthers Werke. Bd. X. Abt. II. Weimar 1907, S. 60. — Für Quintilian bedeutet die „abundans rerum copia" Voraussetzung zur rhetorischen „dispositio" (VII, pr. 1), während sie als „copia verborum" die geeigneten Bestandteile der „elocutio" gibt (X, 1, 13). „Utraque copia verborum et rerum" nennt Erasmus sein Lehrbuch des Stils und der Grammatik.

[47] 5. Edition. Berleburg 1724. Bd. IV, S. 292.

[48] Vgl. August Langen, Der Wortschatz des deutschen Pietismus. 2. ergänzte Aufl., Tübingen 1968, S. 23, 331.

Ausführungen nur am Rand andeuten. In völlig weltlich-rhetori-
schem Sinn und alle vorhergehenden Unterschiede aufhebend, gebraucht Lessing als erster 1767 zu Beginn des dritten Stückes der
›Hamburgischen Dramaturgie‹ den Topos, wenn es von der Darstellung der moralischen „Empfindung" durch den Schauspieler
heißt: „Alle Moral muß aus der Fülle des Herzens kommen, von
der der Mund übergehet."

Der junge Goethe verwendet als erster den Topos als Ausdruck
empfindsamer Liebessehnsucht 1774 in der weltlichen Dichtung, im
›Werther‹, im ersten Brief an Lotte vom 20. Januar: „Wie aus-
getrocknet meine Sinne werden, nicht *einen* Augenblick der Fülle
des Herzens, nicht *eine* selige tränenreiche Stunde!" Diese einmalige
Formulierung bildet zugleich den Höhepunkt und die Zusammenfassung der gesamten Herzmetaphorik, die sich leitmotivisch, in
all den bekannten pietistisch-empfindsamen Abwandlungen von
„Fülle" und „Herz", durch den Roman hinzieht.

Friedrich Leopold Stolberg wendet sich 1777 in seinem Essay
›Über die Fülle des Herzens‹ gegen den weichlich-empfindsamen
Gebrauch des Topos im ›Werther‹ und bezeichnet mit ihm das
Naturgefühl des „starkempfindenden" Genies und den Ursprung
der „göttlichen Dichtkunst". Stolberg erklärt, „daß Fülle des Herzens mehr ist als eine bloß leidende Reizbarkeit [. . .] und daß eine
weiche Empfindsamkeit, indem sie die Jünglinge weineln und
lächeln lehrt, den göttlichen Funken in ihnen erlöscht". Für ihn
besteht die „Fülle des Herzens" in der „Fülle Gottes in der Natur",
aus der die „Feuervollen, Starkempfindenden", die Genies leben.
Ihr entströmt die „göttliche Dichtkunst".

Viele Zeitgenossen ziehen es vor, den kontroversen Topos, so-
wohl in empfindsamer Manier als auch in Stolbergs Sturm-und-
Drang-Version, in variierter und aufgelöster Form zu gebrauchen.
So erscheint er in beiden Bedeutungen bei Heinse in der ›Laidion‹
und in Briefen,[49] bei Herder in der Konzeption Stolbergs als „hoher
Göttergedank' und der zerfließenden Seele Fülle"[50] und bei
Friedrich Heinrich Jacobi, empfindsam nach ›Werther‹, im 19. Kapi-

---

[49] Heinse, Werke. Bd. III, I, S. 149; Bd. IX, S. 240, 245, 362.
[50] Suphan, Bd. XV, S. 147.

tel der Ausgabe von 1792 seines ›Allwill‹ in tautologischer Spielerei und bewußter Vermeidung der geprägten Form des Topos, wenn er dichtet:

> Sanft eingewiegt hast Du mein Herz; eine süße warme Fülle,
> die Fülle Deiner Liebe darauf gedeckt. Sie ist in meinem Herzen,
> diese Fülle Deiner Liebe, Deiner Unschuld, Deines Glaubens.
> Ja, stille es nun!

Wieland hebt den Gegensatz zwischen empfindsamer und sturm-und-drängerischer Funktion des Topos auf, indem er ihn in aufgeklärter Manier als triviale Phrase in pejorativer Bedeutung neu gebraucht. 1780 macht er sich im ›Oberon‹ über den Topos und dessen pietistische Herkunft lustig: „Das wackre Ehpaar sank, aus Leere oder Fülle / Des Herzens, wie ihr wollt, in eine tiefe Stille" (VI 79). Für Moritz August von Thümmel ist der Topos nur ein Ausdruck der Geschwätzigkeit, wenn er in seinem Roman ›Reise in die mittäglichen Provinzen von Frankreich‹ meint, aus „Überfluß des Herzens" hätte er beinahe sein geheimes Tagebuch vorgelesen (VI 105). Ähnlich ziert sich der „klassische" Goethe in der ›20. Römischen Elegie‹, das „schöne Geheimnis" seines allnächtlichen Liebeslebens zu enthüllen: „Ach, den Lippen entquillt Fülle des Herzens so leicht!"

In der Romantik hat der Topos dieselbe Funktion der kosmischen Entgrenzung des Natur- und Lebensgefühls sowie der begeisterten Vereinigung und Erhöhung der Dichter und Dichtkunst, wie wir sie im ersten Teil dieser Untersuchung in der romantischen Funktion des Dionysos feststellten. Abgesehen von der Vielfalt aufgelöster Variationen, wie „Lebensfülle" im ›Hyperion‹ und im ›Tod des Empedokles‹, „mächtige Fülle ihres Herzens" für Diotimas Naturgefühl und „Fülle" der „Welt" in ›An die Natur‹, gebraucht Hölderlin den Topos als Ausdruck der Dichterfreundschaft und liebenden Gemeinschaft in der ›Hymne an die Freundschaft‹ sowie „Überfluß unsers Herzens" im Brief an die Mutter (II, S. 109). Novalis' Dichtungen sind eine einzige Folge von immer neuen Variationen und Spielformen des Topos der von der Natur, der Nacht, der Liebe und der Sehnsucht erfüllten, fließenden und trunkenen Herzen der Dichter. Als Beispiel sei nur eine Formulie-

rung der vielen thematischen Kreisbewegungen des Herzens aus
Klingsohrs Märchen im ›Ofterdingen‹ angeführt:

> Eine göttlich tiefe Trauer
> Wohnt in unser aller Herzen
> Lößt uns auf in Eine Flut.
> Und in dieser Flut ergießen
> Wir uns auf geheime Weise
> In den Ozean des Lebens
> Tief in Gott hinein.
> Und aus seinem Herzen fließen
> Wir zurück zu unserm Kreise
> Und der Geist des höchsten Strebens
> Taucht in unsre Wirbel ein.

Wie Jacobi versucht auch Novalis die Verwendung der bereits
klischierten, alltäglichen und gewissermaßen entwerteten Formel in
der gehobenen Dichtung zu vermeiden. Um so bedeutender erscheint uns seine einzige direkte dichterische Verwendung des Topos
„Fülle des Herzens" in Verbindung und Identifizierung mit dem
Dionysos-Topos in seiner Übertragung der Horaz-Ode „Quo me,
Bacche, rapis tui / Plenum" zum Ausdruck eines neuen begeisterten
Dichtertums: „Wohin ziehst du mich / Fülle meines Herzens, / Gott
des Rausches."

Für den klassischen Schiller ist der Topos in totaler Umkehrung
ein Ausdruck von Gefühlsillusion und „trunknem Wahn", der von
ihm und anderen nur negativ und als alltägliches Klischee gebraucht wird.[51] So sieht sich zu Beginn des Auftritts I 4 in ›Wallen-
steins Tod‹ der Herzog in dem, was „Zorn" und „froher Mut"
ihn „im Überfluß des Herzens" sprechen ließen, „verderblich [. . .]
umstrickt". Während Goethe und Thümmel in ihrer negativen
Anwendung den Topos mehr in psychologischer Begründung gebrauchen, ist seine Funktion bei Schiller mehr moralisch ausgerichtet.

Im realistischeren 19. Jahrhundert hat der Topos keine Bedeutung. In der späteren, gefühlsbetonten Dichtung der Neuromantiker und des Expressionismus werden alle vorhergehenden Funktio-

---

[51] Schiller: ›Die Ideale‹, ›Kassandra‹, ›Die deutsche Muse‹ und ›102.
Xenie‹.

nen des Ausdrucks „Fülle des Herzens" vollkommen aufgehoben.
Als geprägte Formel wird er überhaupt nicht mehr gebraucht und
in bildlicher Umschreibung nur mehr in umgekehrter Bedeutung
als „entleerte Fülle" und sinnloses „Zerfließen" angewendet. In
den Gedichten Nietzsches z. B. „verbrennt", „verblutet" und
„weint" das „weiche Herz" und wird zum „Dattelherzen! Milch-
busen!" und zum „Süßholz-Herz- / Beutelchen".[52] In der ›Klage
der Ariadne‹ ist das „Herz von Ekel voll". In der ›2. Duineser
Elegie‹ spricht Rilke von der „entgehenden Welle des Herzens",
in den Gedichten ›Stimme eines jungen Bruders‹, ›Orpheus, Eury-
dike, Hermes‹, und ›Das Rosen-Innere‹ vom „schmerzlich-schwel-
lenden Herzen", von der erfüllten „Fülle" von „Innenraum" und
vom „Gestorbensein" im Herzen. Für Ivan Goll haben die Vögel
des Schmerzes unser Herz ausgefressen (›Karawane der Sehnsucht‹)
und bei Else Lasker-Schüler „läßt [es] keine Meere mehr ein"
(›Dem Barbaren‹). „Mit warmer Flut füllt" der Tod „die Seele" im
„Überschwellen der Gefühle" in Hofmannsthals ›Der Thor und der
Tod‹. Die totale Umkehrung und Aufhebung der romantischen
Funktion des Topos bezeichnet zugleich den Ausdruck des Zeit-
gefühls des „Fin de siècle".

IV

Am Beispiel des dionysischen Topos und der „Fülle des Herzens"
wurde der dialektisch wechselnde Gebrauch von Topoi sowohl in
positiver Ausage als auch in klischeehafter Abwertung deutlich,
wobei der Wandel von der positiven zur negativen und von der
negativen zur positiven Bedeutung, sowie die Aufhebung dieser
Gegensätze, immer von der jeweils verschiedenen zeitgeschichtlichen
Funktion abhängt.
In derselben funktionalen Betrachtungsweise kann man auch z. B.
die Ergebnisse von Richard Ullmanns Untersuchung zum „Begriff
Romantisch" erörtern.[53] Zuerst wird das Wort als negative Bezeich-

---

[52] Vgl. Nietzsches Gedichte ›Jetzt und ehedem‹, ›Vereinsamt‹, „Die
Wüste wächst: weh dem, der Wüsten birgt [. . .]".
[53] Zeitschrift für Deutschkunde 42 (1928), S. 417—425.

nung gebraucht: für „Buhlhistorien" und sittliche Unwahrhaftig-
keit im 17. Jahrhundert; für alles Unwirkliche und Unwahrschein-
liche in der Aufklärung; für übertrieben sentimentale Schwärmer
und Dichter in der Empfindsamkeit; um 1790 als Reklamewort für
Literatur. Wenig später aber ist das Wort „romantisch" in positiver
und umfassender Bedeutung aus seiner vorhergehenden Gegensätzlichkeit aufgehoben und wird das Kennwort einer neuen Epoche
in der romantischen Schule und in Novalis' programmatischer Neu-
prägung von „Romantik" und „Romantiker".

Ebenso könnte man den Gesichtspunkt des zeitgeschichtlichen
Funktionswandels an andere Arbeiten über die Entwicklung einzelner Topoi herantragen und käme zu denselben Ergebnissen. Rolf
Bachem untersucht z. B. den Topos „Dichtung als verborgene Theologie" und findet ihn zuerst in der Bestimmung Dichtung als Lüge
vor der Vernunft bei Platon, als Lüge vor dem religiösen Bereich
bei Kierkegaard und als Lüge vor dem Leben bei Nietzsche, dann
als „abstrakte Theologie" im Altertum und bei den Kirchenvätern,
als „dargestellte Theologie" im Mittelalter und Barock und zuletzt
als „intuitive Theologie" in der Klassik und Romantik.[54] Walter
Veit konstatiert für den Topos der Goldenen Zeit die Epochen-
unterschiede der aurea aetas als verewigte Irdischkeit in der Antike,
den jüdisch-christlichen Topos des Ewigen Friedens als überweltliche
Ewigkeit bis zum Barock, die glückliche Gegenwart in der Renaissance, Schäferpoesie und Aufklärung, sowie den Topos des Fortschritts und der sozialen Perfektion in der Neuzeit.[55] Das Frau-
Welt-Motiv in der Literatur des Mittelalters stellt sich für Gisela
Thiel in ihrer gleichnamigen Dissertation (Saarbrücken 1956) in
den Wandlungen der Welt als voluptas, luxuria und Betrüger in
der Patristik dar, als positive Bewertung der Welt zu Beginn der
höfisch-ritterlichen Periode, als doppelgesichtige (also die beiden
vorhergehenden Extreme aufhebende) Gestalt im hohen Mittel-

---

[54] Diss. Bonn 1956 (= Abhandlungen zur Philosophie, Psychologie
und Pädagogik 5.). Vgl. auch Veit, S. 148—150. [In diesem Bd. S. 184—188.]
[55] Studien zur Geschichte des Topos der Goldenen Zeit von der Antike
bis zum 18. Jahrhundert. Diss. Köln 1961. Ebenso Veits zitierter Forschungsbericht ›Toposforschung‹, S. 152—154. [In diesem Band S. 191—194.]

alter, als den Lohn versagende Herrin bei Walther von der Vogel-
weide, als exemplum der Verderbtheit bei Konrad von Würzburg
und anderen, sowie als dämonisierte Welt-Angst noch bis zu den
höllischen Visionen des Hieronymus Bosch und bis zur Vanitas
im barocken Welttheater.[56] Wenn wir bei diesen Arbeiten nun nicht
mehr zuerst nach der Entstehung, Tradition und Denkstruktur
fragen, sondern die Topoi rein funktional und vor allem unter dem
Aspekt ihres Wechsels untersuchen, so werden wir zu sehr ähnlichen,
wenn nicht zu denselben dialektisch-zeitgeschichtlichen Ergebnissen
kommen, wie wir sie bei den Topoi des Dionysos und der Fülle des
Herzens festgestellt haben. Daß dem wirklich so ist, lassen bereits
die kurzen Inhaltsangaben der genannten drei Arbeiten in der
bloßen Aufzählung ihrer Teilergebnisse erkennen.

Natürlich dürfen solche Untersuchungen nicht von einem voreingenommenen philosophischen, geistesgeschichtlichen oder einem
anderen verengenden weltanschaulichen Standpunkt noch von
einem einzelnen Teilgesichtspunkt aus unternommen werden. Vor
allem müssen sie aber chronologisch aufgebaut sein und vom rhetorischen Gebrauch ausgehen oder ihn wenigstens einschließen. So
zeitigt Wolfgang Stammlers Aufsatz ›Edle Einfalt. Zur Geschichte
eines kunsttheoretischen Topos‹[57], trotz des reichen Wissens des
Verfassers, wegen eben dieser Mängel nur magere und fragwürdige
Ergebnisse. Stammler erforscht, ohne weitere Beachtung und Erklärung warum, nur die erste Hälfte des berühmten Topos „Edle
Einfalt und stille Größe". Da er die Rhetorik, ungeachtet seiner
sonst intensiven Forschungen in der Antike und im Mittelalter,
völlig ausschließt, erkennt er auch nicht den inneren und äußeren
Zusammenhang von 'simplicité' (Einfalt) und 'sublimité' (Größe)
als die Vereinigung des 'style simple' und des 'style sublime' bei
Boileaux und in der Rhetorik überhaupt; wobei das Adjektiv 'edel'
eigentlich zum 'erhabenen Stil' gehört und 'still' ursprünglich eine
Eigenschaft des 'einfachen Stiles' ausdrückt. Die Tatsache des uns
jetzt geläufigen Wechsels, der Umkehr und der Vereinigung im

[56] Vgl. Veit, S. 155—157. [In diesem Band S. 195—198.]
[57] In: Worte und Werke. Bruno Markwardt zum 60. Geburtstag. Hrsg.
von Gustav Erdmann und Alfons Eichstaedt. Berlin 1961, S. 359—382.

dialektischen Gebrauch von Topoi übersieht Stammler. Anstatt die gesamte Maxime aus ihren rhetorischen Ursprüngen chronologisch zu verfolgen, behandelt er zuerst die 'edle Einfalt' in der Literatur des 18. Jahrhunderts, dann den ästhetischen Begriff 'Einfalt' in der Aufklärung sowie dessen Vorkommen als religiöser Topos im Mittelalter und seine Verwendung als kunsttheoretischer Begriff im 17. bis 19. Jahrhundert, um anschließend zum drittenmal die genannten Zeitepochen, diesmal aber nach politischen, religiösen, ethischen und ästhetischen Zeugnissen des Wortes 'edel' durchzukämmen. In einem sechsten Kapitel weist er die beiden Begriffe 'edel' und 'Einfalt' in geistesgeschichtlicher Zusammenschau wieder im 18. Jahrhundert nach. Sein Ergebnis formuliert Stammler sehr kurz dahingehend, daß die Formel Winckelmanns nicht neu war, daß er aber den Begriff 'edle Einfalt' „in vorher nicht erfaßter Vertiefung" zu „einem gesetzmäßigen inneren Schöpfungstrieb" idealisierte, „durch ihn das ganze griechische Volk" erhöhte und „diese edle Einfalt" als „das innere Agens [erklärte], aus dem solche ein für allemal gültigen Werke geschaffen werden konnten" (382). Diese unwissenschaftlichen und unhistorischen Rösselsprünge und solche angeblichen Verewigungstendenzen eines Topos erledigen sich jedoch von selbst aus dem historisch-kritischen Nachweis des dialektischen Wechsels in der sich wandelnden Funktion des Topos, wie er in der vorliegenden Untersuchung gegeben wurde.

Wir glauben so bewiesen zu haben, daß die literarischen Topoi in ihrer historischen Anwendung, sowohl als positiv gebrauchte Denk- und Ausdrucksformen als auch als abwertende Klischees, immer in einem dialektischen Gegensatz zu ihrer vorher ausgedrückten Funktion stehen. Der neue Aspekt, in dem ein Topos seiner vorhergehenden Bedeutung widerspricht oder seine vorhergehende gegensätzliche Bedeutung aufgehoben wird, gibt zugleich ein zwar begrenztes, aber dennoch genaues und typisches Bild der allgemeinen zeitgeschichtlichen Auffassung und des besonderen, zeitbedingten Anliegens eines Dichters. Nicht nur die in dieser Untersuchung außer acht gelassene Kontinuität und Tradition in der Literatur läßt sich, wie Curtius bewies, anhand literarischer Topoi aufzeigen, vielmehr können wir aus dem dialektischen Funktionswandel eines Topos, in verengter Schärfe und Klarheit, beinahe schematisch, auch die jeweils zeit- und gesellschaftsgeschichtliche Wirklichkeit in ihrer besonderen Eigenart ablesen.

Weiterhin hat sich ergeben, daß die historische Entwicklung von Topoi, oder besser gesagt, daß ihre Verwendung nach der Gesetzmäßigkeit eines dialektischen Prozesses Hegelscher Auffassung in einer aus dem Widerspruch resultierenden Bewegung fortschreitet und so den geschichtlichen Wandel des gesellschaftlichen und geistigen Geschehens in Wort und Schrift ausdrückt. Wenn die Dichter, bewußt oder unbewußt, bestehende Topoi neu gebrauchen, so folgen sie hierbei zugleich einem Verfahren, das schon Horaz für die dichterische elocutio in ›De arte poetica‹ (Vers 47) vorschrieb: „Dixeris egregie, notum si callida verbum / reddiderit iunctura novum", „Vorzüglich dichtest du, wenn sinnreiche Verbindung das Wort neu herstellt." Hans Magnus Enzensberger exemplifiziert dieses dichterische Verfahren an Brentanos Gedichten und nennt es, ohne seine Übereinstimmung mit Horaz zu bemerken, „Entstellung, weil es das Wort der gewöhnlichen Zusammen-stellung entreißt, um es dichterisch neu verfügbar zu machen".[58] Diese „Entstellung" oder „neue Herstellung" des Topos werden wir nicht mehr vage als eine „Neuschöpfung aus dem Zeitgeist" (Veit, S. 162) oder aus dem, was gerade 'in der Luft lag', bezeichnen, sondern als den zeitgeschichtlich bedingten Funktionswandel des Topos im dialektischen Prozeß der gesellschaftsgeschichtlichen Wirklichkeit. Aus dem sich wandelnden Gebrauch der Topoi, aus der Technik der dichterischen Produktion, lesen wir den zeit- und gesellschaftsgeschichtlichen Standort des Dichters und seines Werkes ab.

Einige aus dieser Arbeit resultierende Erkenntnisse und offene Fragen sollen abschließend noch angedeutet werden. Es hat sich gezeigt, daß derselbe Topos einmal als bestimmte positive Ausdrucksform, dann als abgewertetes Klischee, anschließend wieder als hochwertige Formel in positiver Bedeutung usw. gebraucht wird. Die von manchen modernen Forschern nach Curtius so emphatisch vertretene Ansicht, ein Topos könne niemals ein Klischee sein, hat sich daher aus der Untersuchung der historischen Anwendung von

---

[58] Brentanos Poetik. 2. Aufl. München 1964 (= Literatur als Kunst. Hrsg. von Kurt May und Walter Höllerer.), S. 28.

Topoi als unzutreffend erwiesen. Die von Curtius vorgeschlagene und zu Beginn zitierte Definition der Topoi als „feste Clichés oder Denk- und Ausdrucksschemata" scheint deshalb in ihrer zugegebenen Vagheit immer noch die beste zu sein. Die vor kurzem geäußerte Annahme einer idealtypischen historischen Entwicklung des Topos vom Phänomen echter oder nur geglaubter Wirklichkeit zur geprägten, positiven Form des eigentlichen Topos und zur schließlichen leeren Form des entwerteten Klischees entspricht offensichtlich auch nicht der tatsächlichen Entwicklung und dem wirklichen geschichtlichen Wandel der Topoi und ist daher falsch.[59]

Die vorliegende Untersuchung hat außerdem dreierlei gezeigt: erstens, daß Metaphern, Symbole, Embleme, Phrasen und Motive in ihrer Verwendung durch Dichter und Schriftsteller demselben dialektischen Funktions- und Bedeutungswandel unterworfen sind wie die Topoi; zweitens, daß der so oft von Vertretern und Gegnern der Toposforschung vermißte eindeutige Unterschied zwischen diesen Stil- und Ausdrucksmitteln sich nur in ihrer wechselnden, jeweiligen Verwendung zeigt; drittens, daß ein Topos in veränderter Funktion ohne weiteres zu einem Motiv verstärkt oder zu einem Emblem verbildlicht oder zu einer Metapher oder Phrase verringert werden kann.

Die in den Topoi ausgedrückte und verwirklichte Tradition, Einheit und Kontinuität der Literatur und geistigen Entwicklung ist offensichtlich in denselben Topoi dem dialektischen Gesetz der fortschreitenden gesellschaftlichen Veränderung unterworfen. Daraus ergibt sich, daß wir selbst uns nur dialektisch, d. h., nur innerhalb dieser aus dem Widerspruch resultierenden Gesetzmäßigkeit ausdrücken können. Die Fragen nach dem Grund und den Ursachen für diesen aus dem Gesetz der dialektischen Veränderung resultierenden inneren Zusammenhang von Gesellschaft, Sprache und Literatur stehen noch offen; sie sind bisher nur von voreingenommenen weltanschaulichen Standpunkten aus beantwortet worden.

[59] Vgl. meinen in Anm. 9 zitierten Aufsatz ›Die zeitgeschichtliche Funktion des dionysischen Topos in der romantischen Dichtung‹, S. 281.

BIBLIOGRAPHIE ZUR TOPOSFORSCHUNG

Zusammengestellt von MAX L. BAEUMER

Arbusow, Leonid, Colores Rhetorici. Eine Auswahl rhetorischer Figuren und Gemeinplätze als Hilfsmittel für akademische Übungen an mittelalterlichen Texten. Göttingen 1948.

Aristoteles, Topik. Neu übersetzt und mit einer Einleitung und erklärenden Anmerkungen versehen von Eugen Rolfes. Leipzig 1919 (= Philosophische Bibliothek 12).

—, Rhetorik. Übersetzt von Karl Ludwig Roth. Stuttgart 1833.

Auerbach, Erich, Figura, in: Neue Dantestudien 5 (Zürich u. New York 1943).

—, Mimesis. Dargestellte Wirklichkeit in der abendländischen Literatur. Bern 1946.

—, Vier Untersuchungen zur Geschichte der französischen Bildung. Bern 1951.

—, Typologische Motive in der mittelalterlichen Literatur. Krefeld 1953.

Bachem, Rolf, Dichtung als verborgene Theologie. Bonn 1956 (= Abhandlungen zur Philosophie, Psychologie u. Pädagogik 5).

Baeumer, Max L., Das Dionysische — Entwicklung eines literarischen Klischees, in: Colloquia Germanica 3 (1967), S. 253—262.

—, Die zeitgeschichtliche Funktion des dionysischen Topos in der romantischen Dichtung, in: Gestaltungsgeschichte u. Gesellschaftsgeschichte. In Zusammenarbeit mit Käte Hamburger hrsg. von Helmut Kreuzer. Stuttgart 1969. S. 265—283.

—, Zur Psychologie des Dionysischen in der Literaturwissenschaft, in: Psychologie in der Literaturwissenschaft. Viertes Amherster Kolloquium zur modernen deutschen Literatur 1970. Hrsg. von Wolfgang Paulsen. Heidelberg 1971. S. 79—111.

—, Die zeitgeschichtliche Funktion des literarischen Topos, in: Dichtung, Sprache, Gesellschaft. Akten des IV. Internationalen Germanisten-Kongresses 1970 in Princeton. Hrsg. von Victor Lange u. Hans-Gert Roloff. Frankfurt 1971, S. 107—113.

—, Fülle des Herzens. Ein biblischer Topos der dichterischen Rede in der romantischen Literatur, in: Jahrb. der Deutschen Schillergesellschaft 15 (1971), S. 133—156.

Baeumer, Max L., Dialektik und zeitgeschichtliche Funktion des literarischen Topos, in: Toposforschung. Wissenschaftliche Buchgesellschaft.
Darmstadt 1973 (= Wege der Forschung 395).

Baldwin, Charles Sears, Medieval Rhetoric and Poetic (to 1400). New
York 1928.

Beumann, Helmut, Topos und Gedankengefüge bei Einhard, in: Archiv
für Kulturgeschichte 33 (1951), S. 337—350.

Blair, Hugh, Lectures on Rhetoric and Belles Lettres. 3 Bde. 1801.

Blaschke, Anton, Wittenbergische Nachtigall. Sternstunden eines Topos,
in: Wissenschaftliche Zeitschrift der Martin-Luther-Universität Halle/
Wittenberg. Gesellschafts- u. sprachwissenschaftliche Reihe 10 (1961),
S. 897—908.

Borchardt, Frank L., The Topos of Critical Rejection in Renaissance, in:
Modern Language Notes 81 (1966), S. 476—488.

Caplan, Harry, Classical Rhetoric and the Mediaeval Theory of Preach-
ing, in: Classical Philology 28 (1933), S. 73—89.

Cicero, Marcus Tullius, Topica.

Clark, Donald Lemen, Rhetoric and Poetry in the Renaissance. A Study
of Rhetorical Terms in English Renaissance Literary Criticism. New
York 1922.

Cox, Leonard, The Arte or Crafte of Rhethoryke, hrsg. von F. I. Car-
penter. The University of Chicago Press 1899 (= English Studies 5).

Curtius, Ernst Robert, Zur Literarästhetik des Mittelalters I, II, III, in:
Zeitschrift für Romanische Philologie 58 (1938), S. 1—50, 129—232,
433—479.

—, Dichtung und Rhetorik im Mittelalter, in: Deutsche Vierteljahrsschrift
für Literaturwissenschaft u. Geistesgeschichte 16 (1938), S. 435—475.

—, Beiträge zur Topik der mittelalterlichen Literatur, in: Corona Quernea.
Festgabe Karl Strecker zum 80. Geburtstage dargebracht. Leipzig 1941
(= Monumenta Germaniae historica 6), S. 1—14.

—, Topica, in: Romanische Forschungen 55 (1941), S. 165—183.

—, Über die altfranzösische Epik I, in: Zeitschrift für Romanische Philologie 64 (1944), S. 233—320.

—, Europäische Literatur und lateinisches Mittelalter. Bern 1948.

—, Antike Rhetorik und vergleichende Literaturwissenschaft, in: Comparative Literature 1 (1949), S. 24—43.

Dedner, Burghard, Topos, Ideal und Realitätspostulat. Studien zur Darstellung des Landlebens im Roman des 18. Jahrhunderts. Tübingen 1969.

Dyck, Joachim, Ticht-Kunst. Deutsche Barockpoetik und Rhetorische
Tradition. Bad Homburg, Berlin, Zürich 1966 (= Ars Poetica. Texte
und Beiträge zur Dichtungslehre und Dichtkunst 1).

Emrich, Berthold, Topik und Topoi, in: Der Deutschunterricht 18 (1966), Heft 6: Beiträge zur literarischen Rhetorik, S. 15—46.

Erbig, Franz, Topoi in den Schlachtenberichten römischer Dichter. Diss. Würzburg 1931.

Gelley, Alexander, Ernst Robert Curtius — Topology and Critical Method, in: Modern Language Notes 81 (1966), S. 579—594.

Glunz, Hans Hermann, Die Literarästhetik des europäischen Mittelalters. Wolfram — Rosenroman — Chaucer — Dante. Bochum-Langendreer 1937.

Halm, Carl, Rhetores Latini minores. Leipzig 1863.

Hammerle, Karl, Das Titanenlager des Sommernachtstraumes als Nachhall des Topos vom Locus amoenus, in: Shakespearejahrb. 90 (1954), S. 279—284.

Heinermann, Theodor, Die grünen Augen, in: Romanische Forschungen 58/59 (1944—1947), S. 18—40.

Henkel, Peter, Untersuchungen zur Topik der Liebesdichtung. Diss. Innsbruck 1957.

Highet, G., The Classical Tradition. Greek and Roman Influences on Western Literature. Oxford 1949.

Hocke, Gustav René, Manierismus in der Literatur. Hamburg 1963 (= rowohlts deutsche enzyklopädie 82/83).

Johnson, Francis R., Two Renaissance Text Books of Rhetoric: Aphthonius' Progymnasmata and Rainolde's A book called the Foundacion of Rhetorike, in: The Huntington Library Quarterly 6 (1942 bis 1943).

Jungbluth, Günther, Ein Topos in Lamprechts Alexander?, in: Germanisch-Romanische Monatsschrift 37 (1956), S. 289—290.

Kassel, Rudolf, Untersuchungen zur griechischen und römischen Konsolationsliteratur, in: Zetemata 18 (München 1958).

Kayser, Wolfgang, Das sprachliche Kunstwerk. Eine Einführung in die Literaturwissenschaft. Bern 1948, S. 71—77: Leitmotiv, Topos, Emblem.

Kroll, Wilhelm, Rhetorik, in: Pauly-Wissowa, Realencyclopädie der classischen Altertumswissenschaft, Suppl. Bd. 7 (als Sonderdruck 1937).

Lange, Gisela, Den Tod betreffende Topoi in der griechischen und römischen Poesie. Diss. Leipzig 1956.

Lausberg, Heinrich, Handbuch der Literarischen Rhetorik. Eine Grundlegung der Literaturwissenschaft. 2 Bde. München 1960.

—, Rhetorik und Dichtung, in: Der Deutschunterricht 18 (1966), Heft 6: Beiträge zur literarischen Rhetorik, S. 47—91.

Lida, Mariá Rosa, Transmisión y recreación de temas grecolatinos en la poesía española, in: Revista de Filología Hispánica 1 (1939).

Maurer, Friedrich, Der Topos von den Minnesklaven, in: Deutsche Vierteljahrsschrift für Literaturwissenschaft u. Geistesgeschichte 27 (1953), S. 182—206.

McKean, Richard, Rhetoric in the Middle Ages, in: Speculum 17 (1942).

Mertner, Edgar, Topos und Commonplace, in: Strena Anglica. Festschrift für Otto Ritter. Hrsg. von Gerhard Dietrich u. Fritz W. Schulze. Halle (Saale) 1956.

Obermayer, August, Die künstlerische Funktion der Topoi in den Dramen Grillparzers. Diss. Wien 1968.

—, Zum Toposbegriff der modernen Literaturwissenschaft, in: Jahrb. des Wiener Goethe-Vereins, N. F. der Chronik. Bd. 73 (1969), S. 107 bis 116.

—, Die Topoi und ihre psychologische Differenzierung in den Dramen Grillparzers, in: Jahrb. der Grillparzer-Gesellschaft 3 (1970), S. 57 bis 85.

Palmer, Georgiana P., The τόποι of Aristotle's Rhetoric as exemplified in the Orators. Diss. Chicago 1934.

Pflugmacher, Ernst, Locorum Communium Specimen. Diss. Greifswald 1909.

Piper, Paul, Die Schriften Notkers und seiner Schule. Bd. 1. Freiburg 1882—83.

Plöbst, Walter, Die Auxesis (Amplificatio). Studien zu ihrer Entwicklung und Anwendung. Diss. München 1911.

Pöggeler, Otto, Dichtungstheorie und Toposforschung, in: Jahrb. für Ästhetik u. Allgemeine Kunstwissenschaft 5 (1960), S. 89—201.

—, Dialektik und Topik, in: Hermeneutik u. Dialektik 2 (Festschrift für Hans-Georg Gadamer, Tübingen 1970), S. 273—310.

Quintilian, Marcus Fabius, De institutione oratoria.

Rolfes, Eugen, Aristotelis Topica et Sophistici Eleuchi, in: Philosophische Bibliothek 12 (Leipzig 1948).

Schröder, Franz Rolf, Kupfergeschirr. Zur Geschichte eines Topos, in: Germanisch-Romanische Monatsschrift 36 (1955), S. 235—252.

Schroeder, Horst, Der Topos der Nine Worthies in Literatur und bildender Kunst. Göttingen 1971.

Solmsen, Friedrich, Die Entwicklung der Aristotelischen Logik und Rhetorik. Berlin 1929 (= Neue Philologische Untersuchungen. Hrsg. von Werner Jaeger. Heft 4).

—, The Aristotelian Tradition in Ancient Rhetoric, in: American Journal of Philology 62 (1941), S. 35—50 u. 169—190.

Stammler, Wolfgang, Frau Welt. Eine mittelalterliche Allegorie, in: Freiburger Universitätsreden 23 (1959).

—, 'Edle Einfalt'. Zur Geschichte eines kunsttheoretischen Topos, in: Worte und Werte. Bruno Markwardt zum 60. Geburtstag. Hrsg. von Gustav Erdmann u. Alfons Eichstaedt. (Berlin 1961), S. 359—382.

Sternkopf, P., De M. Tulli Ciceronis Part. Orat. Diss. Münster 1914.

Thiel, Gisela, Das Frau-Welt-Motiv in der Literatur des Mittelalters. Diss. Saarbrücken 1956.

Veit, Walter, Toposforschung. Ein Forschungsbericht, in: Deutsche Vierteljahrsschrift für Literaturwissenschaft u. Geistesgeschichte 37 (1963), S. 120—163.

—, Studien zur Geschichte des Topos der Goldenen Zeit von der Antike bis zum 18. Jahrhundert. Diss. Köln 1961.

Viehweg, Theodor, Topik und Jurisprudenz. München 1953.

Volkmann, Richard, Die Rhetorik der Griechen und Römer. Berlin 1872.

—, Rhetorik der Griechen und Römer. Handbuch der klassischen Altertumswissenschaft 2, III: Rhetorik und Metrik. München 1901.

Wallis, M., De Fontibus Topic. Ciceronis. Diss. Halle 1878.

Weinrich, Otto, Phöbus, Aurora, Kalender und Uhr. Über eine Doppelform der epischen Zeitbestimmung in der Erzählkunst der Antike und Neuzeit. Stuttgart 1937. (= Schriften und Vorträge der Württembergischen Gesellschaft der Wissenschaften. Geisteswissenschaftliche Abt. 4.)

Welzig, Werner, Ordo und verkehrte Welt bei Grimmelshausen, in: Zeitschrift für deutsche Philologie 78 (1959), S. 424—430, [Forts. in:] 79 (1960), S. 133—141.

Zeitlin, Jacob, Commonplace in Elizabethan Life and Letters, in: The Journal of English and Germanic Philology 19 (1920).

Zumthor, Paul, Recherches sur les topiques dans la poésie lyrique des XIIᵉ et XIIIᵉ siècles. Cahiers de Civilisation médiévale. Poitiers 1959.

AUTORENREGISTER

(Herausgeber und Mitarbeiter von einschlägigen Enzyklopädien, Standardwerken und Lexika, wie Baist, Delvau, G. Kittel, W. Kroll, A. Pauly, G. Schischkoff, G. Wissowa u. a., wenn sie nicht als Autoren im Sinn von Verfassern fungieren, sind hier nicht verzeichnet.)